京师心理研究书系

08

中小学生课外学习与心理发展研究

陈传锋 等著

Extracurricular activity and
Psychological Development of
Primary and Middle School
Students

北京师范大学出版集团
BEIJING NORMAL UNIVERSITY PUBLISHING GROUP
北京师范大学出版社

《中小学课外学习与心理发展研究》
撰写人员

主要著者　陈传锋　　王玲凤　　李成齐　　陈汉英
　　　　　　　程　愚　　李梦霞　　车伟艳

参与著者

　　　　　　　陈　怡　　陈淑媛　　陈　璐　　葛张榆
　　　　　　　何承林　　黄霜霜　　李安彬　　陆晶晶
　　　　　　　陆捷萍　　卢　琳　　彭旭倩　　盛礼萍
　　　　　　　万　霞　　徐　媛　　徐梦婷　　褚小红

目　录

第一章 绪论：中小学生课外学习活动概述

第一节 中小学生课外学习活动的概念界定

一、课外学习活动的概念和种类

中小学生的"课外学习活动"也可称为"第二课堂"，本研究泛指"校外学习活动"、"课外活动"、"校外活动"，或"课余生活"等。课外学习活动是学生学习生活的重要组成部分，对学生的身心发展和全面发展具有重要意义。随着课外学习活动这一概念的外延不断扩展，这些概念已不能很好地概括中小学生课外学习活动的所有类型。一般而言，课外学习活动与课内或校内学习是相对而言的，可指除校内或课内学习之外的所有学习活动，亦即在校外场所进行的课外活动，以及在校内但在日常课程表以外进行的学习活动。

关于课外学习活动的分类，不同学者的意见不尽一致。王添翼（2012）认为，课外学习包括课外辅导型（指通过参加校外培训班、请家教等进行课程类、才艺特长类的学习），自主实践型（指学生利用校外资源进行的学习）和交往互动型（指学生在非正式学习环境中与他人交往时获得经验和体会的学习）。李新妍（2015）认为，学生的课外学习活动主要有科学类活动（主要是发展学生对科技的兴趣和科学探索精神），学科类活动（有助于学生更好地钻研自己感兴趣的学科知识），文体类活动（文艺类活动、体育类活动），课外阅读（有助于扩大学生的知识面和对新知识的敏感性）以及社会类活动（通过建立学校与社会的衔接，培养学生的社会责任感和社会人意识）。邹维芳（2005）认为，课外学习活动包括第二课堂的学科活动、课外阅读、课外辅导、科技活动以及社会活动等。吴裕良和陈满（1990）则认为，课外学习活动，有的是以增长学生社会科学和自然科学知识为主的；有的是侧重培养学生动手能力和劳动技能的；有的是以提高学生阅读写作能力和外语、数学等学科能力为目的的；有的则是提高身体素质和运动水平的活动；还有的则是提高学生文化素养、文艺欣赏水平和审美观念的活动等。

综观已有的研究文献和实际情况，当前中小学生的课外学习活动可归纳为以下九大类：

（1）应试性课外学习活动

这是以延伸校内学习、提高学习成绩为主的课外学习活动，如自习或复习（看书做作业）、补习（参加补习班）和请家教等。

（2）社会性课外学习活动

这是以丰富社会生活、促进社会性发展和社会适应性、培养各种社会化能力为主的课外学习活动，如社会实践、社会调查、社区服务、公益活动、志愿者活动、参观爱国主义教育基地或历史博物馆等。

（3）智力开发与科技性课外学习活动

这是以促进智力和创造性发展，或以探索和创新为主的课外学习活动，如科技竞赛活动、学科性实验、小发明、小制作、小研究、参观科技馆、科技作品竞赛或成果展览馆等。

（4）生态保护性课外学习活动

这是以生态保护为主的课外学习活动，如环境保护、动物保护、低碳生活、垃圾分类、参观绿色基地或美丽乡村等。

（5）个性化课外学习活动

这是以特长训练和促进个性化发展为主的课外学习活动，例如，参加舞蹈、钢琴、戏剧、摄影、棋艺、文学等个别辅导，或参加培训班、社团活动。

（6）扩大知识面类的课外学习活动

扩大知识面类的课外学习活动主要有课外阅读与听讲座、报告等，如看名著、看报纸杂志、听报告、听讲座等。

（7）休闲怡心健身类的课外学习活动

休闲怡心健身类的课外学习活动主要有旅游、体育、文艺活动等，如夏令营、郊游或旅游、歌唱、器乐、舞蹈、书画、棋牌、田径、球类、体操、游泳等。

（8）培养生活技能和自理能力的课外学习活动

以培养生活技能和自理能力为主的课外学习活动主要是家务劳动和生存训练活动，如做饭烧菜、整理房间、打扫卫生等。

（9）消遣娱乐性课外学习活动

以消遣娱乐性为目的的课外学习活动主要有看电视、看电影、上网、玩手机、玩游戏、看小说、看漫画等。

二、课外学习活动的场所或场地

课内学习一般在校内、在课堂；而课外学习活动的场所或场地既可选择在校内，在课堂，也可发生在除课堂、学校之外的各种地方。而且，许多课外学习活动需要一定的条件和设施，需要在特定的场所或场地才能有效开展。为了丰富中小学生的课外学习活动，需要加强中小学生课外学习活动场所和场地建设。因此，中共中央办公厅和国务院办公厅曾联合发布了《中共中央办公厅、国务院办公厅关于加强青少年学生活动场所建设和管理工作的通知》(中办发[2000]13号)。为贯彻落实这一通知精神，建设部随后作了具体部署，要求把加强青少年学生活动场所的建设和管理列入城乡建设规划工作的重要议事日程，并明确规定：在城市建设、旧城改造和居住区建设中，必须严格执行国家有关法规和标准，建设好青少年学生校外活动场所。

(一)青少年宫或活动中心

新中国成立之后，借鉴苏联校外教育模式，我国建立了以青少年宫为主体的校外教育机构，成为中小学生课外学习的主要场所之一。在此基础上又先后创办了青少年活动中心、青少年科技馆、儿童文化馆和少年之家等机构，极大地丰富了中小学生的课外学习场所。经过60多年的建设，已逐步形成了一个遍及全国各地的校外教育体系。这些机构属于公益性校外教育机构，可供中小学生利用双休日、公共假期和寒暑假参加丰富多彩的公益性校外教育活动，包括形式多样的兴趣小组活动、具有明确活动主题的大型群众性活动和各种教育培训。

(二)校外教育活动场馆

校外教育活动场馆主要包括综合性校外教育实践基地，各种主题性教育基地(诸如爱国主义教育基地、素质教育基地、禁毒教育基地等)和博物馆，美术馆，科技馆，文化馆与图书馆等机构。这类场馆也具有公益性教育机构的性质，通过开放参观和定期举办活动等形式，为中小学生提供课外学习服务。从严格意义上来讲，除了综合性校外教育实践基地，这类场馆中的另外一些机构并不是专门为中小学生提供课外学习活动的教育机构，其行政隶属关系也呈现出多样性的特点。它们通常向全社会开放，拥有教育资源，具有现实的和潜在的教育功能。因此，从其机构的属性来看，既是社会教育机构，同时也是服务青少年学生课外学习和健康成长的校外教育机构。

(三)校外教育培训机构

这类机构兴起和发展于20世纪80年代，通常由个人或集体投资，以教育咨询和服务的名义注册，采取商业化运作，对中小学生进行生活托管、课外补习、学科培训和兴趣爱好培养，是中小学生延伸校内学习、进行课外补习的应试性学习的主要场所。就其性质来看，当属营利性的教育培训机构。目前政府对这类机构缺乏必要的政策和相应的监管，学术界在研究中也对此意见不一。在实践领域，名目繁多的补习班却异常火爆，吸引了众多中小学生参与其中，占用了中小学生大量的课余时间。

(四)校外教育服务机构

这类教育服务机构包括为各种特殊群体或问题群体的中小学生提供相应服务的教育机构，如为流动儿童和留守儿童提供教育救助的服务机构；为违法犯罪学生提供社区矫治的服务机构；为一些有学习障碍的学生提供教育咨询与治疗的服务机构。这类组织机构通常由政府和社会共同举办，具有公益服务的特点，也被称为社会工作机构；但从其承担的工作职责来看，同时又具有校外教育的特征。

（五）社区、工厂、农村、部队等

除了上述场馆和场地之外，社区、工厂、农村和部队等也是中小学生进行课外学习活动的重要场所。在社区，中小学生可开展社区调查、社区服务和社会实践等活动；在工厂，中小学生可见习污水处理、节能减排等；在农村，中小学生可参观美丽乡村、绿色基地等；在部队，中小学生可见习军训、接受国防教育等。在西方国家非常重视中小学生到这类场所的参观和实践。例如，德国幼儿园甚至不怎么上课，基本上是带孩子到这些场所参观和实践，让孩子从小就学会自己修理玩具、自己管理时间、自己约会、自己制订计划、自己搭配衣服、自己整理东西、自己报警或找警察等。

（六）家庭

家庭是孩子成长的摇篮，是中小学生课外学习活动更为重要的场所。学生放学以后，大多数时间是在家庭度过的。家庭环境和家教氛围对孩子具有潜移默化的影响。孩子放学回家，是看书做作业、练琴习画、唱歌跳舞，还是上网玩手机、打牌打麻将等，都与家庭环境和家教氛围有关。所以，创设不同的家庭环境，营造不同的家教氛围，就会促使孩子朝不同的方向成长和发展。

三、课外学习活动的作用与多元发展

总的来说，积极、健康的课外学习活动可开阔学生的视野，提升学生的综合素质，培养学生的综合能力，促进学生的身心健康发展。具体而言，不同的课外学习活动对学生的发展具有不同的作用，例如，课外社会性学习是学生走出学校，主动了解社会、接触社会、服务社会的重要途径，是实施素质教育的重要途径，可促进学生认识社会、树立正确的价值观，锻炼学生的意志和毅力，促进学生道德观念与道德行为的统一，提高学生的生活技能、实践能力和社会适应能力等；课外科技性学习具有探究性和创新性，可以很好地促进学生智力发展和创造性发展，增强学生的创新意识，提高学生的创新能力，培养学生的科学素养等；社团活动是学生根据个人兴趣和爱好自愿组成的课外学习组织，可为学生提供多样化的人际交往气氛和学习内容，能够发挥学生的特长，锻炼学生的才干，促进学生个性化发展，还可培养学生的沟通能力、综合能力和协作能力等；通过课外阅读与作者和文本交流，则可拓宽学生的知识面，培养学生的文化素养，提高学生的表达能力和写作能力，陶冶学生的情操，培养学生的气质，有益于学生形成健全人格，还可促进学生的校内学习，等等。

因此，需要引导学生课外学习活动向多元化发展。据贾晓燕（2014）报道，自2014年9月新学期开始，北京市中小学校各学科平均应有不低于10％的学时在社会大课堂进行，亦即每周应用半天时间在校外上课。其具体内容为：每个学生在中小学学习期间，至少参加一次天安门广场升旗仪式，分别走进一次国家博物馆、首都博物馆和抗日战争纪念馆；至少参加十次集体组织的社会公益活动；观看一百部优秀影视作品，阅读一百本优秀图书，了解一百位中外英雄人物和先进人物的典型事迹。通过此举，北京市拉开了促进中小学生课外学习多元化的序幕。另据杨靖（2015）报道，北京市中小学生参加校外学习取得了丰硕成果，大大提升了其综合素质。

第二节　中小学生课外学习活动的方针政策

自古以来，我国就非常重视课外学习活动。《学记》指出："时教必有正业，退息必有居学。""故君子之于学也，藏焉修焉，息焉游焉。"即主张课内与课外相结合，既要有课内的正业学习，又要有课外的业余学习或课后练习。

新中国成立以来，党和政府更是关心中小学生的健康成长，重视和支持中小学生的课外活动，出台了一系列有关减轻中小学生课业负担、开展中小学生课外活动的文件和政策。但由于历史和文化原因，我国中小学生课外学习活动的开展经历可谓一波三折。早在新中国成立之初，教育部便制订了《小学四、二制教学计划》（1953），制定了《关于小学课外活动的规定的通知》（1955），明确规定了课外活动的内容、时间和实施细则。《关于中小学健康状况和改进学校体育工作的报告》（1964）提出，要上好体育课，坚持认真做早操或课间操，广泛开展学生的课外体育活动；《关于调整和精简中小学课程的通知》（1964）指出："需要对目前中小学课程门类过多的状况加以改革"，"课程的彻底改革要与学制改革统一考虑"。调整课程的原则是："适当减少课程门类，能集中一年学完的就不学两年"；"适当减少每周上课总时数，使学生有较多的课外活动时间"。但受"文化大革命"冲击，高考中断10年，教育课堂和课外活动均一片混乱。

1977年恢复高考之后，高考成为改变人生轨迹的重要渠道，家长"望子成龙"的愿望被不断强化，学校片面追求升学率的势头则不断加剧，升学竞争愈演愈烈。"题海战术"、"不能让孩子输在起跑线"成为教育流行语，"应试教育"应运而生。普遍追求升学率导致中小学生课业负担严重"超载"，课外学习变为单一的补习和家教，其他课外学习活动则被搁置一边。为了减轻学生的学习负担，正确引导中小学的课外学习活动，促进学生的健康发展，国家教委先后出台了《中小学卫生工作暂行规定》(1979) 和《关于全日制普通中学全面贯彻党的教育方针，纠正片面追求升学率倾向的十项规定》(1983)。要求学生每日学习时间与课外活动，小学不超过 6 小时；要求减轻学生过重的课业负担，保证学生的睡眠、休息和课外体育、文娱、科技活动时间，不要频繁地考试，要求全国各地不得举办全日制升学补习班等，规定各级教学研究机构不得组织任何名义的猜题、押题、模拟考试等活动。尽管如此，在这一阶段，因学校普遍追求升学率势头难减，学生课余生活仍然基本以学习为主、课外学习活动单一仍然是一个严峻的问题。

20 世纪 90 年代中期，国家开始实行双休制度，学生每年假期在 180 天左右，课外时间大幅增加，学生学习负担相对减轻。因此，1994 年 8 月 31 日中央发布了《中共中央关于进一步加强和改进学校德育工作的若干意见》，强调重视校园文化建设、加强实践环节，并首次在政府层面提出"素质教育"这一理念。随后国家教委、中国科协发布《关于停办各级各类奥林匹克学校(班)的紧急通知》(1995)，强调要严格控制各类竞赛、评奖等活动，继续落实国家教委《关于进一步加强中小学生竞赛、评奖活动管理的通知》中的有关规定，推行素质教育，建立较完善的减负政策，以铁腕政策停止学校以各种变相形式进行的补课学习等，使学生有时间进行课外生活，丰富课外学习活动。《中共中央国务院关于深化教育改革全面推进素质教育的决定》(中发[1999]9 号)进一步提出，要深化教育改革，全面推进素质教育。

进入 21 世纪后，国家更加重视开展中小学课外学习活动，在相关政策方面也提出了更为细致、具体的要求。2000 年，中共中央、国务院下发了《关于加强青少年学生活动场所建设和管理工作的通知》（中办发［2000］13 号），以期使广大中小学生都能积极参加文明、健康、活泼的课外文体活动，进而促进中小学生身心全面发展。2001 年发布的《国务院关于基础教育改革与发展的决定》（国发［2001］21 号）要求，严格控制学生的作息时间，注重课外社会实践学习，明确提出："要丰富学生课余生活，组织好学生课外活动"、"丰富多彩的教育活动和社会实践活动是中小学德育教育的重要载体。小学以生动活泼的课内外教育教学活动为主，中学要加强社会实践环节。中小学校要设置多种服务岗位，让更多学生得到实践锻炼的机会。要将青少年校外活动场所建设纳入社区建设规划"。2006 年 12 月，教育部、国家体育总局、共青团中央颁布了《关于开展全国亿万学生阳光体育运动的决定》（教体艺［2006］6 号），大大促进了全国中小学生课外体育活动的开展。2008 年发布的《中央精神文明建设指导委员会关于深入开展志愿服务的意见》指出："……学校是开展志愿服务教育的主阵地。要把志愿精神作为未成年人思想道德建设的重要内容，纳入学校的教育教学，体现到课堂教学、课外活动和社会实践中，不断增强广大青少年的志愿服务意识。"2010 年，《教育部关于深化基础教育课程改革进一步推进素质教育的意见》（教基二［2010］3 号）在总结课程改革经验的基础上，要求进一步完善课程设置方案，给学生留有更多自由支配的活动时间，切实减轻学生过重的课业负担。同年颁布的《国家中长期教育改革和发展规划纲要（2010—2020 年）》明确提出要巩固义务教育质量，减轻中小学生课业负担；强调各级政府要把减负作为教育工作的重要目标，学校要把减负落实到教育教学各个环节，培养学生学习兴趣和爱好，丰富学生课外及校外活动。该纲要还指出："……给学生留下了解社会、深入思考、动手实践……的时间；高中阶段教育'积极开展……社区服务和社会实践'"；"要丰富学生课外及校外活动……鼓励学生积极参与志愿服务和公益事业"。2014 年发布的《教育部关于培育和践行社会主义核心价值观进一步加强中小学德育工作的意见》指出："逐步完善中小学生开展社会实践的体制机制，把学生参加社会实践活动的情况和成效纳入中小学教育质量综合评价和学生综合素质评价。"《中共中央关于全面深化改革若干重大问题的决定》也明确提出：要"强化体育课和课外锻炼，促进青少年身心健康、体魄强健。改进美育教学，提高学生审美和人文素养"。

为了丰富中小学生的课外活动，促进学生的健康发展，各级地方政府也结合实际发布了相关文件。例如，上海市于 2010 年印发《关于进一步落实中小学生社会实践工作的若干意见》，规定了开展社会实践活动的目标、内容与要求等。高中一、二年级学生参加社会实践、志愿者服务的时间一般每学年不少于 30 天，高三学生参加社会实践、志愿者服务时间一般每学年不少于 15 天；初中、小学高年级学生参加社会实践、志愿者服务的时间一般每学年不少于 20 天和 15 天。其中，高中阶段学生参加志愿者活动不少于 60 学时，初中阶段学生参加志愿者活动不少于 30 学时，小学高年级学生参加志愿者活动不少于 10 学时。中小学生社会实践活动主要包括考察（调查）体验类、社会服务与技能训练类、军政训练类、农村社会实践类、科技文化活动类、志愿者服务类等。北京市教委专门发布了《关于在义务教育阶段推行中小学生课外活动计划的通知》(京教体艺[2014]2号),要求全市中小学校在星期一至星期五至少有三天、每天至少安排一小时形式多样、丰富多彩的课外活动,如科技、体育、艺术等活动;社团活动;科学家或艺术家进校园活动等,以增强中小学生的社会责任感,培养中小学生的创新精神和实践能力,提升中小学生的人文、艺术和科学素养,进一步推进中小学生素质教育。

第三节　课外活动促进学生发展的理论基础

课外学习活动可促进学生身心发展,有其相关的活动理论及活动课程理念基础。著名教育家卢梭(Jean-Jacques Rousseau,1712—1778)在文艺复兴时期提出的自然教育观就含有丰富的活动教育思想。卢梭在他的著作《爱弥儿:论教育》中主张,教育的目的就是促进儿童生而具备的自然性无限制地自由发展,培养自然的人。卢梭倡导的自然教育观是活动课程的思想渊源。他反对向儿童传授现成的书本知识,认为人在15岁之前都不应接受学校书本教育;主张将儿童放归大自然,精心组织一系列活动让儿童在活动中学习。

20世纪是活动理论及活动课程理念最为活跃的时期,是许多活动理念密集出现的时期,其中列昂捷夫、杜威、陶行知等提出的活动理论或活动课程理念影响至今,而20世纪后半期素质教育理念则直接成为当前我国课外学习活动开展的基础。

一、列昂捷夫的活动理论

列昂捷夫(Alexei Nikolaevich Leontyev,1903—1979)是苏联

著名的心理学家和教育家，他首次将"活动"概念引入心理学，被公认为活动理论的缔造者，活动理论也被称为"列昂捷夫活动理论"。

列昂捷夫从 20 世纪 30 年代就曾系统地研究过活动对个体心理过程、个性形成的影响。活动和意识的统一、主导活动观、内外活动观是其理论的核心部分。他认为，活动和意识之间是统一的，人的心智是在活动中形成与发展起来的，活动实践可以塑造个体的个性品质，与此同时，活动本身也受个体内在心理过程的调节。列昂捷夫指出：人的一切内部活动都来源于外部活动，心理学既要研究内部活动(如思维活动、记忆活动等)、也要研究外部活动；内部活动是在外部活动的过程中发生、发展起来的，内部活动乃是外部活动的内化。个体外在的实践活动和内在的心理活动具有共同的结构，可以相互转化；在人的各个年龄阶段总是存在一定的主导活动，亦即起主导作用的活动形式，如在儿童期，游戏就是主导活动(叶浩生，2005)。

经过不断修改，列昂捷夫关于活动的这些观点逐渐形成了较为完善的理论体系。20 世纪 50 年代，我国教育深受苏联影响，教育教学思想及教学理论都借鉴或者照搬苏联模式，课外活动这一概念也引自苏联相关教材，我国的课堂教学改革也注重课外活动的开展，并以辅助教学的形式发挥作用。此外，列昂捷夫认为，任何一种活动都必须适合活动主体的一定需要，具有一定动机，并由服从一定目的的自觉动作组成(张世英，1985)。因此，中小学生开展课外学习活动也必须满足其自身的一定需要，在其自身动机作用下由其自觉的动作来完成；而不能把不符合学生兴趣的课外学习活动强加给他们。

二、杜威的活动课程理论

美国实用主义大师杜威(John Dewey,1859—1952)曾被誉为西方孔子,其教育教学理论对中国的教育理论和实践产生了深远的影响。20 世纪 20 年代初,杜威应其学生胡适等人的邀请来华讲学,在中国一待就是两年多,走遍湖北、湖南、广东、福建和山东等 14 省 78 市,发表 150 多次演讲,为我国带来了经验教学及实用主义教育学说等理论。1921 年胡适曾写了《杜威先生在中国》为杜威送行,文中曾言:"自从中国与西洋文化接触以来,没有一个外国学者在中国思想界的影响有杜威先生这样大的。我们可以说,在最近的将来几十年中,也未必有别个西洋学者在中国的影响可以比杜威先生还大的。"

杜威批判了传统的学校教育,认为传统的学校是"静听的学校",这些学校与广阔的社会生活严重脱节,抽象、教条;应该采用儿童在校外所从事活动类似的活动形式为儿童提供真正的动机和直接经验,使儿童接触现实。由于活动可以代表社会的情境,杜威主张应该在学校设置实验室、工场和园地等,开展有利于儿童生活的各种类型的活动,如木工、园艺、纺织、金工、烹饪等反映社会生活的各种活动,把衣、食、住及生产、交流和消费等人类基本的共同事务,引导到儿童的学习中去,在生活中、在活动中发展儿童的潜能和创造性,使儿童获得社会经验,以便成为合格的社会成员(罗少功,2013;任伟伟,2005)。

杜威倡导儿童中心主义,重视经验的教育作用,认为一切真正的教育是来自经验的;提出"儿童中心说"、"教育即生活"和"学校即社会"等观点,要求学生"从活动中学"、"从经验中学"。杜威强调,儿童是这些活动的主体,教师设计活动必须从儿童的兴趣出发，如果在外部压力或强制的情况下进行活动，这种活动就没有任何意义。这些教育理念是近代中国开展活动教育的理论基础，改变了学校过去一直沿用的教育方式，使得教育者开始重视课外学习活动在培养人才中的作用，并强调学生是课外学习活动的主体。杜威认为，人们在社会中参加真实的生活，才是身心成长和改造经验的正当途径。所以教师要把教授知识的课堂变成儿童活动的乐园，引导儿童积极、自愿地投入活动，从活动中不知不觉地养成品德和获得知识，实现生活、生长和经验的改造。杜威提出的理念也直接促进了学校教学方式和课程设置的改革，对于开展学生的课外学习活动也具有指导意义。他强调通过活动使书本知识与实际操作相结合，使学生动手、动眼、动口、动脑，调动多种感官协同活动，达到知行统一，改变以往过于强调课堂接受学习、死记硬背、机械训练的方式；倡导学生主动参与、乐于探究、勤于动手，培养学生收集和处理信息的能力、获取新知识的能力、分析和解决问题的能力以及交流与合作的能力。

三、陶行知的教育思想

杜威的教育思想对我国教育家虽然影响很大，但当时仍有不少教育家不满足于全盘照搬西方的教学理念，试图探索适合中国国情的当代教育思想，其中最著名的是陶行知提出的"教学做合一"思想。随着对我国教育实际认识的进一步深入，鉴于当时我国教育中"知"和"行"、教育与生活都严重脱节的现象，陶行知逐渐发展了生活教育理论。他部分地继承了杜威提出的"教育即生活"、"学校即社会"的理念，在此基础上，进一步提出"生活即教育"的思想，强调行动的作用，强调学生要自己动手做事情，从做中学；认为整个社会是我们的学校，全部生活是我们的课程。陶行知所提出的"生活即教育"、"社会即学校"、"教学做合一"教学改革思想强调尊重儿童自由活动的本能和兴趣，由以往教师主导的教学转向以儿童自动、自学为主的教学，进一步推动着我国新教育改革的发展（毕明生，2010）；对于当前中小学开展课外学习活动，尤其是综合实践活动具有指导意义。课外学习活动，尤其是综合实践活动，要求学生走向生活、走向社会，可充分体现陶行知先生的"生活即教育"、"社会即学校"、"教学做合一"的教育思想。

当前，学校的应试教育一切为了高考，一切为了升学，严重脱离社会生活，几乎回到了当年陶行知比喻的传统学校，即鸟笼学校，既狭小又与社会生活隔绝，犹如在学校和社会之间建造了一道高墙。陶行知关于"社会即学校"的主张就是要拆除学校和社会之间建造的这道高墙，要把学校里的一切延伸到大自然中去，实现学校教育和社会生活之间的彻底融通。当前开展课外学习活动，让中小学生走出学校、走进生活、走向社会，正是陶行知这一教育思想的体现，同时也是陶行知"教学做合一"教育思想的体现。陶行知认为，教、学、做是一件事，不是三件事，要在做中教、在做中学。他主张：事怎样做就怎样学，怎样学就怎样教。比如，种田这件事是要在田里做的，便需在田里学、在田里教。因此，学生只有开展课外学习活动，走向农村，走进田间，才能学习种田，增长农业知识。

四、素质教育的理论

"素质教育"提出于 20 世纪 80 年代中期。《关于深化教育改革，全面推进素质教育的决定》（1999）再次作了科学阐述："实施素质教育，就是全面贯彻党的教育方针，以提高国民素质为根本宗旨，以培养学生的创新精神和实践能力为重点，造就'有理想、有道德、有文化、有纪律'的、德智体美等全面发展的社会主义事业建设者和接班人。"《国家中长期教育改革和发展规划纲要（2010—2020年）》进一步指出："坚持以人为本、全面实施素质教育是教育改革发展的战略主题，是贯彻党的教育方针的时代要求。"

素质教育的目的是全面提高学生的素质，使学生形成健全人格，发展良好个性，包括德、智、体、美和劳五个部分，是我国教育方针规定的全面发展教育的有机组成部分。素质教育就是让学生全面发展。教育的目的是面向全体学生，全面提高学生的基本素质，发挥学生的潜力，使得他们能够活泼、主动地发展自己（杨万国，2002）。因此，减轻学生负担，丰富学生课外学习活动，促进学生全面、健康发展，对于提高全民族的基本素质，对于贯彻2010年国家颁布的《国家中长期教育改革和发展规划纲要（2010—2020年）》都有着极其重要的意义。

第四节　中小学生课外学习活动的现实背景

随着"素质教育"的稳步推进、对"减负"政策的不断反思与落实，青少年可以支配的课余时间比以前显著增加，研究者开始关注学生在课堂以外的学习和生活状态。但是现实却不容乐观，学生学业考试压力不减反增，课程学习不断挤占课外学习活动开展的时间和空间。例如，一项针对中小学生的压力调查显示：我国中学生的学习负担重、考试压力大、课外生活单调、睡眠不足（靳莹，2009；孙雪连，2015）。本课题组在全国范围的大样本调查结果显示，当前中小学生的课外学习活动存在不少问题，主要表现为：一是课外学习活动的"应试化"倾向明显；二是课外学习活动的"社会化"意识薄弱；三是实际参与的课外学习活动与自己喜欢的活动不一致；四是不少中小学生忽视课外学习，课外活动"娱乐化"（陈传锋等，2014；详见本书第二章）。总而言之，课外学习活动开展情况不容乐观，具体表现在以下几个方面：

一、课外学习活动"应试化"倾向明显

中小学生的校内学习始终占据主导地位，课外学习活动变成了校内学习的延伸，课外补习成为主流。从规模来看，中小学课外补习的规模总体呈增长趋势，在18645个调查样本中补习家庭占47%（楚红丽，2009）。本课题组通过对华东、华北、华南和西部地区60所中小学校的15550份问卷调查发现，参加课外补习的学生占被调查学校人数的53.4%（陈传锋等，2014）。从时间上来看，中小学生的绝大部分课外时间被各类补习与培训所占据，他们自由支配的时间较少。在中小学生各类课外活动中，无论是参与频率还是参与的时间，"完成学习任务和继续做作业"均排在最前。即使是暑假，中小学生也将大量时间用在校内课程学习上，课程学习活动在中学生暑期休闲活动中所占的百分比为58.9%（陈传锋和杜梦石，2010）。寄宿制学校学生的课外学习活动情况也十分让人忧虑。由于寄宿制学校学生的生活基本在校内度过，出于学生安全和提高升学率的考虑，很多寄宿制学校往往采取增加学习时间的办法来安排寄宿生的空闲和时间。学生的课余生活还是以学业为主，除了上课以外，学生其他的自习时间和课后活动也大多用来做作业和补课（吴霓和廉恒鼎，2010）。一份相关调研发现：为了让学生"安全"地待在学校里，"有的学校学生每天上课和自习的时间竟长达10多个小时，连低年级儿童也达到了9个小时！"（李红，2014）。

上述研究充分说明，大部分中小学生学业压力仍然较大，课外时间都花在继续做作业和完成学习任务上，"减负"变"增负"，补习或家教仍是主流，其目的主要在于提高学校考试成绩，应试教育特征十分明显。这些校内学习的延伸类课外学习活动所占比例较大，侧面说明其他课外学习活动的相对缺失。

二、课外学习活动"社会化"意识淡薄

中小学生课外社会实践活动是贯彻党的教育方针的体现，是新课程的重要组成部分。但是，受"重分数轻实践"观念的影响，不少家长和老师对社会实践活动存在误解，以为社会实践是"不务正业"、影响学生考试分数(梁建华，2013)，这在一定程度上阻碍了中小学生参与社会性活动，导致中小学生社会性活动意识淡薄、参与课外社会性活动逐渐流于形式，以致像敬老院老人一天曾被洗8次头、洗十几次脚等之类的新闻报道见诸报端也就见怪不怪了。

课外学习活动"社会化"意识淡薄具体反映在：①中小学生参与社会性活动的形式单一，参与的社会性学习活动主要是爱国主义教育居多，再次是志愿者活动、社区服务和公益性活动，其他活动类型很少。②受学业负担的影响，参与课外社会性学习活动的时间十分有限。学生的社会性实践活动往往让位于学科知识学习。研究显示：高达36.4%的中小学生从未参加过社会性学习，另有50%以上的学生也只是偶尔参加，且频次越高则参与人数越少；在参与的时间上，用时1小时以内的学生最多，达37.2%，另有35.3%的学生甚至没有花任何时间参加社会性学习，而花费的时间越多则参与人数越少(陈传锋和李成齐，2015)。③社会实践形式大于内容。由于各种原因，中小学生参与社会性学习逐渐

变得"有形无实"，仅仅是一种形式，根本没有注重学生实质性的发展和提升。一方面，有部分学校只是为了响应国家号召，完成相应任务，不注重实效，比如有的盖个公章就证明完成了暑期社会实践活动，使得学生的课外社会性活动名存实亡。另一方面，则是社会实践活动教育方法形式化、教条化，忽视中小学生的年龄特征，如爱国主义教育只是看一场电影、参观烈士陵园等，公益活动也只是打扫街道或去敬老院给爷爷、奶奶洗洗脚等。④活动组织障碍多，诸如经费、场地等客观条件尚且不论，单就学校时有发生的安全事件、政策执行等人为因素，都掣肘着中小学课外社会实践活动的开展。当前学生校外实践活动的组织过程中安全事件时有发生，导致部分学校对于中小学生的课外社会性活动非常谨慎，甚至因噎废食，彻底放弃组织学生参加课外社会性活动。各地区教育单位执行政策不力也是社会性活动开展的障碍之一，上海市于2005年专门下发文件，以社区认证的形式，规范中小学生社会实践组织工作，鼓励中小学生积极参加社区开展的各类社会实践活动。可是，这项推动社会实践工作的制度在实际操作过程中却遭遇了"失灵"的窘境，表现为学校和社区在组织社会实践活动时缺乏主动性；中小学生在参与社会实践时缺乏积极性；社会大环境对中小学生参与社会实践的相关配合度较低，等等（周一凰，2011）。我国中心城市——上海市尚且如此，其他地区的情形也就可想而知。⑤公益性活动被冷落。党和政府高度重视发展公益慈善事业，并写入了国家"十二五"发展规划。青少年是社区服务和发展公益事业的一股重要力量，但是，在中小学生的社会性学习活动中，社区服务和公益性活动很少（陈传锋和李成齐，2015）。

三、课外学习活动"个性化"发展被忽视

尊重学生个性、培养学生的学习兴趣和自主学习能力、促进学生的个性化发展是社会发展的要求。不同的课外学习活动可以满足中小学生的不同兴趣，使个体的个性、才华得到更好的发展。但是，一直以来学校、教师和家长对考试成绩过于关注，忽视对学生兴趣和特长的培养。高校招生中的"特长加分"政策，更是导致不少学生不顾个人兴趣和专长参加培训班。陈传锋等（2014）比较了中小学生最喜欢的课外活动及其实际参与最多的课外活动，结果显示，两者存在明显的反差。中小学生参与活动的积极性不高，直接影响到学生的个性化发展。课外学习活动与学生兴趣不一致不仅阻碍了学生的个性发展，而且也容易进一步导致厌倦情绪产生，影响中小学生身心健康。

课程学习及升学压力过大，导致大部分学生对参与个性特长的学习活动有心无力。一项针对小学生自主性课外活动的调查发现，小学生更多填写的是"希望休息"。访谈发现，大多数学生不习惯去思考还希望参加什么活动，认为这一问题可以由学校或父母决定。可见现有的课程学习活动似乎使他们身心疲惫、只希望休息（李梦霞等，2015）。

四、课外文体活动明显不足，且存在明显功利性

课外文体学习活动是中小学生课外学习活动的重要组成部分，教育部、国家体育总局、共青团中央、全国少工委曾组织实施"全国中小学生课外文体活动工程"（2001）。工程总体规划为 10 年（2001—2010 年），分两期实施，2001—2005 年为第一期工程，2006—2010 年为第二期工程，通过示范区的建设在教育观念、管理实践、师资队伍、场馆器材、人才培养等方面取得了成效（刘海

元和白光斌，2008）。2011 年，教育部发布《实施"体育、艺术 2＋1 项目"的通知》（教体艺厅［2011］4 号），决定在全国义务教育阶段学校实施"体育、艺术 2＋1 项目"，即通过学校组织的课内外体育、艺术教育的教学和活动，让每个学生至少学习、掌握两项体育运动技能和一项艺术特长，为学生的终身发展奠定良好的基础。

虽然有国家政策支持，学生也有参与课外文体活动的愿望和兴趣，但是，当前中小学生的课外文体学习活动却是明显不足，且随着年龄的增长，自主参与课外文体学习活动的越来越少，到高中阶段几乎没有时间参加文体活动（赵丽霞等，2015）。Wang Zhe（2012）的抽样调查发现：中学生对参与体育运动抱消极态度，不仅运动数量少，而且参与频率低。受高考指挥棒的影响，中小学生参与文体活动的主要目的都是为了升学，呈现明显的功利性。

五、课外活动"娱乐化"现象严重

课外学习活动是有针对性、有目的、有系统的学习活动，但现在不少中小学生的课外学习以休闲娱乐为主，娱乐化现象非常严重。有调查显示，中小学生对公园、乐园、影院类娱乐休闲场所最为了解，参与频率较高的社会场所（百分比超过 60％）排在前五位的依次是公园、影剧院、儿童游乐园、校外图书馆、运动场馆（陈传锋和王玲凤，2015）。更为严重的是，中小学生课外活动有蜕变成单纯娱乐活动的趋势，电视、手机、网络和游戏成为主旋律。网络游戏、手机游戏、电视剧、电影、娱乐节目、娱乐聊天、小说漫画等娱乐活动占据了中小学生大量的课外时间。王艳（2003）的研究发现，在初中生群体中，上网已经是普遍现象，上网学生占 74.5％，上网内容主要为查看信息、玩游戏和聊天交友。邓禅（2015）的调查表明，农村上网学生占 81.58％。2011 年《中国未成年人互联网使用状况调查报告》显示：我国未成年人（全日制在校中小学生）使用互联网的比例达90％，排在前三位的上网内容均为娱乐休闲，即听音乐、玩游戏和聊天（胡俊峰，2012）。陈传锋等人（2014）的调查发现，55％的学生假期活动主要是上网，65％的学生假期活动主要是看电视、看电影，且不少中小学生沉溺于网络游戏，10～19岁的用户群体在网络游戏用户中占比46.1％。网络和电子游戏在中小学生的课余生活中占到很大比重，且继续向低龄群体渗透。

六、课外学习活动开展的客观条件缺乏

课外学习活动的开展必然依赖一定的客观条件，如时间、场所、器材、经费等，但是，一直以来课外学习活动开展的时间、场所、器材、经费等难以保证的现象在中小学校中普遍存在。大部分中小学生在校时间在10小时以上，且大部分时间都使用在课程学习上，并占用课外大量时间用于完成课业，自然少有时间参与课外学习活动。例如，孙丽维（2012）的调查发现：小学生主要是在周末以及寒暑假等空闲时间较多的假期进行课外阅读，平时主要是在下午放学回家完成作业后才会有少量的阅读。而"一费制"的规定，使得无论是城市还是农村的学校都感到经费缺乏，如针对某县农村中学的43名体育教师的调查发现，有55.81％的体育教师认为体育经费很不充足（朱超龙，2015）；针对某市35所中小学的调查则发现，43％的学校每年没有体育经费（孙小亮，2014）。许多课外学习活动都需要借助一定的仪器、设备、场所，但经费制约着中小学生课外活动的开展，经费不足导致难以为课外学习活动提供合适的场所和学习所需的器材。例如，天文兴趣小组的学习活动，望远镜是必需的，但一台天文望远镜少则上千

元，这不是普通家庭所能承担的；再如，体育活动的开展需要较大硬件设施投入，但当前许多社区公共体育设施缺乏、学校和学生家庭也都缺乏足够的条件开展相关的课外体育活动，限制了学生参加课外体育活动学习（陈传锋和王玲凤，2015）。

参考文献

毕明生．陶行知生活教育理论的德育理论探析[J]．思想政治教育研究，2010（01）：43－45．

陈传锋，杜梦石．中学生暑期休闲活动调研报告[J]．教育研究，2010（11）：60－65．

陈传锋，李成齐．当前我国中小学生的课外社会性学习状况堪忧——基于中小学生参加社会实践和公益性活动的调查[J]．中国教育学刊，2015（08）：14－19．

陈传锋，王玲凤，陈汉英，等．当前中小学生课外学习活动的现状调查与问题分析[J]．教育研究，2014(06)：109－116．

陈传锋，王玲凤．中小学生课外体育活动的缺失状况与对策思考[J]．教育导刊，2015(11)：35－39．

楚红丽．我国中小学生课外补习家庭之背景特征及个人因素[J]．教育学术月刊，2009(12)：22－2．

邓禅．农村学生上网状况与家庭教育的调查报告——来自湖南麻阳县舒家村学校的调查分析[J]．科教导刊(上旬刊)，2015(06)：177－178．

胡俊峰．2011 中国未成年人互联网/社交网络运用状况调查报告[N]．ht-tp：// news. china. com. cn/rollnews/2012-04/27/content ＿ 13947239. htm，2012-4-27．

贾晓燕．中小学生每周半天校外上课[N]．北京日报，2014-08-30(5)．

靳莹．新课程下高中学生课业负担的调查研究[J]．教育理论与实践，2009（26）：47－49．

李红．农村寄宿制学校学生课余生活管理的"忧"与"思"[J]．教学与管理，
  2014(15)：106—108．

李梦霞，王佩佩，王玲凤，等．中美小学生课外活动的比较研究[J]．中国教
  育学刊，2015(05)：97—102．

李新妍．黑龙江省某市初中生课外活动调查研究[J]．现代教育科学(普教研
  究)，2015(6)：58—60．

梁建华．构建"小学生·大课堂"社会实践模式的探索[J]．广西教育，2013
  (29)：5—7．

罗少功．学校课外体育活动理论研究[D]．郑州：河南大学硕士学位论
  文，2013．

任伟伟．杜威活动课程理论述评及启示[J]．高等教育研究，2005(1)：
  26—28．

石中英．课外活动与课堂教学关系的传统与变革[J]．教育研究，1996(02)：
  58—62．

孙丽维．小学生课外阅读现状调查及问题研究[D]．成都：西南大学硕士论
  文，2012．

孙小亮．哈尔滨市中小学大课间体育活动的开展现状与对策研究[D]．北京：
  首都体育学院硕士论文，2014．

孙雪连．北京市中小学课业负担的调查研究[J]．上海教育科研，2015(09)：
  31—33＋30．

王添翼．城市小学生校外学习方式现状及引导策略研究[D]．扬州：扬州大学
  硕士学位论文，2012．

王艳．初中生上网状况的调查与研究[J]．当代教育科学，2003(11)：40—
  41，43．

吴霓，廉恒鼎．农村寄宿制学校学生课余生活研究综述[J]．河北师范大学学
  报(教育科学版)，2010(12)：32—35．

吴思为，伍新春，赖丹凤．青少年课外学习特点的分析与建议[J]．教育学报，
  2010(02)：77—81．

吴裕良，陈满．中学开展课外活动的实践及其探讨[J]．清华大学教育研究，1990(2)：66—70.

杨靖．"阳光成长"之旅提升中小学生综合素质[N]．科技日报，2015-01-06(7).

叶浩生．心理学史[M]．北京：高等教育出版社，2005.

张世英．关于 A H 列昂节夫活动理论的历史形成、基本思想和对它的评价[J]．心理学报，1985(1)：23—30.

周一凰．上海中小学生社会实践社区认证制度的"执行失灵"研究[D]．上海：复旦大学硕士学位论文，2011.

朱超龙．颍上县农村中学体育教学现状与对策的研究[D]．淮北：淮北师范大学硕士论文，2015.

邹维芳．试论课外学习的组织管理[J]．教学与管理，2005(5)：30—31.

Wang Zhe．The current situation of students' participation in extracurricular sports activities of private middle schools in Henan province and the analysis of investigation[J]．Physics Procedia，2012(33)：2015—1019.

第二章 中小学生课外学习活动的现状调查与问题思考

第一节 调查的背景与意义

课外学习(校外学习)活动,即课堂学习之外的学习活动,是学生学习生活中的重要组成部分,也是反映学生课外生活质量的重要指标之一,对学生的身心发展和全面发展具有重要意义,因而广受重视和关注。国外较重视校外学习,如科技竞赛(郭俞宏等,2010)、服务学习(卢浩和杨海燕,2005)、社区服务与社会实践(胡江倩,2001)等;并探讨了校外学习活动对学业成绩的积极影响(如 Silliker & Quirk,1997)。如在美国,各项校外计划不断涌现,并成为公共服务系统中的一个重要组成部分(黄丹凤,2006)。但在 20 世纪 70 年代末至 80 年代,我国很少有学者对这一问题进行过认真、细致的调查。随着"素质教育"、"学生减负"等口号的提出,人们对学生的校外学习生活才逐渐重视起来。中共中央、国务院下发了《关于加强青少年学生活动场所建设和管理工作的通知》(2000);《国家中长期教育改革和发展规划纲要(2010—2020 年)》更是明确指出:要丰富学生课外及校外活动……给学生留下了解社会、深入思考、动手实践、健身娱乐的时间……要加强学生社团组织指导,鼓励学生积极参与志愿服务和公益事业。但是,忽视校外活动、轻视社会实践、变特长班(甚至夏令营)为补习班的情况令人担忧。胡霞（2001）通过对中、日、美三国学生的调查和比较发现：我国学生的课外活动最为贫乏，没有参加任何课外小组活动的学生比例达 70％。更有甚者，社会实践或社会服务仅仅是到社区盖个公章就算了事。更加令人忧虑的是，受应试教育的影响，我国中小学生的课外学习主要集中在补习、培训和家教上。顾琰等人（2009）的调查发现：88％的小学生参加过各种各样的补习班，尤其是数学、英语、语文补习班。陈传锋等人（2011）的调查发现：中学生的校外学习和作业过多，存在学习来源负担问题。黄小葵和高口明久（2007）对中国和日本的比较研究发现：我国小学生的校外生活基本上是在学习中度过的；即便是参加特长培训班，中、日学生差异也非常明显：我国家长往往不顾孩子的兴趣强迫孩子去参加与学习有关的培训班，所谓的"特长班"成了补习班。即使是参加特长班，也是为了入学加分，使学生兴趣受到压抑。吴思为等人（2010）通过对北京市 5976 名青少年学生的课外学习情况进行调查发现：青少年学生课外学习的内容主要是校内学习的延伸，参加课外辅导（辅导班、家教）的现象比较普遍，但家教效果受到质疑。

此外，我国不少中小学生的课（校）外学习活动变成了娱乐活动，电视、网络和游戏成了主旋律，令人担忧。例如，王艳（2003）的研究发现，上网的初中学生占 74.5％，其上网内容主要为查看信息、玩游戏和聊天交友。据 2011 年全国性调查报告：我国未成年人（全日制在校中小学生）使用互联网的比例达 91％；排在前三位的上网内容均为娱乐休闲，即听音乐、玩游戏和聊天。陈传锋等人（2010）的调查发现：55％的同学假期活动主要是上网，其中多达 59％的学生每天上网；65％的同学假期活动主要是看电视、电影，其中多达 71％ 的学生每天都要看电视、电影。不少中小学生甚至沉溺网络游戏。CNNIC 发布的《网络游戏用户调研》数据显示，在网络游戏用户中，10～19 岁段用户群体最大，占到整体网络游戏用户的 46.1％。不少学生甚至经常或每天上网玩游戏，在网吧打发课余时间，有些学生甚至成为"电子海洛因"的吸食者。

总之，我国中小学生的课外（校外）学习面临重大挑战，无论是课外（校外）学习的形式还是内容，远远不能适应当前素质教育的要求；尤其是对促进学生的身心健康，引导学生社会化、个性化和多元智力发展的课外（校外）学习研究不够。因此，为了深刻反省和总结《国家中长期教育改革和发展规划纲要（2010—2020年）》颁布实施以来的经验教训，积极探讨学生课外（校外）学习多元化的性质、特点和条件，为提出切实可行的促进中小学生课外（校外）学习多元化发展的对策提供科学依据，笔者开展了本次中小学生课外（校外）学习活动的调查。

第二节　调查的方法与对象

一、问卷调研

（一）调研对象

采用方便抽样法在华东、华北、华南和西部地区 60 所中小学校发出问卷 15550 份，收回问卷 15084 份，回收率 97.0％；其中有效问卷 11380 份，有效率 75.4％；样本具体情况见表 2-1。

表 2-1　调查对象分布一览表

变量名称		人数	百分比/%	合计	
				人数	百分比/%
性别	男	5469	48.1	11270	99.1
	女	5801	51.0		
学段	小学	5089	44.7	11377	100.0
	初中	2968	26.1		
	高中	3320	29.2		
年级	二年级	128	1.1	11378	100.0
	三年级	577	5.1		
	四年级	1394	12.2		
	五年级	1303	11.4		
	六年级	1688	14.8		
	初一	1077	9.5		
	初二	1363	12.0		
	初三	465	4.1		
	高一	1713	15.1		
	高二	1281	11.3		
	高三	389	3.4		
现居地	农村	4732	41.6	11034	97.0
	非农村	6302	55.4		

(二)调研工具

采用自编问卷《中小学生课外学习活动调查问卷》。参考已有的相关资料,将中小学生的课外学习活动分为十大类,即:做作业和完成学习任务,课外阅读与听报告、听讲座,特长培养,科技活动，文体活动，社团活动，社会实践与公益活动，休闲娱乐活动，家务劳动以及其他课外学习活动。并将其作为问卷的十大维度，然后从学生对这十大类课外活动的参与度、喜爱程度、活动场所、活动影响等方面着手，编制出预试问卷的相关问题和选项。通过在研究者属地选取小学、初中和高中进行小范围的试测，并结合对中小学生的开放式和半结构化访谈，对问卷相关问题和选项进行修改、补充和完善，最终形成问卷的具体项目，完成问卷编制。

二、访谈调查与观察

在进行问卷调查的同时，自编半开放型访谈提纲，通过访谈调查、跟踪访谈与随机访谈相结合的形式，对中小学生课外学习活动情况进行深入调查。访谈形式为半开放型，在对访谈结构有一定控制的前提下，允许受访者积极参与，访谈者在提问的同时鼓励受访者提出自己的问题，并且根据访谈的具体情况对访谈的程序和内容进行灵活调整。

为了更全面地收集数据，还采取了观察法。研究者深入中小学校园和学生课余生活之中，观察情境比较自然。观察者不仅与学生一起参与课外活动，也能观察他们的校外生活。

第三节　调查的结果与分析

总的来看，中小学生的课外学习活动呈现出应试性突出、社会性淡漠、个性化忽视、娱乐性显著等特征问题。

一、中小学生参与课外学习活动的概况

根据本次样本的调研结果，统计中小学生各类课外学习活动的参与频率和时间，结果如表 2-2。其结果显示：无论是参与频率还是参与时间，"继续做作业和完成学习任务"、"休闲娱乐"和"文体活动"都排在最前面；进一步统计中小学生实际参与"最多的课外活动"，详见图 2-1，结果佐证了中小学生对这三项课外活动的参与度最高。另外，参与度最低的三项课外活动则分别是社会实践与公益活动、科技活动和社团活动。

表 2-2　中小学生参与各类课外学习活动的频率和时间

活动类型 题　目		继续做作业和完成学习任务		课外阅读与听报告、听讲座		特长培养		科技活动		文体活动	
		n	%	n	%	n	%	n	%	n	%
频率	从未参加	392	3.6	2511	23.1	3800	34.7	5726	52.5	3085	28.4
	偶尔参加	1349	12.2	6779	62.5	4438	40.5	4418	40.5	5255	48.4
	经常参加	1731	15.7	1218	11.2	2293	20.9	628	5.8	1975	18.2
	几乎每天参加	7564	68.5	347	3.2	419	3.8	134	1.2	550	5.1
时间	无	365	3.3	2497	23.3	3632	33.8	5422	51.3	2987	28.1
	1 小时以内	2422	22.0	4744	44.3	3077	28.7	3535	33.4	4695	44.2
	1～2 小时	3748	34.0	2894	27.0	2799	26.1	1200	11.4	2193	20.6
	3～4 小时	2466	22.4	428	4.0	938	8.7	294	2.8	552	5.2
	4 小时以上	2024	18.4	141	1.3	290	2.7	119	1.1	200	1.9

活动类型 题　目		社团活动		社会实践与公益性活动		家务劳动		休闲娱乐		其他	
		n	%	n	%	n	%	n	%	n	%
频率	从未参加	5342	49.3	3926	36.4	571	5.2	573	5.2	5280	61.8
	偶尔参加	4274	39.5	5739	53.2	4474	40.7	3450	31.5	2048	24.0
	经常参加	1071	9.9	959	8.9	4454	40.6	4675	42.7	822	9.6
	几乎每天参加	142	1.3	162	1.5	1483	13.5	2250	20.6	398	4.7

续表

活动类型 题　　目		社团 活动		社会实践 与公益性、 活动		家务 劳动		休闲 娱乐		其他	
		n	%	n	%	n	%	n	%	n	%
时间	无	4972	47.4	3709	35.3	796	7.4	636	5.9	5377	64.3
	1 小时以内	3757	35.8	3908	37.2	6032	55.8	3384	31.4	1818	21.7
	1～2 小时	1289	12.3	1849	17.6	3040	28.1	3962	36.7	643	7.7
	3～4 小时	312	3.0	595	5.7	667	6.2	1781	16.5	245	2.9
	4 小时以上	153	1.5	442	4.2	279	2.6	1020	9.5	279	3.3

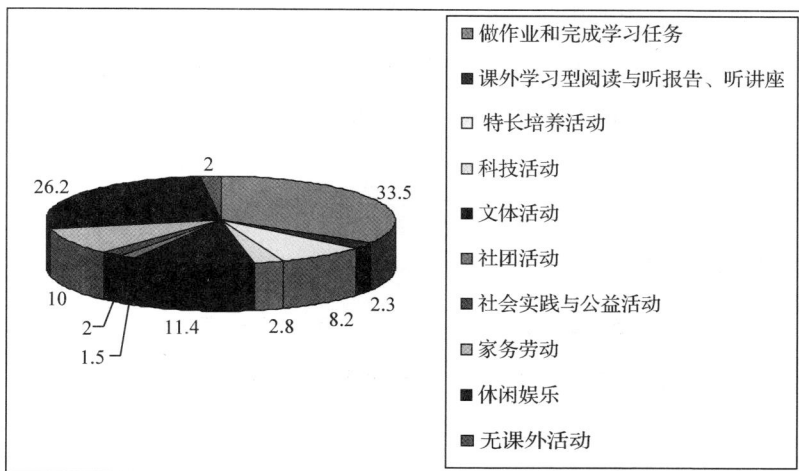

图 2-1　中小学生实际参与最多的课外活动的分布情况

统计检验结果发现：中小学生对不同类型的课外活动的参与频率存在显著差异，$\chi^2 = 1259.628$，$df = 9$，$p = 0.000$；而且参与度高的前三项相邻排序的课外活动间两两差异均显著，检验结果分别为 $\chi^2 = 98.980$，$df = 1$，$p = 0.000$；$\chi^2 = 646.924$，$df = 1$，

$p=0.000$。

进一步统计中小学生参与各类课外活动的各个具体项目的频率和时间，结果发现：中小学生参与度最高的前三项课外活动具体表现在以下各项目上，即"继续做功课和完成学习任务"主要表现在"培训补习"和"自习"上；"休闲娱乐"主要表现在学生"上网"、"看小说、漫画"和"看电视"上；而"文体活动"则主要表现在学生参与"体育活动"上。另外，在参与度总体不高的课外活动上，也有个别项目的参与度很高，如"课外阅读"。统计检验结果表明，学生参与这些课外活动项目的频率显著高于其他各类项目。

此外，就中小学生课外学习活动的场所而言，调查结果发现：学科补习主要是在校外培训机构（占37.2%），其次是在老师家里（约1/4）；而自习则多在自己家里（47.5%），其次是在学校（46.8%）。上网、看小说漫画和看电视也多在自己家里，分别占87.4%、81.2%和81.7%，而体育活动则主要是在学校（63.8%），其次是在家里（18.2%）。

二、中小学生参与课外学习活动的主要问题

（一）课外学习活动"应试化"倾向明显，"减负"变"增负"

1. 中小学生课业减负未落实，继续做功课和完成学习任务仍然是其课外活动的主流

图2-1的结果显示：中小学生课外"继续做作业和完成学习任务"的比例最高，达33.5%，并与学生参与其他各类课外活动比例存在显著差异；表2-2的结果还显示：中小学生课外"继续做作业和完成学习任务"的时间是最长的，大约1/3的学生课外"继续做作业和完成学习任务"的时间长达3小时以上；比率和时长都远远

高于其他任何课外活动。可见，中小学生课业减负未落实，继续做功课和完成学习任务仍然是其课外活动的主流。

2. 课外做功课和课外补习虽是为了提高成绩，但其真正效果有待考量

根据问卷调查结果，参与不同的课外活动对学生各有不同的影响，其中，继续做作业和完成学习任务的目的主要是为了促进校内学习、提高学习成绩，持这一观点的学生占 79.3％。但是，根据访谈调查结果，课外补习并没有收到预期的效果。在问卷作答中，学生大多不是从课外活动对其自身的实际影响的角度去填写的，而是从应该有这种影响的角度去考虑的。因此，问卷调查结果与实际访谈结果有出入。实际访谈结果发现，只有极少数学生认为补习后对相应学科成绩"有一定程度的提高"，更多的学生均表示"补习效果不明显"，他们普遍反映"从小到大的各种学科补习，对成绩及排名影响并不明显，主要为家长和自己图个心安"。相反，继续做作业和完成学习任务占用了他们大多数的时间，导致课外活动单调乏味，进而导致他们产生厌烦、厌学等负面情绪。此外，过多的作业也使得中小学生的课外活动呈现一元化，严重影响了学生的全面发展。

3. 特长培训与加分挂钩，培训项目与兴趣相悖

表 2-2 结果显示：将近 1/4 的学生经常参加（含少部分学生几乎每天参加）特长培训；图 2-1 显示，这类课外活动占所有课外活动的近 10％。从问卷结果来看，一方面，这类活动应该有助于学生"获得成就感、满足感和自我实现"或"发展个性和培养心理品质"；但另一方面，在对问卷中有关"学生参加特长培训的原因和

自己的感受"结果进行统计后发现：绝大多数学生（88.6％）参加特长培训只是为了"加分"，因而感到厌烦厌倦和无聊无趣。只有少部分同学参加特长培训是因为自身兴趣，其心情比较愉悦。

（二）课外学习活动"社会性"意识淡薄，阻碍了学生的社会化发展

1. 中小学生课外社团活动被严重忽视，或敷衍了事

表 2-2 数据显示：几乎一半的中小学生从未参加过社团活动（占 49.3％），39.5％的学生也只是偶尔参加过。图 2-1 结果则显示：在中小学生实际参与的课外活动中，社团活动只占 1.5％，是学生参加最少的课外活动。可见，中小学生的课外社团活动被严重忽视，影响了学生的个性化和社会化发展，也影响了中小学生良好品德（如社会责任感）与价值观的形成。

访谈结果发现，社团活动被忽视，主要是由于学校难以把社团活动真正有效地开展起来。例如，某校长道出了学校开办社团活动的难处："现在的社团活动只是敷衍了事，我们想办好也难，一方面师资有限，资金有限，许多班开设不起来，满足不了学生兴趣需求；另一方面我们的社团老师都是各科任课老师，他们并不擅长指导艺术类、科技类等社团，他们宁可上数学、语文、英语等课来提高学生文化成绩，而对于社团活动，他们教得没兴趣，学生自然学得无趣。"有些学校的社团活动虽然被安排到学生的课表上，但实际上却是打着社团的旗子，对学生进行作文、奥数的指导。

2. 社会实践与公益性活动被严重冷落，或流于形式

表 2-2 数据显示：36.4％的中小学生从未参加过"社会实践和

公益性活动"，53.2％的学生只是偶尔参加过。进一步分项统计结果显示：51.3％的学生课外从未参加过社会实践，而多达62.3％的学生从未参加过课外公益性活动。图2-1则表明：在中小学生实际参与的课外活动中，"社会实践和公益性活动"只占2％，是学生参加倒数第二的课外活动。可见，中小学生的课外社会实践和公益活动被严重冷落，严重影响了学生的良好品德（如社会责任感）与价值观的形成。

进一步的访谈结果说明：中小学生的社会实践活动严重流于形式。接受过访谈的30多名中小学生的典型回答是："学校假期里虽然布置有社会实践类作业，但是大多数同学并没有实际去做，只是去社区或者一些单位在实践证明上盖个章，其他的都自己随意填写；而学校也从不会真正调查和关心他们有没有做过。"

3. 公共文化服务场馆利用率低，对学生开放的社会教育活动数量少、形式单一

虽然问卷调查没有涉及这一结果，但通过对多地的走访调查，结果发现，青少年宫、科技馆、博物馆、图书馆、书店等场馆对青少年学生发挥的社会教育与文化服务功能十分有限。以某市为例，该市共有青少年宫、科技馆、博物馆、图书馆各一所，虽然拥有崭新的建筑面貌、现代化的设备，但集中位于离市区较偏远位置，辐射人群范围小，该区域配套服务也不齐全，给学生参观学习带来不便，从而造成门庭冷落。尽管这些机构挂牌为一些学校的社会实践基地，但是教育形式单一，只是偶尔为学校组织学生参观和提供学生志愿者服务。

博物馆对中小学生的吸引力不大。博物馆针对中小学生开展

的活动更是微乎其微，虽然有学校组织学生过来参观，但博物馆中展示的东西对于学生来说很陌生，而且显得枯燥无趣，再加上讲解员未提供讲解，使得学生更加缺乏兴趣。通过对某博物馆的讲解员的访谈得知，他们除了旅游团（要付相应费用）、专家领导之外，其他人是不提供讲解的。

图书馆处境尴尬。以走访的某市为例，市区图书馆作为政府全额拨款的单位，其空余的设备与场地不是用来更好地为读者提供服务，而是外借谋利益，没有发挥它应尽的职能。现代网络的发展，对电子阅览室的使用造成冲击，导致电子阅览室的作用发挥极其有限，甚至成了另类"游戏厅"。该图书馆的电子阅览室共有95台电脑，周末、假日每天学生的人流量最多只有20～40个，其中多是家住附近的"老客户"，他们当中95%是来打电子游戏的。面对这种情况，图书馆非但没有加以约束，反而"投其所好"，为学生下载好常用的游戏软件放在桌面上。

青少年宫成为另类培训场所。调查发现：某青少年宫缺乏户外活动场所，而将户内场所中85%的房间提供给培训班；来到青少年宫的学生，95%是为了参加文化类、艺术类、科技类的补习，除此之外，青少年宫开展的校外教育活动十分稀少。

此外，中小学生课外阅读和课外听讲座、听报告的比例也十分低，从未课外阅读的学生有14.8%，而从未课外听报告、听讲座的学生则高达68.4%。

（三）实际参与的课外学习活动与自己喜欢的不一致，影响中小学生的个性化发展

进一步统计和比较中小学生最喜欢的课外活动及其实际参与

最多的课外活动，结果发现二者并不一致。χ^2检验结果显示：二者差异显著。由于二者不一致，不仅使参与活动的效果大打折扣，而且影响了学生的个性化发展。

另外，统计中小学生最不喜欢的课外活动，详见图 2-2，结果显示：上述实际参与最多的课外活动"做作业和完成学习任务"（见图 2-1），恰恰是学生最不喜欢的，从另一个侧面说明了学生喜欢的活动与实际参与的活动不一致，以致影响了学生参与活动的积极性，并阻碍了学生的个性化发展。

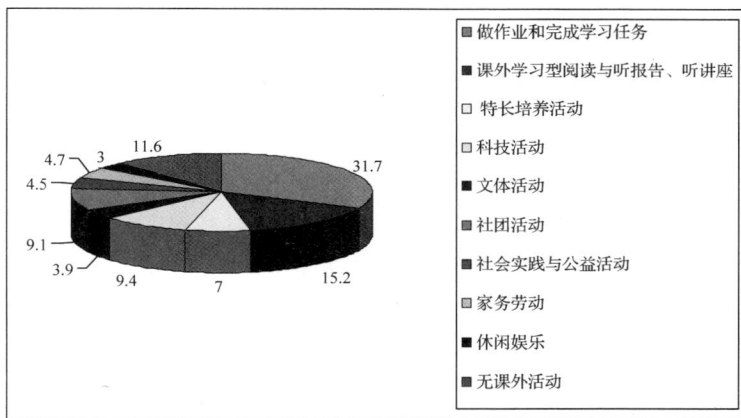

图 2-2　中小学生最不喜欢的课外活动的分布情况

（四）课外活动"娱乐化"趋势显著，学生痴迷上网、电子游戏、小说漫画的情况不容忽视

众所周知，适当的休闲娱乐有助于排遣学习和生活的压力、调节身心健康。学生自己也认为，一方面，休闲娱乐可减轻或消除生活和学习压力（占 50.9%）和陶冶情操及增进身心健康（占 14.5%）；但另一方面，过度地休闲娱乐、过于放纵自己，就会产生负面影响，不仅浪费宝贵时光，还会损害身心健康。在本次调查样本中，不少学生的课外活动"娱乐化"趋势显著，部分学生甚至痴迷上网、电子游戏和小说、漫画，这一情况不容忽视。表2-2结果显示：有63.3％的学生经常参加（甚至每天参加）休闲娱乐活动；图2-1显示：在中小学生实际参与的课外活动中，休闲娱乐活动占了26.2％，仅次于继续做作业和完成学习任务。

具体而言，在当前中小学生参与的课外休闲娱乐活动类别中，上网人数占被调查者的82.1％，其中37.75％的学生经常上网（含部分学生几乎每天上网）；大多数学生上网是为了玩电子游戏，并且有不小比例的同学经常玩电子游戏，占20.8％；中小学生看小说、漫画的占比也不容小觑，占73.3％。

为了进一步考察这一结果，在另一地区抽取某小学、初中和高中的部分学生，就"做完作业后，你最喜欢或最想干什么"的问题进行访谈调查，结果发现：小学生最爱做的就是打电子游戏，其次是看漫画、小说。在访谈中还了解到，沉溺这些活动不仅导致学生学习成绩下降、损害学生身心健康，更有甚者，个别学生为了上网而逃课、辍学，甚至导致违法犯罪现象的发生。

此外，不少学生几乎没有课外活动。在对中小学生最不喜欢的课外活动的调查中，11.6％的中小学生选择几乎没有课外活动。其后果是导致学生产生厌学、厌倦或无聊情绪（占34.5％）、损害学生身心健康（占29.3％），甚至因无事生非而引发违法违纪行为、危害社会（4.2％）。

第四节　中小学生课外学习引导的对策与建议

　　如上所述，课外学习活动是中小学生学习和生活的重要组成部分，要改变以往中小学生以"看书做作业和参加补习班"为主流的一元化课外学习状况，必须要从国家政策层面进行顶层设计，同时要从基层实践操作层面进行正确引导。令人欣慰的是，2013年11月29日，教育部公布了《中小学教师违反职业道德行为处理办法(征求意见稿)》，其中特别提到：教师如组织、要求、诱导学生参加校外有偿补课，或者参与校外培训机构对学生进行有偿补课，将会受到相应处罚。建立健全违反师德行为的惩处制度，切实解决当前存在的师德突出问题，将是我国教育行政部门为遏制中小学生课外培训补习和家教、解决中小学生学习负担过重、改善中小学生课外学习和生活状况采取的又一重大举措。当然，要真正改善中小学生的课外学习活动状况，不仅需要从国家政策层面对我国中小学生的课外学习活动进行顶层设计，同时需要教育专家和广大学者从理论上对中小学生课外学习活动的多元发展进行认真研究；还需要教育工作者和广大家长在实践上对中小学生课外学习活动的多元发展进行不懈探索，从社会的多元化、文化的多元性、人的多元性等方面探讨中小学生课外活动的多元发展，并从关注中小学生的身心健康、引导中小学生的社会化发展、促进中小学生的个性化发展等多方面入手，在实践操作方面进行正确引导和科学指导。

一、继续加强政策引领和行政监管，切实减轻学生过重课业学习负担

政府应继续出台更为有效的相关政策，把"切实减轻学生过重课业负担"落到实处，并作为考核教育行政部门、教研部门、学校领导的重要内容。同时应抓好以下工作：

(一)加强教师岗位培训，提高教师综合素质

如改革课堂教学，提高课堂教学效率；精心设计作业，提高家庭作业质量；科学设计考试形式、内容和难度，提高各类考试质量；提高职业道德，严禁课外以任何形式有偿为学生补课等。

(二)建立完备的政府监管体系，从严监管、督查学生用书和课外补习培训机构

使依法治教真正成为各级政府、学校教育和社会各界的自觉行为：对学生用书，既要提高教辅资料质量，又要切实贯彻《中小学生教学用书目录》，控制学生用书数量，不许其他部门、团体以经商形式组织面向中小学生的专题教育和向中小学生推销图书报刊、电子音像制品等；对学生课外补习培训机构，要加大检查力度，教育部门要规范其教学行为，物价部门要统一核准其收费标准，税务部门要对其进行征税，消防部门要对其进行安全检查，行业协会则要对其质量进行检查，等等。

(三)改革教育评价制度，防止学校和教师将压力转嫁给学生

如建立科学的教育评价制度，转变传统的教育观念，从以选拔为中心的单一的、片面的、静态的评价，转变为以促进学生持续发展为中心的多样的、全面的、动态的评价；改变过去用升学率对教师和学校进行评价的做法，提高教师组织社团活动、科技活动和从事综合实践活动教学的能力，将学校社团活动、科技活

动和综合实践活动的情况作为学校的考评指标；改变单纯以考试分数来衡量学生学业成绩的做法，着眼于促进学生在其现有基础上得到最大限度的发展，而不能仅仅局限于智育上；改革中考、高考等升学制度，降低学科类学习成绩在升学考核中的比重，提高学生从事社团活动、科技活动、公益活动、社会实践活动等能力和成果方面的考核，将学生的个性品质、社会化程度纳入高中、大学等高一级学校的综合评定指标。

（四）加强对家长的宣传和引导，防止家长给孩子施压

由于家长在学生的课外学习活动中起着较重要的决策作用或强制作用，政府需要鼓励社会开展对家长在子女教育中的职责和义务方面的宣传、引导和培训工作，充分发挥家长委员会的作用，使家长做到：①正确理解、支持减负行动和全面实施素质教育的做法，不要再出现学校"减负"、家长加压的做法，如买教辅资料、请家教，甚至自行布置作业等，仍旧让孩子与应试教育的战车紧张赛跑。②正确看待补习的作用，避免孩子盲目补习。应该根据孩子自身的特点和问题找出其学习成绩上不去或下降的具体原因，不能盲目地用补习功课来应对，只有找出孩子的具体问题出在哪里，才能帮助孩子找到学习的正确途径。③尊重学生自主选择，避免强制性补习。家长应依照孩子的实际情况，选择孩子感兴趣并适合的课外活动，避免强制性地让孩子参加一些自己并不喜欢的补习班、兴趣班等。应该重视对孩子课外活动的指导方式，以平等的姿态与孩子对话，在尊重孩子的基础上，发挥好"舵手"的作用，及时捕捉到孩子的兴趣、爱好、特点，加强对孩子的引导，使孩子的潜能得到充分的挖掘。

二、克服课外学习活动"一元化"倾向，促进中小学生的身心健康

（一）家长、学校和社会三方面共同作用，减轻学生课业负担与学习压力

1. 正确看待补习的作用，避免盲目补习

孩子是有个体差异的，应该根据孩子自身的特点和问题找出其学习成绩上不去或下降的具体原因，如有的孩子是课堂上注意力不集中，有的是心理焦虑产生厌学情绪。所以不能盲目地用补习功课来应对，应该找出孩子的具体问题出在哪里，对症下药，这样才是帮助中小学生找到学习的正确途径。

即使补习能产生暂时的效果，也不利于学生的长远发展。在调查中，仅有 23％的被调查者认为课外补习能提高学习成绩。进一步跟踪调查发现，补习后综合学习成绩得到提升的还不到 10％。成绩得不到实质性提高，而参与补习的学生却因自满、自负与依赖等不良心理的产生，导致其本身良好的学习习惯遭到破坏，学生的自主学习与反思的能力大大减弱。这类学生通常认为，在补习班已掌握要点，不需要在课堂上继续学习，以致在课堂上出现开小差的现象；更有一些学生，对补习班产生依赖情绪，在学校完全不听老师授课，一心只想着还会补课。这些不良的学习习惯不但加重了孩子的课业负担，还直接影响了学生的综合成绩，对他们的长远发展极为不利。

2. 保证中小学生自主选择的可能，避免强制性补习

学生补习效果不佳的原因之一是家长违背孩子的意愿，盲目选择补习班。不少家长为提高孩子学习成绩，不顾孩子的意愿强

制性地为其报各类补习班，致使孩子的学习主动性调动不起来，对学习没有兴趣，产生抵触、厌学情绪。在调查中，许多中小学生存在想要逃课、不去上补习班的想法，胆子大的学生更是将这一想法付之行动。在如此被动的情况下，补习效果可想而知。因此，家长应依照孩子的实际情况，选择孩子感兴趣并适合的课外活动，避免强制性地让孩子参加一些他自己并不喜欢的补习班、兴趣班等；家长应该重视对孩子课外活动的指导方式，以平等的姿态与孩子对话；家长应该在尊重孩子的基础上，发挥好"舵手"的作用，及时捕捉到孩子的兴趣、爱好、特点，加强对孩子的引导，使孩子的潜能得到充分的挖掘。与此同时，中小学生自己也应该提高自主性，依照自己的实际情况，在家长和老师等人的帮助下自主选择合适的课外活动，充分发展个性，并最终达到促进多元化的发展。

（二）引导学生适度参与休闲活动，防止过度沉溺"精神鸦片"

闲暇生活的质量关系到学生一生的发展，但调查发现：中小学生玩电子游戏和看小说、漫画的频率过高、时间过长，沉溺于电子游戏和小说、漫画的中小学生比例较高，这不仅可能危害他们的身心健康，也可能导致他们荒废学业，甚至阻碍他们的长远发展。造成中小学生沉溺网络游戏及小说、漫画的原因是多方面的，例如，繁重的课业压力和被压制的天性导致不少学生存在焦虑感、不安感、孤独感；而电子游戏及小说、漫画世界能给予他们一定的归属感、成就感，弥补了在现实生活中的缺憾；同时，一些暴力、色情内容满足了其好奇心与内在性需要，能暂时缓解他们的负面感受与情绪，因此，如果没有学校、家庭的教育与引导，学生就很容易深陷其中去寻求即时的快感。再如，运营机构管理不当，越来越多的运营场所为其玩电子游戏及看小说、漫画提供了便利。在电子游戏方面，电子游戏厅并未对中小学生的玩耍时间进行限制，而是任其自由掌控游戏时间，更容易使其沉迷于其中；而图书馆的电子阅览室，逐渐违背其建立初衷，为吸引中小学生，竟在桌面下载网页游戏，为他们玩电子游戏增加了另一途径。因此，为防止中小学生过度沉溺"精神鸦片"，引导他们适度参与休闲活动，需要社会、学校、家庭三方共同努力。

对于社会来说，首先就是要发挥正面的社会舆论导向作用，为学生建立一个正面、愉悦的闲暇生活氛围；其次规范社会上各种娱乐场所、图书借阅与购买场所等的经营、服务方式，防止学生沉溺于非正当场所，净化学生的成长环境。

对于学校来说，应该充分利用学校现有的教育资源，积极组织各种兴趣小组、集体活动、社会实践活动等，加强对学生课外活动的指导，将课外活动的教育纳入到学校教育的体系之中。例如，学校可根据不同年龄段学生道德发展水平的不同，确定网络道德教育的目标和教育内容，对学生进行网络德育意识、观念的正面教育，以良性的网络道德观念抵制不良资讯的影响。

在家庭方面，家长要重视孩子的课外学习活动，鼓励孩子积极参与健康的课外学习活动；并尽可能抽出时间带孩子参加健康的课外学习活动，如参观科技馆等，培养孩子对于健康课外活动的兴趣和辨别能力。

此外，网吧、电子游戏厅的大量开办，商家的违法经营为中小学生上网、玩电子游戏提供了场所。因此，有关部门应该严厉查处违反实名登记、接纳未成年人的行为，取缔无证经营的网吧、游戏厅，并加强市场监管力度；在此基础上积极协调教育、学校、社区等部门，多开展一些适合中小学生的健康有益的活动，共同防范中小学生沉溺于上网、电子游戏；提高学生闲暇生活质量，促进学生的心理健康。

三、丰富社会实践与公益活动，促进中小学生的社会化发展

前面述及，有 1/3 以上的学生从未参加过社会实践、公益性活动和社团活动，即使参加过，也存在活动范围小、时间少、内容贫乏、形式单一等问题。其原因同样也是多方面的，包括社会、学校及家长的片面成才观，学校缺乏对社会实践活动的系统组织，有关部门没有重视此类活动的开展，等等。为促进社团活动、社会实践和社会公益性等活动切实开展，至少需要做好以下几点：

（一）利用社区和高校资源，丰富学生的社会实践活动

课外活动不应是学生学校学习生活的延续，而应是学校教育的必要补充。不仅仅要培养学生的认知能力、学习能力，还要培养他们的生活能力、生存能力、做人做事的能力，而这些如果仅仅依靠学校教育是不可能完成的。学校要改变或者以大量练习题填补学生的课余生活，或者采取"放羊式"的管理模式，重新确立合乎我国国情和儿童身心发展特点的闲暇生活教育目标、教育体系和教育内容，以指导学生科学、合理地利用课外时间。

学校、家庭、社区三者结合是中小学生社会实践活动和公益性活动开展的重要途径。社区是学生除学校之外的主要生活区，有责任发挥引导中小学生课外休闲活动的作用，为他们营造一个和谐文明的课外学习和业余休闲环境。当然，学校要主动加强与社区和家庭的联系，组织学生到社区开展文明创建、交通协勤、公益劳动等志愿者服务和调查活动，通过融入社会、接触生活，

增加对社会的认识与理解、体验与感悟，不断增强社会责任感。有条件的学校、社区还可以在勤工俭学、职场训练等方面，探索学生社会实践活动的新途径和新方法。例如，为中小学生提供活动平台，设立劳动基地、社会实践基地、服务学习基地等，组织学生适当参加一些义务劳动、志愿者活动、社区服务、社会调查、才艺大赛等。一方面可以丰富学生的校外休闲生活，另一方面可以引领他们接触社会，认识社会，培养社会技能、责任感、集体感和感恩心。同时，亦可借鉴国外的做法，如社区设立图书馆、艺术教室、运动小场馆、小科技教室等，为学生下午放学后（父母下班前）的时间提供活动场所，以解决父母下午无暇照顾子女的问题。

以社团活动为例，一方面，学校可充分利用本校人力资源，结合教师兴趣与特长，给予教师一定的专业培训，赋予其开展社团活动的知识与能力；另一方面，学校可充分利用校外的社区资源和高校的人力资源，积极建立与社区场馆、各有关高校艺术学院、师范学院等的长期合作机制，丰富学生社团活动的类型与内容。

家长要正确理解、支持学校的减负行动和全面实施素质教育的做法，不要再出现学校"减负"、家长加压的做法，如买教辅资料、请家教，甚至自行布置作业等，仍旧让孩子与应试教育的战车紧张赛跑；家长更要树立正确的质量观、人才观和就业观，鼓励孩子积极参加校外各类社会实践和公益性活动，促进中小学生健康、全面发展。

（二）政府加大资金投入，创设健康有益的中小学课外活动场所

政府要加大资金投入，兴建一些健康有益的青少年活动场所，如综合性科技馆、户外体育活动场所等。政府要为社会上现有的科技馆、图书馆、少年宫、博物馆、儿童乐园、素质教育基地等场所积极创造条件，使其为学生提供更多参观学习时间和机会，真正成为中小学生健康课外活动的重要场所；并要防止这些场所被挤占、被租用等现象发生。政府尤其要重视增加和改善农村地区和社会弱势群体居住地区的闲暇场所和设施，让农村学生和家庭经济条件薄弱学生能有更多的选择机会，如可以提倡科技馆和学校进行合作，学校定期组织学生参观，科技馆也可以定期举办"移动科技馆"活动，将一部分可以移动的展品带去学校进行移动展示，丰富中小学生的课外活动。

此外，政府要鼓励有条件的工矿、企业、高校实验室、科研机构等免费向中小学生开放，以丰富中小学生的课外活动场所。各级政府部门要协调有关单位配合中小学校有的放矢地组织安排学生参加力所能及的社会服务实践活动。少工委或关工委、科协、妇联等群团组织要充分发挥作用，为丰富中小学生的课外活动积极创造条件和提供相应的帮助。

四、避免课外学习活动受应试加分影响，促进中小学生的个性化发展

（一）重新审视特长"加分"制度，避免学生为"加分"而参加特长培训班

调查发现，中小学生参与特长培训班的频率相当高，而且大部分参加特长培训的学生喜欢的特长与其参与的特长培训班不一致，即参加特长培训纯属为了加分。这不仅会导致厌倦情绪，影响中小学生课外活动质量，也不利于中小学生的个性化发展。特长生加分与各级学校的升学挂钩，在"一分定终身"的应试教育体制下，使得培养特长生的美好初衷被破坏。不但教育界希望以培养特长生打破传统应试教育的期待落空，甚至还强化了应试教育，增加了中小学生的课业负担。因此，教育部门应致力于完善或改变甚至取消现行的"特长生加分制度"。令人欣慰的是，教育行政部门已重新审视，并致力于完善现行的特长"加分"制度，许多"加分"项目被取消。例如，2014 年浙江省决定大幅"瘦身"高考加分政策，能凭借学科竞赛或者体育项目获得加分的考生在加分总人数中的占比已压缩到不足 1％和 5％。在学科竞赛方面，一些省（市）在取消全国奥赛、科技类竞赛保送资格的同时，下调加分分值，如黑龙江省和湖南省都将这些竞赛的加分值由 20 分降为 10 分，广西则将这些学科或科技类竞赛的加分和保送资格改为优先录取资格。这样，学生参加课外活动，如社团活动、特长培训或学科竞赛，不再是为了加分，而是因为兴趣，对于培养中小学生的道德素养、文化素养、健康素养、艺术素养和社会适应能力等，发挥了积极作用。

（二）尊重学生个性，培养学生兴趣

学校、老师和家长应改变以往对分数的片面关注，引导学生培养多方面的兴趣，培养学生对于特长和社团的热爱和自主学习能力，营造活泼的学习氛围，让学生参与到自己喜欢特长培训和社团活动当中去，培养学生的自主学习精神，从而促进学生的个性化发展。当然，学生也要广泛培养与自己个性特点相适应的兴趣，避免受到不良风气影响、歪曲特长培训和社团活动的本质，达到"想学"、"要学"、"会学"的境界。

此外，要鼓励学校因地制宜、因材施教，开展丰富多彩的实践活动，引导学生根据个人的兴趣和特长参加课外社团活动和实践活动，努力打造个性化教育特色。

五、开展课外科技活动，培养学生的创新素质，促进学生的多元智力发展

《国家中长期教育改革和发展规划纲要（2010—2020 年）》曾明确提出：要着力提高学生勇于探索的创新精神和善于解决问题的实践能力。《教育部办公厅关于做好 2013 年中小学生暑期工作的通知》也要求中小学生暑期深入开展各类科普教育活动，以培养崇尚科学、探索科学奥秘的兴趣。实施科教兴国，需要从小、从青少年时期开始培养创新人才；实现科学技术跨越发展，中小学生是主要后备力量。因此，在学校教育中，要重视课外科技教育，注重对学生创新精神和创新能力的培养。

开展中小学生课外科技性活动的途径是多种多样的，如科技制作活动、发明创造活动、科技竞赛活动、参观科技场馆等。以科技场馆为例，科技场馆作为科学知识普及传播的重要场所，为改革现有科学教育模式和提高公众科学素养提供了可能性。西方国家已通过科技馆课程、馆校合作等方式大力推进科技场馆教育功能的实现，使其成为中小学生科技教育的"第二课堂"。非常遗憾的是，中国科普研究所 2005 年《公众科学素养调查》结果显示，我国公众对科技场馆的有效利用情况不容乐观，仅有 9.3% 的公众参观过科技类场馆。本研究结果则显示：科技馆未走进中小学生的课外生活。在走访的某地区，虽然科技馆作为新兴的场馆应运而生，但由于缺乏宣传，被调查的学生大多数不知道有科技馆的存在。进入场馆的门票费用、部分展品的体验费用偏高也阻挡了一批学生与家长的脚步，展品的内容对学生的吸引力有限也是重要原因之一。因此，需要大力引导和组织中小学生参观科技场馆，

并有效组织科技馆的展览活动，增加学生参与展示活动的机会，提高学生参与展示活动的积极性，以提升和培养中小学生的科技意识和创新能力，促进中小学生的多元智力发展。例如，政府可鼓励社团、企业、志愿者等支持中小学生参与科技场馆活动，对相关企业可在税收上给予优惠，对社团和志愿者则要尊重他们的劳动并提供相应的便利；对于科技馆设立中小学生校外科技活动基地、组织开展中小学生科技夏令营、开设中小学生科技教育专题讲座、指导中小学生开展科技实验等给予相应的政策扶持和资金支持。

六、因地制宜、因人而异，科学引导中小学生的课外活动

调查发现，城乡地区中小学生参与课外活动问题存在显著的差异。其中，"应试性倾向"城市比农村突出，主要表现为经常或每天参加学科补习的人数更多，不参加学科补习的人数更少；"社会性意识淡薄"农村比城市突出，由于缺乏场地和条件，农村学生从不参加社会实践、公益活动和社团活动的人数更多，经常参加或每天参加社会实践、公益活动和社团活动的人数更少；"娱乐化倾向"则城市中小学生比农村更为突出，主要表现为城市学生不上网和看小说、漫画的人数更少，相反，经常或每天上网和看小说、漫画的人数显著多于农村。因此，引导中小学生的课外活动要考虑城乡差异、因地制宜。

同时，中小学生在"应试性问题"、"社会性问题"和"娱乐化问题"等课外学习活动中还存在显著的性别差异。其中，在"应试化倾向"方面，女生比男生更明显，表现为女生参与学科补习和自习的频率均比男生高；在"社会性问题"方面，除社团活动问题不存在显著的性别差异外，社会实践和公益活动问题均存在显著的性

别差异，即男生缺乏社会实践和公益活动的问题比女生更严重；在"娱乐化问题"方面，上网频率存在显著的性别差异，即男生上网频率高于女生，但看小说、漫画和电视电影的性别差异不显著。此外，不同学习成绩的中小学生的课外活动也存在差异，即：随着学习成绩的提高，中小学生课外活动的应试化倾向更为明显，"社会性意识淡薄"问题难以缓解，"娱乐化明显"问题更为突出。因此，引导中小学生的课外活动还要考虑性别差异、因人而异。

此外，要正确引导学生参与健康的休闲活动，防止过度沉溺于"不健康的课外活动"（如网络游戏、暴力色情等），提高学生闲暇生活质量，促进学生的心理健康。例如，要发挥正面的社会舆论导向作用，为学生营造一个正面、愉悦的闲暇生活氛围；要继续加强对公共文化市场的管理，规范社会上各种娱乐场所、网吧、游戏厅、图书借阅与购买场所，严厉查处违反实名登记、接纳未成年人的行为，取缔无证经营的网吧、游戏厅，并加强监管力度，净化学生的成长环境，保护学生的健康成长。

参考文献

陈传锋，杜梦石．中学生暑期休闲活动调研报告[J]．教育研究，2010(11)：60－65．

顾琰，范亚男，朱莎莎．江苏省小学生课外学习现状调研及对策[J]．基础教育，2009，6 (1)：55－57．

郭俞宏，薛海平，王飞．国外青少年科技竞赛研究综述[J]．上海教育科研，2010(9)：32－36．

胡江倩．欧美日本中小学社区服务与社会实践活动比较及启示[J]．洛阳师范学院学报，2001(4)：96－98．

胡霞．中日美中学生日常生活比较[J]．当代青年研究，2001(04)：45－48．

黄丹凤．近十年来美国"校外活动"的新发展及其挑战[J]．外国中小学教育，
　2006(2)：30—33.

黄小葵，高口明久．中日两国小学生课余生活状况比较研究[J]．外国教育研
　究，2007，34(2)：42—47.

卢浩，杨海燕．美国中小学"服务学习"课程：内涵、方案、实施及评价[J]．
　外国教育研究，2005，32(1)：63—67.

王艳．初中生上网状况的调查与研究[J]．当代教育科学，2003(11)：40—43.

吴思为，伍新春，赖丹凤．青少年课外学习特点的分析与建议[J]．教育学报，
　2010，6(2)：77—81.

吴亚非．2011年中国互联网络发展状况相关数据——CNNIC《第29次中国互
　联网络发展状况统计报告》摘选2010—2011网络游戏用户数及使用率[J]．
　中国信息安全年鉴，2012(385).

Silliker，S. A. ＆ Quirk，J. T. The effect of extracurricular activity participa-
　tion on the academic performance of male and female high school students.
　School Counselor. 1997，44(4)：288—93.

第三章　中小学生课外应试性学习活动

第一节　中小学生课外应试性学习概述

《人民日报》（2010 年 9 月 6 日）以《教育培训市场透视：13 岁孩子的"疯狂"补课表》为题，曾这样描绘了一个 13 岁初中生的暑期生活：每周一、三、五上午 9 时到 11 时 30 分，他都要去读一个平面几何专题学习班；每周一、三、五晚上 6 时，参加游泳培训班……另有一个英语口语强化课，时间是每周一至周五中午 14 时到下午 4 时；到了周末，他还要参加初一数学、语文的同步辅导班。

这就是当前中小学生课外应试性学习状况的真实写照。很多家长表示，面对升学压力，只能在假期让孩子参加各类补习班来进行"补差"；而那些尖子生，则去参加各类以竞赛为目的的培训班，或者去参加其他教学机构专为优秀生提供的"精英班"、"超常班"、"培优班"。

自 20 世纪 80 年代以来，我国中小学教育一直深受应试教育影响。在高考指挥棒的掌控下，学生不仅要接受课堂教学内容，还须参加有关考试的各类课外辅导。这里所说的是学校、教师、家长、校外教育机构等在课外采取各种措施、手段，对学生施加教育影响，强化训练应试技能，以提高学生学习成绩，并收取一定经济报酬的一种教育有偿性服务。据有关方面统计，目前我国中小学生几乎都有参加课外辅导的经历。虽然近几年教育部一直倡导素质教育，并出台一系列减负政策，希望减轻学生额外负担，但现实生活中课外有偿辅导却屡禁不止。中小学生的课外补习和培训的主要科目还是学科知识，从侧面反映了现在许多课外辅导的存在是应试教育的产物。周霞(2012)通过调查指出，出现学生课业负担的根本原因是我国的国情及教育制度，主要原因是社会及家庭受"学而优则仕"传统教育观念的影响，直接原因就是学校和老师的教育理念。

课外补习与培训是指在课外时间里，中小学生仍继续与学习有关的活动，其目的在于提高自己的学习成绩，主要包括补习班、学科竞赛、家教、作业和自习等。从补习科目上看，我国课外补习分成文化和艺术两大类：文化类以语、数、外"三大主科"和物理、化学等理工类科目为主；艺术类以美术、音乐等艺术类科目为主(在我国，很多艺术课程的课外培训，特别是中学生的艺术课培训，带有明显的应试目的，是课外补习的重要组成部分)。从规模上看，中小学课外补习的规模总体呈增长趋势，城镇小学参加课外补习的比例更高，要超过在校学生数的 2/3(周霞，2012)。

一、中小学生的课外时间大多被各类应试性学习所占据，自由支配时间较少

根据教育部规定，小学 1～3 年级学生每天的作业量应在 30 分钟内完成，4～6 年级在 60 分钟内完成，初中生在 90 分钟内完成。实际上，中小学生的课外作业时间远远超出了这一规定。解腊梅和贾霞萍(2008)的调查表明，无论是周末，还是节假日，中小学生的课余生活主要是以学习做作业为主；中小学生每天做作业的时间在 1 小时以下的仅占调查学生总数的 20.4％，1～2 小时的占 39.5％，2～3 小时的占 26.6％，3 小时以上的占 13.5％。67.9％ 的学生认为，教师给自己布置的作业较多。

孙云晓等人（1999）的调查发现：在课余时间，84.1％的少年儿童在"做作业"，城市少年儿童平均每天做作业 107.12 分钟，农村少年儿童平均每天做作业 72.26 分钟。在休息日里，与平时的闲暇活动时间相比较，各项都有所增加。在"做家庭作业"方面，城市的少年儿童平均比平时增加 35.56 分钟，农村的少年儿童平均增加 18.89 分钟。即使在假期，这仍是学生们课外生活的主要部分。陈传锋和杜梦石（2010）指出，学习活动在中学生暑期休闲活动中所占的百分比为 58.9％。可见，双休日仅仅被当作学生学习日的延伸，学生的一切活动都受制于学习。

胡春莉（2005）认为，中小学生的闲暇生活为学业负担所累。刘东菊（1997）《关于双休日与学生素质提高的几点思考》也得到了类似的结果：12％的小学生和 20％的中学生感到双休日生活很累、比较累和空虚、孤独、苦闷。刘东菊（1997）的调查结果显示：中小学生双休日的主要活动是做作业、复习功课；其次是看电视、看书和玩等；其中双休日做作业的小学生占 98％，中学生占 92％，并且 49％的小学生和 69％的中学生做作业的时间在半天以上；作业中以教师留的作业最多，其后依次为家长、家教和提高班教师留的作业。

孩子每天需要将大量的时间花在学习上，"中国城市少年儿童生活习惯研究"课题组（2005 年）的调查结果显示，学生平均每天在学校要待 8.6 个小时，有 50％的学生在校时间超过 8 小时，其中最长的达 12 个小时。在有限的课余时间里，平日要参加与课堂教学知识有关的学习班的学生占 40％，在周末则达到 60％以上；平日参加各种特长培训班的有 27％，周末则有 46％。此外，90％以上的学生每天回家要写作业，复习、预习课堂上的学习内容。孩子在平日写作业要花费 1.5 小时(90.59 分钟)，而到了周末，作业量比平时更大，比平时要多花费将近 50 分钟(148.32 分钟)。在如此强大的学习负担之下，中小学生很难有时间自由地玩、做自己想做的事(范砚蕾，2012)。

杨紫薇(2013)的调查也得到了类似的结果：孩子每天需要将大量的时间花在学习上，小学生平均每天在学校的时间是 9 小时，有 50％的学生在校时间超过了 8 小时，最长的则高达 12 小时。此外，在那些有限的剩余时间里，有 41％的学生平时要在与课堂教学知识有关的学习班中度过。《中国妇女报》关于"中国少年儿童素质状况抽样调查情况报告"(2001 年)的调查也发现，学业是中小学生课外时间的主要内容。中小学生用于完成家庭作业和提高学习能力的活动占据了课余时间的 30％，平均每天 82.4 分钟；7％的时间用于阅读课外书，平均每天 18.8 分钟。

二、中小学生的课外学习大多是各类补习培训、家教和作业，自主学习较少

(一)课外补习班呈现前所未有的"繁荣"

补习班在实际生活中普遍存在，在如今社会背景下已变得越来越"繁荣"，成为小学生在学校以外学习活动的一个重要领域。章唯(2013)的调查发现，参加课外学习班的学生达 89％，只有 11％的人没有参加，说明越来越多的小学生已参加课外学习班。并且，在进一步调查中发现，四年级和五年级参加的学生人数居多，可见中高段的学生更倾向于课外学习。而在参加课外学习班

的人中，章唯还了解到，大约 70％的学生参加了不止一个课外学习班。薛海平(2006)通过对城镇学生在课外参加教育辅导活动的情况的调查发现：在所有调查的城镇在校生中，有一半以上的学生参加了课外教育辅导，其中参加课外补习比例最高的为小学阶段的学生，超过整个城镇小学生人数的一半。可见，课外学习班已成为小学生课外生活的重要组成部分。

（二）有偿家教市场依旧火热

家教分为家庭教育和有偿家教两类。所谓有偿家教，是指由国家教育机构第三方组织实施的，家庭通过支付一定报酬，支持或认可孩子参加的课外辅学活动。

综观已有的研究文献发现：我国至少有 1/2 的学生选择了或者曾经选择过家教。例如，肖凤娇(2012)的问卷调查发现，半数以上的学生有请过家教的经历。董芯芬(2009)的研究指出，在全国 12 个省市中，在直辖市和省会城市中，学生有请家教的比例最多，其次为地级市，最后是县级城镇。可见，越是在大城市，请家教就越明显。

（三）课后作业负担沉重

虽然课后作业是学生巩固知识、提高能力的有效途径，但不少研究发现，中小学生当前的课后作业还是存在很多问题。

刘丹青(2011)指出，现在作业量过多，学生压力大。在学生完成学校老师布置的作业后，很多家长还要到书店购买额外的资料，让孩子继续陷入作业的苦海中。这些额外的补充练习大多时候比学校老师布置的作业量多若干倍。即使教师给学生减负，家长也会给孩子"增负"。解腊梅和贾霞萍(2008)的调查显示，在课余时间，64.8％的父母经常给孩子布置额外的作业；在周末和节假日，45.2％的学生参加了各种各样自己喜欢或不喜欢的特长班，59.4％的学生参加了一个甚至两个以上的课外学习辅导班。亦即几乎60％的学生由于各方面的原因在课余时间还得继续苦读；44.3％的学生虽然对此深恶痛绝，但又无可奈何。沉重的课业负担压得学生喘不过气来，根本没有时间考虑课余生活是否丰富多彩和是否有意义。

另外，作业形式枯燥、简单，学生感觉乏味。以数学为例，很容易采用题海战术，通过相同形式的习题进行重复练习。这样的习题，不仅难以检查学生对课内知识理解和掌握的程度，反而容易让学生感到厌烦。

三、中小学生课外应试性学习存在城乡差异，城市学生课外学习时间多于农村

"当代中国少年儿童发展状况"课题组（孙云晓等，1999年）的调查发现，在课余时间，84.1％的少年儿童在"做家庭作业"，城市少年儿童平均每天做作业107.12分钟，农村少年儿童平均每天做作业72.26分钟。在休息日里，与平时的闲暇活动时间相比较，各项都有所增加，但是增加幅度最大的依然是平时活动时间最多的三项：首先是"做家庭作业"，城市的少年儿童平均比平时增加35.56分钟，农村的少年儿童平均增加18.89分钟；其次是"看电视、电影、录像"，城市的少年儿童平均比平时增加24.15分钟，农村的少年儿童平均增加10.56分钟；最后是"与小伙伴玩耍"，城市的少年儿童平均比平时增加20.21分钟，农村的少年儿童平均增加10.9分钟。

相较于城市，农村儿童用在学业上的时间虽然较少，但其比重仍占课外生活的首位，尤其是农村寄宿制学生。曾晓东（2011）

在对全国约 20 个省市的上万个家庭进行了"义务教育阶段家庭教育支出调查"之后指出：农村小学生参加补习的比重低于城市，不同年级的学生补习偏好也不同，高年级的学生比较侧重于文化补习，小学低年级学生的特长教育占有较大比重，到了小学中段，兴趣班的支出开始增加。雷万鹏(2004)调查了高中学生的课外补习状况，发现：农村学生参加补习的可能性低于城市学生；农村高中生教育补习支出增加率低于城市。这种差异具有统计上的显著性。

王景和张学强(2010)的研究指出，由于农村学校原有的发展基础比较薄弱，国家义务教育经费保障新机制实施之后，主要由地方承担的贫困寄宿学生的生活补贴费用处于低标准的水平，特别是由于农村教师编制紧张，不能设置专门的生活管理教师，加上公用经费没有对寄宿制学校学生的管理做出专门的安排，农村学校缺乏课后活动的环境，使得农村寄宿制学校学生课余活动贫乏，不利于学生的成长。吴霓和廉恒鼎(2010)进一步指出：由于寄宿制学校学生的生活基本在校内度过，出于对学生安全和提高升学率的考虑，很多寄宿制学校往往采取增加学习时间的办法来安排寄宿生的空闲时间，学生的课余生活以学业为主，除了上课以外，学生其他的自习时间和课后活动也大多用来做作业和补课。王远伟(2007)对内蒙古三个旗的农村寄宿制学校的调查发现，大多数学校在国家规定的 7～8 节上课时间之外，又增加了早、晚自习课，一般是 6 点多加一节早自习，晚上加两节晚自习，学生全天学习时间超过了 10 个小时，甚至小学一二年级的住宿生也是如此。胡延鹏(2009)的调查还发现，绝大多数寄宿制小学生每天一般都要花费 1 个多小时的课下时间完成作业任务，不少学生甚至要花费 2～3 个小时。这表明农村中小学生(特别是农村寄宿制中小学生)

课外活动仍以学习为主，其真正自由活动时间较少，活动形式较为单一。中央教育科学研究所课题组（2008）进一步提出，学校不能开展学生所期望的课余活动，在询问寄宿学生是否愿意参加学校组织的课外活动时，91.3%的学生表示愿意，只有8.7%的学生表示不愿意；但调查发现，学校能经常组织学生课外活动的仅占27%，大多数学校不能满足学生的这一愿望。

第二节　中小学生课外应试性学习的现状调查

一、中小学生课外应试性学习的一般状况

（一）研究方法

1. 问卷调研

1）研究对象

运用方便抽样法在湖州和杭州6所中小学发出问卷1620份，收回问卷1614份，回收率99.6%，其中有效问卷1465份。样本具体情况见表3-1。

表3-1　调查对象分布表

地区	学校	有效问卷	无效问卷	合计	百分比
湖州	小学	553	9	562	98.4%
	中学	228	6	234	97.4%
杭州	小学一	119	7	126	94.4%
	小学二	200	15	215	93.0%
	小学三	216	32	248	87.1%
	中学	150	13	163	92.0%

2）调研工具

采用自编《中小学生课外应试性学习活动调查问卷》。首先，本问卷的编制根据以往的文献资料，对中小学生的课外补习与培训的具体内容进行梳理，从"学生最熟悉的课外补习与培训活动"、"学生最喜欢的课外补习与培训活动"、"参与课外补习与培训的态度"、"参与课外补习与培训的具体情况"、"参与课外补习与培训的影响"等五大方面着手，编制出预试问卷及访谈提纲；其次，在湖州分别选取小学、初中进行小范围试测，全面收集调查中出现的问题和不足，并对中小学生进行开放式和半结构化访谈；最后结合预测结果和访谈内容，对问卷内容进行修改、补充和完善，最终确定问卷的具体内容，完成问卷编制。

2．访谈调查

在进行问卷调查的同时，对部分老师和学生进行访谈调查。访谈的主要形式是跟踪访谈与随机访谈，并对个别中小学生进行深入调查。由于采用半开放型访谈，研究者在对访谈结构有一定控制的前提下，允许受访者积极参与，在提问时鼓励受访者提出自己的问题，并且根据访谈的具体情况对访谈的程序和内容进行灵活调整。

（二）调研结果与分析

1．课外应试性学习活动较为普遍，仍然占据中小学生课外活动的主流

对 1465 位中小学生是否参加"应试性"课外学习活动的情况进行统计分析，结果发现：中小学生平时参加"应试性"课外学习活动的比例高达 61.7％，表明中小学生参与"应试性"课外补习活动

的现象较为普遍，俨然成为他们课外活动的主要组成部分。课外活动牢牢打上"应试性"学习的烙印。

进一步分析学生参加课外应试性学习活动的频率，结果发现：每天都参加"应试性"课外学习活动的学生占 12.5%，每周参加"应试性"课外学习活动两次及以上的学生达 38.5%；一周除了 5 天在学校的正常学习以外，绝大部分学生还需进行两次及以上的补习、培训，学习负担不堪重负。

进一步访谈了解到，在节假日中，很多学生都会参加课外补习，甚至全班同学几乎都参加了各色各样的"应试性"课外学习活动，而且占据节假日的很多时间。例如，通过对富阳某小学生的访谈调查了解到，在节假日，父母因为工作忙，无法对自己进行作业辅导，因此把他送到了补习机构进行学习，在寒暑假期间，往往是一整天都在补习机构接受学习辅导。从老师的访谈中得知，学生参加课外应试性学习活动的现象存在已久，而且相当普遍，大部分学生在学校学习成绩一般，参加这类学习活动的主要目的是为了提高成绩；也有成绩优异的学生参加，希望通过一些提高班进一步提高自己的成绩，目标在于追求高分及挑战一些高难度的题目。

2. 中小学生参加的课外应试性学习活动与其兴趣相违背

对中小学生最喜欢的课外活动和最常参加的课外活动的问卷调查，结果发现，在中小学生中比较受欢迎的课外活动是课外阅读和科技性学习活动；但中小学生平时实际上最常参加的课外活动确是"应试性"课外学习活动和课外阅读，最受学生欢迎的课外活动和学生最常参加的课外活动存在差异；而且学生的课外活动时间多被各类学科补习所占据，无法从这些补习中抽身参加他们感兴趣的活动。

3. 不少学生并非自愿参加"应试性"课外学习活动，家长意愿起了很大作用

对中小学生参加"应试性"课外学习活动按谁要求进行描述性统计，结果见图 3-1。

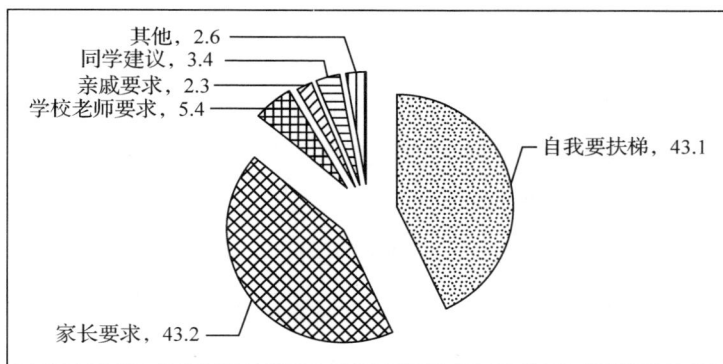

其他，2.6
同学建议，3.4
亲戚要求，2.3
学校老师要求，5.4
自我要扶梯，43.1
家长要求，43.2

图 3-1　中小学生参与"应试性"课外学习活动的自愿性与被迫性

图 3-1 结果显示，虽然不少学生参加课外应试性学习活动是出于自己的意愿，但因家长要求而参加"应试性"课外学习活动的学生也不少，二者分别占 43.1％和 43.2％；加上学校老师要求的，更多的中小学生参加这类"应试性"学习活动并非出于自愿，而是受了家长及其他人的影响。

结合对家长的访谈调查得知，很多家长由于自身能力有限，无法很好地给予孩子指导，因此会为孩子选择参加一些补习班。学生也纷纷反映，自己参与这类学习活动并不是自己选择的，是父母根据自己在学科中的薄弱环节，要求自己进行相应的学科辅

导补习。

4. 中小学生参加"应试性"课外学习活动的效果并不明显

对中小学生参加"应试性"课外学习活动的效果进行描述性统计，结果发现：多达 40％的中小学生觉得这类学习活动的效果一般，甚至是较差。"应试性"课外学习活动并没有给学生带来所希望的结果，并不是所有学生都适合参加这类学习活动。

对中小学生参与"应试性"课外学习活动对单科成绩和总成绩的影响进行描述性统计，结果发现：参加应试性课外学习活动对学生单科成绩的影响大于对学生总体成绩的影响。近一半的学生认为，参加这类学习活动对他们所参加补习的学科成绩是有所作用的，但也有近一半的学生表示，参加这类学习活动对他们总体成绩的作用不是很确定或者起不到作用。

对湖州某小学的学生进行访谈调查时得知，由于平时对薄弱学科的大量补习，在该学科学习成绩提高的同时，对其他学科学习兼顾时间的减少，使得其他学科的学习成绩有所下滑，因此这类学习活动起着亡羊补牢的作用。而且很多时候家长在发现学生这个问题时，就会再给孩子增加其他学科的补习。这样在一定程度上又大大加剧了学生的学习负担。

5. 中小学生参加"应试性"课外学习活动影响其学习习惯，尤其影响其课堂表现

对中小学生参加课外培训与补习活动后的课堂表现进行描述性统计，结果发现：虽然 50％左右的学生上课仍会认真听讲，但却有 10％左右的学生出现上课开小差等不认真听讲的行为，这些学生在参加了培训补习后觉得老师上课的内容自己已经掌握，不

需要再听讲，因而出现不认真上课的现象。这种行为不仅不利于学生自己对课堂知识的学习，还会影响到班级其他同学正常上课，不利于老师的课堂管理。

通过对杭州某小学教师的访谈了解到，现在很多学生因为在课后参加各类补习班导致其上课注意力不集中。由于课外对新知识进行过学习，因此课堂上学生的积极性会有所下降。更为严重的是，由于课外补习机构的老师并非专业的在校老师，缺乏教学实践经验，对学生的具体情况不了解，很容易在教法上存在问题甚至误导学生。富阳某小学老师还反映，因部分学生每天放学后去参加补习，导致学生晚上很晚睡觉，使得学生由于睡眠不足而在课堂上打瞌睡的现象也常出现。

6. 中小学生参加"应试性"课外学习活动的费用过高，给部分家庭带来经济负担

对中小学生参与课外培训补习每小时的收费情况进行描述性统计，结果见图3-2。通过进一步访谈调查发现，部分学生家庭经济状况并不好，但由于"望子成龙、望女成凤"，加上"跟风"心理，硬是克服经济困难，送孩子上补习培训班。

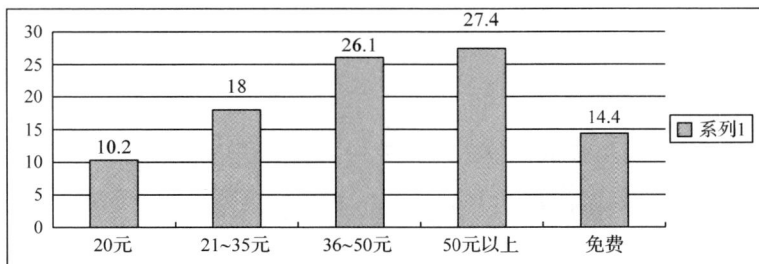

图3-2 中小学生参与课外补习每小时的收费情况

7. 校外培训补习机构良莠不齐，教学环境和条件存在一定问题

对中小学生参加"应试性"课外学习活动存在的问题进行描述性统计，结果如图 3-3 所示。学生除了感到"自身学习压力大"以外，培训补习机构也存在诸多问题，如教学场所条件较差、环境较偏远、交通不方便等。

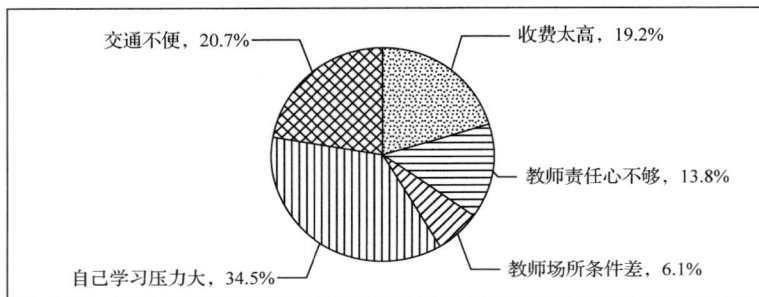

图 3-3　中小学生在参加"应试性"课外学习活动中存在的主要问题

通过进一步访谈和观察发现，学生感到补习培训机构的交通问题及教学条件问题需要改进。补习培训机构大多安置在小区住房或者商业店面房，教室里摆设着桌子及黑板，缺乏多媒体等先进的教学设施，辅导老师大多通过板书、口头讲解等方式进行辅导，辅导结果大打折扣。由于培训机构较偏远，很多学生放学后需要在学校、补习机构、家庭三线奔跑，不仅使学生在路途上花费大量时间，也使很多学生感觉疲倦。

8. 培训补习机构教师来源不一，教师责任心和教学方法有待提升

就中小学生对补习机构辅导老师的责任心和教学方法的评价

结果进行描述性统计，结果发现：近一半的辅导老师缺乏正确的教学方法，而且责任心有所缺失。根据对补习培训机构老师的调查发现：老师的来源渠道很多，大多为应届大学毕业生（绝大部分是非师范毕业生）、考取教师资格证的社会人士、退休教师等。很多辅导老师缺乏教学经验，对学生的教材不熟悉，而且没有接受过正规培训，对教学方法的了解、掌握不到位。因此，很多时候根据自己的经验和理解对学生进行辅导，忽视了教学的针对性，更谈不上创新和改革。而且有些辅导老师在辅导过程中传输了错误方法，特别是对低年级学生影响更大。由于是补习，学生人员流动性较大，使得有些辅导老师在教学中抱着敷衍了事的态度，并没有和学校老师一样遵循教学计划。可见，补习机构老师的责任心和教学方法都需要提升。

二、小学生参加课外数学学习的现状调查

（一）调研方法

1. 问卷法

1）研究对象

采用方便抽样法对湖州、杭州、台州三个城市的 4 所小学进行调查，每个地区各抽样 1～2 所普通小学，每所学校在各年级随机抽取两个班。共发出问卷 1200 份，收回问卷 1088 份，回收率 90.75％，其中有效问卷 879 份，有效率为 80.7％。有效样本情况详见表 3-2 和表 3-3。

表 3-2 调查对象性别分布一览表

性别		频率	百分比/%
	男	411	46.8
	女	455	51.8
	合计	866	98.5
缺失	系统	13	1.5
	合计	879	100.0

表 3-3 调查对象年级分布一览表

年级	频率	百分比/%
一年级	32	3.6
二年级	38	4.3
三年级	167	19.0
四年级	251	28.6
五年级	238	27.1
六年级	153	17.4
合计	879	100.0

2）调研工具

采用自编"小学生数学课外学习状况调查问卷"，以封闭式选择题和开放式问答题为主要题型，整个问卷共分为以下两部分：

第一部分是关于小学生及家长的基本信息，包括学校名称、所在地、性质；学生的性别、年龄、年级与班级、学号、民族、特长；是否为独生子女；学习成绩情况；父母文化程度；父母的职业等内容。

第二部分是关于课外数学学习活动状况，这一部分包括三个板块：一是看书做作业，即自习情况；二是参加数学补习班；三是请数学家教补习。在每一个板块下都设置了相应的问题，主要包括以下内容：其一，数学课课外学习现状，如补习时间、补习频率、补习地点、家教费用、家教教师、作业数量、作业要求等；其二，参加数学课外学习活动的原因，如自我要求的、家长要求的、学校老师要求的、亲戚建议的、同学建议的等。

2. 访谈法

自编"小学生数学课外学习活动访谈提纲"，在湖州、杭州所抽样学校各年级抽取一个班，每个班抽取 3 名学生；并抽样校外补习机构及家教教师各 3 个；通过访谈抽查进一步了解小学生课外数学学习的现状及特点、原因与因素等。在访谈过程中根据实际情况适当调整访谈提纲及关注点，力图收集到不同人员对小学数学课外学习最真实的态度和看法；同时，对一些重要问题辅之以观察法，以验证资料的真实性。

（二）调查结果与分析

1. 小学生参加课外数学培训补习的状况

1）数学补习班的参与度

虽然大多数小学生（75.4%）课外没有参加数学补习班，但仍有不少同学课外参加了数学补习班，在样本中占 22.3%（195 人），可见，现在有相当一部分小学生会在课外时间参加数学补习班，约占近 1/5。

2）小学生参加数学补习班的主导因素

调查结果显示：在参加课外数学补习班的学生中，因家长要求参加的学生最多，达 53.0％；其次是自我要求，占 38.6％；也有少部分学生表示是因老师要求或者亲戚建议，分别为 6.0％和 0.9％。由此可见，大多数小学生去参加补习班并非出自自愿，故自觉性不高。

3）小学生参加数学补习班的次数及地点

调查结果表明：67.2％的学生每周参加数学补习班 1～2 次，占据主流；另有 16.5％的学生每周 3 次；甚至有 12.7％的学生每天都参加数学补习班；另有 1.9％的学生集中在某段时间参加数学补习班。可见，现在参加数学补习班的学生补习次数还是比较频繁的。

调查还发现：参加补习班时，绝大多数学生在培训机构补习，占 51.5％；也有一部分是在老师家里补习，为 24.8％；其余则在外校或者本学校补习，地点较为集中。

4）数学补习班的辅导老师

课外补习老师大多数是外校老师，占 39.8％；其次是本校老师，为 18.9％；还有一部分学生的指导老师是大学生，或者社会上的老师。可见，补习班的老师来源复杂多样、教学水平参差不齐。

5）数学补习班的费用

补习班的费用各有不同。其中，每小时收费 21～30 元的较多，占 29.6％；其次为每小时 41～50 元。可见，补习班费用受外在因素影响，费用差异比较大。

6）小学生参加数学补习班的功效

问卷调查结果显示：觉得课外参加数学补习班效果一般的学

生最多，占 36.5％；另有 3.7％的学生甚至觉得参加效果较差或很差。当然，也有 31.5％的学生觉得参加补习班效果较好，28.3％的学生甚至觉得效果很好。

另外，通过调查还发现，觉得参加补习班对数学成绩没什么作用，甚至根本没有作用的学生达 24.4％；当然，也有 39％的学生认为参加数学补习对数学成绩有作用，18％的学生甚至觉得作用很大。

可见，课外补习不是对所有学生都有用，其作用因人而异，效果不一定突出。

7）小学生参加数学补习班的感受

问卷调查结果显示：一半以上的学生对参加补习班表示有兴趣（占 58.9％）；同时，对参加数学补习班感到无所谓的学生为 29.2％，另有 12.0％的学生对参加数学补习班感到厌烦。但是，在访谈调查中发现，对参加课外数学补习班感到无奈和没有兴趣的学生更多，与问卷调查结果有一定出入。无论如何，课外数学补习班给不少学生带来了明显负担，这是问卷调查和访谈调查的共同结果。

2. 小学生参加课外数学家教补习的情况

1）小学生请数学家教的比例

虽然课外没有请数学家教的学生占了 90.1％，但仍有 8.0％（69 人）的学生请了数学家教，还有 2.0％的学生表示不确定。但是，在进一步访谈中发现，很多学生把到老师家里去补习以及和几个同学一起请老师补习等看成补习班，造成回答请家教的比例减少。因此，实际参加家教的人数不止 8%，而是远多于这个数据。

2）小学生请数学家教的主导因素

虽然有 48.7% 的学生表示自己有请数学家教的意愿，但表示不是出自自己意愿而请家教的学生达 47.4%。调查还发现，请家教是在家长要求下的最多，为 63.9%；其次才是自我要求，占 31.3%；也有少部分学生表示是学校老师或者亲戚朋友建议的。可见，在课后请家教问题上，学生不自愿的情况比较突出，学生本人请家教的自觉性并不高。

3）请数学家教的次数及地点

学生每周请数学家教 1～2 次的比例为 41.8%，占了主流；同时也有 30.4% 的学生请家教是每周三次及以上；还有 20.3% 的学生甚至每天都会有家教。可见，现在课外请家教的学生请家教次数非常频繁。

同时，绝大多数学生是在家里请家教的，占 50.6%；也有一小部分学生是在外校，占 24.1%；其余则是在老师家里或者本学校。

4）数学家教的辅导内容

学生反映参加数学家教的辅导内容是课本上的，占 31.2%；也有 29.9% 的学生认为其辅导内容是家教老师准备的；另有 28.6% 的学生表示辅导内容是家教老师当堂布置的。可见，小学生家教的辅导内容来源不一。

5）数学家教老师的构成

调查发现，将近一半的家教老师是大学生（占 43.9%），成为主流；外校老师做家教的也较多，为 26.8%；还有一些家教辅导老师是本校老师或社会上的老师。可见，家教辅导老师的来源渠道各不相同。

6）请数学家教的费用

请数学家教的费用各有不同。其中每小时收费 21～30 元的居多，为 32.0%；其次为每小时 10～20 元，占 24.0%；另有每小时收费 31～40 元的，占 21.3%；还有每小时收费 41～50 元的，占 13.3%。由此可见，学生请数学家教的费用受外在因素影响，不同地方、不同年级都有所不同，费用差异比较大。

7）小学生请家教的感受

虽然有 40.7% 的学生对请家教感兴趣，但对请家教感到无所谓的学生占 38.3%，甚至有 21.0% 的学生对请家教感到厌烦。可见，课外请数学家教还是给学生带来了不少负担。

8）小学生请家教的功效

通过调查发现，觉得课外请数学家教效果一般的学生较多，为 40.7%；甚至有 9.9% 的学生觉得效果较差；当然，也有 32.1% 的学生觉得请家教的效果较好，17.3% 的学生甚至觉得效果很好。

另外，认为请数学家教对数学成绩没什么作用，甚至根本没有作用的学生达 24.4%，当然，也有学生认为数学家教对数学成绩有作用，占 39.0%。

可见，请数学家教对学生的功效可能因人而异，并不是对所有学生都有效果。

3. 小学生课外看数学书做数学作业的情况

1）小学生看数学做数学作业的参与度

调查结果显示，小学生课外做数学作业的达 767 人，占 87.6％；没有做数学作业的仅为 39 人，占 4.5％；另有 8.0％的学生表示不确定。可见，现在小学生在课外时间基本上都会看数学书做数学作业，参与度比较高。

2）小学生看数学书做数学作业的主导因素

在课外时间自愿看数学书做数学作业的小学生有 653 人，占了 79.2％；但仍然有 14.0％的学生表示并非自愿看数学书做数学作业。

进一步调查发现，学生表示做数学作业是自我要求的占 44.8％（373 人），认为是老师要求做数学作业的学生占的比例也较大，达 31.1％（259 人）；其次便是家长要求的，占 21.6％；也有少部分学生表示做数学作业是家教或者补习班要求的。

可见，学生看数学书做数学作业并不都是自觉自愿的，有相当一部分学生是受到老师或者家长要求而这样做的，其影响不容小视。

3）小学生看数学书做数学书作业的主要内容

调查结果表明：小学生做数学作业的主要内容一般是课本上的，达 59.3％；还有 21.2％的学生表示作业内容是从参考书上选择的；另有一小部分学生是从试卷或者其他地方选择的。可见，小学生看数学书做数学作业的内容以课本为主、以参考书等为辅。

4）小学生看数学书做数学作业的次数及地点

超过半数的学生每天做数学作业，占据主流；另有 18.1％和 18.9％的学生每周做数学作业分别是 3 次和 1～2 次。可见，学生做数学作业的频率比较高。

绝大多数学生是在自己家里完成数学作业，占 79.5％（657 人）；也有一小部分学生是在学校完成，为 12.8％；其余学生则表示是在老师、同学或亲戚家里完成数学作业。

5）小学生看数学书做数学作业的额外资料

调查发现，手头有一本参考书的学生占 33.7％（278 人）；另有 26.7％（220 人）的学生表示手头有两本参考书，还有 8.4％的学生甚至有 4 本及以上参考书；手头没有参考书的学生仅为 20.4％。同时，63.7％的学生表示手头还有 1～5 套数学试卷。可见，现在大多数小学生除了课本等课内资料外，还有另外的参考资料需要学习，学生课外看数学书做数学作业的负担比较重。

6）小学生看数学书做数学作业的感受

虽然有一半多一点的学生对课外看数学书做数学作业表示有兴趣（占 54.9％）；但同时有 35.2％的学生对看数学书做数学作业感到无所谓，甚至 9.7％的学生对看数学书做数学作业感到厌烦、有负担。

三、小学生参加课外英语学习的状况

（一）调研方法

调研方法基本上同上述调查"小学生参加课外数学学习状况"，只是将数学学科改为英语学科；但考虑到小学生一般要到三年级

才开设英语课程，故调查样本中没有一年级和二年级学生。样本具体构成如表 3-4 和表 3-5 所示。

表 3-4　调查对象性别一览表

	频率	百分比/%
男	274	43.6
女	354	56.4
总体	628	100.0

表 3-5　调查对象年级分布一览表

	频率	百分比/%
三年级	112	17.8
四年级	219	34.9
五年级	134	21.3
六年级	163	26.0
合计	628	100.0

（二）调查结果与分析

1. 小学生参加课外英语培训补习的状况

1）对课外英语培训补习的参与度

调查发现，约有 58.0％的学生都利用课余时间参加了英语补习班，44％的同学表示课外没有参加英语补习班，另有一部分学生表示不确定。可见，小学生利用课外时间参加英语补习班的参与度较高。

2）参加课外英语培训补习的主导因素

问卷调查结果表明：74.0％的学生课外参加英语补习班是自

愿的，不是自愿参加英语补习班的学生只占 17.4％。结果还发现：其中 50.6％的小学生是在家长的要求下参加英语补习班的。但是，访谈调查则发现：大多数孩子参加英语补习班不是自愿的，而是在家长要求下参加的。因此，学生参加英语补习班的自觉性或自愿性还有待进一步考查。

3）参加课外英语培训补习的次数及地点

74.0％的学生每周参加英语补习班 1～2 次，占据主流；另有 9.6％的学生表示每周 3 次；每天都参加英语补习班的学生达 8.7％；集中一段时间参加补习班的学生仅为 3.6％。可见，小学生参加补英语习班的次数还是较频繁的。

同时，参加英语补习时，绝大多数学生是在培训机构里，占了 58.6％；也有一小部分是在外校，为 28.2％；其余则是在老师家里或者本学校。

4）参加课外英语培训补习的辅导老师及补习内容

课外英语补习老师大多数是外校老师，占了 43.7％；其次是社会上的老师，为 24.3％；还有一部分是大学生或者本校老师。可见补习班的老师来源渠道复杂多样、能力和教学水平也参差不齐。

补习内容一般以补习老师发的资料为主，约占 30％；其次为课外参考书和课本内容，分别为 23.7％和 21.3％。

5）参加课外英语培训补习的费用

学生参加补习班的费用各有不同，其中费用每小时 41～50 元的稍多，占 26.3％；其次为每小时 31～40 元，占 21.0％。可见，英语补习班费用相对较高，对有些经济困难家庭可能造成一定负担。

6）参加课外英语培训补习的功效

39.6％的学生觉得参加英语补习班效果很好，34.5％的学生觉得效果较好；同时，觉得参加课外英语补习班效果一般的学生比例也不少，占24.0％；另有1.8％的学生觉得参加效果较差，甚至是很差。

在调查的学生中，觉得参加英语补习班对英语成绩有不同程度作用的学生占75.0％；但也有13.2％的学生表示不确定，觉得没什么作用；甚至有11.1％的学生觉得参加英语补习班根本没有作用。

可见，课外英语补习虽然对有些学生有一定作用，但并不是对所有学生都有用，其作用因人而异。

7）学生参加课外英语培训补习的感受

超过一半的学生表示对参加英语补习班有兴趣（占64.9％）；但也有相当比例的学生感到无所谓，占26.1％；甚至有9.0％的学生对参加英语补习班感到厌烦。可见，大部分学生参加英语补习班的态度比较积极。

2. 小学生参加课外英语家教补习的状况

1）对英语家教补习的参与度

问卷调查发现：大部分学生表示没有请英语家教，只有10.5％的小学生表示参加了课外英语家教的补习。可见比起英语培训班的火热，这种一对一的家教补习模式在小学生的英语课外学习活动形式中显得相对"冷淡"。但是，在进一步访谈中了解到，许多学生把到老师家里去补习以及和几个同学一起请老师补习等看成补习班，导致请家教补习的比例减少。因此，实际上参加家教补习的学生不止 10.5％，而是远高于这个比例。

2）参加英语家教补习的主导因素

根据问卷调查结果：大多数学生表示是自愿参加英语家教补习的，占 68.6％；不是自愿参加家教补习的学生也不少，占 25.7％。进一步调查发现：学生参加英语家教补习一般是家长要求的，占 47.1％；其次才是自我要求的，占 37.1％；也有少部分学生表示是学校老师或者亲戚朋友建议的。可见，学生参加英语家教补习的自觉自愿性并不高。

3）参加英语家教补习的次数及地点

每周参加英语家教补习 1～2 次的学生较多，占 60.0％；同时也有 20.0％的学生每周参加英语家教补习 3 次及以上；亦有 12.9％的学生每天都会有家教补习。

绝大多数学生的家教地点在外校，占 42.9％；其次是在自己家里，占 34.3％；其余则是在老师家里或者本学校。

4）参加英语家教补习的内容

调查发现，34.3％的学生表示参加英语家教补习的主要内容是课本上的，即家教补习内容以学校的教学知识为主；也有 24.3％的学生表示补习内容是家教老师安排的；另有 21.4％的学生明确表示补习内容是家教老师当堂布置的。可见，学生家教的补习内容来源不一。

5）参加英语家教补习的辅导老师

接近一半的家教老师是外校的老师（44.3％），成为主流；其次是大学生，为 22.9%；还有一些是本校老师或社会上的老师。可见，英语家教辅导老师的来源渠道五花八门，教学水平参差不齐。

6）参加英语家教补习的费用

请英语家教的费用各有不同。其中每小时 31～40 元的居多，为 25.7%；其次为每小时 21～30 元的；占了 21.4%。由此可见，学生请英语家教的费用受外在因素影响，不同地方、不同年级的费用也各有不同。

7）参加英语家教补习的感受

虽然约有 47% 的学生对请英语家教补习表示喜欢、有兴趣，但有 35% 左右的学生觉得无所谓，还有一部分学生对请英语家教补习有厌烦心理，觉得有负担。

8）参加英语家教补习后的课堂表现

虽然有 25.7% 的学生表示请英语家教补习后在课堂表现上没什么变化，42.8% 的学生表示会比以前认真听课；但同时，有 31.5% 的学生表示请英语家教补习以后不再太认真听课，甚至不必再听课。可见，参加英语家教补习不仅使部分学生产生依赖家教的心理，认为在课堂上没学到的，可以在课后从家教老师那里补；更为严重的是影响了学生的正常课堂学习行为，以致学生很多时候在课堂上只知其然、不知其所以然。

3. 小学生课外看英语书做英语作业的状况

1）课外看英语书做英语作业的参与度

调查发现：在课外时间中，绝大多数学生（约占 9/10）都要看英语书做英语作业，参与度非常高；课外不看英语书不做英语作业的学生很少。

（2）课外看英语书做英语作业的主导因素

问卷调查结果显示，虽然有 79.4％的学生表示是自愿看英语书做英语作业的，但仍有 8.9％的学生表示不是自愿的。进一步调查发现，只有 35.5％的学生表示看英语书做英语作业是自我要求的，更多的学生则表示是老师要求做作业的（达 34.6％）和家长要求的（占 19.1％），还有一少部分学生表示是补习班或者家教老师要求的。可见，小学生课外看英语书做英语作业并非都是自觉自愿的。

3）看英语书做英语作业的主要内容

调查结果表明：65.1％的小学生表示课外看英语书做英语作业的内容主要是课本上的；只有少部分学生（占 18.5％）表示作业内容是选自参考书，或选自试卷的。可见，学生看英语书做英语作业的应试性心理非常强。

4）看英语书做英语作业的次数及地点

调查发现，34.6％的学生表示每天都要做英语作业，另有 32.3％的学生表示做英语作业的时间每周有 3 次，还有 27.4％的学生每周 1～2 次，亦即学生做英语作业的频率也较高。

同时，学生做英语作业的地点绝大部分都是在家完成，占 78.2％；也有少部分学生是在学校完成，为 15.6％；只有极个别学生是在老师、同学或亲戚家里完成英语作业。

5）看英语书做英语作业的额外资料

80％左右的学生表示手头上有 1～4 本参考书，只有 20％左右的学生表示手头上没有参考书；另外，还有 58％的学生表示手头上有不同数量的试卷要做。

6）看英语书做英语作业的感受

虽然有 60％的学生对课外看英语书做英语作业表示喜欢、感兴趣；但仍有 32.1％的学生对此感到无所谓；亦有 6.4％的学生对看英语书做英语作业感到厌烦、有负担。

第三节　课外应试性学习与学生身心发展

一、课外应试性学习对学生的积极作用

(一)有利于学生弥补校内课堂学习的不足，加深印象，丰富知识

学生的学习水平和智力发展水平是各不相同的，而教师在上课过程中只能针对大多数学生的水平和进度进行授课，不太可能照顾到全部学生。相对而言，参加课外培训或家教补习更容易做到因人施教、帮助学生查漏补缺，学生提问和老师答疑机会相对较多，便于弥补学生在课堂学习上的不足，加深学生印象，丰富学生知识。

(二)有利于激发学生的学习兴趣，培养后进生的信心

在各种各样的课外学习活动面前，如果家长能尊重学生的选择权，让学生自主选择自己喜欢的活动参加，就可以弥补课内学习的不足，激发学生的学习兴趣，培养学生的学习主动性，进而也会提高学习效果。

另外，课外学习有助于增强后进生的信心。学习后进生大多有一定的自卑心理，觉得自己学习不够好。但在面对面的课外学

习过程中，心理相应地比较放松，可以有更多的思考时间，即使回答错误也不会受到同学嘲笑，不会感到紧张，不会产生急躁情绪，因而可以增强其学习的信心。

（三）有利于提高学生的学习质量，推动小学教育改革

以小学生参加数学课外学习为例，数学是促进现代科学技术发展的一大动力，小学生通过数学课外学习这样的平台，能够打下坚实的基础；尤其是课外学习可为成绩优秀的学生提供一个更好地发挥其聪明才智的平台，学生可以在课外学习中自由地发挥想象力，进而提高学习质量。

《数学课程标准》指出，"小学数学教学必须面向全体学生，使绝大多数学生都能经过自身学习达到基本要求"。因此，如何使学有余力的学生在数学方面得到进一步发展、因材施教的原则如何落实，就成为小学数学教师迫切需要解决的问题，而课外学习是解决这一问题的有效方法。因此，小学数学课外学习的广泛开展，将推动整个小学数学教育的改革。

二、课外应试性学习对学生的消极影响

综观已有的研究文献，结合本研究结果，参与课外应试性学习（课外培训与家教补习）对中小学生可能产生的不良影响，主要表现为以下几点：

（一）增加学生负担，影响学生的身心健康

本次调查结果表明：不少学生觉得参加学科性课外学习后健康状况变差。学生既要在课内学，又要在课外学，势必觉得学习负担重、时间不够用。一旦出现这种情况，有些学生做作业不得不做到很晚，不能满足充足的睡眠需要，从而影响身体健康。而有些学生性格比较急躁，他们会想办法来赶时间完成，这样一来压力变得更大，因而很容易产生焦躁情绪，并出现粗心的毛病。中小学生正处于身心发育期，课内、课外两重学习压力，在一定程度上对他们来说是一种摧残。

我国学生的课业负担之重全球有名，其健康状况之差也是全球排得上号的，直接证据就是近视率的居高不下。例如，段佳丽等(2006)的调查发现，中小学生课业负担过重，导致用眼负担加重，是学生视力低下的危险因素之一。罗珊(2011)的调查则发现，以提高成绩为目标的课外补习，大大增加了学生的课业负担，减少甚至夺去了儿童玩耍的时间，导致学生的积极性、主动性、适应性与创造性丧失了发展空间。

(二)辅导应试化导致学生思维的僵化

课外辅导班的目标是分数，重视答题的"技巧"，通过对学生进行大量的答题训练，使学生"熟能生巧"。这种"急功近利"的辅导方法，可能会在短时间内收到一定效果，但终究经不起学习规律的拷问，易导致学生思维僵化，缺乏自己的创造性。以作文辅导为例，老师通过向学生展示优秀作文，归纳出一种写作文的模式，无论什么样的文章题目，学生都能以不变应万变，把文章的重点、论点一一插入该模式中，顺利完成写作。然后，他们再让学生通过反复训练，形成一种"纯熟"的技巧，可以说这就是地地道道的应试教育。这样的方法禁锢了学生的思想，限制了学生自己的创造能力。

(三)参加单科补习会影响其他科目的学习成绩

调查发现，课外补习对所补习学科的学习成绩有所提高，但对学生综合成绩的提高所起到的作用较小。本次调查结果显示：以参加数学补习为例，有 28.4% 的学生表示课外看数学书做数学作业会影响总成绩；35.6％的学生认为参加数学补习班会影响总成绩；36.7％的学生认为请数学家教会影响总成绩。进一步访谈调查发现：正是由于课外学数学，在课外参加了数学补习班，做了许多数学试卷，虽然数学成绩有所提高；但过多的数学课外学习在一定程度上减少了语文、英语等科目的学习时间，影响了语文、英语等科目的学习成绩，以致影响了学生的总成绩。

此外，学生盲目参与课外补习，不仅难以实质性地提高其学业成绩，反而会降低其学习兴趣和综合成绩，不利于其良好的学习习惯的养成，而且会使其产生厌学情绪。

（四）参加课外学习易使学生产生依赖心理、影响其校内课堂学习效果

本次调查数据显示：不少学生认为参加了课外学习后在学校就不用认真听课了，甚至感到校内学习是多余的。例如：14.6％的学生认为在课外看英语书做英语作业后就不用太认真听课或者不必再听课了；20.7％的学生认为在课后参加英语培训补习班后就不用太认真听课或者不必再听课了；31.5％的学生认为在请了英语家教补习后就不用太认真听课了。可见，很多学生在参加课外学习后，由于提前学习了相关内容而在校内学习中变得消极和自负，开始出现在课堂上不认真听讲、忽视校内学习的现象。他们认为不懂的知识可以从课后补充，对各种课外学习产生依赖心理。杨佳(2015)的调查得到了类似的结果。殊不知，学校里系统化、理论化的教育是课后学习形式所欠缺的，不在课堂上认真听讲会缺失系统、全面的学习内容，从而影响课堂学习效果和学习质量。

（五）课外培训与家教补习收费过高，给学生家庭带来经济负担

在义务教育阶段，国家正规的学校已经免除学杂费，但各类课外学习的支出已经开始在教育支出中乃至家庭消费支出中占据重要位置。各种各样的课外培训补习班、家教补习、辅导试卷、参考资料等，收费高昂，不少学生每学期要参加 2～3 门科目的课外补习；再加上参加课外补习所需的文具、乐器、车费等，远远超过了小学生接受学校正常教育所需的费用，加大了家庭教育支出。而且大多数"爱子心切"的家长为了孩子的发展不管费用高低都会毫不犹豫地将孩子送去学习，条件好的家庭如此，一般的家庭也如此，这无疑会增加学生家庭经济负担，带来一系列的弊端。

此外，各类补习机构打着某某名师亲自指导、在极短时间提高孩子学习成绩、进行一对一的单独培训等幌子，向学生家长进行宣传。普通的培训、补习机构基本上收费在每个月 600～1000元，但社会上也有不少所谓"高档的、豪华的、针对性"的提高班，收费标准高，不是普通家庭可以接受的。很多家长被补习、培训机构所打的幌子所欺骗，为了孩子的学习成绩不遗余力。家长们对孩子学习成绩格外重视，为孩子选择各种提高成绩的补习班不惜代价，致使其家庭经济负担加重。

第四节　中小学生课外应试性学习的影响因素与对策建议

一、中小学生参加课外应试性学习的影响因素

如上所述，中小学生参与课外补习与培训虽然具有诸多不良影响，与国家倡导素质教育的宗旨相违背，但它在举国上下重"减负"和课程改革如火如荼的今天却屡禁不止。其原因是多方面的，

综合起来，可归结为以下几个方面：

（一）社会因素

从社会因素方面看，许多社会用人单位对求职者的学历要求日益增高。随着高校纷纷扩招，大专、本科生早已不再吃香，许多学生一开始入学便把考研、考博、出国留学等定为奋斗目标。我国多少年来一直实施的是应试教育，应试教育是以考试成绩作为唯一标准、评定学生优劣的一种非素质教育。虽然经过若干年的教育改革，努力向素质教育转变，但是择校考试、中考、高考这一系列教育评价体系依然是不可替代的，并在很大程度上决定着学生的未来命运，所以学生们要想获得理想的工作，就必须拥有高学历。现今社会竞争激烈而又复杂，往往在同等条件下，有一技之长的人比较容易成功，所以很多中小学生在完成课内学习任务的同时，不得不参加多种课外技能训练，比如乐器、绘画、舞蹈、专业性计算机技术、小语种外语等，诸如此类，不胜枚举。这也在很大程度上推动了某些校外培训机构的产生和发展。

（二）学校因素

素质教育的号角虽然早已吹响，各地教育部门也都纷纷出台相应文件，各中小学校也在尽力调整课程体系与教学方式、方法，积极践行素质教育，但优质教育资源是有限的、稀缺的。当正规学校教育无法为学生补课时，家长为了能使子女在竞争中处于优势地位，只好寻求外力即课外补习来达到目的。

对学校而言，每年的升学率是卡在学校颈脖上的一道枷锁。升学率高不高，直接决定着学校的声誉，进而决定着学校的生源，最终直接关系到该学校能否在名校林立、竞争激烈的环境中生存下去。所以，大多数学校不得不大搞各类辅导班，即使校内不组织，也大都支持学生在校外参加类似性质的辅导班。

(三)学生和家长因素

从学生及其家长方面看，大致分三类情况：一是学生学习能力强，课堂学习有余力，家长们当然不愿让孩子课余时间花在游戏和休息上，给孩子加压是"顺理成章"的事。二是学生学习能力较弱，学校教的东西"消化、吸收不了"，家长们便急着到处找老师、家教、培训班给孩子补课，不惜一切代价以达到提高孩子学习成绩的目的。三是学生处于中等水平，并没有补课的必要，也无余力学习新知识，但是看到其他同学纷纷参加，往往有攀比心理。而一些本不打算给孩子额外负担的家长们为了不影响孩子前途，迫于无奈随大流，让孩子参加课外辅导。这些家长望子成龙、盼女成凤的心情以及过高的期望值和从众行为，成为课外辅导有偿服务存在与发展的温床。

(四)培训机构因素

余时(2012)认为：课外补习机构投资很低而收益较高，相当有利可图，政府对此又缺乏相应的监管；加之当今教师待遇仍然偏低，特别是中、小学教师待遇相对偏低，使得部分教师将"有偿家教"或办课外补习班作为增加收入的重要手段。在经济利益的驱动下，市场上出现了形形色色的补习班，打着提高学生成绩的旗号，吸引了众多学生、家长的眼球。各种培优班、培训学校等机构如雨后春笋般冒了出来，也就不足为奇了。

二、改进中小学生课外应试性学习的对策建议

(一)大力提倡和实施素质教育，有效遏制中小学生课外学习的市场发展

中小学生课外学习有偿服务在一定程度上是应试教育的产物。

要控制当前过多、过滥、超量的各种课外辅导，切实减轻中小学生沉重的学习负担，必须继续大力提倡和实施素质教育。中小学教育考评制度可以借鉴西方同类学校的考评方法，制定并实行更加全面、科学的"多学科各项指标综合积分考评制"。这种"综合积分考评制"既能体现学生对书本基础知识、基本理论的掌握程度，又能反映学生德、智、体、美等各种素质的教育程度、发展状况；是以培养学生的"能力"为目标，而不是以获得"高分"为目的。只有这样，才能使各种课外补习班变得没有市场，才能有效遏止其发展趋势。

（二）学生和家长应该正确认识课外补习的作用，不能过分依赖

1. 课外培训和家教补习的效果有待考量

在某种程度上，课外培训和家教补习虽然可以增强学生的某方面能力，能够为学生提供更为细致的辅导，帮助学生加深对知识点的理解和掌握；但是，调查结果表明，课外补习会使学生失去对学校课堂的兴趣，因为这些学生认为会有人教给他们如何通过考试，那么在课堂上认真与否就无所谓了。而且，补习培训学校的老师来源不一，缺乏专业性，其教学内容可能与教学大纲有所差异，有时甚至会误导学生。因此，家长在为学生选择培训和家教补习时需考量补习的效果；并引导孩子高度重视校内课堂教学效果，因为"课堂教学（班级授课制）是现代教学最有效、最基本的教学形式，具有计划性、系统性、统一性等诸多优点"，教师在教学之前，会通过系统的准备过程，使课堂教学中的各个环节成为一个不断递进、紧密联系的过程。但是，课外学习则是课内学习的辅助与延伸，相比较课内学习而言，其系统性、全面性不足。因此，要协调好课内学习和课外学习的关系，使课外学习建立在课内学习基础之上，不能过分夸大课外学习的作用而忽略了课内学习对学生发展产生的真正影响。

2. 家长要全面了解孩子的学习状况

孩子是有个体差异的，家长应该根据孩子自身的特点和存在的问题找出其学习成绩上不去或下降的具体原因，如有的孩子是课堂上注意力不集中，有的是因心理焦虑产生厌学情绪。所以不能盲目地用补习功课来应对，应该找出孩子的具体问题出在哪里，对症下药，这样才是帮助中小学生有效学习的正确途径。因此，家长要通过与学校、老师充分交流，全面了解孩子的学习状况和学习偏好，然后再理智地考虑孩子是否真的需要进行课外辅导，最后再选择合适的课外辅导内容和方式。在此过程中家长首先应尊重、爱护学生的兴趣、爱好，鼓励其发挥所长。这样做能促进学生有效学习，创造性地充实学习内容，以发挥课外学习最大的作用。否则会让学生产生厌学心理，不能实现辅导的初衷。

(三)尊重孩子的兴趣爱好和认知特点，帮助孩子选择适当的课外活动

课外学习的存在是教育适应社会竞争的新产物，在我国的竞争压力发生根本性改变之前，仍会长期存在。因此，家长要充分尊重孩子的兴趣爱好和认知特点，帮助孩子选择适当的课外活动。

1. 充分考虑孩子的兴趣爱好特点

家长应依照孩子的实际情况，选择孩子感兴趣并适合的课外活动，避免强制性地让孩子参加一些他自己并不喜欢的补习班、兴趣班等，以调动孩子的学习主动性，避免孩子对学习没有兴趣而产生抵触、厌学情绪。家长应该重视对孩子课外活动的指导方

式，以平等的姿态与孩子对话。在尊重孩子的基础上，家长要发挥好"舵手"的作用，及时捕捉到孩子的兴趣爱好特点，加强对孩子的引导，使孩子的潜能得到充分的挖掘。与此同时，中小学生自己应该提高自主性，依照自己的实际情况，在家长和老师的帮助下自主选择合适的课外活动，充分发展个性，并最终达到促进多元化发展的目的。

2. 充分考虑孩子的认知结构特点

中小学生特别是小学中低年级学生的认知结构还不完善，有些辅导内容并不适合他们，容易产生负迁移。因此，在给孩子报补习培训班时应该遵循孩子的认知发展，若违背了孩子的认知发展规律，硬给孩子报各类高强度的、违背孩子认知特点的培训班，不仅起不到提高孩子成绩的作用，反而会阻碍孩子的认知发展。

总之，课外学习的主要任务是帮助学生弥补课内学习的缺陷或者提升学习技能。即使对于那些后进生而言，他们在知识掌握上有些欠缺，适当的课外学习也能够使他们补足各种不足，跟上学校的总进度，为接下去的学习打好基础；同时，对于那些学的比较扎实的学生，则让他们学得更加广泛、深入，帮助他们精益求精、更上一层楼。

(四)课后作业应该内容层次化、形式多样化

一方面，无论是校内学习还是校外学习，在布置课后作业上，应该根据学生的不同层次、不同能力来改变作业的难度和数量。可以设计不同版块的练习，如基础练习、提高练习、拓展练习等，引导学生从自身的实际水平出发，选择相应的版块练习。例如：对于后进生，应选择基础练习来做，同时思考提高练习；对于中等生，要求在完成基础练习的基础上"跳一跳"，努力解决提高练习；对于优等生，则要求其完成拓展练习，并寻求一题多解的方法，实现思维的多样化。只有这样，才能在巩固新知的基础上，实现拔尖的目的，既增强了学生的自信心，又减轻了学生的负担。

另一方面，可以转换作业的模式，在文字式作业量相对缩减的同时，增加一些开放式作业。以数学作业为例：可让学生制作数学模型，使学生的动手操作能力增强，形成空间观念；了解古今中外数学名家，拓展学生的眼界，开阔知识面；调查身边的商品价格，以培养学生的数感，感受数学与生活的密切联系……通过这样一系列的作业，给每个学生提供展示自己的机会，促进学生的潜能发展。

（五）慎重选择课外辅导机构，避免盲目性

家长如果确定要让孩子参加课外培训和家教补习后，应该对拟选培训机构作充分调查，选择社会反响良好的机构。要充分认识到辅导班师资两极化的严重性。在"禁止有偿家教"的严令下，在编教师不能兼职辅导，辅导班的师资走向两极化：要么启用刚毕业的大学生，要么就是离退休教师。大学生有其优势，但没有老教师有经验；老教师虽然不错，但毕竟教育需要观念更新、需要活力。有些培训机构在自己网站上挂出某某名师的招牌，大力宣传所谓名师出自知名院校、曾获得各项荣誉等，但实际上，此老师非彼老师，切勿轻易上当。

（六）制定法律、法规，加强对校外培训补习机构的市场监督和优化

鉴于目前的校外培训补习市场没有相关的法律、法规来约束和规范，补习机构的教师来源、收费标准等都由补习机构自主决定，且补习机构存在多头管理的局面，没有统一的有效的监管部门，因此，政府和教育行政主管部门除了制定相关健全的法律、法规外，也要从市场的角度进行监督和优化；在优化有效的教育资源的基础上，对中小学生的课外补习市场做出调整和完善，使其做好正规教育的补充，真正为学生服务。

此外，在探索课程改革和教育评价的过程中，应将中小学生的道德素养、文化素养、健康素养、艺术素养、社会适应能力作为学生综合素质评价的主要内容，通过科学的课程设置和教育评价，减轻学生课业负担，增强学生德、智、体、美、劳全面发展。

参考文献

陈传锋，杜梦石．中学生暑期休闲活动调研报告[J]．教育研究，2010(11)：60—65．

段佳丽，王丹，滕立新，杨冬梅，吕鸥．家庭中影响学生视力的行为因素研究[J]．中国学校卫生，2006(7)：641．

董苾芬．有偿家教的历史与现状——基于文献研究的综述[J]．福建教育学院学报，2009（04）：66—70．

范砚蕾．太原市初中生课外补习问题研究[D]．太原：山西财经大学硕士学位论文，2012：8—12．

顾琰，范亚男，朱莎莎．江苏省小学生课外学习现状调研及对策[J]．基础教育．2009，6（1）：55—57．

胡春莉．中小学生闲暇生活存在的问题及原因分析[J]．青少年研究，2005（4）：21—23．

胡延鹏．农村寄宿制小学情感关怀缺失问题研究[D]．长春：东北师范大学硕士学位论文，2009．

黄利，熊少严．中小学生课余生活研究的回顾与综述[J]．江西教育科研．2007(10)

蒋国华．闲暇教育刍议[J]．中国职业技术教育，2003(29)：24－25．

解腊梅，贾霞萍．关于中小学生课余生活的调查研究[J]．教育理论与实践，
　　2008(35)：46－48．

李波．民办中小学课外补习机构的质性研究[D]．大连：辽宁师范大学硕士学
　　位论文，2010．

李萍．让阳光自由洒落——浅谈小学数学教学中的"闲暇教育"[J]．科教文汇
　　（下旬刊），2012(05)：109－110．

刘东菊．关于双休日与学生素质提高的几点思考[J]．教育改革，1997(06)：
　　53－55．

罗珊．南京市小学生课外补习的现状调查研究[D]．南京：南京师范大学硕士
　　学位论文，2011．

孙云晓，康丽颖．当代中国少年儿童发展状况[J]．中小学管理，2000(05)：
　　22．

孙云晓等．你了解今天的中小学生吗？[J]．中小学生管理，1999(11)：45．

王栋．重视开展寄宿制学校课外活动促进学生健康成长[J]．中国民族教育，
　　2011(5)：14．

王景，张学强．当前我国农村义务教育阶段寄宿制学校发展的问题研究[J]．
　　教育科学．2010(6)：10．

王远伟．农村寄宿制中小学的问题与思考——以内蒙古三个旗为例[J]．新课
　　程研究（教育管理），2007(3)：14－16．

吴霓，廉恒鼎．农村寄宿制学校学生课余生活研究综述[J]．河北师范大学学
　　报（教育科学版）．2010(12)：32－35．

吴思为，伍新春，赖丹凤．青少年课外学习特点的分析与建议[J]．教育学报，
　　2010，6(2)：77－81．

薛海平．中国城镇学生教育补习的实证分析[D]．中国教育经济年会会议论
　　文．2006：807－822．

肖凤娇．市民家教状况调研[J]．湘潮，2012(09)：56－58

杨佳．校外学习对学生学习习惯影响的研究[D]．西安：陕西师范大学硕士学

位论文，2015.

杨紫薇. 关于城市小学生课余生活状况的调查[J]. 教育战线，2010(29)：97.

余时中. 小学生课外补习研究[D]. 武汉：华中师范大学硕士学位论文，2012.

曾满超，丁小浩，沈华. 初中生课外补习城乡差异分析——基于甘肃、湖南和江苏三省的初中学生课外补习调查[J]. 教育与经济，2010(02).

中国城市少年儿童生活习惯研究课题小组. 少儿生活习惯新发现[J]. 上海教育，2005(05)：28—30.

中央教育科学研究所课题组. 贫困地区农村寄宿制学校学生课余生活管理研究——基于广西壮族自治区都安县、河北省丰宁县的调研[J]. 教育研究，2008(4)：20—23.

周霞."辛苦一族"——关于初中生课余负担的调查研究[J]. 现代教育科学·中学教师，2012(7)：158.

章唯. 小学生课外学习班的现状调查研究[J]. 社会心理学，2013（4）：107—109.

第四章　中小学生课外社会性学习活动

第一节　中小学生课外社会性学习概述

中小学生的课外社会性学习主要是指中小学生在校内或校外的课余时间里从事社会实践与公益性活动，使其获得社会性发展的学习过程。如参加社会调查、社区服务、志愿者活动等，或参观爱国主义教育基地，帮助父母打理店面或公司、帮助父母干农活等。社会实践的目的是通过实践活动锻炼自己；志愿服务的目的是通过行动服务他人，突出利他性。两者相同之处在于都是通过与他人接触参与社会互动。从概念的广度上，社会实践包含志愿服务。

教育的核心目标在于促成学生的全面发展，使其成为符合社会需要的人。全面发展是指学生应当在知识、能力和情感、价值观方面均获得良好、健康的发展，其中，学生的社会性发展是作为人的发展的重要方面。随着社会发展和教育改革的深入，学生不仅面临现代文化与传统文化的冲突，而且还面临虚拟文化与现实文化的冲突，其社会性的发展条件及其要求发生了巨大的变化，学生社会性发展问题日益成为社会各界和教育理论关注的焦点和课题（郑准，2007）。学生社会性发展应体现以下三个层面（孙杰远，2003）：①获得对社会规范（如法律、道德规范）的理解和社会技能的习用。②形成关于社会的价值观念。在复杂多变的社会现象中，确定标准、判断是非、产生情感，从而明确作为社会成员的自我存在的定义与角色定位，并在此基础上树立自己的人生理想和生活目标。③具备社会认知、社会判断和有效参与社会的能力。这是学生社会性发展的高层形态。作为有效的社会成员，学生应具备的基本能力包括学习与探索的能力、民主参与的能力、判断与推理能力、组织与协调的能力等。

在新一轮课程改革中，围绕学生的社会性发展设置了一些课程，如小学《品德与社会》和初中《历史与社会》课程等，旨在促进学生良好品德的形成和社会性发展，为学生认识社会、参与社会、适应社会，成为具有爱心、责任心、良好的行为习惯和个性品质的社会主义合格公民奠定基础。这本身就是重视学生的社会化问题，也是在弥补学校教育培养学生社会性的缺陷（郑淮，2007）。然而这还远远不够，学生必须在实际的现实生活中来发展自己的社会性，主要途径是要求学生进行社会实践。进行社会实践有多种形式：①社区公益活动。主要是指学生参加的直接服务于社会的、以净化社会环境和社会舆论为主要目的社会实践活动，包括学生到军烈属或孤寡病残的老人家中从事义务服务、学生参与社区服务、维护交通安全等。②实地操作活动。主要是指结合教材或教学活动的需要，选取一定的社会实践基地所开展的训练活动形式。通过开展这一类活动，学生能够学习生产劳动、工艺制作、日常生活实务等方面的基本技能，形成自我保护和生存安全等方面的基本知识。③学生教育活动。主要是指具有明确教育主题的活动，旨在使学生能够通过一定的政治、文化等方面的生活，获得深刻的教育和启迪，如参观各级各类博物馆、纪念馆，参加广场升旗仪式，祭扫烈士墓等（杨亦松和刘汝兰，2014）。郑州市把中小学生实践活动分为四个阶段：①小学 3～4 年级为认识阶段，活动范围包括在校内观察、小团体活动、家庭生活观察、家务小助手、短距离集体活动等，主要以认识为主；②小学 5～6 年级以了解、看到、协作、动手、集体体验活动为内容，了解为主；③初中 1～2 年级以观察、了解掌握相关知识，参加集体活动，启发想象能力，增强好奇心，培养探究精神等活动为主，通过集体协作、教师引导，扩大活动范围，增加活动时间，强化实践活动效果；④高中 1～2 年级以培养学生发现问题、分析问题、解决问题能力为主线，设置个人小组、班级和年级活动，开展个体思考、相互鼓励、集体协作、集思广益、人生感悟等活动，培养学生发现问题、分析问题、解决问题的意识和能力（张庆，2013）。

中小学生在接受教育的过程中，主要是以学习间接经验为主。但在学习的过程中，还必须将学到的知识与丰富多彩的现实生活联系起来。因此，课外社会性学习是学校学习的重要组成部分，也是促进学生社会化进程、培养高素质人才的重要途径。时代在发展，要求面向中小学生开展的专题性教育越来越多，但我们的教材、课程容量有限，而且要保持相对稳定，不可能都进入学校课堂和教材；许多专题性教育也不需要通过课堂教学来进行，在实践中体验可以在不增加学生课业负担的情况下，以生动、直观的方式实现教育目标。

虽然全社会都认为社会实践很重要，但在实践中却往往沦为盖章实践。如一些媒体的报道：

《为给"社会实践"作业盖章 学生参加义工走过场》（今晚报，2013-08-06）："每年暑假期间，给学生盖'公益章'都让我头疼。"春蕾志愿服务队队长李永告诉记者："学校要求学生们做义工本来是好事，但部分学生如此'应付差事'却让我们很无奈。参加义工活动能够真正坚持下来的同学尚不足 5%。有些学生甚至直接打电话说，能盖章就来，不能盖就不来。而来的孩子也只是走走过场，一两次之后，就再也见不到人了。"《中小学生社会实践作业几成"盖章作业"》（新华每日电讯，2011-02-23）：社区为孩子准备的社会实践活动的种类其实非常单一，比如在过年前要求小学生上街去劝说邻里少放烟花爆竹，或者到孤寡老人家中去"送温暖"、贴对联。"我感觉这些活动都很老套，不会激发小孩子的兴趣，都是形式大于内容的'走过场'，孩子不可能有什么收获，为此我就没让孩子去。"《中教观察：中小学生社会实践怎能成"盖章实践"》（中国教育报，2011-10-12）："我认为是好事，可孩子不这样认为啊，她不愿意到社区去，我也没办法。"这位家长说，孩子上高一，不爱劳动，也不大愿意与人接触，假期没有参加社会实践活动，可没有社区的盖章，就算一项暑期作业没有完成，他只得硬着头皮来找社区盖章让孩子交差。

从上述媒体报道可以看到社会实践在开展中遇到的一些困境，有活动形式内容的问题，有家长思想意识的问题，也有学生的畏难思想。这种情况的出现跟学校也有很大关系，一些学校把社会实践当成安排给学生的硬性任务，没有考虑学生的能力发展，更谈不上发挥学生的专长等（刘玲，2012）。当然也有学生与家长的现实考虑。自从进行免费开放试点以来，全国免费开放的博物馆、纪念馆已有 1000 多家，年观众量 1.2 亿人次，其中青少年只有 3500 万人次——按在校大中小学生 2.3 亿计算，人均才 0.15 次。这和暑期学生踊跃参与各种类型的旅游和培训班活动形成了鲜明反差（姜朝晖，2013）。

　　我国政府一直以来都非常重视中小学生的社会实践与公益性活动。为了广泛利用社会资源开展社会实践，教育部于 2011 年 5 月发文《教育部关于联合部委利用社会资源开展中小学社会实践的通知》，其后全国各地确立了一批实践基地，主要有质量教育、水土保持教育、档案教育、爱粮节约教育等类型。始于 2011 年的质量教育，由国家质检总局联合教育部共同开展。中小学质量教育基地是以传播产品质量安全知识、深化品牌与自主创新认识、增强产品伤害防范本领为重点，集知识讲解、现场观摩、动手实践、互动交流等为一体的质量教育公益性实践平台。各基地开展了形式多样动手实践的活动，如"我是小小质检员"、在生产一线当工人、担任质量控制师、全程参与食品和农产品检验等，加深了学生对原料、生产工艺、消费等环节质量重要性的理解。截至 2012 年 9 月，中国已有 52 家国家级、96 家省级中小学质量教育基地，为近 30 万名中小学生提供质量教育社会实践活动（刘长忠，2012）。中小学节水教育和水土保持教育社会实践基地要让学生了解我国当前水资源的状况，向学生讲解国际、国内先进的节水、污水处理和再生水利用技术，增强中小学生节水意识和水土保持意识。中小学档案教育基地是通过具体的馆藏实物、展板、文献资料，以适合不同年级学生认知水平的体验和实践方式，向中小学生展示家乡的历史、文化、传统、风俗，培养他们的爱国主义情怀。中小学爱粮节约教育实践基地是要使中小学生从小就养成勤俭节约的良好品质、爱惜每一粒粮食，真正理解和感受"谁知盘中餐，粒粒皆辛苦"的重要意义，这也是爱惜和节约资源、养成良好的行为习惯、实现可持续发展的重要举措。

江苏省中小学社会实践基地对不同阶段的学生进行分类指导（施建东，2011）：①小学阶段，培养他们爱护环境的意识及爱祖国、爱家乡的思想感情；培养他们远离危险的意识、自我保护的基本能力和乐观向上的生活态度。②初中阶段，培养他们的环境保护观念、环境友好行为和热爱和平、爱国爱乡的思想感情；培养他们自尊自强、珍爱生命的态度和提高拒绝不良诱惑、自护自救、科学应对公共安全事件的能力。③高中阶段，引导学生感受、认同中华民族的优秀文化传统，树立为民族振兴和家乡发展而奋斗的志向和社会责任感；引导学生参与军事国防教育实践活动，培养他们的世界眼光和国际视野。从 2006 年开始到 2010 年，郑州市教育局先后投资 3 千多万元建立了郑州市中小学生生产实践教育基地，承担郑州市市直中学 9 年级和高中 2 年级近 4 万学生为期 3 天的实践活动课程的开展。基地开发了适合初中生实践活动的 8 大类 32 个项目、适合高中生实践活动的 10 大主题 40 个项目，编制了初中版、高中版中小学生校外实践活动教材（张庆，2013）。

殷世东（2011）在中国期刊网中检索 1981 年至 2010 年关于中小学社会实践的研究论文，发现研究成果数量不多且在重点期刊上发表较少。其研究的主题主要有中小学社会实践政策的演进、社会实践的性质和功能、社会实践的实施探讨。作者认为要从哲学、教育学、心理学等角度深入分析社会实践的意义和价值，提供理论支持；以及加强实践研究，为中小学社会实践常态化提供科学性的实施方案。黄永莲（2013）认为目前上海市中小学社会实践存在如下问题：重视程度不够，收获有限；考核激励机制不完善，动力不足；形式简单，且缺乏科学指导；支持力度不够，不能满足实际需求。作者提出三点策略：尊重学生主体性，激发学生主动性；调整实践内容，做到"四结合"，即结合青少年的年龄特点、时代特点、现实生活、课堂与学科间的知识整合；建立长效机制，推进社会实践模式常态化。

2001 年，教育部印发《基础教育课程改革纲要（试行）》明确指出："从小学至高中设置综合实践活动并作为必修课程，其内容主要包括：信息技术教育、研究性学习、社区服务与社会实践以及劳动与技术教育。强调学生通过实践，增强探究和创新意识，学习科学研究的方法，发展综合运用知识的能力。增进学校与社会的密切联系，培养学生的社会责任感。"因本章关注的是课外学习，因此不探讨综合实践活动。目前对综合实践活动探讨较多，对课外社会实践与公益性活动探讨较少，而且多集中于大学生。

近年来志愿服务成为社会实践中的亮点。自 1993 年年底共青团中央组织在全国范围发起实施中国青年志愿者行动以来，青年志愿者服务事业已经走过了十几年的历程。青少年是志愿服务的生力军。参与志愿服务是现代社会文明程度的重要标志，也是青少年成长成才的重要途径。志愿者行为是在组织背景下，个体经过深思熟虑之后，自愿对那些主动寻求帮助的对象实施的一种长期且无偿的帮助行为。它具有如下六点特征：自愿性，个体必须出于自愿或在自由意志基础之上参与志愿者行为，没有情境压力或责任牵绊；计划性，为他人服务的机会和途径都是个体深思熟虑的结果；长期性，志愿者行为必须持续进行数周、数月、甚至数年的时间；组织性，志愿者行为通常是以组织为背景进行的，组织在志愿者和服务对象间起纽带作用；非营利性，志愿者行为出于对个人理想的追求，而非任何一种物质补偿；互动利他性，志愿者主动奉献自己的时间和精力，服务对象主动寻求帮助（李林和石伟，2010）。志愿行为更可通过维持身心健康、改变应对方式和改善生活状态来促进个体幸福的实现（石伟和李林，2010）。

据《新京报》报道，北京市的中小学生从 2009 年起都可注册成为志愿者。大连市在 2012 年也发布了《中小学实施义工服务活动指导意见（试行）》。据《广州日报》报道，深圳市 10 岁至 18 岁的义工占义工总数量 10％以上，中小学生义工数量有增加趋势。可以说从国家层面到地方政府都非常重视中小学生参与志愿服务，期望通过对中小学生的志愿服务教育来提高他们的思想道德素质，期待他们在服务的过程中，能学习体贴他人、尊重生命、抛弃个人主义，抛弃冷漠、被动、自私自利的保守心态。北京市西城区教育委员会（2011）认为，中小学志愿服务应以爱心培养为主要目标，以自我服务为主要内容，以体验学习为主要方式，以学校、家庭、社区为重要途径。姜朝晖（2014）认为，参与志愿服务对中小学生的价值养成有重要意义，有助于他们正确价值观的建立、团结精神的培养、实践能力的提升以及人生理想的树立。朱洪秋（2014）认为，中小学生志愿者是志愿者中的一个特殊群体，有着不同于成人志愿者的发展特点和规律，提出学习重于服务、体验重于认知、未来重于当下、校内重于校外四点意见。

志愿服务教育贯穿于日本小学、初中、高中的各科教学中，其主要特征是重视学生的体验学习，使他们在实践过程中认识到志愿服务的意义，形成参与志愿服务的意识（李文英，1999）。加拿大的志愿者服务体系对学生思想道德品质的培养发挥了重要作用。通常在大学录取新生时，会注重了解学生在高中时期做义工的情况。他们认为，学生做义工不仅能体现其有帮助他人、贡献社会的意愿，而且还能促进自我完善，是走向健康人格的重要一环(冉小先，2007)。学生积极参与社区志愿服务一直是美国教育的重要特色。美国学校长期以来一直鼓励学生参与社区志愿服务活动，他们认为，志愿服务对培养学生良好的品格、公民的意识和社会责任感具有积极的促进作用。许多州把学生参与社区志愿服务活动与课程标准及毕业要求结合起来(冉小先，2007)。香港地区近些年的教育改革规定，学校除了为学生提供必修及选修科目外，也要提供15％或以上课时的"其他学习经历"。通常志愿服务会由教师、学校或社会发起，以课外活动的形式提供学生参与(付涛，2012)。我国台湾地区在2000年开始规定，高中及大学学生每学期至少选修8个小时的服务时数，更于2001年通过"志愿服务法"。我国大陆地区志愿服务事业是在学雷锋活动的基础之上成长起来的。目前北京市中小学校自2012年起开始试点《志愿服务手册》，探索有效经验和实践模式。惠州市于2014年出台志愿者激励回馈办法规定，"学生志愿者本人参与志愿服务不低于50个小时，就读高中或中职学校，在分数同等条件下可优先录取"，以及学生志愿者入团、入党优先考虑。

国外的服务学习以"教育"为出发点、"志愿"与"非志愿"并重，此观点与志愿服务工作"发自内心"意义不尽相同，但是我国的志愿服务主要是在学生中开展，也赋予了其教育意义。志愿服务与服务学习的不同包括：①服务动机：志愿服务是基于个人自由意愿的一种参与，而服务学习包括自愿与非自愿；②服务目的：志愿服务期望借由个体对小区事物的参与，来改善小区的经济、社会与文化，而服务学习除了促进学生完整的发展外，并希望创造学校与小区双赢；③服务地区：志愿服务不限定在小区，扩及社会服务，而服务学习仅限学校与小区；④与学习的关联性：志愿服务以服务成果为主，学习目标不重要，不一定包含学习成分，而服务学习则是服务与学习的目标同等重要，以学习为其最大的特色，重视反思与互惠。

目前有关志愿服务的研究，主要以大学生为研究对象，对中小学生的研究较少。Waldstein 和 Reiher(2001)对美国 6 所高中 9 年级的 501 名学生进行了为期 2 年的追踪研究，考察学生们通过"服务学习"的方案设计，参与志愿活动对他们的认知、情感、公民性和社会参与能力的影响。结果发现：在个性发展方面，参与服务活动越多的学生越有自信、自尊心越强、越能容忍社会的多样性；在社会参与性方面，这些学生对社会的认识越深刻，就更加尊重他人、更愿意参加各种社会活动。赵占强(2003)对高中生进行教育干预实验发现，经常参加志愿服务的学生与不经常参加的学生相比，在社会责任感、自我效能、利他态度和道德行为方面存在着显著的差异，在道德判断上差异不显著。张晓红(2012)认为，青少年参与志愿活动有利于增加学生的社会参与，发展他们的社会组织能力，增进他们对学校的认同感和归属感。在更深层面，实现青少年的自我探索和成长，推进青少年社会化。王聪等人(2013)对 6203 名参与过不同形式的社会服务实践的中学生进行调查发现，城市、示范学校、低年级学生参与的社会服务实践质量较好。中学生的社会服务实践经历影响其公民行动意向，而社会服务观念在其中起到部分中介作用。高质量的社会服务实践经历有助于改进中学生的社会服务观念，进而增强其公民行动意向。

第二节　中小学生课外社会性学习的现状调查

一、中小学生课外社会性学习的一般状况

(一)研究方法

调研样本及所用问卷见本书第二章。

(二)调研结果与分析

1. 中小学生参加社会实践或公益性活动的频率和时间

统计中小学生平时参加社会实践或公益性活动的频率和每次花费的时间，结果见图 4-1 和图 4-2。从图中结果可知：有高达 36.4% 的中小学生从未参加社会实践或公益性活动，偶尔参加的最多，频率越高则参与人数越少；参加所花费的时间在 1 小时内的最多，达 37.2%，其次是 1～2 小时，花费时间越多则参与人数越少。

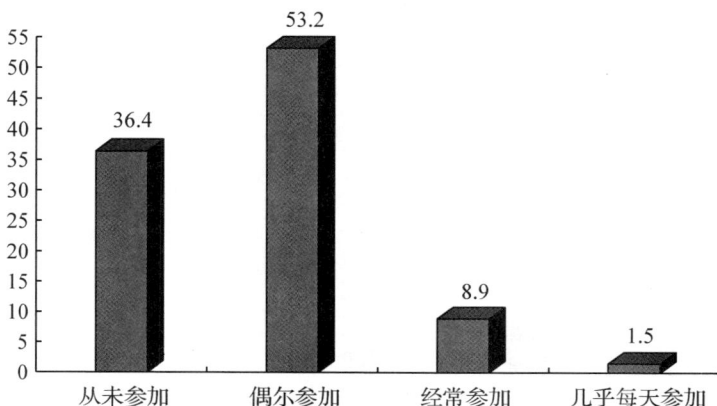

图 4-1　中小学生参加社会实践或公益性活动的频率(%)

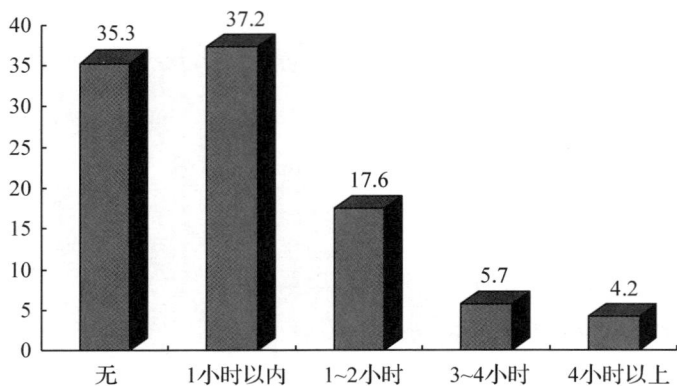

图 4-2 中小学生每次参加社会实践或公益性活动花费的时间(％)

为了进一步弄清楚中小学生参加社会实践或公益性活动的情况，本研究对参加课外社会实践或公益性活动的频率和每次参与花费的时间进行了分类调查和统计，先让中小学生选择平时是否参加课外社会实践或课外公益性活动，再对选择"是"的中小学生进一步调查频率和每次参与所花时间，结果见图 4-3 和图 4-4。

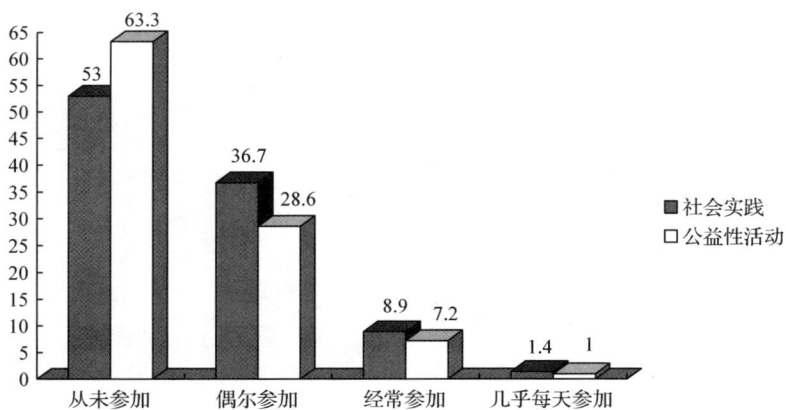

图 4-3 中小学生参加课外社会实践和公益性活动的频率(％)

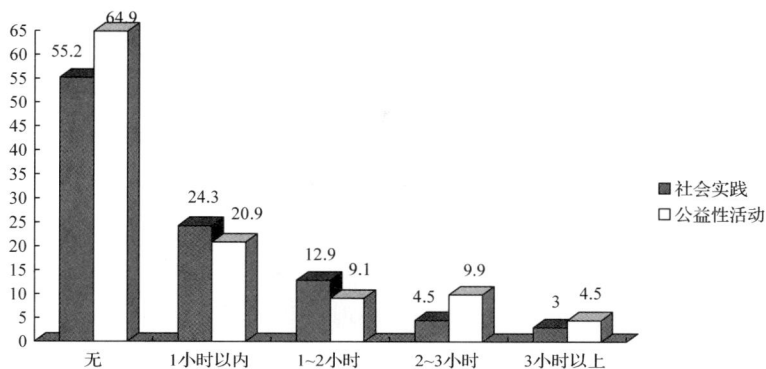

图 4-4 中小学生每次参加课外社会实践和公益性活动花费的时间(%)

从图中结果可知：中小学生参加课外社会实践的频率高于课外公益性活动，从未参加课外社会实践的中小学生比例达 53%，而从未参加课外公益性活动的中小学生比例高达 63.3%；经常参加课外社会实践的中小学生比例仅有 8.9%，而经常参加课外公益性活动的中小学生更减少到 7.2%；可以说多数中小学生从未参加过课外社会实践或公益性活动。从中小学生每次参加的时间来看，每次花费 1 小时以内的人数最多；花费时间在 2 小时之内的，参加社会实践的比例高于参加公益性活动；花费时间在 2 小时以上的，参加公益性活动的比例高于参加社会实践。

2. 年级段、性别、居住地和是否独生子女对中小学生参加社会实践与公益性活动的时间和频率的影响

不同年级段中小学生参加课外社会实践、公益性活动的频率和时间的统计结果(只统计参加者)见表 4-1 和表 4-2。从表中结果可以看出：小学、初中和高中学生参加课外社会实践的频率存在显著差异，高中生偶尔参加的比例最高，但经常参加的比例最低，

这可能与高中生的课业负担重有关,三个年级段都是偶尔参加的比例最高;在参与课外公益性活动上也存在显著性差异:小学生偶尔参加课外公益性活动的比例最高,但经常参加最低,这可能是由于公益性活动对参与者的要求要高于社会实践,而小学生囿于身体、知识、意识方面的限制,因此参加较少。

小学、初中和高中学生参加课外社会实践或课外公益性活动的时间也存在显著差异:小学生在 1 小时之内的比例均高于初中生和高中生;而小学生在 1~2 小时的比例均低于初中生和高中生。

表 4-1　中小学生参加课外社会实践、公益性活动频率的年段差异比较

		课外社会实践			课外公益性活动		
		小学	初中	高中	小学	初中	高中
偶尔参加	n	1659	1092	1426	1458	837	955
	%	76.2	76.1	81.9	79.9	76.4	75.7
经常参加	n	449	309	257	308	232	277
	%	20.6	21.5	14.8	16.9	21.2	21.9
几乎每天参加	n	68	34	58	58	27	30
	%	3.1	2.4	3.3	3.2	2.5	2.4
年段差异 χ^2 值		32.00**			16.09**		

表 4-2　中小学生参加课外社会实践或公益性活动时间的年段差异比较

		课外社会实践			课外公益性活动		
		小学	初中	高中	小学	初中	高中
1 小时之内	n	1167	745	855	1089	643	645
	%	56.5	54.2	51.5	62.3	60.8	54.5
1~2 小时	n	561	407	500	427	274	340
	%	27.2	29.6	30.1	24.4	25.9	28.7

续表

		课外社会实践			课外公益性活动		
		小学	初中	高中	小学	初中	高中
2~3 小时	n	192	161	164	159	104	132
	%	9.3	11.7	9.9	9.1	9.8	11.1
3 小时以上	n	144	61	140	74	37	67
	%	7	4.4	8.4	4.2	3.5	5.7
年段差异 χ^2 值		30.36**			21.82**		

　　不同性别及居住地中小学生参加课外社会实践或公益性活动的频率和时间的统计结果见表 4-3 和表 4-4。从表中结果可以看出：不同性别中小学生参加课外社会实践的频率存在显著差异，女生偶尔参加的比例虽高于男生，但是经常参加的比例低于男生。在课外公益性活动的频率上，男女学生之间没有显著差异。不同性别中小学生参加课外社会实践或课外公益性活动的时间不存在显著差异；不同居住地中小学生参加课外社会实践或课外公益性活动的频率不存在显著差异。在参加课外社会实践的时间上，农村和城市有显著差异，城市学生参与 1~2 小时的比例高于农村，但在参加课外公益性活动上没有显著差异。

表 4-3　中小学生参加课外社会实践或公益性活动频率的性别和居住地差异比较

		性别差异比较				居住地差异比较			
		课外社会实践		课外公益性活动		课外社会实践		课外公益性活动	
		男生	女生	男生	女生	农村	城市	农村	城市
偶尔参加	n	1873	2272	1482	1739	1485	2590	1161	2009
	%	77.2	79.1	76.5	78.8	77.2	79	76.6	78.8

续表

		性别差异比较				居住地差异比较			
		课外社会实践		课外公益性活动		课外社会实践		课外公益性活动	
		男生	女生	男生	女生	农村	城市	农村	城市
经常参加	n	465	532	393	416	378	598	311	477
	%	19.2	18.5	20.3	18.9	19.6	18.2	20.5	18.7
几乎每	n	89	69	62	51	61	91	44	64
天参加	%	3.7	2.4	3.2	2.3	3.2	2.8	2.9	2.5
差异 χ² 值		7.97*		4.79		2.44		2.75	

表 4-4　中小学生参加课外社会实践或公益性活动时间的性别和居住地差异比较

		性别差异比较				居住地差异比较			
		课外社会实践		课外公益性活动		课外社会实践		课外公益性活动	
		男生	女生	男生	女生	农村	城市	农村	城市
1 小时	n	1253	1487	1095	1259	1009	1687	871	1440
之内	%	53.8	54.7	59.3	59.8	55.3	53.9	61	58.8
1~2 小时	n	665	785	485	546	479	941	360	656
	%	28.6	28.9	26.3	25.9	26.2	30.1	25.2	26.8
2~3 小时	n	245	269	187	205	194	305	135	242
	%	10.5	9.9	10.1	9.7	10.6	9.7	9.5	9.9
3 小时	n	165	179	80	97	143	197	61	113
以上	%	7.1	6.6	4.3	4.6	7.8	6.3	4.3	4.6
差异 χ² 值		1.17		0.40		11.16*		1.99	

　　是否独生子女中小学生参加课外社会实践或公益性活动的频率和时间的统计结果见表 4-5。从表中结果可以看出，独生子女和

非独生子女之间没有显著性差异。风笑天（2006）认为，独生子女与非独生子女之间的差异是一种随独生子女的年龄变化而变化的现象，并且这种变化的总趋势是二者之间差异逐渐缩小。其原因是，独生子女早期存在的差异可能在后期的社会化过程中，在学校、同伴群体、大众传媒等共同文化环境的作用下逐渐消磨，最终和非独生子女没有显著差异。

表 4-5　是否独生子女中小学生参加课外社会实践或

公益性活动频率和时间的差异比较

参与时间		是否独生子女差异比较				参与频率	是否独生子女差异比较			
		课外社会实践		课外公益性活动			课外社会实践		课外公益性活动	
		独生	非独生	独生	非独生		独生	非独生	独生	非独生
1 小时之内	n	1504	1169	1256	1038	偶尔参加	2827	1756	1722	1418
	%	53.8	55	58.9	60.5		78.2	78.1	76.9	79
1～2 小时	n	802	617	553	443	经常参加	559	415	448	335
	%	28.7	29	25.9	25.8		19.1	18.5	20	18.7
2～3 小时	n	298	201	218	164	几乎每天参加	78	77	70	42
	%	10.7	9.5	10.2	9.6		2.7	3.4	3.1	2.3
3 小时以上	n	194	137	106	70	差异 χ^2 值	2.73		3.71	
	%	6.9	6.5	5	4.1					
差异 χ^2 值		2.53		2.49						

3. 中小学生参加社会实践或公益性活动的场所

对中小学生参加社会实践或公益性活动场所的统计结果见图 4-5，从图中结果可知：中小学生的社会实践或公益性活动首先是在社会性公共场所进行；其次是在学校进行。

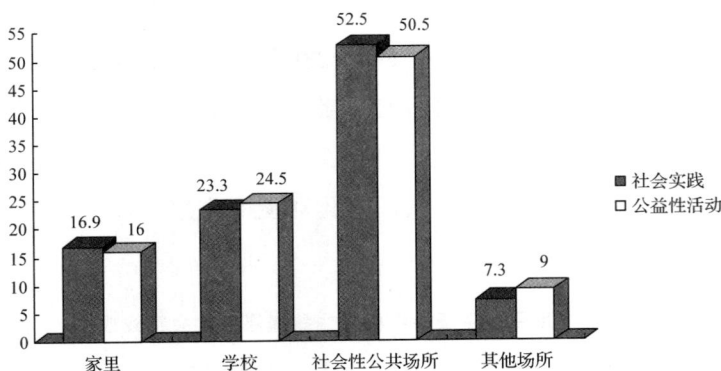

图 4-5　中小学生参加社会实践或公益性活动的场所（%）

4. 中小学生是否参加社会实践（公益性活动）的原因

对中小学生参加或没有参加社会实践（公益性活动）的原因的
统计结果见图 4-6 与图 4-7，从图中结果可知：大多数中小学生参
加社会实践或公益性活动是自己主动意愿的结果，其次是父母要
求与学校老师要求。因自己意愿而参加公益性活动的比例高于参
加社会实践，而在父母要求下参加社会实践的比例高于参加公益

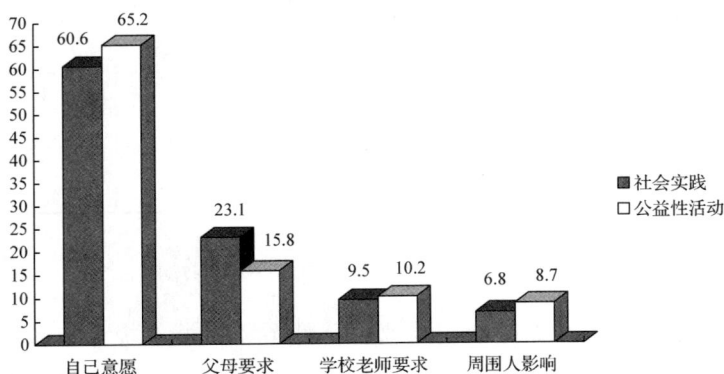

图 4-6　中小学生参加课外社会实践或公益性活动的原因（%）

性活动。从中小学生不参加社会实践或公益性活动的原因来看，属于自己意愿而不愿参加的占多数；其次是想参加但缺乏场所以及缺乏时间和精力；因为家长反对而没有参加的中小学生只占极少数。

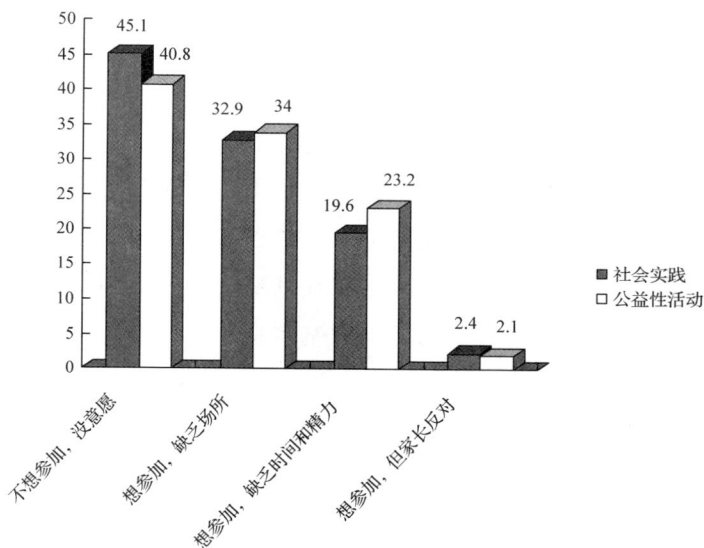

图 4-7　中小学生不参加课外社会实践与公益性活动的原因(%)

二、中学生志愿者的人格特征研究

本节第一部分用数据呈现了中小学生开展社会实践或公益性活动的状况，要对中小学生的社会性学习进行深入研究，则需要考察可能有哪些因素会影响到社会性学习的开展。近年来对志愿行为的研究增多，研究者关注的重点问题是：具有什么人格特质的人更可能成为志愿者？本研究拟对中学生志愿者的人格特征进行研究。

志愿服务这个词语的使用具有相当大的差异，中文常用志愿服务、志愿工作、义务工作、义务服务、志愿工作者、志工、义工等，英文常用 Volunteerism，Volunteering，Voluntary Service，Voluntary Action，Voluntary Work，Volunteer 等；在本研究中，均视为同义词。本研究认为，志愿服务是指不计较酬劳多寡，本着个人的自我意愿，贡献时间、知识、技能等，从事服务个人或团体的有组织、有计划的行为。人格是个体表现出的一种稳定的态度和行为方式，心理学中的人格概念是从拉丁文面具中引申而来的。这个词语的原意是古希腊戏剧中演员所戴的面具，体现了人物的特色和性格。目前我国关于志愿者的研究主要集中在大学生阶段，关于中学生志愿者人格特征的研究很少。本研究的意义在于，了解中学生参与志愿活动的基本情况，以及中学生志愿者与人格特征之间的关系，为开展中学生志愿者工作提供实证依据。

（一）调研方法

1. 研究对象

本研究按照方便取样的方法选取浙江省湖州市与安徽省安庆市各一所中学的学生以及网络被试。共发放问卷 360 份，回收有效问卷 343 份，回收率为 97.4%。其中，男生 157 人，女生 186人；初一 123 人，初二 117 人，初三 103 人；农村 43 人，城镇300 人。

2. 调研工具

中学生人格五因素问卷。由邹泓修订，适用于测量我国中学生的人格问卷，包含外向性（表示人际互动的数量和密度、对刺激的需要以及获得愉悦的能力），宜人性（考察个体对其他人所持的态度），情绪性（反映个体体验消极情感的倾向和情感不稳定性），谨慎性(指控制、管理和调节自身冲动的方式，评估个体在目标导向行为上的组织、坚持和动机)，开放性(描述一个人的认知风格)五个维度，由 50 个题目组成，五点式计分，被试根据项目的描述是否符合自身的情况，从"一点也不像"到"非常像"中选择回答，分别计"1"到"5"分。

志愿者问卷。是关于志愿者的基本情况的调查，以过去 12 个月为期限进行调查，包括参加志愿服务的次数、花费的总时间、参加原因以及不参加原因。

(二)调查结果与分析

1. 中学生参与志愿服务的基本情况

在过去的 12 个月中，参与调查的 343 人中只有 53 人参加过志愿服务，占 15.5%。具体情况见表 4-6。

表 4-6　中学生志愿者的基本情况

参与志愿服务的人数	性别		户籍来源		年级总数
	男	女	城市	农村	
七年级	7	9	14	2	16
八年级	9	14	18	5	23
九年级	6	8	14	0	14
总数	22	31	46	5	53

从中学生志愿者参与志愿服务的种类来看，他们参与的种类很少，比较单一。在问卷中列出的志愿服务活动种类有：对老人、病人伤员或者残疾人提供帮助或生活慰藉；保护环境(如植树、清洁活动)；宣传(普法、反迷信、反邪教等)；辅导成绩不好的同学或低年级的同学；在大型活动中(比如运动会)参与组织或服务工

作；向灾区或生活困难的人捐赠钱物；其他（请列举）。在统计时发现：在上面列举的那些志愿活动中，参与次数最多而且参与人数最多的是辅导成绩不好或者低年级的同学。调查中的中学生志愿者表示都做过这种志愿服务活动。其次在大型活动中参加服务工作的人也是很多的，而宣传参加的人则比较少，参加的次数也少。在过去 12 个月中所参加的志愿服务的总时间，选择 1～3 小时有 8 人、4～10 小时有 19 人、11～25 小时有 15 人、26～40 小时有 7 人、41 小时以上有 4 人。在参与志愿活动的原因中，超过半数的人选择了认识新朋友、扩大生活圈子；为了完成任务；有助于未来的升学和工作；增进与他人相处应对的能力；尝试新事物，丰富体验。而在不参与志愿活动的原因中，超过半数的人选择了没有时间；父母/家人不支持；志愿服务枯燥。具体情况见表 4-7和表 4-8。

表 4-7 参与志愿活动的原因（多选题）

原因	占志愿者人数的百分比
得到发挥专长和才能的机会	34％
获得他人的肯定与尊重	46％
学习课本上学不到的知识	29％
尝试新事物、丰富体验	56％
贡献一分力量、回馈社会	18％
有助于未来的升学和工作	62％
认识新朋友、扩大生活圈子	73％
增进与他人相处应对的能力	60％
为了完成任务	66％

表 4-8　不参与志愿活动的原因(多选题)

原因	占非志愿者的百分比
没有时间	92％
没有酬劳	6％
没有途径	32％
父母/家人不支持	76％
志愿服务枯燥	61％
没有相关技能	12％
不知道做什么	24％

2. 中学生志愿者的人格特征

1)是否为志愿者在人格特征的差异

对志愿者与非志愿者在人格的五个维度上进行差异检验,结果显示:是否为志愿者在人格特征的开放性、外向性上具有显著差异,在宜人性、情绪性和谨慎性上无显著差异;而且志愿者的外向性和开放性得分高于非志愿者。详见表 4-9。

表 4-9　中学生人格特征与是否为志愿者的差异(M±SD)

是否志愿者	人数	外向性	宜人性	情绪性	谨慎性	开放性	人格特征平均分
是	53	3.14±0.68	3.04±0.81	2.93±0.80	2.99±0.78	3.30±0.75	3.30±0.75
否	293	2.95±0.72	2.98±0.82	3.02±0.77	2.99±0.72	3.00±0.78	3.00±0.78
T 检验		2.753*	0.533	−0.813	0.037	2.569*	1.836

注: $*P<0.05$, $**P<0.01$,以下同

2)中学生志愿者人格特征的性别差异

对男女中学生志愿者进行人格特征的差异检验,结果显示:

男、女生在开放性上存在显著差异，男生志愿者的得分高于女生的得分；在其他维度上没有显著性差异。详见表 4-10。这主要是因为受性别角色变迁的影响。性别角色是指个体在社会化过程中通过模仿学习获得的一套与自己性别相应的行为规范，随不同社会文化而有所不同。个体的性别角色可能与生理性别并不相符。美国心理学家贝姆（Bem）把性别角色分为 4 种：双性化、男性化、女性化和未分化。

表 4-10　中学生志愿者人格特征的性别差异（M±SD）

性别	人数	外向性	宜人性	情绪性	谨慎性	开放性	人格特征平均分
男	22	3.04±0.68	2.90±0.72	2.94±0.77	2.76±0.84	3.61±0.72	46.80±3.72
女	21	3.20±0.69	3.25±0.89	2.92±0.84	3.15±0.70	3.08±0.70	45.74±5.05
T 检验		−0.836	1.618	0.060	−1.836	2.686*	0.831

3）中学生志愿者人格特征的年级差异

对不同年级中学生志愿者进行人格特征的差异检验，结果显示，不同年级的中学生在人格特征维度上没有显著差异。详见表 4-11。

表 4-11　中学生志愿者人格特征的年级差异（M±SD）

年级	人数	外向性	宜人性	情绪性	谨慎性	开放性	人格特征平均分
初一	16	3.15±0.71	3.10±0.89	3.12±0.88	2.98±0.93	3.55±0.57	47.70±4.63
初二	23	3.01±0.77	2.95±0.77	2.98±0.73	2.92±0.69	3.32±0.81	45.54±4.50
初三	14	3.32±0.49	3.14±0.80	2.62±0.79	3.11±0.79	2.98±0.76	45.48±4.37
F		0.843	0.280	1.573	0.257	2.282	1.311

4)中学生志愿者人格特征的户籍来源差异

对不同户籍来源的中学生志愿者进行人格特征的差异检验,结果显示,不同户籍的中学生在人格特征维度上没有显著差异。详见表 4-12。

表 4-12　中学生志愿者人格特征的户籍来源差异(M±SD)

户籍来源	人数	外向性	宜人性	情绪性	谨慎性	开放性	人格特征平均分
城市	46	3.09±0.66	2.94±0.61	2.94±0.82	3.00±0.80	3.24±0.75	46.01±4.54
农村	7	3.42±0.82	3.06±0.84	2.83±0.71	2.92±0.67	3.65±0.71	47.29±4.66
T 检验		−1.173	0.361	−0.330	0.266	−1.371	−0.690

5)中学生志愿者的人格特征与参与志愿服务时间的相关分析

对中学生志愿者的人格特征与参与时间进行相关分析,结果显示:参与志愿服务的时间长短与人格特征维度的外向性、宜人性和开放性之间具有显著正相关,与情绪性、谨慎性之间没有显著性相关。详见表 4-13。一般而言,外向的人喜欢参加社会活动,表现自己。开放性则意味着有探索精神和好奇心,具有这种品质的人总是敢于冒险、勇于尝试新事物、敢于创新。因此在志愿者团队中,这种人通常喜欢特立独行、敢拼敢闯。而宜人性则表示友好、热情、有爱心、乐于助人、注重团队合作。具备这三种品质的人愿意参加志愿活动,并使这些品质在活动中得到进一步强化。

表 4-13　中学生志愿者的人格特征与参与志愿服务的时间的相关分析(r)

	人格特征				
	外向性	宜人性	情绪性	谨慎性	开放性
参与志愿服务的时间	0.440**	0.276*	−0.228	−0.162	0.547**

三、小学生课外社会性学习的一般状况

本研究通过问卷调查和访谈调查，专门探讨了小学生课外社会性学习的现状与问题，以期为从小学开始开展课外社会性学习活动提供实证依据。

（一）研究方法

1. 问卷调研法

1）调研工具

采用自编问卷"小学生课外社会性学习状况调查问卷"，以封闭式选择题和开放式问答题为主要题型，整个问卷共划分为以下两部分：

第一部分是关于小学生以及家长的基本统计信息，包括学校名称、所在地、性质；学生性别、年龄、年级与班级、民族、特长；是否为独生子女；学习成绩情况；父母文化程度；父母的职业等内容。

第二部分是课外社会性学习活动状况，其主要内容有：①课外社会性学习活动现状调查，如参加的时间、参加的频率、参加的地点、参加的费用等。②参加课外社会性学习活动的原因，如自我要求的，家长要求的，学校、老师要求的，亲戚建议的，同学建议的等。③参加课外社会性学习活动对自身的影响，包括积极影响和消极影响。④对小学生课外社会性学习活动的看法，是否会继续参加，或者对课外社会性学习活动是否满意等。

2）研究对象

采用方便抽样法对湖州 3 所小学进行调查，每所学校在 2～6

年级各随机抽取 1～2 个班，共发出问卷 650 份，收回问卷 609 份，回收率 93.69%。其中有效问卷 605 份，有效率为 99.34%。有效样本具体情况见表 4-14。

表 4-14　调查对象性别分布一览表

		频率	百分比	小计	
				N	%
性别	男	301	49.8	605	100
	女	304	50.2		
年级	二	97	16.0	605	100
	三	128	21.2		
	四	116	19.2		
	五	135	22.3		
	六	129	21.3		

2. 访谈调研法

1）访谈对象

访谈的对象包括 30 小学生、10 来位家长以及老师。在湖州博物馆、档案馆和少年宫等地随机抽取小学生和家长进行现场访谈，同时对这些场馆的负责人也进行了详细的访谈；并对湖州三所小学的部分老师也进行了相关访谈。

2）访谈内容

针对此次调查的主题，访谈的主要内容是：了解不同角色（学生、家长、老师、场馆负责人等）对学生参与课外社会性学习现状和效果的看法和意向；进一步了解并分析小学生课外社会性学习的基本情况等。

（二）调研结果与分析

1. 小学生参加课外社会性学习活动的现状与特点

1）小学生课外社会性学习活动的参与情况

（1）小学生课外社会性学习活动的参与度低。

调查结果显示，只有55％的小学生参与了课外社会性学习，没有参与课外社会性学习的达45％。可见，现今小学生对于课外社会性学习的参与度较低，接近半数的小学生未参加过课外社会性学习；但随着年级的增长，不参与课外社会性学习的人数比例逐步减少：二年级有14.2％，三年级10.6％，四年级6.3％，五年级7.4％，六年级6.4％。

个案观察和实际访谈证实，现今小学生参与课外社会性学习的情况并不容乐观，特别是中低段的学生，基本未接触过课外社会性学习活动；即便是小学高年级的学生，对于课外社会性学习的认识也并不清晰。

（2）小学生参与课外社会性学习的时间有限。

小学生一般在寒暑假参加课外社会性学习，占总数的46.7％；其次是周末，占26.8％；在节日参加的较少，占13.3％；选择平时参加的更少，仅占9.9％。可见，绝大多数小学生都喜欢在寒暑假参加课外社会性学习，只有少部分会选择在平时参与课外社会性学习。通过访谈和个案观察发现，其主要原因是，寒暑假时间比较充裕，学生有充足的时间处理好课外社会性学习和课堂学习之间的关系。

从每次参加活动的时长来看，一般是半天到一天，占42.9％；

其次是 1~2 天，占 22.8％；3~6 天有 17.1；6 天以上较少，仅占 8.7％；其他时长最少，占 8.4％。

（3）小学生参与课外社会性学习的频率低。

36％的学生表示是每学期参加一次课外社会性学习，21.9％的学生表示是每周参加一次，另外 18.9％的学生表示大约两三周会参加一次课外社会性学习活动，剩下的 9.6％参与的频率不明。由此可见，小学生参与课外社会性学习活动频率的分布相差较小，但是从中仍可以看出每学期参加一次课外社会性学习是主流，而每周参加一次课外社会性学习排在第二。通过进一步分析可以发现，小学生参与课外社会性学习的时间跨度较大，有的是一学期参加一次，但有的是两三周就会参加一次。

（4）小学生课外社会性学习的活动过程。

40％的学生表示课外社会性学习主要以听课和参观为主，其次以实际动手操作为主，占 36％。进一步访谈结果发现：在少年宫，大部分小学生可参加一些在学校内没有的课程，有助于扩大视野、增长知识；其间也会组织几次公益性活动，学生参与积极性较高。但由于受场地以及费用等因素的限制，大部分活动是在室内开展的，以传授知识、参观欣赏为主。在档案馆，也开展了一些与小学生课外社会性学习相关的活动，如知识性讲座、古文字的讲座和展览、带领学生参观等，这些活动主要以学生听讲和参观为主；此外，还有甲骨文猜字游戏、制作成长档案等，可充分发挥学生的主观能动性、锻炼学生的动手实践能力。

（5）小学生课外社会性学习的伙伴。

45.2％的小学生表示是和同学一起去参与课外社会性学习的，

独自参与的也占了相当一部分(35.8%);较少学生喜欢和老师(10.5%)或者其他人(8.4%)一起去参加该项学习活动。可见,小学生更喜欢和同龄人相处。进一步访谈结果发现:小学生更倾向于与同学或社区伙伴一起参加课外社会性学习。他们认为,有小伙伴的陪同,学习会变得有趣和快乐。

2. 小学生课外社会性学习的活动类型与内容

1)参观历史博物馆

问卷调查结果发现:小学生更多的课外社会性学习活动是参观历史博物馆,占 15.7%。结合访谈结果,笔者了解到小学生在历史博物馆参加的活动主要有:小小志愿者活动,即小学生免费接受博物馆负责人的培训和指导,之后充当小小讲解员,对前来博物馆参观的游客进行讲解,或维持秩序;知识讲座,主要是关于博物馆历史和文物的发展和保存历史;参观临时展览,博物馆每年都会在临时展厅举办一些临时展览,在临时展览上主要会摆放一些具有历史价值、具有特色的历史文物。此外,还有参观档案馆活动的。访谈结果发现,档案馆开展的活动主要有:中国古文字活动(书画家、书法家的名作……),古文字的讲座、展览,甲骨文的互动活动(猜字游戏),知识性的讲座,亲自动手制作档案,等等。

2)参加环境保护活动

小学生参加环境保护活动,占 12.2%。如在湖州某村庄访谈发现,针对五水共治项目,该村组织村子里的小学生拔草、捡垃圾,共同为村镇环保尽一份力。在城区的一些小区访谈同样发现,社区也会不定期地开展捡垃圾、评选优秀环保小卫士的活动,一方面培养了学生的动手实践能力，另一方面也增强了学生的环保意识。

3）参加公益性活动

公益性活动在小学生课外社会性学习活动中也占了一定比例（7.3％）。据了解，小学生一般都是在学校的组织或者父母的带领下参与的。主要有到敬老院看望老爷爷老奶奶，以给他们表演节目，陪他们聊天，帮忙收拾屋子等方式来表达对老人的一份爱心。

4）其他

此外，小学生参与的社会性活动还有社会调查（2.8％）、社区服务（5.5％）、志愿者活动（4.3％）以及生存体验活动（4.5％）等，但参与人数比重都较小。

3. 小学生课外社会性学习的场地与条件

1）小学生参与课外社会性学习的地点

小学生参与课外社会性学习的地点主要集中在社区（42.6％）和场馆（37.5％）这两个地方，而工厂、乡村和其他地方总计不到总数的30％。通过对湖州多个社区的访问和调查，笔者发现小学生更倾向于在社区参加社会性学习活动。除了社区，湖州少年宫也是大多数小学生乐于参加活动的好场所（活动场所大，活动种类多）。笔者在少年宫观察时发现，大厅里有许多小学生在观看各类活动，也有的小学生则早在教室里面上课了。

2）小学生课外社会性学习的活动条件

大多数学生反映：总体来说场所活动条件不错。38.7％的学生认为课外社会性学习的活动条件比较好，27.9％的小学生甚至认为课外社会性的活动条件很好；当然，也有 30％的学生认为学习条件一般，少数同学甚至觉得条件很差。

访谈结果与问卷调查结果大致相符，大部分小学生对于课外社会性学习的条件都持肯定态度，认为活动条件较好。例如，在湖州图书馆，笔者注意到，针对不同年龄段的读者，图书馆分设了不同的图书区供读者借阅。幼儿区、儿童区、成年区等做了很好的隔层，有利于为各个年龄段的读者提供适合的书籍（每一档书籍还分别作了符号标记，方便读者寻找相应书籍），保障适宜的阅读环境。针对个体的年龄特征和身心发展特点，阅读的桌椅、色彩布局也都有所差异，如儿童的色彩较为鲜艳、活泼，成人的色彩则较为宁静。

4. 小学生参与课外社会性学习的效果与作用

问卷调查发现：44.1％的学生参与课外社会性学习的目的是为了锻炼自我的实践能力；还有一些是抱着关爱社会、奉献爱心（16.8％），培养社会责任感和价值观（8.4％），丰富阅历、扩大知识面（19.5％），理论与实践相结合，促进课堂学习（4.8％），了解国情、了解社会（4.8％）等目的去参与课外社会性学习的。可见，小学生参与课外社会性学习的目的多种多样，实际效果也差异很大。

1）小学生参与课外社会性学习的效果

对于课外社会性学习的参与效果，有 64.8％的学生持肯定态度，他们认为课外社会性学习的效果不错；另有 30.9％的学生感觉一般，只有 4.2％的学生对于活动效果感到不满意。详见表 4-15。例如，以博物馆的活动为例，访谈结果发现：博物馆在春节举行的迎春祈福系列展览很适合学生，效果不错，学生们十分喜欢；"恐龙归来"的展览活动更受学生欢迎，对恐龙化石，观众们的兴趣很大。由于参观人数太多，为了保证参观效果以及会场秩序，博物馆方面不得不控制入场人数。

表 4-15　小学生课外社会性学习活动效果

	频率	百分比/%
很好	85	25.5
较好	131	39.3
一般	103	30.9
较差	7	2.1
很差	7	2.1
合计	333	100

2）小学生参与课外社会性学习产生的影响

（1）课外社会性学习对小学生的积极作用。

第一，有利于弥补课堂教学的不足，促进学生的能力发展。

小学生参加课外社会性学习活动，在一定程度上可弥补课堂教学的不足，扩大自我的知识面，提升自己的动手实践能力、创新能力等，促进学生的多方面发展。例如，档案馆举办亲自动手制作个人档案活动，使学生在日常生活中养成多看、多记、多想、多写的好习惯，一旦有什么重要的事情，学生都会认真地记录下来，以便之后记入个人档案。这些活动都是校内课程所没有的，不仅吸引了学生的兴趣，而且更重要的是扩大了学生的知识面，开阔了其眼界，在一定程度上也锻炼了其动手实践能力，提升了其研究意识、创新意识。

第二，有利于促进课堂学习，产生积极学习的迁移。

小学生课外社会性学习为学生提供了另一个不一样的学习和发展空间，有助于学生放松自我，同时收获知识，增长才干。使学生以一种积极向上、乐观的态度去对待实践活动，间接地促进了课堂学习。通过深入小学实际观察学生的课堂表现以及和班主任的交流过程，结果发现：那些积极参与综合实践活动的学生，一般来说在课堂上的表现也更为活跃。他们更愿意在课堂中踊跃举手，发表自己的看法，增强了全班的学习氛围，一定程度上促进了课堂教学效率的提高。

第三，课外社会性学习可促进小学生的身心健康。

小学生正处于长身体的阶段，各方面的生理机能都没有发育完全，所以在认真学习的同时，也要保证一定的课外时间，参加一些课外社会性学习来充实自我。适当的课外社会性学习能够促进人体血液循环，促进人体的新陈代谢，对不同环境的适应能力也会相应地增强，从而有利于提升人的免疫能力，促进小学生的身心健康成长。

(2)小学生课外社会性学习的消极作用。

第一，活动内容贫乏，挫伤学生参与的积极性。

大概有三四成小学生觉得课外社会性学习活动内容单一和枯燥，他们对课外社会性学习抱着不确定的态度(既不觉得有利，也不觉得有弊)，但有的小学生认为参加课外社会性学习活动在一定程度上给他们造成了一定的困扰，进而产生了厌烦情绪。确实，在对湖州多个社区进行调查时，许多社区负责人都反映：由于社区资金困难，活动开展场地受到限制，大多数社区的活动都是大同小异、缺乏新意，主要有环保、安全类的知识讲座，捡垃圾，作业辅导，等等。活动一成不变，长此以往，小学生参与活动的积极性受挫，参与活动的热情也会受到极大影响。

第二，参加课外社会性学习一定程度上会影响学生的学习。

问卷调查显示：有9.6%的学生认为参加课外社会性学习影响了课业学习，42%和8.1%的学生则分别表示无影响和不确定。进一步的访谈调查发现，小学生年龄小，对事物认知度低，往往都是带着玩耍的性质参与各类社会性学习活动，至于学到了什么，对学习的促进作用不大。调查还发现，有的孩子觉得参与这类活动更为轻松和愉悦，就会对学校的学习、课程和作业不感兴趣，甚至讨厌，这在一定程度上对学生的学习带来了不良的影响。

由于社会性学习活动内容贫乏、效果不理想，加上小学生时间紧、压力大，只有43.5%的学生表示会继续参加该类活动，但有39%的学生对此表示并不确定，17.4%的学生则明确表示不会再参加这种学习了。

5. 小学生参与课外社会性学习的相关因素

1）小学生课外社会性学习的参与动机

调查显示：自愿参加课外社会性学习的小学生占44%，而家长要求（24.4%）和学校组织的（20.8%）也占有相当比例；此外，也有的学生是因亲友或同学建议而参加的。可见，虽然学生积极主动的态度是促使他们参与课外社会性学习的主要因素，但家长和学校的影响也很重要。

2）考试成绩与小学生参加课外社会性学习的关系

调查发现，参与课外社会性学习的学生大多是成绩特别好或是成绩落后的学生。分别统计"是否继续参加社会性活动"学生在优、良、中、及格、不及格等各类学生中的分布，详见表 4-16。结果表明：在最近一次大考中成绩为优的，有 46.5％的学生表示愿意继续参加课外社会性学习；在不及格的学生中，则有 66.7％的学生表示愿意继续参加课外社会性学习。从中反映出学优生和学困生反而更倾向于参加该类活动。可见，大部分成绩优秀者对自身有着更高的目标和追求，期望通过额外的社会性学习来进一步提升自己的学业水平和促进自身的全面发展；而学困生由于学习成绩落后，也更倾向于参加课外社会性学习来拓宽自己的知识面，提升综合实践能力，获得某种满足感。

表 4-16　是否继续参加课外社会性学习在不同成绩学生中的分布

| 是否继续参加 | 最近一次大考成绩 | | | | | 平均 |
课外社会性学习	优	良	中	及格	不及格	
会	46.5％	41.0％	36.4％	33.3％	66.7％	43.9％
不会	17.1％	20.5％	9.1％	33.3％	33.3％	18.1％
不确定	36.4％	38.5％	54.5％	33.4％	0.0％	38.0％
合计	100％	100％	100％	100％	100％	100％

3）性别与小学生参加课外社会性学习的关系

性别是影响小学生参加课外社会性学习的一个重要因素。问卷结果表明：关于是否会继续参加课外社会性学习，回答会继续参加的，女生明显多于男生；而回答不会继续参加课外社会性学习的，则是男生明显多于女生。亦即女生更愿意去参加课外社会性学习活动。结合实际访谈结果和小学生的身心发展特点分析，小学阶段女生的身心发展比男生早。一般而言，女生的心理较男生成熟，她们更明白如何合理去安排自己的学习和生活，提升自身的各方面能力，达到自己预定的目标甚至超越自身，而男生在这方面就略微欠缺。

第三节　课外社会性学习与学生身心发展

社会化贯穿于人的整个生命历程，关系到一个人是否能够适应社会、适应生活，成为一个身心健康的人。学生应在家庭、学校、社会这三种环境下逐渐习得社会规范，从自然人成长为社会人。然而，由于目前应试教育的影响，中小学生的学业负担很重，接触社会的机会减少，加上现在的学生中独生子女占较大比例，父母常常过分宠爱与保护，以致学生的社会化进程变慢，心理年龄落后于生理年龄，带来了一些社会问题。开展社会实践是全面贯彻党的教育方针的根本要求。党的教育方针明确要求，要坚持教育为社会主义现代化建设服务，为人民服务，与生产劳动和社会实践相结合，培养德智体美全面发展的社会主义建设者和接班人。社会实践将加深学生对国情、民情的了解，使学生从书本中、课堂上学到的知识在实践体验中得到印证、得到升华，增进学生对中华民族优秀文化的切身感受；对党、对祖国、对人民的真挚情感。还可以培养学生的社会责任感、创新精神和实践能力，对学生的身心发展有很大的促进作用。具体表现为以下六点：

1)课外社会性学习能够促进学生认识社会，树立正确的价值观

学生的价值观是他们在成长过程中，对现实生活中各种事物

重要性进行评价时所持的内部尺度。价值观的形成是社会化的结果，小学生已经对人类、自然及社会现象产生兴趣和疑问，但其价值判断常常是部分的、片段的和直观的。到初中阶段，初中生已能将外部的价值期待转化为自己的行为标准。但直到高中阶段个体的价值观才逐步确立。价值观对学生的影响是全方位的，对不同价值观的追求决定了学生的人生方向。当前我国正处于社会转型期，社会上多种价值观的相互碰撞现象使中小学生的价值观也呈现多样性。近年来中小学生自杀事件频发，虽然可能有学业压力过大的原因，但我们也不应忽视学生对生命的漠视、对生命意义的逃避。有调查显示，中学生的人生价值崇尚自我实现，但又缺乏人生动力，感到难以适应现实社会（匡文，2007）。价值观、人生观的形成不是单一方向的灌输就能完成的，必须让学生经历、体验到自己与现实生活的联系才可能完成。学生参与社会实践或公益活动，可以接触不同于平时的社会面向，认识到追求物质生活或金钱等不应是生活的全部，还需要有崇高的精神，给他人带来更多的快乐和幸福。在实践中逐渐内化认同主流价值观，即倡导富强、民主、文明、和谐；倡导自由、平等、公正、法治；倡导爱国、敬业、诚信、友善。

2) 课外社会性学习能够促进学生道德观念与道德行为的统一

重视道德教育，是我国教育的优良传统，长期以来一直受到广泛关注。从儿童朦胧有意识开始，一些好的品德就通过故事的形式传输给儿童，"蒙以养正"早已成为我国道德教育中一条重要的原则和方法。然而，随着现代社会政治、经济、文化等各方面的发展，我国的道德教育或多或少地陷入与传统观念相矛盾的困境，人们的道德观念面临着严峻的挑战。当前的中小学生在面对来自学校的道德教育与社会的道德现实时，经常感受到道德的困惑和迷惘，出现知行分离。在我国传统文化中，影响最大的儒、墨、道、释四家的核心思想都蕴含了仁爱、互助、奉献的慈善因素。儒家的"仁者爱人"、墨家的"兼爱非攻"、道教的"积德行善"、佛教的"慈悲为怀"均在中国历史上产生了重大的影响，并渗透到社会道德中，影响着我们的生活。志愿服务是传统道德与时代精神的结合，它以传统的利他主义道德观念为出发点，秉持"奉献、友爱、互助、进步"的新时代准则，遵循帮助他人、完善自己、服务社会、弘扬新风的精神文明宗旨。在志愿服务活动中，学生通过自己的观察、体验、思考、行动而激发了道德情感，从而成为他们追求真理和正义、积极进取的巨大力量；而且在实践中学生也会遇到很多困难和挫折，要实现自己的道德目标，就必须去克服困难、战胜困难，从而锻炼了不怕困难、勇往直前的意志品质。因此，志愿服务活动有助于学生道德感的形成，使学生不仅能掌握社会道德标准，形成一定的道德观念，而且能转化为自己的道德行为。

3）课外社会性学习能够促进学生认识自己、提升自己

自我意识是指个体对自己本身及其与客观世界关系的一种意识。随着年龄增长，中小学生会追问和思考"我到底是个怎样的人"、"我的特征是什么"、"别人喜欢我还是讨厌我"等一系列关于自我的问题。独生子女学生缺乏和兄弟姐妹相处的经验，加之长辈的宠爱，使他们在自我意识的发展上缺少客观的参照和比较。因此，无法客观地认识和评价自我，容易产生有偏差的自我意识，总是觉得自己最聪明、最优秀。学生通过实践活动不仅能认识外界事物，也能认识自己，比如认识自己感知、记忆、思维等认识

过程，情感、意志过程，兴趣、能力、性格等个性特征以及自己与他人的关系，自己所处的地位和作用等。一个人认识和评价自己的能力往往是在具体的社会实践活动中、在与他人的比较中获得的。只有投身于社会实践活动之中，才能更加准确、清楚地认识自我。对自己有了全面的认识之后，才可能在自我体验的基础上进行调整，提升自己各方面的素质。学生参与社会实践获得的承认和成功经验，会提高学生的自尊心、自信心和自我效能感。学生在实践活动中了解自己的兴趣、爱好与能力，增强了对各种职业的认识，也会对未来职业生涯有更真切的体验。

4)课外社会性学习能够锻炼学生的意志和毅力，增强心理健康素质

坚强的意志是一个人成才的必要条件，正如"古之立大事者，不惟有超世之才，亦必有坚韧不拔之志"。而坚强的意志则必须在社会生活和实践中才能锻炼出来。一个人不经历生活中的种种磨砺，单凭下决心、立誓言等是无法形成坚强意志的。中小学生通过参加社会实践与志愿活动，经历与体验其中的困苦和挑战，有利于磨练学生意志，从而形成坚毅品质。近年来中小学生的心理健康问题已引起全社会的关注，人际关系受应试教育的影响，不少学生较为封闭，人际交往能力较弱。他们一方面渴望友情，渴望理解，希望建立良好的人际关系；另一方面则对人际交往有错误认知，以及缺乏交往的技巧。这种矛盾冲突会使学生产生较大的心理冲突，出现嫉妒、自卑、抑郁等情绪问题。社会实践可以在一定程度上缓解此类问题的发生。因为学生的社会实践经常是组队开展活动，小组成员必须相互交流、分工协作，这都使他们有了交往的空间和自由。为使实践活动顺利进行，成员之间必须

互相配合，遇到矛盾和分歧必须通过协商达成一致，小组中容易形成互相关爱、互相支持的氛围，这会使学生养成负责、合作、分享、自控的个性品质，而这些品质对学生的成长是不可或缺的。本课题研究也表明中学生的志愿行为与人格特征的开放性与外向性有正相关。悦纳自我是发展健康自我体验的关键，也是心理健康的核心。

5)课外社会性学习能够提高学生的生活技能和实践能力

学生平时学习任务较重，在家里几乎所有的事情都是由家长代劳，因此学生的生活自理能力较差。然而在社会实践活动中，学生自己动手，在劳动中体验快乐，学习生活技能的同时也可服务他人。实践能力是个体解决现实世界中日常问题的能力。在平时的课堂教学中，学生获得的是学业能力，注重增加学生的书本知识，训练学生的记忆、思维、推理与想象。偏重于知识的灌输或学业能力的培养，使学生与真实的外界生活环境相脱离，缺乏生活智慧。教育要回归生活，就应把生活当成教科书，让学生投入实际生活，使学校教育成为实践的教育，使社会实践成为教育的实践。这样有助于学生实践能力的提升，使他们不仅能适应环境，而且还能塑造或改变环境。社会实践是以学生为主体的学习活动，学生能够自主选择学习的目标、内容，决定活动方案和活动结果呈现的形式等。学生能从多种新视角去审视和感受最初的看法，开放性地思考问题、解决问题，为学生的自主发展提供宽松的、自由的空间，为学生创造潜能的充分发挥开辟了广阔的空间，进而可提高学生的生活技能，锻炼学生的实践能力；同时可强化发散思维训练，提高创造能力(殷世东，2011)。

6)课外社会性学习能够提高学生幸福感，达成幸福教育

幸福教育的目的是让学生获得持久的幸福感体验，是针对学生的不幸福状态提出的。教育中幸福缺失的主要原因是功利主义的泛滥和科学知识的霸权，他们凌驾于学生的生活和发展之上，科学知识至上也导致对生活技能和实践的忽视。正是由于这种影响，我国学生普遍处于课业负担繁重、升学压力大的不幸福状态中(张崇，2014)。在社会性学习的志愿活动中，学生与他人广泛而频繁的互动，获得社会支持、有用信息及社会资源的机会随之增加，进而构建抵御不良情绪的社交网络；学生也通过志愿行为提升自尊，改变对自身和自我能力的看法，从中获取信心。因此，志愿行为不仅有利于他人，而且能够提高参与志愿活动学生的幸福感(石伟，李林，2010)。

第四节　中小学生课外社会性学习存在的问题与对策

一、中小学生课外社会性学习存在的问题

开展社会实践是实施素质教育的关键环节。实施素质教育要坚持育人为本、德育为先，面向全体学生，促进学生全面发展，使学生不仅掌握知识，还要学会动手，学会动脑，学会做事，学会生存，学会与别人共同生活，提高分析问题、解决问题的综合能力。但目前在中小学生的社会实践中还存在如下问题：

(一)社会实践次数与时间严重不足

本课题调查表明：有高达 36.4％ 的中小学生从未参加过社会实践与公益性活动，偶尔参加的最多占 53.2％；参加所花费的时间在 1 小时内的最多，达 37.2％，其次是 1～2 小时 17.6％。其原

因有以下二点：一是受应试教育影响，社会实践与公益性活动没有受到应有的重视。家长、学校、社会公众都认为社会实践可以开展，但只能是学生学习之余的补充，学生只有好好学习通过中、高考才是最重要的。学生课外时间中很大一部分都用于补习功课，仅余的一点时间连玩耍都不够，因此造成社会实践的严重缺乏。二是在当下的教育环境，一旦学生出现问题，不管是否是教师或学校的职责，所有的矛头直指教师以及教师所在的学校。因此，学校感到压力重重，尽可能减少组织外出活动。

（二）社会实践内容单调、有名无实

本课题调查表明，中小学生参与社会实践活动形式单一、内容贫乏。通过对多个社区进行访谈调查后发现，很多社区并无针对学生开展的课外社会性学习活动，仅仅只是为了"响应"国家号召才开展一些活动，但并无多少实质性的内容。比如：小学生的暑期社会实践作业，有的只是草草组织小学生开展活动，敷衍了事；学生自身也只是为了盖章而盖章，并不是真正为了参加社会性的学习活动，只是为了形式而形式，因而对于学生的社会性发展并未起到相应作用。再如，中学生志愿者参与的活动种类单一，参与次数最多且参与人数最多的形式是辅导成绩不好或者低年级同学。在不参与志愿活动的原因中，超过半数的比例选择了志愿服务枯燥。学生社会实践内容单调与学生本身无相关技能技术有关，平时都是在学校中学习课本上的知识，并没有实际应用过，因此实践过程中必然感到无从下手。同时这种情况的产生也与社会环境有关，整个社会并没有形成一种氛围，即学生的社会实践也是一种学习，而是认为社会实践无用或是添乱。学生本身的能力限制与外界的刻板印象共同导致了中小学生的社会实践内容单调。

(三)有的学生怕苦怕难、不愿参加

本课题调查表明，在中小学生不参加社会实践与公益性活动的原因中，属于自己意愿而不愿参加的占 40%，其中不可忽视的一个重要因素就是一部分学生贪图安逸、怕苦怕难。现代社会科技发达、物质丰富，学生享受着现代化发展的便利，较多学生从小就没有或者很少参加劳动。而且由于现在的学生中独生子女居多，更容易养成"饭来张口、衣来伸手"的懒惰习惯，因此对参加实践活动有畏难心态。学生每天在学校中紧张地学习功课，有课外时间时，更愿意用于看电视、上网等消遣性强的活动，而不愿意参加社会实践或公益活动。

(四)社会实践资源缺乏

2011 年《教育部关于联合部委利用社会资源开展中小学社会实践的通知》发出后，全国各地确立了一批实践基地，主要有质量教育、水土保持教育、档案教育、爱粮节约教育等类型。但是，这些基地远远没有满足中小学生开展社会实践活动的要求。本课题调查表明，中小学生不参加社会实践与公益性活动的原因中，想参加但缺乏场所占 33%。中小学生的社会实践与公益性活动首先基本上是在社会性公共场所进行（51%）；其次是在学校进行（24%）。由于受课程体系和文化氛围的制约，社会实践活动基地在选择与建设方面一直困扰着中小学校。具体表现在：首先，区域内可供选择适合中小学学生参观、学习、锻炼的实践基地有限；其次，基地与学校可开展的合作项目非常少。

(五)课外社会性学习过分注重安全性，忽视过程性和实效性

通过对若干学生家长、老师访谈，笔者了解到，安全问题已

经日益成为限制学生课外社会性学习的一个重要原因。前些年随着教育行政部门对学生课外社会性学习的日益重视，学校对此也是大力推广，学生社会性学习逐渐发展起来。但由于近几年学生课外活动安全事故的屡屡发生，使得学生课外社会性学习的开展呈现逐渐下降的趋势，其主要原因是学校怕承担安全责任，所以现在都把一些课外活动放在了学校里面。例如，2014 年，海南省就曾发生过一起学生春游翻车致人伤亡的事故，澄迈县老城镇欣才学校 8 名学生当场死亡，3 人重伤，29 人轻微伤，包括校长在内的多名责任人被刑拘，一时间，春游之乐变为了春游之殇。这个事件一出，使得全国各地的其他学校警铃大作。学校由于害怕学生们在参加一些课外社会性学习中受到伤害，宁愿将学生"圈养"，使其成为乖顺的"小绵羊"，也不愿再组织学生迈出校门参加社会实践活动。

二、大力推进中小学生课外社会性学习的对策

（一）加强宣传，使大众认同社会实践的作用

顺利开展中小学生社会实践需要全社会的理解和支持。大众必须在观念上认同开展社会实践的重要性和必要性，才能给予积极支持或参与。因为中小学社会实践内容涉及面很广，政治、经济、文化、科技、生产活动等方面的内容都有可能进入中小学社会实践领域，需要相关的部门支持与配合（殷世东，2011）。然而目前社会各界对中小学生开展社会实践的认识不深，没有从树立正确的价值观、促进学生道德观念与道德行为的统一、增强心理健康素质等方面认识社会实践对学生身心发展的作用。可利用互联网的传播速度快、覆盖面广、传播成本低、形式生动活泼等优势加强宣传，提高认识，形成政府、学校、家庭、社会共同支持

学生参加校外活动良好育人环境。与国外相比，我国中小学生的社会实践环境要差很多。如在英国，7 岁的孩子可以帮邻居洗车赚钱，12 岁的孩子可以做 babysitting，帮人临时照看小孩，13 岁以上的少年可以担任报童(熊丙奇，2013)。

(二)建立社会实践安全制度，保障中小学生安全

安全问题是中小学社会实践中最令人担忧的问题，也是社会实践有效开展的阻碍因素之一。目前，政府、学校、家庭在社会实践活动中的责任分担处于失衡状态，政府和家庭没有负起应有的责任，而学校承担了它长期以来不该承担以及无法长期承担的责任。这就需要政府制定相应的责任分担机制，明晰参与主体间的各自责任(孙彩霞和余群英，2014)。学校、家庭要对学生进行安全教育，教导他们防范意外的应对策略。同时建立中小学生社会实践活动意外伤害事件的保险机制。学校组织学生开展实践活动时，必须由导游带队，教师跟队管理，相关基地、场馆人员积极配合，确保学生在活动中的安全。学生分组活动时，严禁单独活动，以防学生走失或发生意外(许维友，2012)。教育行政部门要在政府的领导下，协调社会实践基地切实保证活动场地、设施、器材的安全性，配备安全保护人员，设置必要的安全警示标志，向学生讲清与实践内容相关的操作程序、安全制度，培养学生安全生产和安全操作的意识，防止意外事故发生。

(三)建立考核激励机制，推行社会实践常规化

目前很多学校对学生参加社会实践的情况记录不够重视，往往假期结束要求学生上交盖章的社会实践记录册就算完成任务，没有下文了。教育行政部门要把学校组织学生参加社会实践活动的情况和成效作为评价学校教育教学工作的一项重要内容，纳入

对学校的综合考评体系之中。学校也要对学生参加社会实践活动情况进行考核，及时做好活动小结和鉴定工作，并将考核结果纳入学生综合素质评价和毕业资格认定范畴。志愿服务是美好的道德行为和重要的道德实践，应根据志愿者的服务时间和服务质量，对志愿者给予相应的星级认定，褒扬和嘉奖优秀志愿者，授予其荣誉称号。建立志愿服务回馈制度，志愿者利用参加志愿服务的工时，换取一定的社区服务，同时在就学、就业、就医等方面享受优惠或优待。

（四）精确定位，保障社会实践持续开展

中小学生志愿者是志愿者中的一个特殊群体，有着不同于成人志愿者的发展特点和规律。因此，在中小学校广泛开展志愿服务活动，必须进行有针对性的定位，必须建立不同于社会志愿者组织的管理体制和运行机制。《中国青年志愿者行动发展规划（2014—2018）》指出，"重视在中小学生中开展志愿服务意识教育，培养志愿服务事业后备力量"。中小学生志愿服务的重点应该是学习与体验，让学生从体验中汲取知识，学习他人的经验，使抽象的理念变得丰富起来，在分析解决问题中认识世界，从而感悟到人生的意义和价值。中小学生志愿服务的目标应该是培养未来具有奉献精神、责任感和志愿服务精神的人，主要通过开展校内志愿服务活动进行，最好能与平时开展的各类活动结合起来。

（五）扩大社会资源网络，建设社会实践活动基地

社区环境是中小学生最直接可感、生动形象的社会实践活动场所，社区内存在巨大的教育资源，学校应与社区建立稳定的、双向参与的社会实践基地。学校不能游离于社区之外关门办学，学校主动融入社区可以获得更广阔的发展时空，提高学校的生机与活力。《中共中央国务院关于进一步加强和改进未成年人思想道德建设的若干意见》要求，社区要整合利用各种教育资源和活动场所，开展富有吸引力的思想教育和文体活动，真正把教育引导未成年人的工作落实到基层，要把为未成年人健康成长创造良好社会环境作为创建文明社区的重要内容。因此，学校要积极与社区各职能部门相互协商、相互配合，促使社区主动接纳中小学生开展实践活动，进而建立社会实践活动基地。现代社会已进入网络时代，将现实社区的实践活动和网上社区的实践活动相结合，可以吸引更多的中小学生投入实践活动。认证的方式也可以多元化，除了盖章之外，也可进行网上认证。

参考文献

北京市西城区教育委员会. 志愿服务：中小学公民和道德教育的重要载体[J]. 北京教育，2011(11)：8—9.

风笑天. 中国独生子女：规模、差异与评价[J]. 理论月刊，2006(4)：5—10.

付涛. 培养小学高年级学生志愿服务意识的行动研究[D]. 上海：上海师范大学硕士学位论文，2012.

姜朝晖. 社会大课堂与孩子谁疏远了谁[J]. 中国教育报，2013-09-4(3).

姜朝晖. 志愿服务：当代中小学生价值养成的重要路径[J]. 中国德育，2014(14)：22—25.

匡文. 中学生价值观调查报告[J]. 科教文汇，2007(9)：150.

李林著，石伟. 西方志愿者行为研究述评[J]. 心理科学进展，2010(10)：1653—1659.

李文英. 日本青少年的志愿服务教育及其启示[J]. 比较教育研究，1999(4)：38—41.

刘长忠. 中国已为 30 万中小学生提供质量教育社会实践活动[EB/OL]. http://www. chinanews. com/edu/2012/09-27/4218214. shtml. 中国新闻

网，2012.

刘玲.中小学社会实践活动：误区与对策[J].今日教育，2012（4）：20—21.

孙杰远.论学生社会性发展[J].教育研究，2003（7）：67—71.

孙彩霞，余群英.建构中小学社会实践活动长效机制[J].中国德育，2014
　　（16）：25—28.

施建东.为学生的发展开辟新天地——关于我省中小学社会实践基地课题建
　　设的思考[J].江苏教育研究，2011（3）：24—26.

石伟、李林.志愿行为对个人幸福的影响[J].心理科学进展，2010（7）：
　　1122—1127.

冉小先.美国、加拿大等北美国家德育生活化、实践化的基本做法及启示[J]
　　.前沿，2007（4）：32—36.

王聪，姚梅林，郭芳芳，等.社会服务实践对中学生公民行为意向的影
　　响——社会服务观念的中介作用[J].心理发展与教育，2013（3）：
　　277—283.

熊丙奇.要保护孩子的社会实践热情[N].第一财经日报，2013-07-30（7）.

许维友.铸就安全堤坝，保障活动开展——南京市江宁区中小学生社会实践
　　活动的实践与思考[J].中小学校长，2012（1）：7—9.

杨亦松，刘汝兰.中小学社会实践活动多样性探索[J].中国校外教育，2014
　　（9）：32.

殷世东.中小学社会实践的价值意蕴与有效开展[J].课程·教材·教法，
　　2011（9）：9—12.

赵占强.志愿服务活动与高中学生品德发展的相关研究[D].石家庄：河北师
　　范大学硕士学位论文，2003.

张庆.中小学生社会实践活动途径探讨[J].教育论坛，2013（1）：42—44.

张晓红.志愿活动的内部效果与青少年的社会化——基于广州市W学校社工
　　站的实践探索[J].中国青年研究，2012（6）：5—8.

张崇.论幸福教育及其隐忧[J].现代中小学教育，2014（3）：14—17.

郑淮.场域视野下的学生社会性发展研究[D].重庆：西南大学博士学位论

文，2003.

朱洪秋. 中小学志愿服务不妨如此定位[J]. 中国德育，2014(14)：31－32.

Waldstein，F. A.，& Reiher，T. C.（2001）. Service-learning and students' personal and civic development[J]. *Journal of Experiential Education*，24（1）：7－13.

第五章　中小学生课外科技性学习活动

第一节　中小学生课外科技性学习活动概述

一、引言

随着社会的发展，科技教育对学生能力的培养受到了越来越多的关注。创新人才需求的日益增加，使得科技教育愈加重要。由于时间有限和考试压力，课堂上的科技教育无法承担更多培养学生创新、动手能力的重担。因此，课外科技性学习是十分必要的。

改革开放初期，中小学生开始尝试课外科技性学习活动，但参与度很低。1992年国务院发布《关于创造良好社会教育环境保护中小学生健康成长的若干意见》，明确指出：要积极开展青少年科技活动，定期举办青少年创造发明和科学论文评比。1999年，全国"两会"提出"科教兴国"，大力推进素质教育，注重创新精神和实践能力的培养。20世纪末至21世纪初，国家将"科教兴国"确定为基本国策之一，提出全面实施科教兴国战略，大力推动技术进步，加强科技创新，使得全社会更加重视科技活动，促进了中小学生科技性学习活动的发展。

进入21世纪，随着科技的发展，个人电脑和互联网的发展让人类进入信息时代，中小学生的科技能力越来越受到重视。2001

年国家教育行政部门颁发了《基础教育课程改革纲要》，明确指出：要提升学生的创新能力和实践能力，促进学生的全面发展。2006年2月国务院发布了《全民科学素质行动计划纲要（2006—2010—2020)》，明确指出：要开展多种形式的科普活动和社会实践，增强未成年人对科学技术的兴趣和爱好；开展课外科技活动，引导未成年人增强创新意识和实践能力；要整合校外科学教育资源，建立校外科技活动场所与学校科学课程相衔接的有效机制。

党和政府对中小学生课外科技性学习活动的日益重视，不仅大大推动了中小学生课外科技性学习活动的开展，也有力促进了中小学生课外科技性学习活动的研究进程。因此，下述将扼要回顾我国中小学生课外科技性学习活动的基本状况，并分析和探讨中小学生课外科技性学习活动存在的问题和引导对策。

二、中小学生参与科技性学习活动研究概述

中小学生科技性学习活动多种多样。根据近些年关于中小学生课外科技性学习活动的研究文献，中小学生的课外科技性学习活动研究主要有小发明、小制作、小论文、小创造、小实验等"五小"活动，以及科技性竞赛和学科性科技学习活动等。

(一)学科性科技学习活动

学科性科技活动自恢复高考以来就一直存在，由于其主要是为学科知识学习服务，也与应试性学习相关，受到了学校、教师和学生的关注。此类科技性学习活动往往以班级或学校为单位，参与人数较多，对学生的学习成绩有一定的促进作用。正是因为学科性科技学习活动与学生的成绩密切相关，教师在学科性科技学习活动中起着主导作用。赵静安(1885)认为，教师除课堂的教学工作外，需指导学生开展课外科技活动。正是由于教师的作用，

此类活动对于学生的科学素养和实践能力的培养获得很好的效果。

教师素养是保障中小学生开展学科性科技学习活动的必要条件之一。学科性科技学习活动主要在学校进行，学校支持并鼓励开展学科性科技学习活动是此类活动开展的前提条件。卢东生（2001）提出，要构建学校科技教育"环境化、学科化、活动化、德育化、社区化"，抓学校环境的建设，组织教师培训，提高教师科技素养，在各学科中进行科技教育。

随着素质教育呼声的高涨，学科性科技学习活动开始注重在活动中对学生科技能力的培养。张世录（2004）提出，小学科学学科的实验教学是培养学生初步的科学能力、实践技能和开展科技活动的重要手段。早在1996年就有学者提出科学学科性科技学习活动对学生科技素养和能力的影响。刘国璋（1996）提出，生物科技兴趣小组活动对小学生实验观察能力的提高有着明显的帮助。陈斌、张和平、周康熙（2005）还特别强调科学实验的重要性，认为需要在科学实验中培养学生观察、分析和动手操作的能力。张玉锋（2000）提出，要在课外科技性活动中培养学生的创新能力和实践能力。徐晖（1999）则提出，要在化学课外活动中使学生系统地掌握化学基础知识和基本技能，培养学生解决实际问题的能力。

（二）"五小"科技活动

"五小"科技活动主要是指小发明、小创造、小论文、小实验和小制作等活动，对于培养中小学生创新精神、动手能力有着显著的作用。"五小"科技活动由最初的"三小"（即小发明、小论文和小制作）发展而来。"五小"活动开展方便、不受人数限制，是学校开展课外科技学习活动的主要方式。但一般并不是"五小"活动一起开展，通常选其中一种或几种活动开展。此类活动往往由学校举行或教育局组织，参与者往往是在班级选拔或推荐后参与此类活动，因此实际参与者在学生中所占比例较小。

在"五小"科技活动中，以小发明最受学生喜爱。聂德勇（2012）在分析南京市小学生可参加的科技活动中将小发明单独列成一类。张宏云（2014）称赞小发明可以使学生手脑并用，激发学生的科学实践兴趣，开发学生的潜能，培养学生的实践能力和创新精神。张越（1985）认为，小发明是培养学生创造力的有效途径，可培养六种创造能力，即思维敏锐力、形象思维力、抽象思维力、知识转移力、联想力和侧向思维力。王建中（2000）也提到小发明是培养创新精神和实践能力的重要途径，并指出："改进发明"培养学生的创新意识；"扩展发明"培养学生的创新思维；"首创发明"培养学生的创新精神。曹玉宝（1991）提出，小发明的关键在于"创造"，认为需要教授学生方法。

田维胜（2008）认为：要在学生自己不断发现问题、修正问题和实践感知、活动体验的基础上，逐渐培养学生的科学探究能力。而"五小"活动可以使学生自发地去寻找问题，并努力去解决问题，同时可以通过动手操作、合作交流等方式培养学生的能力，在成功解决问题后，学生又能得到成功的满足感。吕绪（2012）还认为："五小"活动有助于对其他学科能力的培养，如写作能力；同时也能提高学生学习的动力，培养学生的独立性和创新意识。

（三）科技竞技性活动

科技竞技性活动在全国各地开展的均比较火爆，如"嬉戏谷"杯金钥匙科技竞赛、"通鼎光电"杯金钥匙科技竞赛、"盛虹"杯金钥匙科技竞赛、全国青少年科技创新大赛等。近年来，机器人等模型竞赛也开始发展起来。韩琴（2013）指出，科技创新大赛分为青少年和科技辅导员两个板块，其活动内容分为竞技类活动和展示型活动两个系列。聂德勇（2012）就南京地区小学生可参加的科技活动和竞赛项目进行了分析，将其分为科技创新类、小发明类、信息类、机器人类、"三模一电"类、少年科学院类、环保类、综合类等八个大类。

与科技竞技性活动火爆的情况相反，对于科技竞技活动的研究却比较低迷。李开荣（2013）认为，科技竞技活动是小学科学教育的重要一环，能激发小学生对科学的兴趣，能培养小学生的思维能力、实践能力和创造能力，感受竞争和挑战的氛围，培养学生的竞争意识，促进各学科能力的综合运用，巩固科技活动的成果。郭静峰（2013）认为，要鼓励小学生参加创新大赛。郑振华（2009）从参加科技创新大赛情况分析了各地科技活动的发展水平，认为小学生科技教育水平发展和当地对此的支持有着较为密切的关系。

（四）科技性活动基地

科技活动基地主要是由政府建设的用于青少年科技性学习活动的场所，如科技馆、少年宫、科技指导站等。参加此类活动一般以家庭为单位，个别由教育部门和学校组织参加。因此，此类活动的开展主要靠社会宣传和基地本身的特色吸引青少年儿童参加。由于科技性活动场所的建设需要大量的财力和人力的支撑，同时也需要科学技术的支持，如科技馆。虽然在 2006 年颁布的《科学素质纲要》中要求加快建设配套的科技性活动场所，但部分城市至今仍未配备如科技馆之类的科技性活动场所；更不用提在农村建设科技性活动场所了。席爱强（2012）调查发现，即使政府在加大对科技教育各个方面的支持力度的情况下，学生仍然缺少科技活动场所。由于科技性活动场所所需的财力和维持其正常运转的人力需求较高，所以科技性活动场所普及面较小，受众的辐射面也较小。

科技性活动基地对学生的发展具有重要的意义。徐忠德（1993）提出，青少年宫作为科技活动基地之一，积极开展科技兴趣小组活动，可培养学生的观察能力、动手能力、独立思维能力等。冯璐（2013）指出，科技馆的重要使命之一便是提高学生科技创新能力，培养学生科学意识。胡永红（2102）提出：要充分利用湿地资源对学生展开科技教育，围绕湿地展开不同的活动，如知识竞赛、社会实践、演讲等活动；在保护湿地的同时，增强学生运用科技手段解决问题的能力，发展学生的创新能力。

第二节　中小学生课外科技性学习活动文献的计量分析

科技知识和技能是中小学生必备的知识和技能之一，因而鼓励和引导中小学生课外参加科技性学习活动广为社会各界和学界所关注。1992 年，国务院发布《关于创造良好社会教育环境保护中小学生健康成长的若干意见》明确指出，要积极开展青少年科技活动。自恢复高考以来，受应试教育影响，中小学生应试性学习负担日益加重，虽然素质教育也在不断推进，学生创新精神和实践能力的培养也受到重视，但学生的课外科技性学习活动有限。随着时代的发展，科技在人们日常生活中的作用越来越大，科技水平更是衡量一个国家综合国力的标准之一。因此，中小学生的科技活动与科技能力也日益受到关注。近几年来，随着减负政策的深入人心，学生的课业压力有所减轻，也就有了更多的时间做自己想做的事情，包括参加科技活动。因此，梳理恢复高考以来关于中小学生课外科技性学习活动的研究文献，通过计量分析，反映中小学生科技性学习活动的研究状况以及中小学生参与科技性学习活动的特点，对于教育行政部门制定有关中小学生科技性学习活动的政策、学校和家庭鼓励和引导中小学生参加科技性学习活动等，具有重要的现实意义和参考价值。

一、研究方法

（一）文献来源

利用《CNKI 全文数据及博硕论文库》检索系统，以"摘要"为检索项，以"科技活动"、"创新活动"、"小创造"、"小发明"、"小制作"、"科技场所"或"科技竞赛"等和"中小学生"为关键词，检索有关"中小学生科技性活动和科技性活动基地"的研究文献，发表时限为 CNKI 全文数据库的起始时间至 2014 年 6 月，得到相关文献共计 459 篇。根据以下筛选标准从中删除部分不符合要求的文献资料：①研究对象不是中小学生的文献；②研究内容不是科技性学习的文献；③文献性质不是研究论文的文献，如新闻报道、相关活动通知和相关竞赛题等。最后得到有关中小学生科技性活动和科技性活动基地的有效文献共 206 篇。

（二）分析单元

采用文献计量学的分析方法，对 206 篇有效文献发表的时间和地区分布特征、文献作者的身份特征及其单位分布、文献发表源及期刊类别等进行了统计分析，并对研究文献的性质、主题和内容、研究视角和方法等，进行了统计和分析。

二、结果分析

(一)中小学生科技性学习活动研究文献的时间分布

对所选 206 篇有关中小学生科技性学习活动的研究文献,按其发表的年份分别统计后发现:对中小学生课外科技性活动的研究起步时间较晚。恢复高考以后,汪亚平在 1983 年发表了以"重视抓好学生的课外科技活动"为题的论文,首次出现中小学生"小发明"和"小论文"的概念。此后十几年,相关研究发展缓慢,直至 1998 年,每年发表的研究文献不到 5 篇(只有 1985 年和 1986 年分别达到 7 篇和 5 篇),对中小学生的科技性活动研究较少,反映出对于培养中小学生的科技能力并不是很重视。自 1999 年开始,对中小学生的科技性活动的研究明显增加,反映出人们开始重视对学生科技能力的培养。到 2009 年,对中小学生科技学习的研究迎来了高峰,并在 2013 年达到新的高峰,说明对中小学生科技学习的重视达到一个新的高度。

(二)中小学生科技性学习研究文献发表期刊的所在地分布

对中小学生科技性学习研究的 206 篇文献发表期刊的所在地进行统计后发现:发表期刊所在地分布广泛,涉及 29 个省(直辖市)。其中,上海市和北京市的相关杂志最多;其次是江苏省和湖北省;再次是山东省、吉林省和山西省;接下来是湖南省、福建省、浙江省和河北省。以上省(直辖市)发表中小学生课外科技性活动研究文献的杂志占所有相关杂志的 74.3%。

(三)中小学生科技性学习研究作者的机构分布

以文献第一作者的单位为准,对研究机构分布进行统计,结果发现:中小学校是中小学生课外活动场所的主要研究力量,发表论文数占所有文献总数的 53.88%;其次是大专院校,占

14.56%；最后是报刊、活动基地和教育行政部门，分别占
10.2%、7.28%和4.37%。

（四）中小学生科技性学习研究文献的发表源

在206篇文献中，发表在各类期刊上的文献有163篇，占
79.12%；学位论文18篇，会议论文25篇。对期刊文献进一步进
行分类发现，文献发表的期刊种类比较多，大致分为初等教育类、
教育心理类、教育综合类、科普类、学报类等，详见表5-1。

表5-1 中小学生科技性学习研究文献的发表源

发表源	篇数	百分比
学位论文	18	8.74%
会议论文	25	12.14%
初等教育	58	28.15%
教育综合	43	20.87%
科普	38	18.45%
学报	6	2.91%
学刊	3	1.46%
教育心理	2	0.97%
其他	13	6.31%
共计	206	100%

由表5-1可知，发表在初等教育、教育综合和科普类杂志上的
关于中小学生科技性学习研究的文献均在10%以上，占文献总和
的67.48%。其中，发表在初等教育类杂志上的文献最多，有58
篇，占将近1/3。所有的学位论文和会议论文均是在2000年以后
开始发表的。从中可看出进入21世纪之后学界对中小学生科技学
习活动的重视。进一步统计发表文献最多的八种期刊，详见表5-2。

表 5-2　发表中小学生科技性学习文献最多的八种期刊

前八种期刊	篇数	百分比/%
科学大众	8	21.05
上海教育	5	13.15
新课程研究	5	13.15
小学科学	4	10.53
小学自然教学	4	10.53
小学教学研究	4	10.53
物理教学	4	10.53
湖南教育	4	10.53
共计	38	100

（五）中小学生科技性学习研究的文献性质

从文献篇名和摘要来看，有关中小学生科技性学习研究的文献可分为现状调查、理论分析、对策研究、实践研究等，分别占21.84%、15.05%、24.27%和27.76%。其他文献仅从篇名和摘要难以归类，占14.08%。由统计结果可知：关于中小学生科技性学习活动的各类研究文献比较均衡，相对而言，比较重视实践研究和对策研究；其次是现状调查；理论分析研究相对单薄一些。

（六）中小学生科技性学习活动的主要类型（即研究内容）

根据中小学生科技性学习活动的主要类型，可将206篇有效文献的研究内容分为"创新性学习活动"、"学科性实验"、"创造性学习活动"、"小发明"、"小制作"、"小论文"、"科技性活动基地"和"科技性竞赛"等；另有40篇文献研究内容不明确，即难以确定其研究中小学生的哪一类科技性学习活动，详见表5-3。结果显示，在众多科技性学习活动中，"创新性学习活动"或"创造性学习活动"和"学科性实验"更受重视，占一半以上。另外，在被删除的非研究性文献中，涉及中小学生科技性竞赛活动的非常多，达106篇；这些文献大多是报道类或通知类，故未作统计分析，但从中可看出，中小学生的科技性竞赛活动非常受重视。

表 5-3　中小学生科技性学习活动的主要类型

科技性学习活动类型	篇数	百分比/%
创新性学习活动	52	25.24
学科性实验	31	15.05
创造性学习活动	22	10.68
小发明	20	9.71
小制作	13	6.31
科技性活动基地	10	4.85
科技性竞赛	9	4.37
小论文	9	4.37
内容不明确	40	19.42
共计	206	100

(七)中小学生科技性学习文献的研究方法

在206篇文献中，根据作者所用的不同研究方法，可将其分别归类为空泛议论、案例分析、现象描述、问卷调查、经验总结、文献综述、教学方法、观察法、访谈、测试等。其中"空泛议论"的文献数量最多，所占比例为39.32%；其次为案例分析和现象描述。详见表5-4。

表 5-4　中小学生科技性研究文献的研究方法

研究方法	篇数	百分比/%
观察法	3	1.46
测试	4	1.94
访谈	7	3.40
教学方法	13	6.31
文献综述	14	6.80
经验总结	16	7.77
问卷调查	19	9.22
现象描述	23	11.17
案例分析	26	12.62
空泛议论	81	39.32
共计	206	100.00

三、小结与讨论

(一)中小学生科技性学习活动的历史发展

在恢复高考初期，关于中小学生课外科技性学习活动的相关研究较少，自 1983 年开始出现第 1 篇关于中小学生课外科技性学习活动的研究文献，而后在相当长的一段时间内，相关研究发展缓慢，每年只有 1 篇或几篇文献。

从 1999 年开始，受"科教兴国"和"推进素质教育"的影响，开始注重培养学生的创新精神和实践能力，关于中小学生课外科技性学习活动的研究进入发展期，每年发表的文献在 5 篇以上（2003年除外）。

从 2009 年以后，关于中小学生课外科技性学习活动的研究明显增加，每年研究文献达 15 篇以上，说明中小学生课外科技性学习活动的研究进入了蓬勃发展期。

（二）中小学生科技性学习活动的研究状况

大多数文献作者来自中小学一线教师；文章主要发表在初等教育、教育综合和科普类杂志上；研究内容多为中小学生的创新性或创造性学习活动和学科性实验，亦有不少研究探讨科技性学习活动对中小学生的作用或影响；文献性质多为实践研究或对策研究，理论文献相对不足；研究方法多为案例分析和现象描述，大多缺少实证数据支撑，一般停留在空泛议论的描述层面；定性研究多于定量研究。总之，关于中小学生科技性学习研究的整体水平不高，在高级别期刊发表的文献较少，研究方法缺乏科学性。

（三）加强中小学生科技性学习活动的研究建议

今后应加强中小学生科技性学习活动的研究力量，鼓励高校教师和理论研究人员加入到研究队伍中来；并加强实证研究，多采用定量研究，从多学科视角加强研究；同时在研究主题和内容上进一步拓展和深化，不断提高相关研究的理论水平；并加强引导中小学生参加科技性学习活动的对策研究。

第三节 小学生课外科技性学习活动现状调查

本研究采用问卷调查法，并结合访谈调查法，对中小学生的课外科技性学习活动状况和问题进行调查和分析，并探讨相应的对策，希望对开展活动有所裨益。

一、调研方法
（一）问卷调查法

采用自编问卷"小学生课外科技学习活动状况调查问卷"，以封闭式选择题和开放式问答题为主要题型，共分为以下两部分：

第一部分是关于小学生及家长的基本信息统计情况，包括学校所在地、性质，学生的性别、年龄、年级与民族、特长，是否为独生子女，学习成绩情况，父母文化程度，父母的职业等内容。

第二部分是课外科技学习活动状况，主要包括以下内容：其一，课外科技学习活动现状调查，如参加的时间、参加的频率、参加的地点、参加的费用、参加的指导老师等。其二，进行课外科技学习活动的原因，如自我要求的，家长要求的，学校、老师要求的，亲戚建议的，同学建议的等。其三，进行课外科技学习活动对自身的影响，如促进学习、影响学习、没有影响、不确定。其四，对课外科技学习活动的看法，如是否会继续参加，或者对课外科技学习活动是否满意等。

采用方便抽样法对湖州的 3 所小学进行调查，每所学校在 2～6 年级随机抽取 1～2 个班，共发出问卷 650 份，收回问卷 609 份，回收率 93.69％。其中有效问卷 605 份，有效率为 99.34％。有效样本分布如表 5-5 和表 5-6。

表 5-5　调查对象的性别分布

	频率	百分比/％
男	301	49.8
女	304	50.2
合计	605	100.0

表 5-6　调查对象的年级分布

	频率	百分比/%
二年级	97	16.0
三年级	128	21.2
四年级	116	19.2
五年级	135	22.3
六年级	129	21.3
合计	605	100.0

（二）访谈调查法

自编"小学生课外科技性学习活动状况访谈提纲"，对湖州科技性活动场馆负责人及工作人员、部分参观学生及家长等进行访谈，从而进一步了解小学生参与课外科技性学习活动的现状及问题、作用与影响等。

二、调查结果与分析

（一）小学生参加课外科技性学习活动的现状

1. 小学生课外科技性学习活动的参与情况

调查显示，有 37% 的学生没有参加过课外科技性活动。虽然参加过课外科技性学习活动的学生达 63.0%，但学生参与的次数较少，每次参与的时间也较少：一般是一学期才参加一次，占 32.3%；每次参加科技活动的时长一般是半天到一天，占 40.7%；其次是 1~2 天，占 26.5%；3~6 天的也有相当比例，占 23.1%。

从小学生参加课外科技性学习活动的时间安排来看，主要集中在寒暑假，占 42.8%；其次是利用周末，占 31.0%。在节日以及平时去参与这些课外社会性学习的学生不多，分别只占 7.6% 和

12.9％。可见，绝大多数小学生都选择在空余时间比较多的寒暑假或者是周末参加课外社会性学习。

关于参加课外科技性学习活动的伙伴，47.0％的小学生表示是和同学一起去的，11.8％的学生是由教师组织参与课外科技活动的。这两类学生参加科技性活动一般都是由学校组织进行的。另外，学生自己参与或由家庭陪同参与的占30.7％。

2. 小学生参与课外科技活动的类型

调查发现：在学生参与的5种科技活动类型中，参观过科技馆的学生人数最多，占调查总人数的25.5％；其次是小发明、小制作，占14.4％；再次是参加智力开发训练，占7.9％；还有部分学生参观科技作品展览和参加科技竞赛，分别占6.0％和4.5％。此外，有4.8％的学生表示参加过除以上5类之外的其他课外科技性活动；另有37％的学生没有参加任何类型的科技性活动。

3. 小学生参与课外科技性学习活动的场地

调查发现：小学生参加课外科技性学习活动的地点主要集中在场馆，占42.8％，这与小学生的科技活动主要以参观为主是一致的；其次是在学校和社区这两个地方，分别占26.5％和22.3％；而其他地方只占不到总数的10％。

进一步的访谈结果发现：科技场馆是城市小学生进行科技性业余活动和课外学习的重要场所之一，但远远不能满足小学生参加科技活动的要求。以某科技馆为例，主要存在以下问题：①场馆设备破损、维修速度慢。投入使用三年后，场馆部分展区中的部分展品有着不同程度的损坏。由于厂家维修地方较远，维修时间较长，得不到及时维修，以致对外开放的部分展品老旧、颜色暗淡、有些展品的零件丢失或损坏。②工作人员缺少服务意识。调查发现,科技馆中并没有专门为参观人员讲解的工作人员,只有 2 到 3 个志愿者在展区内帮忙,且没有受过专业训练,主要工作也只是维持秩序。参观人员对于展区展品的了解大多数只浮于表面,对于一些展品的原理并不了解。③收费项目较多,最受学生欢迎的展品是一些需要收费项目。对于这些需要收费的项目,学生家长表示偶尔玩一次可以接受,但长期玩或一次玩多个项目则较为奢侈,因而大部分家长会要求孩子在众多项目中选择一个展品游玩。

4. 小学生对课外科技性学习活动的评价

半数以上的学生对课外科技性学习活动感觉不错,喜欢并愿意参加科技活动,将近一半的学生愿意再次参加课外活动;当然也有 10.7% 的学生认为科技活动单一、甚至很单一;6.8% 的学生对科技活动表示厌烦;另有 13.4% 的学生表示不会再参加科技性学习活动。可见,小学生对课外科技活动的评价因人而异、彼此差异很大,其原因有待进一步调查。

(二)小学生课外科技性学习活动的影响因素

1. 不同学校对小学生参与课外科技学习活动的影响

在本次调查样本中,有三所不同教学水平的学校,分别是教学水平较高的 A 小学、教学水平中等的 B 小学以及教学水平较低的 C 小学。对三所学校学生参与课外科技性学习活动的情况进行分别统计和比较分析,结果发现:不同学校学生课外科技性学习活动的参与情况存在显著差异,经卡方差异检验,$\chi^2 = 24.553$,$df = 12$,$p = 0.017$。表明教学水平较高的 A 学校参加过课外科技活动的学生比例(71%)明显高于其他两所教学水平较低的学校(分别只占 59.1％ 和 58.9％），尤其是参观过科技馆的学生比例（29.5％）和参加小发明、小制作的学生比例（16.5％）明显高于教学水平较低的其他两所学校。

2. 不同年级对学生参加课外科技学习活动的影响

对不同年级学生参加课外科技性学习活动的情况分别进行统计，并用卡方进行差异检验，结果表明不同年级学生参加课外科技活动的情况存在显著差异，$\chi^2 = 116.992$，$df = 24$，$p = 0.000$。亦即低年级小学生（2～3 年级）参加过科技活动的学生比例（26.8％）明显低于高年级学生（4～6 年级）；随着年级的升高，学生参加课外科技活动的比例呈上升趋势。

3. 小学生参加课外科技性学习活动的动力因素

在参加课外科技学习活动的学生中，有 45.7％的学生表示是自愿参加课外科技性学习活动的；其次是在家长要求下学生才参与的，占 21.8％；然后便是在学校组织下学生才参加活动的，占 17.8％；而在其他途径下参加的，占 14.7％。这说明，学生对课外科技性学习活动的兴趣较为浓厚，将近一半的学生都自愿参加课外科技学习活动。在家长和学校的组织和安排下参加课外科技性学习活动的学生共占 39.6％，说明家长和学校是学生参加课外科技性学习活动的主要组织者。

4. 升学压力和活动经费是阻碍学生参加科技活动的重要原因

通过进一步访谈调查发现：参加科技活动的小学生，主要以三、四、五年级学生为主，很少有六年级的同学参加。教师和学生均受升学压力的影响，认为组织或参加科技活动浪费时间，缺乏积极性。一些学生喜欢的科技活动项目，需要学校或学生购买一定的器材或缴纳一定的费用才能让部分学生参加，因而阻碍了很多学生参加自己喜爱的科技活动。

此外，科技活动场地缺乏、科技活动条件有限、科技活动指导老师不足或指导老师科技素质不高等，也是当前阻碍小学生参加科技活动的重要原因。

第四节　课外科技性学习与学生心理发展

中小学生课外科技性学习活动对科学教育起着重要的补充作用。课外科技性学习活动，能培养学生科学素养、科技能力、创造思维、创新精神和实践能力。设计、动手操作和各类科技性活动，能培养学生的好奇心和求知欲，使学生的兴趣得到满足，个性得到张扬，才华得到展示，因而可实现全面发展。

一、提高学生的科学素养

科学素养对人的全面发展有着重要的促进作用，是中小学生应有的核心素养。对中小学生进行科学教育活动本身就蕴含科学价值、观念及精神的传播。科学思想、科学精神，科学方法是科学素养的主要内容。美国《国家科学教育标准》提出：对学生进行科普教育，使之不仅学到具体的、现成的科学知识，而且可以学到科学的思想和科学的方法，使学生具有洞察力，培养其批判精神，学会利用已有的知识，而不是只学到一些作为现成结论的知识片断。郭俞宏等（2010）系统考察了国外青少年的科技竞赛，结果发现：科技竞赛有利于培养青少年的科学创造力和提高青少年的科学素养；有利于培养青少年的科学兴趣和提高青少年的学习积极性，并有利于青少年以后的教育发展和生涯发展等。尚强

（2013）认为，中小学生正处于形成知识和世界观的关键期，在中小学中开展科技教育，培养科学素养，对我们国家实施科教兴国战略和民族复兴，具有重要意义。许志祥（2010）认为，学生亲身经历以探究为主的"四小"（小发明、小制作、小论文、小实验）科技学习活动，可以培养他们的好奇心和探究欲，强化他们对科学本质的理解，从而全面提高他们的科学素养。

二、促进学生的创造性发展

人的创新能力的培养和发展是一个过程，是在不断扩展社会实践活动面并不断解决现实生活和实践问题的过程中展开的。中小学是创新能力发展最为关键和活跃的时期。科技性学习活动是创新能力培养的主轴。桑标等（1996）通过测验法探讨了中学生的科技创造力和课外科技活动的关系，结果表明，二者相关显著。作者认为，其原因可能是：学生在从事课外科技活动中获得的知识、经验、成果等是他们进行创造性思维和创造性活动的前提；同时他们逐步深化发展的认知方式、创造性思维方式又会指导课外科技活动的广度和深度。王筱婷（2010）以科技项目的指导为载体，以初二到高二的中学生为研究对象，通过一系列实践探索，结果发现学生参加科技活动可以提高创新能力。此外，张伟（2011）也提到了在科技活动中培养学生的动手能力、合作精神和创造能力。

在中小学生科技活动中，"五小"活动，即小发明、小创造、小论文、小实验和小制作活动，对于培养中小学生创新精神、动手能力有着显著的作用。在"五小"科技活动中，以小发明最受学生的喜爱。小发明可以使学生手脑并用，激发学生的科学实践兴趣，开发学生的潜能，培养学生的实践能力和创新精神。小发明是培养创新精神和实践能力的重要途径，可以培养学生的创新意识、创新思维和创新精神。此外，科技性活动的过程本身具有生成性。即随着活动的不断展开，新的目标不断生成，新的主题不断生成，学生在这个过程中就会兴趣盎然，认识和体验不断加深，创造性的火花不断迸发，这是科技性活动生成性的集中表现。

三、促进学生的智力发展

一般认为，创造力和智力之间具有一定关系，中等智力水平是创造力的前提，创造力的提升也可以促进智力的发展。科技类活动既要求参加者具有一定的智力水平，也要求其具有一定的创造力。科技类活动是多种智能活动的协调统一过程，需要学生动手、动脑、动眼，能有效开发学生的智力和潜能。熊元银（1991）发现，开展科技活动有利于促进学生的智能发展，有利于提高学生分析问题和解决问题的能力，有利于培养学生的创新意识和创造思维。

第五节　中小学生参与科技性学习活动的主要问题与引导对策

一、中小学生参与课外科技性学习活动的主要问题

党和政府高度重视组织学生开展课外科技活动。早在1992年国务院发布的《关于创造良好社会教育环境保护中小学生健康成长的若干意见》就强调，要积极开展青少年科技活动，定期举办青少年创造发明和科学论文评比。2006年国务院发布的《全民科学素质行动计划纲要（2006—2010—2020）》又提出：要开展多种形式的科普活动和社会实践，增强未成年人对科学技术的兴趣和爱好；要开展课外科技活动，引导未成年人增强创新意识和实践能力；要

整合校外科学教育资源，建立校外科技活动场所与学校科学课程相衔接的有效机制；等等。但实际上，中小学生参与课外科技活动的状况不容乐观，存在诸多问题，主要有：

（一）课外科技活动的受众学生面太窄，未能发挥科技活动的应有作用

沈之菲（2000）的调查表明：在中小学，只有近 10％的科技活动项目是同年级全部同学能够参加的；其余的科技活动项目一般只能让同年级 30％左右的同学参加。中小学安排学生开展科技活动项目时，主要的动力是参加竞赛、争取名次，而能够参加竞赛活动项目的学生人数很少，那些未列入竞赛项目的科技活动则往往被冷落。课外科技活动受众学生面太窄，存在"精英教育"问题，严重制约着当前课外科技活动的开展。

此外，有的科技活动需要学校或学生购买一定的器材才能让部分学生参加。学校经费不足或学生家庭经济不宽裕，无法购买一定质量和档次的科技活动器材，以致很多科技活动开展面不广，许多学生参与科技活动受限。

（二）小学生课外科技性学习活动的参与度低，未能发挥其应有的作用

调查显示：有 1/3 以上的小学生没有参加过课外科技性学习活动；已参加课外科技活动的学生，多数不仅参加的次数少（一学期才一次），而且每次参加的时间也少，没有起到促进学生创造思维和创新能力发展的作用。究其原因，大多数学生反映是课外时间没有保障，课后一大堆作业要做，周末还有补习班，课余时间和课外活动都在老师或家长的监督之下，很难抽出时间从事自己感兴趣的活动，自然也难以参加课外科技学习活动。加上没有政策性的规定，学校、家庭对学生科技性学习活动的次数和时间存在一定的忽视现象，也影响了学生对课外科技性学习活动的参与度。

此外，中小学生参与科技性学习活动存在显著的年级差异：高年级段（五、六年级）参加课外科技性学习活动人数稍多一些，而低年级学生参与较少；科技性学习活动在低年级段的学生中开展状况不佳。

（三）小学生参加课外科技性学习活动单一，难以发挥促进学生多元智力发展的作用

在作者调研的科技活动类型中，参观过科技馆的学生人数最多，占调查总人数的 25.5%；其次是参观科技作品展览的学生，占 6.0%。表明当前小学生的课外科技性活动以参观为主，学生很少、甚至没有动手操作的机会，以致学生对科技活动体验不强、感受不深，未能发挥科技活动应有的作用，难以发挥促进学生多元智力发展的作用。实际上，学生参与科技活动的形式应该是多种多样的，如组织学生参与学科性科技实验、科普知识讲座、科普电影电视、科技小制作和小论文、小发明、参观科技馆或博物馆等；为学生开展科技活动的内容应该是丰富多彩的，如自然科学内容、农业科学内容、医药科学内容、工程技术内容、人文社会科学内容等，也包括日常生活内容。

此外，对大量文献资料进行整理和分析后发现：中小学生参与的科技性学习活动以创新性学习活动居多，研究文献有 52 篇；学科性学习活动居第二位，有 31 篇；创造性学习活动紧随其后，有 22 篇；小发明有 20 篇；小制作有 13 篇；其余活动如小实验、小论文、科技基地活动、科技竞赛活动等科技性学习活动研究甚少。由此可见，中小学生参与科技性学习活动种类不均衡，彼此差距较大。

(四)小学生对科技性学习活动缺乏兴趣，影响其参加课外科技活动的积极性

有半数以上的学生对课外科技性学习活动感觉不错，喜欢并愿意参加科技活动；将近一半的学生愿意再一次参加课外活动；也有10.7%的学生认为科技活动单一或很单一，甚至有6.8%的学生对科技活动表示厌烦；13.4%的学生表示不会再一次参加科技性学习活动。究其原因，主要是学生对科技活动缺乏兴趣，影响了参加课外科技活动的积极性。前已述及，小学生的课外科技活动主要以参观为主，缺乏亲自动手和感受的实践，这也是影响学生参与课外科技活动的兴趣和积极性的重要原因。

(五)科技性学习活动场所严重缺乏，限制了中小学生课外参与科技性学习活动

近些年，教育部门对学生的课外科技性学习活动的重视程度虽然在日益加强。但是，与之相应的活动场所却没有大幅度增加，使得中小学生对于课外科技性活动的参与度一直无法提高，开展的次数也没有大的变化。这在一定程度上制约着中小学生参加课外科技性学习活动的可能性。

已有的科技活动场馆则由于缺乏服务意识、收费项目较多，同样限制了中小学生课外参与科技性学习活动。调查发现，科技馆中并没有专门为游客讲解的工作人员，只有2到3个志愿者在展区内帮忙，且没有受到专业的训练，主要的工作也只是维持秩序。游客对于展区展品的了解大多数只浮于表面，对于一些展品的原理并不了解；青少年对展品的了解大多来自自身的了解或者父母

的普及。对于一些容易造成损坏和不易操作的展品，既没有工作人员对游客进行指导，又没有对游客的不良行为或错误操作进行指正。

调查还发现，最受学生欢迎的展品是一些需要收费的项目。对于这些需要收费的项目，学生家长表示偶尔玩一次可以接受，但长期玩或一次玩多个项目则较为奢侈。对于花钱游玩需再次收费的项目，只有部分家长会满足孩子的愿望，但大部分家长无力承担所有的收费项目，会要求孩子在众多项目中选择一个展品游玩。

此外，科技馆的部分展品经常因为维修而关闭，且关闭的时间较长。在对外开放的展品中，很明显可以看到部分展品外部老旧、颜色暗淡，对于展品的定期维护工作并不到位。一些展品存在零件丢失或损坏现象，并没有及时得到维修。

二、推进中小学生参与课外科技学习活动的对策建议

许多学者探讨了实施、组织、辅导中小学生科技性学习活动的对策。曹玉宝（1991）认为，在训练学生的创造性思维能力时，要注意教授创造的方法，注重培养学生的观察能力。倡导在科技活动中以学生为主、教师起主导作用的思想；并提出辅导学生的具体方法，如缺点列举法、移植法、联想法、类比借鉴法和组合法等。杨峰（1993）提出需重视学生的科技教育，他认为科技教育主要应围绕科技道德、科技意识、科技态度、科技思维、科技方法、科技设计、科技实验和科技应用能力八个方面开展，其方式则需要通过课堂知识传授、课外科技活动、科技辅导站、参加社会实践活动、参加科技制作比赛、加强国际交流等多种途径。具体而言，可从以下几个方面促进中小学生参加课外科技学习活动：

(一)加强现代科普知识教育，培养中小学生参加科技学习活动的兴趣

科学的普及程度是衡量一个民族进步水平的重要尺度，因此，必须重视科普知识教育。学校和社会要充分利用各种手段和媒介不断地向中小学生宣传和普及科学知识、科学方法和科学思想，为广大学生营造一个重视科学、倡导科学的社会环境，使学生形成学科学、爱科学、用科学的道德风尚。进行科普知识教育，还有助于学生对科技现象和问题产生好奇心，进而提高参加科技活动的兴趣。对小学生进行科普知识教育，既可以结合教学内容给学生讲解一些关于科学技术方面的问题；也可以有目的地组织学生参观一些现代科普展览、科技博物馆或请有关科技人员到学校进行科普知识讲座等。例如，结合蔬菜栽培知识与技术教学开展课外科技活动，可组织学生参观当地的蔬菜大棚，请科技人员讲解蔬菜栽培知识与技术等。

(二)普及型科技活动和提高型科技竞赛协同发展

当前，多数学校一般比较重视科技竞赛并获得名次，以提高学校的社会影响和知名度，但是因这一类活动只有少数精英型学生才能参加，严重挫伤了大多数学生参加科技活动的积极性，也影响了学生创新精神和创造能力的发展。因此，要消除当前对科技活动的认识误区，即误认为科技活动是为参加全省或全国比赛而设，是少数学生参加的活动。在当前素质教育的时代背景下，既要重视少数精英学生参加的科技竞赛活动，也不能忽视面向广大学生的普及型科技活动，应使普及型科技活动和提高型科技竞赛协同发展。要提倡科技竞赛大众化、多样化，科技竞赛活动应逐渐从选拔人才的精英模式向普通学生过渡，为学生参加科技竞

赛活动提供更多的机会，让每个学生都有机会感受科技竞赛的气氛。科技竞赛的模式可多种多样，以满足不同学生不同的爱好和特长。同时，科技竞赛的多样化，也有助于细化学生的科技能力。此外，要大力推行不需要高技术含量、不需要高费用设备、也不受场地限制、材料方便可取的简单科技活动，如观察型科技活动、简易制作型科技活动、阅读型科技活动、简单实验型科技活动等，使中小学生参加课外科技活动日常化。

（三）开展多种形式的科技活动项目，满足不同兴趣和爱好的学生需要

活动项目是开展科技活动的载体。学校应根据中小学生的年龄特点和心理特征，结合中小学生的知识水平和经验背景，组织开展多种多样的科技活动项目，以满足不同兴趣和爱好的学生需要，如：结合有关学科内容组织学生开展学科性科技实验（即科学实验）；结合有关社会实践内容组织开展科技性社会实践调查活动；针对学生创造性思维和创新能力发展特点，组织学生开展科技小发明、小制作、小论文活动；针对不同类型的科技活动内容组织开展主题性科技教育活动或科技讲座；引导并带领小学生走出校园、走进大自然进行各种形式的科学考察、科技夏令营；等等。此外，在组织中小学生开展科技活动中，不仅要让孩子看，更要让孩子的双手在科技活动中干起来，要让孩子的眼睛在科技活动中亮起来，让孩子的嘴巴在科技活动中响起来，要充分调动孩子的各种感官活动，以培养孩子对课外科技活动的兴趣，提高孩子参与课外科技活动的积极性。

（四）家长和教师须转变教育观念，鼓励和支持学生参加课外科技活动

受应试教育和升学压力影响，学生家长和学校教师普遍非常重视学生的学习成绩，过分关注学生的课外补习，而忽视学生的课外科技活动，甚至认为开展科技活动是浪费时间、影响学生的学习成绩。因此，家长和教师要转变教育观念，重视素质教育，不唯分数论，鼓励和支持学生参加课外科技活动，以培养学生的创新精神和创造能力。例如，学校每年可结合国家科技活动周的主题，将每年5月作为学校的课外科技活动月，组织开展多种形式、内容丰富的科技活动，如科技宣传活动、科技讲座活动、科技培训活动、科技展览活动、科技读书活动、科技电影活动、科技制作活动、科技参观活动等，让学生在真切的实践中品味科技的力量与魅力，开阔视野，启迪思想，从而提高科学素养和培养创新能力。

（五）充分利用校外科技教育资源，全面营造中小学生参加科技活动的氛围

组织开展中小学生参加科技活动，光靠学校的条件和师资是远远不够的，必须借助和利用社会力量、开辟科技教育基地，与科技馆、科研院校、科普中心等进行协作，充分利用校外科技教育资源，尤其是要发挥科技场馆和高校开放实验室的重要作用，面向中小学生开展多种形式的科技活动。例如：原慧等人（2011）认为，要开放大学标本室，利用高校资源，为中小学生开辟课外科技活动基地，建设科普平台，共享教育资源；陆襄（1986）指出，应利用学校现代化教育设备，开放高校实验室，为学生提供课外科技学习活动的场地和设施。

学生课外科技性学习活动还离不开家庭的影响和支持。陈斌、张和平、周康熙（2005）在探索小学生课外科技性学习活动的开展过程中，尝试采用"兴趣引导—搭建平台—全员参与—全程指导—全面关注—学科整合—家校互动"的模式，取得了较好的成效。学校、家庭、社区三方面合作教育，使得学生课外科技活动的受众面明显拓宽，同时在合作过程中，可营造良好的学习气氛，激发学生的积极性。卢东生（2001）也提出，要利用社区的资源，通过社区科技学习活动的开展达到培养学生的目的。

为了营造中小学生参与科技活动的氛围，推进中小学生参加课外科技活动，不少学校还每年举行一次规模盛大的科技节活动，每月举行一次有关科技内容的竞赛活动，如科技论文竞赛、科技知识竞赛、小发明或小制作竞赛等；结合每周开设的一节科技活动课，使中小学生的科技活动向着经常性、连续性、系列性的方向发展。

（六）充分发挥科技场馆的重要作用

1. 提高志愿者的服务意识

目前，科技场馆志愿者多为学生志愿者，但学生志愿者不可能多次参加科技馆的志愿服务。首先，学生的身份使得其主要任务仍然是学习，能参加公益性活动的频率并不是很高；其次，学生需要接触多种多样的社会实践，因此也不会重复参加一个活动。因此，需要加强培训，提高学生志愿者的服务意识。

2. 提高工作人员的服务意识

调查发现：在观众需要工作人员帮助时，有时找不到工作人员；部分展品需要人工操作或需要工具开启，也一时无法找到工作人员，需要较长时间的等待。大多数观众并不清楚工作人员会提供展品的讲解，部分工作人员在无团体观众时，也不会主动为观众讲解。这表明科技馆工作人员同样需要加强培训，进一步增强服务意识。

3. 扩大免费开放参观项目

科技馆门票收费虽然较低，但一些受学生欢迎的展品是需要格外收取费用的，部分家庭经济困难学生无力支付。科技馆作为政府拨款建造的带有公益性质的场所，应以提高公众科学文化素质为目的，面向社会公众开展科普展览、科技培训、青少年科技创新竞赛等活动的科普宣传教育机构，应该增加对观众免费开放的参观项目。尤其是对于困难家庭学生，科技馆更要提供免费参观项目，如通过学校每年发放一定数量的门票，由学校根据学生家庭经济状况进行分配等，使得更多的学生能参观更多的展品。

参考文献

巴旭军. 对中小学生科技教育现状的思考[J]. 内蒙古教育，2007(08)：14—15.

曹玉宝. 开展小发明活动，培养学生的创造能力[J]. 宁夏教育，1991(11)：32—33.

陈斌，张和平，周康熙. 养蚕——对儿童进行科技教育的可行性策略[J]. 深圳特区科技，2005(00)：492—496.

权福军. 关于中小学生科技教育的思考[J]. 山东教育科研，2001(Z2)：52—56.

丁夕玲. 构筑孩子们自己的乐园——综合实践活动与"特色家乡资源"整合的探索[J]. 科技信息，2011(01)：290.

窦秀芹. 开展小学生科技创新实践活动初探[J]. 天津科技，2014(05)：84—85.

冯璐著．浅谈科技馆如何培养中小学生的创新能力［J］．科技风，2013
　　(16)：25.

郭静峰．让孩子们都能参加青少年科技创新大赛［J］．小学科学（教师版），
　　2013(07)：6.

郭俞宏，薛海平，王飞．国外青少年科技竞赛研究综述［J］．上海教育科研，
　　2010(9)：32－36.

韩琴．如何辅导中小学生参加科技创新大赛［J］．学园杂志，2013(32)：87.

胡述龙．小学科技活动内容与组织形式的调查［J］．教学与管理，2010(23)：
　　22－24.

胡永红．开展湿地保护活动培养学生创新意识［J］．甘肃教育，2012(06)：29.

黄艳琼．在教学中培养小学生的科技创新思维［J］．科学咨询（教育科研），
　　2014(04)：59.

李开荣．试论科技竞技活动在小学科学教育中的重要性［J］．教育教学论坛，
　　2013(18)：108.

刘国璋．生物科技兴趣小组活动对小学生实验观察能力的影响［J］．生物学教
　　学，1996(08)：32－33.

卢东生．加强科技教育创建办学特色［J］．科学大众，2001(11)：41.

陆襄．实验室能否课余也开放［J］．师范教育，1986(05)：28.

陆宇．在科技教育活动中提高学生创新素质［J］．牡丹江教育学院学报，2001
　　(03)：45.

吕绪．“小制作、小发明、小论文”活动的作用［J］．小学时代（教师），2012
　　(02)：110.

米清美．现代科技教育应从小学生抓起［J］．山西科技，1994(08)：40.

聂德勇．南京市中小学生可参加的科技活动、竞赛项目分析与选择［J］．科学
　　大众（科学教育），2012(07)：76.

桑标，宋正国，曹凤莲．中学生科技创造力和课外科技活动关系的测查研究
　　［J］．心理科学，1996(6)：331－335.

尚强．科学素养是中小学生应有的核心素养［J］．广东教育，2013(Z1)：49.

沈之菲．上海市中小学生科技活动现状调查[J]。上海教育科研，2000（2）：41—43.

舒义平．小学生科技创新活动的现状及对策[J]．中国校外教育，2014（05）：194.

宋全达．加强小学生科技启蒙教育[J]．科学大众，2000（04）：11.

田维胜．在制作活动中培养学生的科学探究能力[J]．实验教学与仪器，2008（01）：48.

汪亚平．重视抓好学生的课外科技活动[J]．江苏教育，1983（04）：15.

王建中．从改造到发明——在小发明、小制作中培养创新精神和实践能力的尝试[J]．小学自然教学，2000（09）：24.

王筱婷．通过科技项目辅导培养中学生科技创新能力的实践与探索[D]．长春：东北师范大学硕士学位论文，2010.

武昌水果湖一小．科教兴国要从娃娃抓起——介绍我校的科技活动[J]．小学自然教学，1999（09）：33.

席爱强．农村中小学科技活动缺少研究场地的问题及对策[J]．成功（教育）2012（02）：74.

熊元银．广泛开展科技活动提高自然教学质量[J]．小学教育研究，1991（01）：38—39.

徐晖．对开展化学课外活动的认识[J]．青海师专学报，1999（67）：100.

徐玉清．科技节让中小学生走近信息时代[J]．杭州科技，1999（12）：32.

徐忠德．大胆放手认真指导——市青少年活动中心组织生物科技活动浅谈[J]．杭州教育学院学报（自然科学版），1993（04）：89—90.

许志祥．开展科学"四小"活动的实践与思考[J]．实验教学与仪器，2010（07—08）：112—113.

杨峰．关于培养青少年科技创新能力的思考[J]．青少年研究（山东省团校学报），1993（03）：6—7.

原慧、夏扎丹木、王志勇．开放高校生物标本室教学资源的实践[J]．实验技术与管理，2011（03）：202—204.

张宏云. 小学生科技小发明活动研究初探[J]. 新课程学习(中旬), 2014(05):
　　38—39.

张世录.《科学》学科实验的探讨[J]. 教学管理, 2004(01): 30—31.

张伟. 以物理"三小"活动为平台培养学生创造能力[J]. 中学物理, 2011(18):
　　27—28.

张玉锋. 开展物理课外活动培养创新精神和实践能力[J]. 中学物理, 2000
　　(04): 41—42.

张越. "两小"活动和培养学生创造力[J]. 上海教育科研, 1985(03): 23—24.

赵静安. 开展物理课外科技活动的尝试[J]. 物理教学, 1885(05): 11—12.

郑振华. 促进青少年科技创新大赛健康发展[J]. 科学与文化, 2009(03): 54.

钟传祎. "作文与学科整合"课题研究报告[J]. 小学教育科研论坛, 2004
　　(06): 12.

朱江海. 小发明实验室的建设和探索[J]. 实验室研究与探索, 2009(11):
　　210—212.

第六章 中小学生的课外阅读研究

第一节 中小学生课外阅读概述

一、课外阅读的内涵与意义

《现代汉语词典》对阅读的解释为"看并领会其内容"。《中国大百科全书——教育卷》对阅读的解释是，阅读不仅是一种获取意义的心理过程，也是一种基本技能，这种技能是取得学业成功的先决条件，是一系列的过程和行为构成的总和。王继坤（1996）认为，阅读是阅读主体对读物的认知、理解、吸收和应用的复杂心智过程，是现代文明社会人们不可或缺的智能活动，是人们从事学习的最重要的途径和手段之一。所谓课外阅读，是相对于课内阅读、教材和课文而言的，是指学生利用上课以外的时间去阅读书报并领会其内容，即学生在课外各种独立的阅读活动。小学语文教育专家李伯棠（1983）写道，要提高学生的读写能力，必须增加阅读量。著名现代作家冰心（2004）说过，如果只阅读课文，而自身不寻求广泛阅读，就无法提高你的分析和赏析能力。

阅读具有重要的意义。国务院两任总理先后都阐述了阅读的重要性，号召大家要多阅读。温家宝 2010 年 2 月 27 日下午在线与网友交流时说道："读书关系到一个人的思想境界和修养，关系到一个民族的素质，关系到一个国家的兴旺发达。一个不读书的人是没有前途的，一个不读书的民族也是没有前途的。"2015 年 3 月 15 日，李克强在面对中外记者时表示："书籍和阅读是人类文明传承的主要载体，就我的经历来说，用闲暇时间来阅读是一种享受，也是拥有一种财富，可以说终身受益。"阅读关乎一个民族的精神境界；阅读对一个人的成长起着不可或缺的作用，是受益终身的。然而，国人的阅读量却不容乐观。第十二次国民阅读调查数据显示：2014 年我国成年国民图书阅读率为 58%，较 2013 年的 57.8%上升了 0.2 个百分点；人均纸质图书阅读量为 4.56 本，比 2013 年减少了 0.21 本（洪玉华，2015）。美国人均纸质图书阅读量是 7 本左右，日本是 8 本左右，韩国是 11 本左右。面对如此国民阅读状况，李克强总理两度将"全民阅读"这几个字写入政府工作报告。

课外阅读可以培养学生的人文精神和高尚的情操。流传千百年的文学名著不仅是时代民族生活的艺术概括，更是一个国家文化的精髓所在。它是理想、正义等人文精神的化身，也是作家对真、善、美的追求，对假、丑、恶的鞭挞。学生在阅读过程中可以获得间接经验，从而不断地认识自己、审视自己（陈乐东，2001）。瑞士作家凯勒形象地比喻说："一本书就像一艘船，带领我们从狭隘的地方，驶向生活的无限广阔的海洋。"苏联教育家苏霍姆林斯基也曾形象地比喻，课外阅读既是思考的大船借以航行的帆，也是鼓帆前进的风。

二、关于中小学生课外阅读的研究现状

21 世纪是一个信息社会，对于人的阅读量、阅读面以及阅读内容都有更高要求，中小学生要适应这种现状，就必须具有一定的阅读量和阅读能力。在很长的一段时间里，由于深受"应试教育"影响，加上一些老师、家长的教育观念陈旧，教育方法单一、老套等多种原因，我国中小学生的课外阅读情况并不乐观。通过对已有相关研究文献的梳理，关于中小学生课外阅读状况可概括为以下几个方面：

（一）中小学生课外阅读的时间

孙丽维（2012）的调查发现，中小学生主要是在空闲时间较多的假期进行课外阅读，例如周末、寒暑假，以及下午放学回家完成作业后会有少量的阅读。另外，许多学生每天没有固定的阅读时间，且阅读时间长的人数非常少，其主要原因是学生觉得课业负担重，还有的就是本身不感兴趣。王红丽（2012）的调查显示，有69.2%的学生认为阅读时间短的主要原因是功课太忙。当中小学生普遍把较多的课余时间花在做作业、补习或娱乐时，就容易导致小学生减少了"读好书、有趣的书和需要的书"的时间，而且睡眠时间也不充足（郑惠生，2007）。

（二）中小学生课外阅读的内容选择

阅读的重要意义已如上所述，但阅读是否能发挥其重要作用以及作用发挥大小，与阅读内容有关。好的书籍是学生的良师益友，能以健康的思想教育人，能以高尚的情操陶冶人；反之，不健康的书籍则会引人误入歧途。市场上的出版物良莠不齐，垃圾读物传播的思想潮流具有负面影响，加上中小学生的辨别能力虽仍在形成之中但却在课外阅读内容的选择上越来越有自己的主张，以致有时会选择不适合的书籍进行阅读。伍腾（2006）发现：面对浩瀚的书海，一部分中小学生失去了选择"方向"，卡通漫画类读物一直是中小学生的最爱，武打言情类小说一直让中学生着迷，性作品也使不少学生痴迷，而经典名著则很少有学生问津；中小学生沉溺于休闲文化、快餐文化，甚至垃圾读物，致使课外阅读成了一种名著缺失、文学缺失的错位阅读。此外，以下两种观念也会影响中小学生对课外阅读内容的选择：一是"分数至上主义"观念，认为课外阅读是为了提高学习成绩；二是错把信息等同于知识，认为 21 世纪通信如此发达，虽然读书少了，但人们获得的知识量、信息量却在增大。所以，许多研究者都非常重视中小学生的阅读指导，强调向中小学生推荐优秀读物或适宜读物，确保读物内容健康、形式多样、难易适度，适合学生年龄特征（张金燕，2011；张国红，2012）。

此外，有些研究探讨了家长和教师对中小学生课外阅读的影响和指导。卢芸（2008）关于小学生课外阅读的调查结果显示：家长对于学生课外阅读方面的认识在提高，但是在帮助孩子选择读物方面往往忽略孩子的年龄特点和接受能力；学校、老师虽支持学生阅读课外书，但教师缺乏对学生进行课外阅读指导。

（三）中小学生课外阅读的场所

近几年来，随着经济的发展，城市地区增设了图书馆、博物馆、文化馆等文体设施，另外，比较大型的书店、书城一般都开设在城市地区。而在小城镇和农村地区，即使是镇上或村里设有图书馆，中小学生由于受各种条件的限制也无法经常前去，城、乡、镇中小学生在图书资源享有上存在巨大差距（杨婷，2012）。

在基础教育中校内图书馆扮演着极为重要的角色。虽然校内图书馆免费向学生开放，但馆内藏书陈旧、种类单一、数量也不多，尤其是小学生喜欢的科普类读物、卡通漫画类读物都很缺乏，远远不能满足学生的阅读需求。那些摆放在图书角的书籍，更是乏人问津（雷霄霖，2012）。至于社会方面，对课外阅读场所设施及图书资料补充的投资力度不大。一些为追求经济效益而忽略出版物质量的情况也屡见不鲜，在购买少儿读物时会发现，数量众多但质量高的却不多(卢芸，2008)。

(四)中小学生课外阅读的习惯与方法

蒋蓉(2003)的调查发现：学生的课外阅读习惯良莠不齐，没有固定的读书时间和读书计划，有时间就读，没时间则不读；拿到什么看什么，有什么看什么，课外阅读表现出较大的随意性和无序性。研究还发现：学生在阅读过程中尚未形成做读书笔记的意识，做读书笔记对他们来说就是随意性的行为，还没有上升为一种习惯；而且，学生在进行课外阅读活动的过程中常常缺少主动意识，对阅读内容缺乏深入思考。金叶(2011)的研究发现，学生在课内阅读时都已知道要在文中勾画生字词、重点词或好词佳句，并懂得在文中空白处批注帮助自己理解课文，但是，当对学生进行课外阅读能力测试时却发现，学生并没有熟练使用正确的阅读方法；对阅读内容的理解仅仅是浮于表面，更多的是关注故事情节的发展；日后提及他们过去读过并感兴趣的课外书时，问他们为什么会喜欢这本书，他们道不出所以然来。

(五)中小学生课外阅读的目的与意义

课外阅读对于中小学生来说具有十分重要的意义。从语文学科的角度来说，课外阅读可以提高语文素养，学生在阅读的过程中可以不断积累好词佳句，感悟文学大师的崇高精神。从其他学科的角度来说，对于自然学科和社会历史等人文知识的学习，阅读同样具有不可替代的作用(刘敏，2012)。阅读还可以培养学生的人文精神和高尚的情操。流传千百年的文学名著不仅是时代民族生活的艺术概括，更是一个国家文化的精髓所在(陈乐东，

2001)。一本优秀的书籍就像一艘船，能够带领我们从狭隘的地方，驶向生活的无限广阔的海洋。正因为如此，学生才会在阅读的过程中获得这些间接经验，从而不断地认识自己、审视自己。

实际上，当前中小学生的阅读目的并不乐观。孙丽维（2012）关于课外阅读有无目的性的调查发现：多数学生是为了获得学科知识进行课外阅读，有部分学生是为了兴趣而读，但也仅仅止于单纯的好奇、喜欢；通过课外阅读促进道德修养的意识并不强。带着这样的阅读目的根本无法使学生"从语言层面进入，深入到文章的内核，进入到人物的心灵世界"。

综上所述，关于小学生课外阅读的研究一直备受关注。通过近几十年的探索和研究，对小学生课外阅读的研究在不断完善中。但是，总体看来依旧存在不足之处：①大多数研究都是理论阐述，缺乏实证调查。②绝大多数学者仅是从课外阅读的某一个角度作为切入点展开叙述，缺乏全面调查。③虽然部分学者有针对性地对课外阅读的现状、存在原因等作了调查与分析，但其研究缺少访谈、实地调研等多种调查方式的结合。

第二节　小学生课外阅读的现状调研

一、研究方法
（一）文献分析法

文献法是课题研究中最常用的方法，本研究利用图书馆和有关资料室查阅相关文献，并利用 CNKI、维普全文数据库，限定篇名为"小学生课外阅读"进行搜索，从期刊、报纸以及硕士学位论文等渠道获得资料。通过大量查阅国内外有关小学生课外阅读方面的文献来了解这一领域的研究进程，从而确定调查内容和问题。

（二）问卷调查法

1. 问卷的设计

本研究的调查问卷"小学生课外阅读调查问卷"是笔者根据本研究的需要，借鉴已有的研究者已使用过的关于小学生课外阅读的问卷修订而成的。问卷共划分为两个部分：第一部分主要了解小学生及家长的基本信息，包括小学生性别、所在年级、学习成绩以及家长职业和学历等内容；第二部分内容针对小学生课外阅读活动的不同方面，在每一个版块下设置相应的问题，主要包括以下内容：小学生课外阅读的参与度，如课外阅读时间、频率；小学生课外阅读的类型与内容；小学生课外阅读的场所；小学生的家庭阅读情况；学校阅读情况；小学生课外阅读的互动与互助；小学生课外阅读的方法与习惯；小学生课外阅读的兴趣；小学生课外阅读的目的与意义；小学生课外阅读的效果与作用等。

2. 问卷的调查对象和数量

调查对象来自浙江省湖州市三所小学的学生，问卷调查样本的选取以方便抽样方法获得。因考虑到一年级小学生理解问题的水平与能力有限，最终选取每所学校二至六年级的学生进行问卷调查。对于二年级的学生而言，问卷中的部分问题超出了他们的理解范围，可由父母帮助作答。每个年级随机发放两个班级，每班派发问卷 45 份，共计发放 1350 份问卷，收回问卷 1195 份，回收率 88.52％；有效问卷 1185 份，有效率 99.16％。问卷调查的对象分布如表 6-1：

表 6-1　问卷调查的对象统计

变量名称		人数	百分比/%
性别	男	594	50.1
	女	591	49.9
年级	二年级	253	21.4
	三年级	232	19.6
	四年级	234	19.7
	五年级	215	18.1
	六年级	251	21.2

(三)访谈分析法

1. 访谈的信度和效度

为了尽可能排除对研究信度、效度产生负面影响的因素,笔者在研究过程中注意了两个方面:一是对一些重要的问题辅之以观察法,通过综合使用访谈法和观察法,验证资料的真实性;二是在访谈和观察中尽可能全面地记录信息,完善第一手资料。

2. 访谈的对象和内容

在新华书店、图书馆、少年宫以及科技馆等课外阅读场所,抽取几名学生、家长进行随机访谈。访谈的内容与问卷的内容基本类似,但更为具体、深入,从而进一步了解小学生课外阅读的状况,以及不同角色对课外阅读的不同看法和意向。

二、小学生课外阅读现状的调查结果与分析

(一)小学生课外阅读的现状与特点

1. 小学生课外阅读的参与度

小学生课外阅读的参与度主要是统计参与课外阅读活动的频

率、时长以及阅读时间，详见图 6-1 至图 6-4。从图中结果可知：46.7％的学生几乎每天抽出时间阅读，25.2％的学生每隔几天就抽时间进行阅读，合起来占 71.9％。虽然上述调查结果显示小学生课外阅读的参与情况总体而言比较乐观，但是有 39.8％的学生没有固定时间进行课外阅读，且每次课外阅读时间不超过半小时的学生人数达 58.5％。

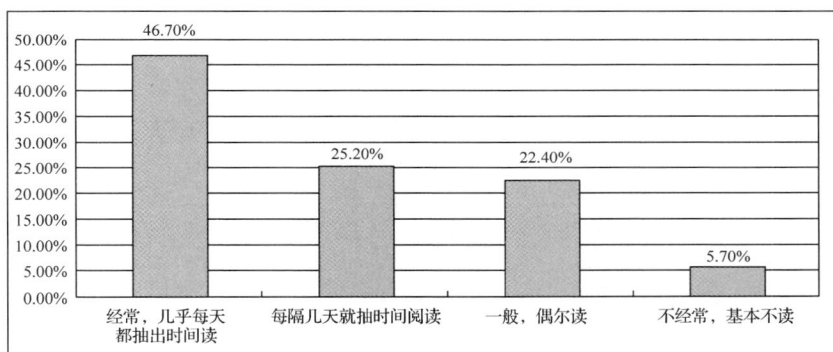

图 6-1 小学生参与课外阅读活动的频率

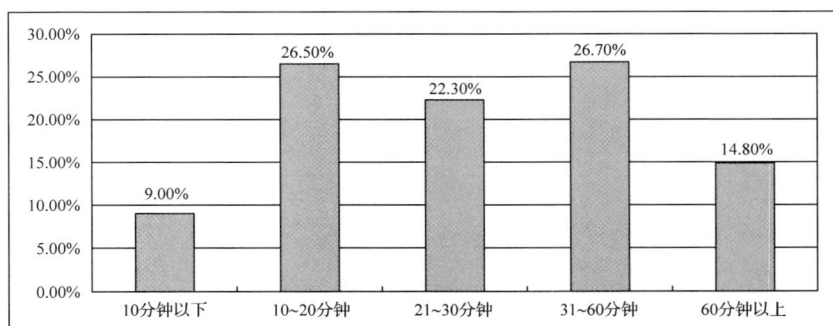

图 6-2 小学生每次课外阅读所花时间

在关于具体阅读时间安排方面，无论是学习日还是平时，均显示 3% 左右的小学生没有时间阅读。在学习日时间段，有 56.7% 的学生在完成家庭作业后进行课外阅读，其次是利用午休时间 (17.9%) 看课外书，少数学生会在早读与课间这两个时间点阅读课外书。而在平时，44.0% 学生每天都会进行课外阅读，剩下的学生中也有 33.6% 是在周末看课外书。出乎意料的是，总共只有 8% 的学生阅读课外书的时间集中在寒暑假。

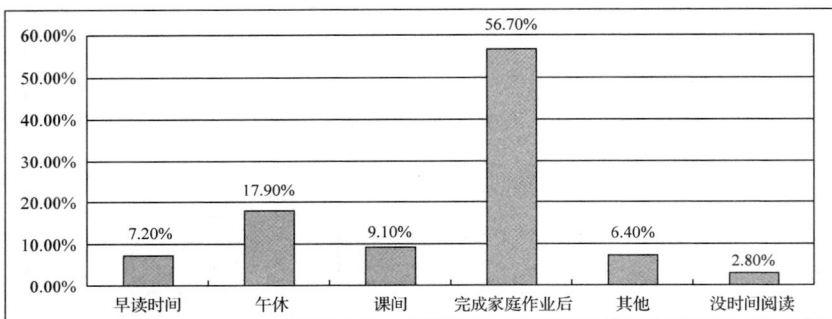

图 6-3　小学生学习日课外阅读主要时间

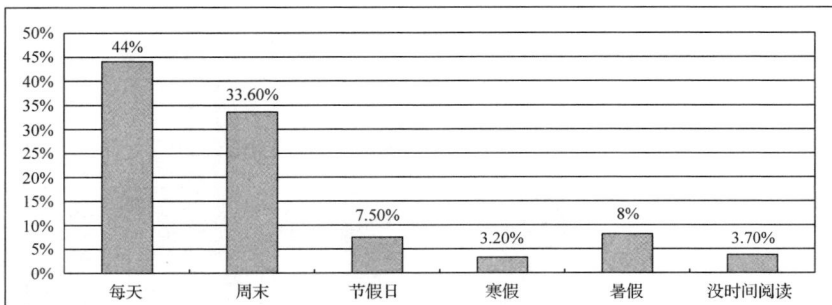

图 6-4　小学生课外阅读主要时间段

2. 课外阅读的类型与内容

统计小学生最常看的课外读物，详见图 6-5。结果显示：文学故事类与卡通漫画类的书籍在小学生中比较受欢迎；关注科普类书籍的人数就少一点，占 14.3％；也有相当一些同学关心学习辅导类书籍；而阅读报纸杂志类的小学生人数最少，仅有 1.1％。

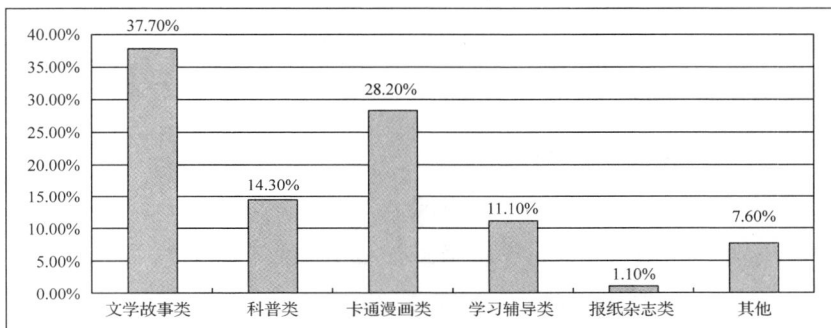

图 6-5　小学生最常看的课外读物

为了了解小学生的课外阅读内容，让学生列出在课外最常看或看得最多的读物名称，详见图 6-6。结果显示：在小学生最常看的前 10 本课外读物中，文学故事类占了 8 本，其中以《查理九世》

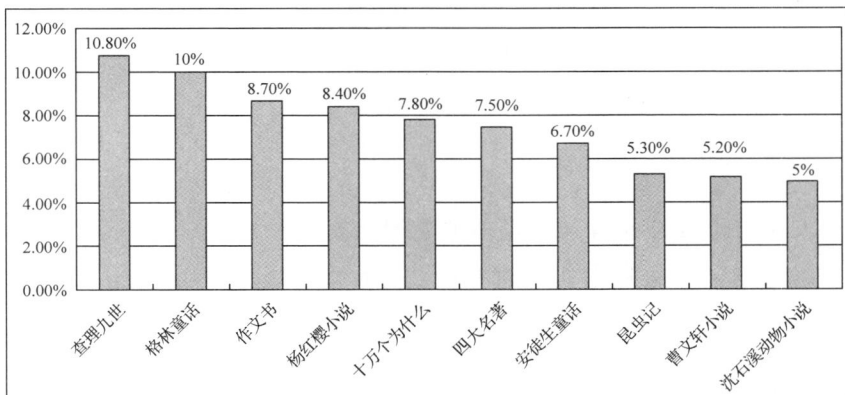

图 6-6　小学生最常看的前十本课外书

最受欢迎，占 10.8％，《格林童话》以 0.8％之差排在第二位，作文书（据不完全统计，学生列出的作文指导书的名称达 20 多种，笔者将其全归为作文书以便统计）居第三位。虽说四大名著合计排在前 10 名以内，但其中任何一本单独占的比例很低：《红楼梦》、《西游记》、《三国演义》、《水浒传》分别占 1.2％、2％、2.4％和 1.9％。

关于中小学生课外读物的主要来源，结果显示：小学生的课外读物主要还是由家长购买，也有 20.3％的学生会自己购买课外书。书店、网络与学校的图书馆虽然也是小学生课外读物的来源，但数量很小，这些来源并没有发挥其真正的功能。结果还显示：性别影响学生对课外读物的选择。分别统计男女生在选择不同类别的课外读物的比例，结果发现：男生和女生选择课外读物的情况存在显著差异。具体而言，文学故事类、科普类以及卡通漫画类等课外读物在男生中较为受欢迎，分别占有 27.5％、21.2％、34％的比例；女生则更多地选择文学故事类、卡通漫画类和学习辅导类读物，三者比例分别为 48％、22.3％、13％。男女相比，男生在卡通漫画类与科普类读物的人数比例上明显高于女生，而选择文学故事类的则是以女生居多。

3. 课外阅读的场所

对中小学生课外阅读场所的情况进行统计后显示，有 58.0％的学生会经常去逛书店或图书馆，而其中选择去书店或图书馆的时间段又有所不同，详见表 6-2。

表 6-2 小学生到图书馆或书店的时间段

时间段	平时	周末	小长假	寒假	暑假	其他
百分比/%	9.6	67.9	13.3	1.3	5.4	2.5

为更加深入地了解中小学生在图书馆的阅读情况，以湖州市图书馆、湖州市长兴县图书馆为主要研究对象展开访谈调查。通过对馆内工作人员以及中小学生的访问，中小学生在图书馆的课外阅读情况如下：

1）借阅书籍

查看湖州市图书馆少儿部的借阅排行榜数据发现：2012 年、2013 年文学类流通人次达到 5 万多，2014 年更是达到有史以来的高峰期，借阅人次达到了 41 万多。在儿童文学方面，伍美珍、杨红樱等童书作家的著作仍然是借阅量较高的品种，像"阳光姐姐"系列、"笑猫日记"系列都有多本图书借阅量排名靠前。而在众多儿童文学作品中，"查理九世"系列可谓当下最受读者青睐的国内原创童书作品，在前 5 位中占据 3 个位置。"科学实验王"以漫画的表现形式讲述科普知识，也受到广大小读者的青睐。

2）借阅时间

由长兴县图书馆少儿部 2014 年日流通人次的数据可以看出，学生在周末借阅图书的次数明显高于平时。周一至周五平均每天的借阅量为 60 人左右，而周末平均每日就有 250 人左右。再与2014 年每月的借阅量进行对比发现，7、8 两月的日流通人次是其他月份 4～5 倍，2 月的日流通次数并没有多大的变动。

3）工作人员

调查发现，不论是湖州市图书馆还是长兴县图书馆，两者都没有经专业培训的工作人员，对于新招入的工作人员只是由原来的工作人员负责告知基本工作事项，会一些简单的计算机操作即可，馆内并无专业人员及时为学生提供阅读指导。

4）学生、家长的阅读情况

在观察中发现，一些小读者刚进入少儿阅览室时都会兴奋无比，和同伴在书架间窜来跑去。有的小读者则翻来覆去挑选图书，但在挑选出要阅读的书籍后，一会儿工夫就坐不住了。还有就是图书馆明令禁止携带食物，但是有的学生依旧会将零食偷偷带进去。一些家长担心孩子肚子饿，也会将食物带进去。在陪同家长中有的坐在孩子旁边，会指着书中的内容为孩子讲解，有的就在一旁无聊地玩手机。

4. 家庭阅读情况

通过对家庭阅读情况的分析得出：14.6％的父母有每天阅读书籍、报刊的习惯，24％的经常看，偶尔看的人数最多，占48％。在家中藏书情况方面，藏书量达到150本以上的仅有20.1％，多数都集中在1～50本（详见图6-7），在这些藏书中属于学生的书籍占30本以上的有39％。

关于家长对孩子课外阅读的态度，调查显示：大多数学生的父母都持支持态度，不过，也有8.8％的家长抱有既不支持也不反对的态度，持较反对和反对态度的家长只有2.9％。虽然支持学生看课外书的家长达68.6％，但经常会给孩子买课外书的家长仅有37.9％，偶尔买的占39.5％，不经常买的占18.8％，从来没买过的占 3.8％。

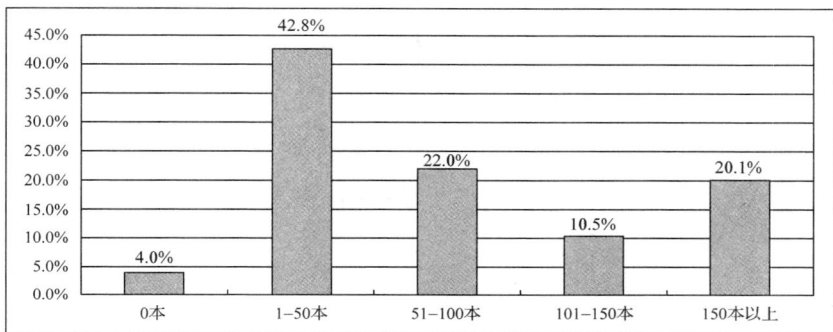

图 6-7 家庭藏书量

5. 学校阅读情况

关于学校的阅读情况，主要从学校的阅读场所、教师对课外阅读的态度以及学校开展课外阅读活动的情况几个方面进行调查。首先是学校的阅读场所，86.1％的学生提到所在班级设有图书角，但会经常翻阅图书角书籍的学生只占 30.2％。当问及学校是否有阅览室时，有 15.5％的学生答案"否"；当问及校内是否有图书馆时，有 6.5％的学生回答"不知道"。显然，校内的这些阅读场所对于某些学生而言形同虚设。对于图书室的具体情况，有 25％的学生表示未去过，不知道里面的藏书情况；去过的学生表示图书室藏书较陈旧、数量少，没有想看的书籍。

关于教师对学生看课外书的态度。91.9％的教师对于学生参与课外阅读活动表示支持，值得注意的是，有 7％的教师是既不支持也不反对，还有 1.1％的教师竟然反对学生进行课外阅读。从教师对学生课外阅读的指导情况来看，仅有 42.9％的学生表示教师能够给予指导并进行讨论，有 14.6％的学生表示教师对于课外阅读从不指导。

关于学校开展课外阅读活动的情况。从班级和学校举行课外阅读交流活动的次数来看，36％的学生表示班级每周举行一次交流活动，19.5％的学生表示学校每周举行一次；但是也存在50％左右的学生表示无论是班级还是学校都没有固定举办过课外阅读交流活动，甚至从未举行过。从学生的反映来看，部分学校并未真正重视学生的课外阅读。

6. 课外阅读的互动与互助

大多数学生在看完课外书之后会与他人进行交流，从交流的场合、时间以及内容来看，调查结果显示：一般是在聊天的过程中与他人分享自己所阅读过的课外书，通过学校或社区举办的课外阅读活动进行交流的则较少；43.6％的学生交流时间在10分钟以下，交流11～20分钟的学生有23.9％，交流时间达21分钟以上的人数比较少。

学生交流的内容也多以书中的内容为主，占58.3％，能够涉及心得体会与阅读方法的学生只有23.8％。

7. 课外阅读的方法与习惯

调查发现：17.9％的学生经常写阅读计划，偶尔写的占45.3％，从来不写的占36.8％。除了阅读计划外，关于看书时的姿势，有75％的学生是以坐着的形式阅读课外书，但也有21.7％的学生在看书的时候是躺着、趴着或者是随意的一种姿态，这样时间久了不仅影响学生的阅读效率，也会对他们的身体健康造成伤害。

关于小学生如何选择课外书，调查发现，由学生自己选择书籍的占 51.7%，老师推荐的占 19.9%，家长推荐的占 12.9%。可见，小学生在选择课外书时多是以自己的喜好为主，部分学生听从老师与家长的推荐。此外，通过电视、报纸等媒介推荐书籍的学生所占比例最低，仅仅只有 1.7%。可见现今媒体对小学生课外阅读方面的忽视。

调查还发现，学生在遇到不会读的生字、词或者难以理解的句子时，32.4% 的学生会询问老师或家长，16.9% 的学生选择和同学交流，利用工具书解决的占 26.9%，联系上下文理解的占 10.7%。在阅读时对文章不理解的地方选择向老师请教或问同学、父母的占 18.3%，不能提出疑问或忽略的占 15%。可见，学生在阅读时遇到难题更多地是依赖老师、家长的帮助，有的甚至直接忽略。另外，只有 22.5% 的学生在阅读时会做一些批注帮助自己理解内容，25.3% 的学生会边读边摘抄笔记；将近半数的学生在进行课外阅读活动时只读不动笔。可见，不少学生在阅读时缺乏思考。

8. 课外阅读的兴趣

调查显示：学生对课外阅读的兴趣比较大，对课外阅读非常喜欢的有 48.3%，比较喜欢的有 32.2%。另外，68.7% 的学生是出于自己的兴趣而阅读课外书的；不过，也有 5.5% 的学生是因为学校要求才看课外书，10.1% 是由于教师要求，7.7% 是因为父母要求。

9. 课外阅读的目的与意义

小学生进行课外阅读的动机主要集中于"增长知识"和"兴趣所

致",所占比例分别为 33.1% 和 27.4%,而出于"老师或家长的要求"以及"提高成绩"两个选项的比例共占 22%。可见,绝大多数学生课外阅读还是比较积极、主动的。

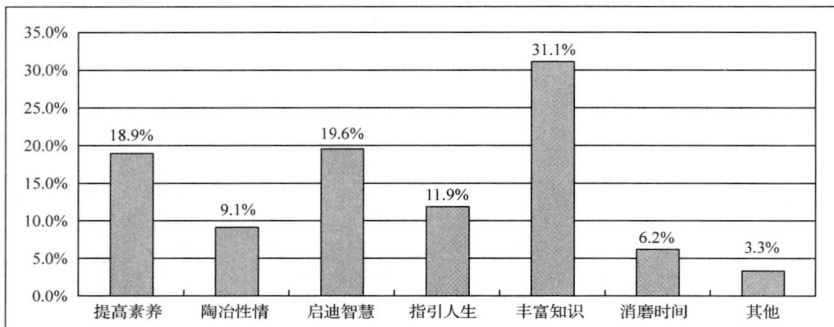

图 6-8   小学生对课外阅读作用的看法

为了了解课外阅读的意义,在问卷中设计了"你觉得经常进行课外阅读有哪些作用?"的开放性问题,详见图 6-8。结果表明:在所有被调查的小学生中,有 31.1% 的学生选择了丰富知识,而选择提高素养、陶冶性情、启迪智慧、指引人生等选项的人数则明显偏少。由此可以看出:小学生对课外阅读的认识主要还是停留在能够丰富知识的层面,没有全面认识到课外阅读的作用;甚至还有少数同学认为看课外书仅仅是用来消磨时间而已。

10. 课外阅读的效果与作用

学生是课外阅读活动的主体,了解学生通过课外阅读获得的感受更能直接反映出课外阅读的作用和问题所在。在谈到课外阅读对学习的帮助时,调查结果发现:大多数小学生认为在课外阅读活动之后有收获,觉得有很大收获和有一些收获的学生分别占55% 和 37.2%;但也有少数学生认为收获很少或者没什么收获,占 5.4％；另有 2.3％的小学生觉得课外阅读对学习没有帮助，还有 1.1％认为课外阅读会影响学习。可见，部分小学生对课外阅读的认识存在一定的误区。

另外，在实际运用方面，学生主要是以转述故事情节或摘抄好词佳句为主，分别占 29.0％和 22.7％，详见图 6-9。

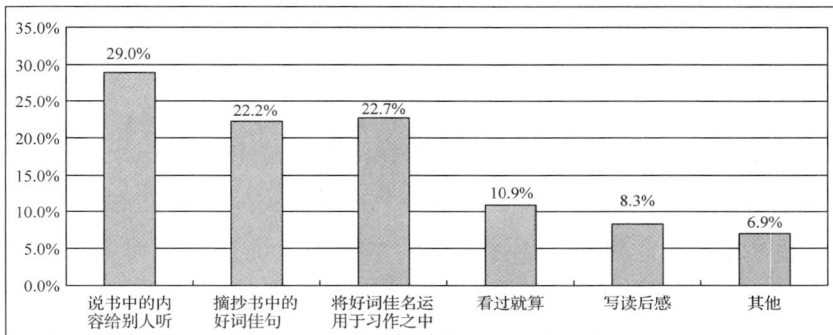

图 6-9　小学生课外阅读后的实际运用情况

第三节　课外阅读与中小学生的心理发展

一个人的成长是一个不断社会化的过程。在这个进程中，特别是在中小学阶段，学生吮吸怎样的"营养"，关乎当下乃至今后的发展。中小学生的发展不仅是生理上的成熟，更是心理上的成长，后者离不开知识、能力、人格等方面的发展。学生只有在生理和心理上实现全面发展，才算是健康成长。实现健康发展的途径不计其数，其中教育是最根本的途径。素质教育的教育观、"以人为本"的学生观是学生健康发展的理论支撑。2013 年在成都举行的"阅读的力量——2013 年新教育国际高峰论坛"上，新教育实验发起人、中国教育学会副会长朱永新说道："阅读是一种最为基础的教学手段，是贯穿于整个教育教学过程的基本要素。学校教育最关键的一点，就是让学生养成阅读的习惯、兴趣和能力。"然而，在重成绩、看排名的教育背景下，下面这样的教育现象比比皆是：为培养孩子"出色的智力"，老师、家长做了很多功课，投入大量的资金，让孩子听写、背诵、写作、上补习班、请家教……在教育孩子时投入大量的金钱，却忘了成本最低、回报最多的手段——阅读。

苏霍姆林斯基曾说："那些双手灵巧的儿童，热爱劳动的儿童，能够形成聪敏的、好钻研的智慧……要使手起到发展智慧的作用，还有必要进行经常的阅读：书籍不仅能造就聪明的头脑，而且能培养出灵巧的双手。"可见，阅读与智慧有着千丝万缕的联系。

阅读，开智，开心。课堂的学习是短暂的，远满足不了学生的发展需要。课外阅读可以增长学生的词汇量，扩大学生的视野，拓展他们的想象力，这些对于他们的成长极为重要，简言之，阅读帮助长大和成熟。在"阅读的力量——2013年新教育国际高峰论坛"上，普斯托维特报告指出："任何年龄阶段，爱读书的孩子在智力水平和思想发展上，以及在现代社会中的适应水平和承受能力等方面，都显著优于不爱阅读的孩子。"阅读可以培养一名儿童成为真正有智慧、有思想且心态豁达的成年人。

简言之，中小学生从课外阅读中可以获取丰富的知识，提高能力，发展人格，促进人的心理发展。

一、课外阅读有助于学生增长知识

(一)课外阅读可以扩大学生的知识面

课外阅读给学生带来的显著益处在于增长学生的知识。学生通过阅读各种类型的图书,与作家、文本进行交流,可以获得间接经验,拓宽自己的知识面,发展智力,提高自身文化素养。例如:阅读《海底两万里》,学生可学习海底生物知识,激发学生对海洋的幻想;阅读《夏洛的网》,学生可感受真挚的友谊,形成正确对待朋友的态度;阅读《十万个为什么》,可以解答日常生活中常见的各种问题;阅读神话故事,可帮助学生走进中华历史文明……不少课外书籍蕴含的人类文明精神就在语言文字之中。学生在阅读课外书时,走进生动有趣的情节,跟着主人公一起经历与体验,在心中再现书中人物形象,可以体味关于爱、友谊、忠诚、勇敢、正直乃至爱国主义等永恒的人类精神(金叶,2011)。

(二)课外阅读有助于学习新的知识

学习新知识有赖于已有的知识背景。喜爱大量阅读的学生,他们比从不进行课外阅读的学生拥有更多的知识背景,因而更能分析问题、陈述问题,当然也更会学习知识。这就如同一个从没做过面食的人,和一个从小会做馒头的人相比,当他们学习做烙饼的时候,必然是后者的学习速度更快。此外,知识是网状的,我们在某一领域学习的知识,一定会通过语言媒介延伸到其他领域。只要我们具有某方面的相关知识背景,再学习这一领域的知识就会容易得多(尹建莉,2014)。

二、课外阅读有助于学生的能力发展

人是用语言进行思维的动物,思维的清晰度和语言的清晰度成正比,语言越清晰,思维就越清晰,而阅读恰好可以帮助语言增速发育，进而促进思维发展（尹建莉，2014）。良好的思维方式并不是天生的，而是后天获得的。我们无法面对面同先贤名家对话，但可以通过课外阅读超越时空，通过阅读把最优秀的人和思想带到我们面前，畅享古往今来贤哲们的智慧，吸收人类文明的优秀成果。

（一）课外阅读可提高理解能力，发展学生的创新思维

同一篇文章，有的人很快能够理解，而有的人理解却需要半天甚至更久的时间。这说明学生阅读理解能力存在差异。阅读能力的基础是知识。"学生具有的相关知识越多，意味着他们的阅读理解能力越强。"博览群书，知识面广，各方面的知识就能够融会贯通。因此，让学生通过阅读建立广博的知识至关重要。

美国非常重视课外阅读，其学生阅读量大约是我国同龄学生的十倍。美国的孩子虽然考试考不过我们，但他们是发明创造的能手。现代科技产品，如灯泡、电视、互联网等，都是美国人创新并研制出来的。美国人的创新能力与其海量的课外阅读有一定关系。

（二）阅读可以使学生养成好的学习习惯，提高自主学习的能力

课外阅读是学生主动学习的过程，是在老师、家长的引导下，学生自主选择阅读材料，选择阅读方法，进入到一种自由选择的阅读状态，能极大地培养了学生自主学习的积极性。学生在阅读实践中，自己去获取知识，去探索未知世界，感受到自己获取知识的快乐，使学习变成自觉自愿的行为，进而可以养成良好的学习习惯，如阅读前制订计划的习惯、边阅读边动笔边思考的习惯、提问题的习惯等。

自主学习能力是指中小学生主动完成学习任务、达到学习目的的能力。自主学习能力是社会发展的需要，是时代的需要。美国未来学家阿尔文·托夫斯曾说过："未来的文盲不是不识字的人，而是没有学会怎样学习的人。"自主学习能力已成为 21 世纪人类生存的基本能力。而自主学习能力和课外阅读存在相关性。李健怡(2015)的调查发现，小学生的自主学习能力与课外阅读之间存在显著相关性。

(三)课外阅读可提高学生的生活能力

书籍种类有许多，有些书籍与生活息息相关，可以成为中小学生生活的导师，促使中小学生走近生活、提高生活能力。例如，现如今不少中小学生并不会做菜，书店有专门的一个书架放置有关烹饪的书籍，如《经典家常小炒》，通过阅读这类书籍，可供爱好烹饪的学生阅读，帮助他们学习基本的菜式，提高生活的能力。做菜、烘焙等不仅是一项生活技能，也可陶冶情操。学生不再是学习的机器、生活的无能者，一旦他们出门独立生活，也是能够将自己的饮食调理健康的。

(四)课外阅读可提高学生的社会适应能力

课外阅读可以让中小学生掌握更多的社会知识和资讯，有助于他们理解社会中的各种现象，从而有助于他们很好地适应复杂而又多变的社会。如果学生不阅读，不了解社会，加上家长和老师对学生的过度保护，以致学生如同生活在"温室中的花朵"，不了解社会的崎岖险阻，影响学生的社会适应能力。这就是近年来为什么会频繁出现小学生被拐骗的原因之一。为帮助学生更好地适应社会，应鼓励中小学生多进行课外阅读，通过书籍、新闻资讯等，让他们对某些社会现象有自己的正确认识，这样将会避免很多不幸之事的发生。

（五）阅读可提高辨别是非善恶的能力

读书使人明辨是非，胸有主见。一种行为是善还是恶，一件事是正确还是错误，应该做什么，不应该做什么，每个人心中都不能缺少一把良知标尺。这把标尺的核心就是正确的是非善恶观。人的青少年时代是确立是非观的重要阶段。内容健康的读物，在引导学生积极向上、明辨是非、培养品德方面能起一定的作用。例如，由李占强（2011）所著的《让学生明辨是非的故事》，里面有97个生动有趣的小故事，每一个故事蕴含一个道理。阅读此书，学生可以学到理智、容纳、标准等，在阅读一个个生动有趣的故事中，学生学会明辨是非，成为一个大写之人，为更好的生活服务。此外，阅读卢梭的《社会契约论》、斯宾诺沙的《伦理学》等，都可以在中小学生的成长中起到类似的作用。

三、课外阅读有助于学生的人格发展
（一）有助于学生树立起正确的价值观

一本好书往往充满着真、善、美的情怀，其核心价值观必定充满正能量。多读书，不仅能丰富人的知识、开阔人的视野，而且还能使人形成正确的价值观、树立远大的理想，并为之而执着奋斗。读人物传，如罗曼·罗兰的《名人传》，作者刻画了贝多芬、米开朗基罗等名人为追求真、善、美而长期忍受苦难的心路历程，学生阅读该作品，在今后的生活、学习中能受到潜移默化的影响，会自觉或不自觉地向名人学习，并形成相应的价值观和理想。

通过阅读，学生可以体验丰富的社会生活，倾听众多的智慧语言，分享无数的思考成果，使其思想更成熟、价值观更完善、境界更美好。阅读，能够帮助学生找到人生的方向，让他们有力量战胜黑暗与恐惧；能帮助学生告别象牙塔，看到社会的真实面

貌。例如，通过阅读狄更斯的《大卫·科波菲尔》，学生可以和主人公大卫一起经历一生的悲欢离合，与主人公一起成长，即使黑暗与艰难，也要和大卫一样一直面对生活，充满"乐观、向上、欢快、温和"的精神。

（二）有助于学生战胜生活压力与挫折

据报道，学生因经受不住某种挫折而坠楼身亡的痛心事件已发生多起。全社会在痛心的同时，更应思考事情背后的原因。今天有的孩子抗压、抗挫折能力较差，一旦考试成绩不理想，或者受到老师、家长、同学的批评、欺凌，便会觉得生活暗淡无光、没有出头之日，长此以往就会心理扭曲，走上自杀自残的歧途。

学习上的压力、身体上的残疾、家庭的贫穷等原因都会导致学生心理问题，而书籍恰能给予他们力量。《假如给我三天光明》是海伦·凯勒的自传体散文，真实记录了她丰富、生动而伟大的一生。阅读此书，无数读者被主人公海伦坚强不屈的精神深深吸引，找到了坚强不屈挑战生命极限的勇气。类似的书籍还有很多，如尼古拉·奥斯特洛夫斯基的《钢铁是怎样炼成的》、路遥的《平凡的世界》等，这些书都能给读者以力量。因而，大量开展课外阅读，吸取书中的精华，可以让阳光走进孩子的心灵，驱散孩子心中的黑暗，让孩子自信阳光，勇敢面对生活中的挫折与苦痛。

（三）有助于学生形成正确的道德观念，提高道德素养

课外阅读是学生在紧张的学习之后放松心情的一种休闲方式，优秀的书籍也能帮助学生形成良好的道德素养。在阅读过程中，善良、友爱、真诚、勇敢、正义等美好情感会滋润学生的心灵，让他们受到情感的熏陶，丰富精神世界，成为身心健康、积极向上的人。

不少古典文学作品能凸显中华民族道德传统。例如,《论语》是儒家经典,反映孔子"礼""仁"的思想。阅读《论语》可以引导中小学生规范自身行为,谦虚谨慎,戒骄戒躁;"君子博学于文,约之以礼,亦可以弗畔矣夫";阅读《论语》可以让中小学生以礼行事,遵纪守法。"君子欲讷于言而敏于行。奢则不孙,俭则固;与其不逊,宁固";阅读《论语》可以帮助中小学生养成宁俭勿奢、不义而富且贵、于我如浮云的境界。总之,畅游古今中外之作品,总能从书中汲取营养,帮助学生形成正确的道德观念,提高道德素养。

(四)能够提高学生的自身气质

苏东坡曾说"腹有诗书气自华",阅读使人高贵与优雅。高贵与优雅不是外在的东西,而是你面对他人乃至这个世界,能够表现出自己的善良和宽容、坚强和淡定,这一切都是精神的力量。坚持课外阅读,就是获得这种力量最有效的方式(池莉,2012)。读书可以影响人的心灵,而气质是心灵的外化。阅读在不知不觉中可以激发与培养人的善性,美化人的心灵,从而优化人的气质。

当下年轻人大都关注自己的容貌,整容、化妆不再是陌生的话题。其实,阅读也可以改变气质,气质佳,人就美。曾国藩说过这样一番话:"人之气质,由于天生,本难改变,惟读书可以变换气质,古之精相法者,并言读书可以变换骨相。"他还说:"书味深者,面自粹润。""面自粹润"不仅是指肉体的面部,更是指内在的气质。精神气质的美,当比任何肉体的美重要,且无可替代。

四、课外阅读能够促进学生的课内学习

课外阅读有助于学生的课内学习。将成绩不同的学生参与课外阅读活动的情况进行对比分析,结果发现:成绩分别为优、良、中、及格与不及格的学生，其课外阅读频率具有显著差异。超出半数以上的成绩优秀的学生几乎每天都会抽出时间阅读，39.3％成绩为良的学生也几乎每天都要抽出时间阅读，成绩为中的学生只有 27.7％，其余的后进生中只有 10％左右几乎每天抽出时间阅读。所以，成绩越差，每天抽时间阅读的学生比例越低。

从学科学习而言，以语文学习为例，课外阅读可以提高语文素养。学生的阅读过程也是对遣词造句的积累过程，是对课文的补充阅读，还是对文学大师崇高精神的感悟。古人云：读书破万卷，下笔如有神，充分说明了阅读对语文写作的重要作用。著名语言学家吕叔湘先生曾说过，他学习语文，三分得益于课内，七分得益于课外。2007 年，尹建莉女儿圆圆高考语文取得了 140 分的好成绩。当年北京市文、理科近 12 万考生中，语文成绩达到 140 分以上的总共只有 12 人。别的家长问尹建莉孩子成绩好的诀窍是什么时，她说"阅读"；问圆圆作文好的窍门是什么时，尹建莉还是说"阅读"（尹建莉，2014）。可见，学生语文成绩能遥遥领先，既有语文老师的功劳，更有课外阅读的作用。语文学科的基础就是阅读，语文涵养的提高离不开长期的阅读。

《全日制义务教育语文课程标准（实验稿）》和《义务教育语文课程标准（2011 版）》都对中小学生课外阅读提出了相关要求，提出要努力建设开放而有活力的语文课程，培养学生广泛的阅读兴趣，扩大阅读面，增加阅读量，提倡少做题、多读书、读好书、读整本书。2011 版课程标准明确规定了中小学阶段学生的课外阅读总量应达到 400 万字以上：小学 1～2 年级段应背诵优秀诗文 50 篇（段），课外阅读量不少于 5 万字；3～4 年级段课外阅读量不少于 40 万字；5～6 年级段要扩展阅读面，课外阅读量不少于 100 万字；7～9 年级段则应学会制订阅读计划，广泛阅读各类读物，课外阅读量不少于 260 万字。同时，在实施建议中还指出：要加强对课外阅读的指导，开展各种课外阅读活动，创造展示与交流的机会，营造人人爱读书的良好氛围；并在"附录"中具体给出了"关于优秀诗文背诵推荐篇目的建议"和"关于课外读物的建议"（中华人民共和国教育部，2012）。

在不少家长和老师眼中，语文学习就是读读记记背背。实际上，课外阅读在中小学生的语文学习中发挥的作用不容小觑。如果把孩子的聪明才智比作种子，那么海量阅读就是水分。只有经过水的浇灌，种子才可以发芽生长。课本的单一性及其内容的统一性，不一定能满足中小学阶段孩子大脑成长的需求以及学生的个性化需求。因此，中小学生应该博览群书，海量阅读古今中外的名著经典，广泛涉猎百科常识书籍（如天文、地理、历史、艺术等百科知识），才可以增长智慧，最终形成一种强大的发展能力，进而有助于学生课内学习。

第四节　中小学生课外阅读的主要问题与引导对策

一、中小学生课外阅读活动中存在的问题

（一）没有恰当安排课外阅读的时间

在调查中，半数以上的学生表示会经常阅读课外书，总体来说学生参与课外阅读活动的情况良好。但经进一步调查发现，学生每次看课外书的时间并不长，阅读时间在 30 分钟以下的就有 55.2%。在阅读课外书的过程中，学生还会"掺杂"一些其他事，如吃点心、走神等。事实上，学生真正的课外阅读时间可能还不

到 30 分钟。

根据作者调研的图书馆少儿部 2014 年日流通人次的数据结果，学生在寒假期间并未出现预期的课外阅读高峰。调查还发现：市区学生课外阅读时间更多地是集中于平时，在暑假进行课外阅读的人数较少；市区外的学生则相反，暑假期间出现了课外阅读的高峰期。对于有如此明显的差异，通过访谈得知：寒假期间由于春节临近，学生被家长拉去"走亲戚"，几乎没什么时间可以进行课外阅读；而在暑假，由于市区内的学生家长认为放假时间较长，更倾向于让孩子上培训班、特长班以及兴趣班等，这才导致为什么在长假期间阅读课外书的时间反而减少。

（二）课外阅读面较狭窄，内容选择存在一定的误区

在各种儿童文学作品中，文学故事类的作品一直深受小学生的喜爱，其次便是卡通漫画类与科普类的书籍。但《查理九世》这套书由于书中的文字比较阴森，像幽灵、死尸、杀人魔团体、人骨教堂等血淋淋的描述，在是否适合中小学生阅读上一直备受争议。相比之下，其他类书籍就显得乏人问津。调查还发现，小学生对图文结合的书更感兴趣，选择课外书时倾向于娱乐化，这很容易导致小学生课外阅读面狭窄。

此外，不少学生表示课外时间看得最多的是学习辅导类书籍，而且学生成绩越好，阅读学习辅导类书籍的人数也就越多。这些学生对课外阅读的认识存在一定误差，认为阅读课外书主要就是为了提高成绩。

（三）课外阅读的氛围不佳

一是家庭阅读氛围不理想。调查发现：在家庭的藏书量方面，达到 150 本以上的仅 20.1%；从阅读的频率来看，只有 38.6% 的学生表示家长有经常看书的习惯。家长缺乏阅读习惯，家庭藏书量少，影响家庭阅读氛围，进而影响孩子的课外阅读。将阅读频率不同的家长与学生的课外阅读时间进行交叉分析，结果发现：家长阅读频率不同的学生，学生课外阅读时间存在显著差异。家长经常或者每天都阅读的话，学生的课外阅读时间多为 31～60 分钟；家长如果只是偶尔阅读，或从来不阅读，或不喜欢阅读的话，学生的课外阅读时间一般只有 10～20 分钟。也就是说家长如果有阅读的习惯，并且阅读频率越高的话，学生看课外书的时间也会随之增加；反之，家长阅读的频率越低，学生看课外书的时间也就越少。

二是学校阅读氛围不理想。首先，从校内阅读场所来看，虽然大多数学校都设有图书角、阅览室或图书室，但从学生的口中得知：部分班级图书角的书籍由学生供应，有的班级是由班主任统一到图书室借阅，一般是一个学期更换一两次。图书角的书籍多是与学习有关，如《高分作文》、《好词佳句》、《小学生满分作文》等，学生对这类书籍不感兴趣，就鲜少会去翻阅。另外，有些学生竟不知道校内是否有图书室或阅览室，这等同于图书室和阅览室没有发挥应有的作用。而去过图书室的学生反映图书室藏书陈旧、种类单一，并且无法自由借阅等。其次，从教师对课外阅读指导的情况来看，教师缺少对课外阅读方法的指导，师生之间较少交流课外阅读心得体会。通过与教师的访谈得知，由于学校没有开设专门的阅读课，对于学生的课外阅读这块工作只能有时候在课上一句带过，关于课外阅读的指导主要是以推荐学生课外阅读书目为主。最后，从关于学校开展课外阅读活动的情况来看，有半数左右的学生表示无论是班级还是学校对于课外阅读活动开展次数不固定，甚至不举行，说明有部分学校对于课外阅读活动并不重视。

三是社会阅读场所的氛围不理想。图书馆和书店虽然是学生经常进行课外阅读的场所，但观察发现：在书店，多数书店营业员的工作主要负责收银或图书整理，鲜少会对在店内喧闹、玩耍的学生进行劝阻；在图书馆，则缺少一支高素质专业化的少儿读者服务队伍，馆内工作人员更多的是负责图书借阅登记，在入职前没有经过专业培训，特别是对于如何提高学生课外阅读能力以及促进学生课外阅读兴趣等方面的内容了解甚少。陪同的家长也是影响学生阅读的因素之一。一些低年级的学生年龄段偏小，本身自控力就差，陪同的家长若只顾着玩手机，孩子难免会受到影响，失去阅读的耐心，影响阅读效果。

（四）缺乏有效的课外阅读方法，没有养成良好的阅读习惯

《语文课程标准》明确提出学生要学会制订自己的阅读计划。但调查发现：多数中小学生课外阅读缺乏计划性，随意性较大，鲜有学生会根据自身情况对课外阅读的时间、内容、阅读量等做出一定的规划。此外，在阅读中缺乏独立思考、对难以理解的地方无法提出问题、没有独立思考就直接请教老师或同学，也间接证明学生没有真正掌握有效的课外阅读方法。调查还发现：教师的指导对学生的课外阅读方法和习惯具有重要的影响。如果教师给予指导并组织讨论，学生在对文章不理解的地方能提出疑问的比例达 40.8%；当教师给予指导但不共同讨论时，学生能提出疑问的比例为 36.1%；当教师只能偶尔给予指导时，学生能提出疑问的比例只有 30.3%；若教师从不指导的话，学生能提出疑问的比例就只有 24.1%。显然随着教师对课外阅读指导的频率下降，在阅读中能提出疑问的学生人数也随之不断下降。

二、中小学生课外阅读的引导对策

(一)正确认识课外阅读

在部分教师和家长的既定认知中,看课外书是影响学生学业的因素之一,因而只重视学生的课内学习,这就直接导致学生课业负担及思想包袱的加重,使学生无暇顾及课外阅读。其实,学生在学校所进行的学习与阅读课外书所吸收的知识相辅相成,二者并不矛盾。特别是在儿童对书产生兴趣时,他在进行课外阅读活动的过程中,就会不断与新的字、词打交道,这正是学生在不断扩大知识面、活跃思维的过程。另外,从小学生心理发展的规律来看,他们好奇心强,容易对新知识、新信息产生兴趣,而课外阅读恰恰满足了他们的这一需求。从根本上来说,限制小学生课外阅读,不仅违背了小学生身心发展的规律,也不利于他们智能及个性的全面发展。无论是教师还是家长,一定要鼓励学生自主阅读,让其自由选择喜欢的书籍、喜欢的阅读方式,不可将功利性的思想灌输给他们(桂华,2013)。

(二)合理选择课外阅读材料

高尔基曾说:"读一本好书,就是和许多高尚的人对话。"可见,课外阅读材料对学生的精神世界具有极大的影响。但是,中小学生的心智还不成熟,因而需要家长、老师帮助挑选阅读书籍。当今信息时代,市面上流通的中小学生课外读物丰富多样,不同的学生在不同的阶段对阅读又会有不同的需求,因此,面对琳琅满目的课外书,大多数学生反而不知如何取舍。所以,教师或家长要在适当的时候,给学生推荐适当的课外书,才能最大限度地激发他们的阅读兴趣(马洪芳,2014)。

在给学生推荐课外阅读材料时,不要从成人的视角为他们选择读物，需要考虑他们的年龄、性别、个性等特征。低年级学生求知欲强、爱幻想，偏爱童话故事类的课外读物；中年级的学生对外界事物有了自己独特的认知态度，对描写英雄人物的、带有惊险意味的读物开始感兴趣；而到了五六年级，学生已有较强的阅读能力，开始偏向于科普读物（高永生，1998）。在性别差异方面，男生喜欢看一些科幻类、探险类书籍，如《海底两万里》、卫斯理系列小说；而女生则倾向于读故事性强的文章，如杨红樱的笑猫日记系列。根据这些特征、差异，教师和家长便可给学生推荐合适的读物。当然，还可根据学生的一些突出问题来选择适合他们阅读的读物。如：针对懒惰、不求上进的学生，班主任可推荐其阅读《名人传记》；针对粗心大意的学生，可推荐《小马虎奇案》、《粗心小画家》等。

此外，可结合课内学习内容为学生推荐课外读物。根据课文内容，可让学生阅读节选课文的原文；或者通过了解某篇课文的作者，选择作者的其他作品或与课文同类型的人物、故事的书籍阅读；还可以从文章的写作特点入手，帮助学生选择具有相同写作方法的文章阅读（吴森森，2014）。

（三）学生课外阅读的有效途径

在科技飞速发展的时代，手机、电脑等科技产品进入千家万户。通过手机、电脑、iPad等进行的浅阅读悄然撼动着深阅读（纸质阅读）的地位。碎片、快餐、功利化的浅阅读有慢慢取代深阅读的趋势。人们殊不知，网络的快速发展带来的信息有精华，也有糟粕。长时间地"带菌"阅读，学生不仅吸收不了书籍带来的精华，阅读能力也会逐渐下降。因而，笔者呼吁中小学生多进行纸质阅读。

学生纸质阅读的书籍来源有以下两种：一是借书；二是买书。为方便学生的阅读，我们要加强图书馆建设，同时家长也要重视为学生购买阅读书籍。

匈牙利的国土面积和人口不足中国的 1‰，但却拥有近两万家图书馆，平均每 500 人就有一座图书馆。匈牙利也是世界上读书风气最浓的国家，常年读书的人数达 500 万以上，占人口的 1/4 还多。与之相比，我国需要加大资金投入，加强图书馆建设，丰富图书馆书籍种类和数量，并将社区图书室免费对外开放，以扩大学生的阅读途径。

就学校而言，在保证学生课外阅读书源方面可以有以下几种做法：一是组织各个班级的任课教师根据学生特点或需要对图书馆的书籍进行挑选，把挑选好的书籍一次性全部配发到各个班级。将配发到的书籍放置在班级图书角，每个月学校组织一次班级之间交换图书活动。二是和紧邻的学校联系，达成资源共享的协议，校与校之间互相交换图书进行借阅。三是学校对外积极争取资金，及时补充、更新馆内图书。如可以通过向附近的工厂、企业"化缘"，争取购书资金。四是引导学生购书，根据学生的需要，引导学生购买不同类别的书，并鼓励学生带书到校，与同学交换阅读。

（四）养成良好的课外阅读习惯

良好的阅读习惯有利于提高学生的阅读质量，使学生终身受益。而良好习惯的形成需要家长与教师的监督与指导。首先，应从爱护书本做起。比如把新购买的书籍用书皮包好、阅读的时候注意坐姿、不要养成边吃零食边看书的不良习惯等。其次，培养写读书笔记的习惯。英国哲学家培根说过，"笔记不但可以加强记忆，而且使人精明"。学生在阅读的过程中想到什么就可以马上记下来，才有利于将手脑活动与思、看、忆配合在一起，从而达到高效阅读的目的（金叶，2011）。最后，关于阅读后的总结。学生在看完一本书后，对书中的故事情节印象较为深刻，往往忽略或无法体会其中的精神、喻义。所以，教师或家长应在学生阅读结束后引导学生对阅读内容进行思考、比较、分析和总结。这种阅读习惯有利于学生掌握课外阅读方法和检验自己的阅读效果（高永生，1998）。

（五）营造课外阅读的书香氛围

在安徽省合肥市徽州大道与红星路交叉口，坐落着一个院子，院门现已被废弃，里面有两座大楼，围栏处锈迹斑驳。这是"红星路80号"，是李克强少年时代生活的地方。当时，大院里有一个由两间平房辟出的图书室，四五十平方米，藏书近万册，供安徽省文史馆馆员研究之用。桐城派文学家、著名学者李诚是这间图书室唯一的管理员，兼做出纳与采编。这个地方对李克强有着特殊的吸引力。"由于是北房，又书拥四壁，室内光线略显昏暗，但很寂静，与喧闹的院落形成反差，有些神秘的感觉。"李克强在《追忆李诚先生》一文中写道。有时候放学归来，李克强会悄悄溜进图书室，这儿看看，那儿翻翻。这儿多是线装书和旧版书，李克强很喜欢这种氛围——"一种书香四溢的氛围"。这就是李克强总理强调的"阅读需要氛围"。

营造一个书香四溢、文化氛围浓厚的阅读环境，能让学生从中自觉地有所感悟和思考，受到情感熏陶，获得思想启迪，享受阅读所带来的审美情趣。要提高中小学生的课外阅读水平，建设良好的课外阅读环境必不可少。

1. 学校阅读环境的创设

阅读需要的"书香环境"，学校、家庭、社会都有责任且有义务为学生营造。学校可以从各方面为学生创设良好的阅读环境。如：在宣传栏、橱窗等显著位置张贴读书格言；在树荫下、花草边摆放读书椅凳；也可以将学生的读书成果或推荐的优秀文章张贴在图书角、黑板报上。除此之外，学校还可以定期组织读书系列活动推动阅读持续发展。低年级可以举办读书笔记展览评比会、中年级学生可自编一些阅读小报，内容可以是好书推荐、佳作摘录、名著简介、作者生平简介等；高年级学生则可以举办读书经验交流会，用简明扼要的语言把自己喜爱的读物介绍给同学，还可背诵部分精彩片断。这些活动都可激发学生不断地阅读，进而在潜移默化中养成课外阅读的习惯。

2. 家庭阅读氛围的创设

家庭阅读对学生阅读习惯的养成影响是深远的。为了建设良好的家庭阅读氛围，家长和孩子可以共同拟订阅读计划，按计划读书。家长可以为孩子购置书籍、报纸、杂志，主动参与孩子的阅读活动；或者经常利用周末、节假日带孩子到书店和图书馆买书、看书等。另外，家长更应该把阅读选择的权利还给孩子，除了在宏观上对孩子阅读书籍是否健康有益进行把握之外，最好不要对孩子阅读书籍的内容和范围进行太多的限制（桂华，2013）。此外，家长要多拿出时间陪孩子到书店购买阅读书籍。若家中资金有限，可以减少购书的频率，但一定要为孩子增添"新书"。

(六)加强课外阅读指导

在阅读起步阶段，学生不一定会阅读，如读得很快、囫囵吞枣、不求甚解。吸引学生的是故事，他们在课外阅读中得到的仅仅是一个有趣的故事。因此，要加强对学生课外阅读的指导。

1. 引导学生在阅读中学会做笔记

俗话说"好记性不如烂笔头"，在课外阅读时要求学生圈点勾画，不仅能够帮助他们加深印象，同时也能让他们从小养成"不动笔墨不读书"的好习惯。家长、老师要鼓励和引导孩子写读书笔记。记书中优美的词句，也要学着体悟作者的遣词用句，并运用到自己的表达中去。刚开始，小学生不知怎么写读书笔记，所以，在小学初期就可以统一读书笔记的内容，让学生填写，如书、作者、主要人物、主要内容、精彩片断、名言佳句等，在此基础上，让学生写读书心得。读书笔记是一次培养"自能读书"能力的过程，也是掌握写作方法和积累语言材料的过程（池美娇，2000）。为了提高学生写读书笔记的积极性，班级、学校可以经常组织学生开展读书心得交流或读书笔记展览、评比等，还可利用课外活动时间，通过学生喜欢的讲故事比赛、课本剧表演、知识竞赛等多种形式来对阅读效果进行检查。

2. 引导学生在阅读中学会思考

引导学生边阅读边学会思考，这样才能真正与作家对话。阅读书籍如果仅看阅读多少书，而没有对书中的内容进行思考，那么这样的阅读，就谈不上对作品的理解和感悟，也就不能把书本的知识转化成自己的知识。教师要在学生课外阅读时重视对学生独立思考、设疑善问、熟读精思、理解感悟能力的培养。

3. 组织学生在阅读后开展交流

阅读之后就要"炫耀"，即给身边的同学、老师、家长讲一讲自己看的书籍的内容。在讲的过程中，可以围绕书中的某个人物、某件事、某个场面阐述自己的观点，加深对阅读过的内容的印象，提高语言组织能力、思维逻辑能力、口头语言表达能力；同时还可提高学生的文学鉴赏能力，培养学生正确的人生观、价值观、审美观。教师可以把一堂课中的一分钟给学生，进行"一分钟演讲"，让学生讲故事、谈体会，借此平台，学生之间互相介绍好书；教师或家长也可以在学生阅读前提出明确要求或者与学生一起读书，讨论书中的内容、人物、艺术特点，使学生做到领悟欣赏其中的精华，敢于说出自己的见解。

参考文献

冰心.漫谈语文的教与学[A].见潇龙.我们怎样做父亲——文化名人谈青少年教育[M].北京：京华出版社，2004：19—20.

陈乐东.中小学生课外阅读的意义不容忽视[J].基础教育研究，2001(12)：31—32.

池莉.神奇的阅读：读己所喜，多求甚解[N].长江日报，2012-09-18(12).

池美娇.指导小学生课外阅读的方法浅谈[J].教育评论，2000，04：78—80.

高永生.帮助小学生搞好课外阅读[J].黑河教育，1998：33—34.

桂华.提高小学生(中段)课外阅读水平的研究方式[D].重庆：重庆师范大学硕士学位论文，2013：18.

洪玉华.第十二次全国国民阅读调查结果发布：我国成年国民图书阅读率为58％[N].中国新闻出版报，2015-4-21(1).

蒋蓉.中小学生课外阅读现状调查研究[D].长沙：湖南师范大学硕士学位论文，2003：15—16.

金叶.新课改下小学生课外阅读的现状与引导[D].苏州：苏州大学硕士学位论文，2011.

雷霄霖.让图书馆成为中小学生课外阅读的乐园——对我市中小学图书馆建设利用的思考[J].教学仪器与实验，2012(07)：49—51.

李伯棠.小学阅读教学漫谈[M].济南：山东教育出版社，1983(04)：13.

李健怡.小学生课外阅读中自主学习能力现状调查与提升策略[D].成都：四川师范大学硕士学位论文，2015.

李占强．让学生明辨是非的故事［M］．沈阳：辽海出版社，2011．

刘敏．从阅读环境中论小学生课外阅读引导［D］．武汉：华中师范大学硕士学位论文，2012．

卢芸．小学生课外阅读现状的调查研究［D］．大连：辽宁师范大学硕士学位论文，2008：1－2．

马洪芳．一荐 二导 三活动——小学生课外阅读指导建议［J］．小学语文教育，2014(8)：54－55．

苏霍姆林斯基．给教师的建议［M］．北京：教育科学出版社，2001．

苏霍姆林斯基．怎样培养真正的人［M］．北京：教育科学出版社，1992：23．

孙丽维．小学生课外阅读现状调查及问题研究［D］．重庆：西南大学硕士学位论文，2012：8－20．

王红丽．小学生课外阅读现状调查与优化策略［D］．长春：东北师范大学硕士学位论文，2012：14．

王继坤．现代阅读学课程［M］．青岛：青岛海洋大学出版社，1996：1．

伍腾．论中小学生课外读物的选择［D］．长沙：湖南师范大学硕士学位论文，2006．

吴森森．有效指导小学生课外阅读点滴［J］．课程教育研究，2014(15)：115－116．

杨婷．城乡小学生课外阅读兴趣比较研究［D］．济南：山东师范大学硕士学位论文，2012：22－23．

尹建莉．阅读与学习的关系［J］．求知导刊，2014(2)：100－101．

张国红．当好参谋，译优推荐课外阅读内容［J］．神州，2012(24)：50．

张金燕．当好参谋，择优推荐课外阅读内容［J］．阅读与鉴赏(中旬)，2011(11)：11－12．

中华人民共和国教育部．语文课程标准(2011年版)［M］．北京：北京师范大学出版社，2012：7－13．

郑惠生．"考试至上时代"小学生课余时间用在哪儿？——小学生课外阅读调查研究之七［J］．内蒙古师范大学学报(教育科学版)，2007(04)：102－111．

第七章 中小学生课外社团活动

第一节 中小学生课外社团活动概述

随着素质教育和生本理念的落实和发展，社团活动在中小学中逐步生根发芽、遍地开花，并在校园文化建设中发挥着积极的作用。丰富多彩的社团活动内容，为学生们提供了一个课余施展才华的舞台，扩大了学生的交际圈，锻炼了学生的组织能力，成为素质教育的有力抓手。

《中国大百科全书·教育》将学生社团解释为：遵循自愿的原则，自由结成的一种群众组织。社团可打破年级、班级、学校的界限，凝聚有相近兴趣和爱好的同学，发挥其所长，开展有益于其身心健康的活动。亦即学生社团是在校学生以共同或相近的兴趣、爱好、特长、信念、观点或自身需要为基础，在自愿的前提下自发组成，并按照国家对社团的指导思想和有关规定以及社团章程，在学校有关部门的指导监督下自主开展活动的学生组织（翟承强，2007）。"中小学生社团"则是中小学生根据自己的兴趣、爱好、特长、个性等，通过自愿报名、社团招募等形式组建，集知识学习、社会实践、技能提升、自主发展为一体的成长共同体组织（梁鹂莉，2008；徐明荣，2014）。"中小学生社团是分散在学校校园中，具有共同爱好、特长的同学组织在一起而形成的，具有群体优势；在共同目标鼓舞下，大家能够集思广益，采集创新资源，互相鼓励，互相配合，充分发挥集体的智慧和力量，创造思想财富。"（邹润艺，2010）

由于中小学生尤其是小学生身心发展不够成熟，许多中小学社团是由学校帮助组建的，如一些学校的武术社团、英语社团、环保社团、科学社团等，社团成员多数来自学校招录的特长生或者来自教师推荐的班级里有特长的学生等。学校会安排教师组织和指导社团工作，或者与校外教育机构合作，利用校外的教师组织开展学校的社团工作。这些社团有一定的教师指导和组织，本质上学生是自愿、自发参加社团活动；并且这些社团不像班级那样有刚性的规定和严格的要求，明显体现出社团活动的自发性和非组织性的特点。

社团活动作为课堂教学之外的一种课外活动，其表现形式是多种多样的，取得了良好的教育效果，部分社团成了学校创建教育品牌不可或缺的内容。我国中小学现在的一些社团大致可以分为以下几类：①课堂拓展类。此类社团主要针对一些在正常学习中学有余力，并且还想进一步加深拓展课堂所学知识的学生，如英语社团、头脑风暴（奥数或趣味数学）、写作社团等。②体育艺术类。此类社团主要开展各项文体活动，丰富学生的课外生活，如田径运动社、花样跳绳社、武术社、空手道社、书画社、歌曲社、舞蹈社、朗诵社、小主持人社等。③科学技术类。主要目的在于培养学生的科学意识和动手操作的能力，如陶艺社、电脑制作社、航模社、建筑模型社等。④兴趣爱好类。旨在发展、发现学生的兴趣爱好，甚至可以作为一种职前兴趣的培养，如小导游社、小执法官社、茶艺社、园艺社等。⑤社会公益类。此类社团以爱心服务社会为宗旨，如红十字社、志愿者社、校园卫生保护社、花木俱乐部等。

为了便于对学生社团加强研究和引导，有研究者对学生社团进行了分类标准研究。①从社团的活动内容上进行分类：可分为理论学习类、科技活动类、文学艺术类、公益服务类、体育健身类、学术知识类等。②从社团发展的时期进行分类：可分为老牌社团，如文学社、足球俱乐部等；另一类为新型社团，如街舞团、啦啦操社团等比较受学生青睐的社团。③从社团活动管理的主体上进行分类：可分为以下三种类型，即：教师主导型社团，其典型特征是教师主导社团目标和个人角色，设计社团组织结构与活动规范，策划和实施社团活动以及总结与反思社团成果；自发尝试型社团，其特征是学生在社团的目标、组织结构、实施和成果反思等环节自由探索，但缺乏清晰的自主意识和明显的成效；自觉发展型社团，其特点是以上几个环节都是学生自觉主动的思考与选择，学生自主策划社团目标和活动内容、活动方式，自主聘请老师、利用社会资源，自己招募会员、安排活动时间与场所等，社团独立运作(李伟胜，2009)。

目前对"学生社团"的相关研究大多集中在大学生社团。资料显示，随着高等教育改革进一步地深化和发展，我国高校大学生社团迅速发展，社团在大学教育中的作用也越来越显著。王绍光和何建宇(2004)抽样调查了我国108所大学的社团状况，结果发现，在这108所大学中共有1519个大学生社团，其中，哈尔滨理工大学最多，拥有100个学生社团。杨靖(2014)的调查则发现，清华大学拥有的学生社团更多，达173个，包括体育、科技、人文、艺术、公益、素质拓展等。大多数关于高校学生社团的研究，不仅分析和概括了大学生社团的特点(或特征)、活动模式、功能作用等，而且较为详尽地研究了高校社团建设对校园文化、对提升学生综合素养的促进作用，以及对增强学生社会化的推动功能等。

相对而言，虽然目前我国中小学校的社团活动实践开展得比较热烈，仅中学生社团就有 95000 个之多(王绍光和何建宇，2004)，但对中小学生社团的理论研究却相对薄弱。共青团上海市委在 21 世纪初曾对上海市中学生社团的基本情况、发展背景、发展特点、发展方向等作了介绍(共青团上海市委学校部，2002)。时隔 7 年，张力文(2009)再次分析了上海市中学生社团的情况，发现中学生社团仍然存在一些问题，例如，社团发展不平衡、学生的自主性发挥不够等。此外，许多研究阐述了社团活动的作用，强调了社团活动对学生心理发展的促进作用。宋萍(2010)指出，社团活动是课堂教学的有益补充，是校园文化的重要内容，更是培养学生集体主义精神和团队合作意识的需要。狄永杰(2014)认为，社团保持有效运转，可以不断挖掘学生的潜在能力，促使学生以主人翁的姿态参与到社团管理之中，从而增强其自主意识，锻炼其自主能力，获得自主之乐。邹润艺(2010)则认为，社团活动不仅能够增强小学生的自我认知，还能提高小学生的交往能力、合作意识，促进小学生社会化进程。苏燕(2010)专门考察了学生的学习社团，认为学习社团以能力培养为中心，以素质教育发展为取向，倡导学生主动参与、乐于探究、勤于动手，能够培养学生收集、处理信息的能力，获取新知识的能力，分析、解决问题的能力以及发展交流、合作的能力。社团活动不仅能够满足学生的兴趣特长、个性发展需求，充分发挥学生的自主精神，还能教会学生学会学习、学会做事、学会共存、学会做人。

总的来说，已有的研究理论分析多，实证研究少；高校学生社团研究多，中小学社团研究少；研究内容停留在表层描述性层面，研究视野狭窄（李浩泉和李姗泽，2013）。因此，立足于中小学社团活动实践开展调查研究，收集有关数据，进行量化分析，了解中小学生社团的现状和特点、学生参加社团的原因和目的、社团活动的过程和管理、学生对社团的评价和感受、社团活动的作用与效果，以及中小学社团中存在的问题就显得非常必要。

第二节　中小学生课外社团活动现状调查

一、调查对象

采用方便抽样法，在浙江省宁波市三所中小学进行抽样调查。发出问卷 1700 份，回收问卷 1650 份，其中有效问卷为 1490 份，有效率为 90.3%。样本分布情况具体见表 7-1。

表 7-1　调查对象分布一览表

变量名称		人数	百分比/%	合计 N	合计 %
性别	男	790	53.0	1485	99.7
	女	695	47.9		
	缺失	5	0.3		
学段	小学	713	44.7	1482	99.5
	初中	769	51.6		
	缺失	8	0.5		

变量名称		人数	百分比/%	合计	
				N	%
年级	二年级	64	4.3	1482	99.5
	三年级	150	10.1		
	四年级	168	11.3		
	五年级	232	15.6		
	六年级	99	6.6		
	初一	313	21.0		
	初二	230	15.4		
	初三	226	15.2		
	缺失	8	0.5		
现居地	城市	1190	79.9	1488	99.9
	非城市	298	20.0		
	缺失	2	0.1		

二、调查工具

本研究采用自编"中小学生社团活动调查问卷",该问卷包括社团活动的目的与意义、社团活动的内容、社团活动的频率与时间、社团活动的师资与场所、社团活动的管理、社团活动的过程、社团活动的经费、学生对社团活动的评价、社团活动的作用与效果,以及社团活动存在的问题等维度。

另外,本问卷还包括一些开放性问题,包括对参加社团活动具体过程的描述、对社团活动场所的评价、对参与社团活动的感受等。这些内容是对学生参加社团活动的认知和情感方面的拓展和深化。

三、调查结果与分析

(一)中小学生参加社团活动的概况

在中小学生参加过最多的社团中,传统的热门社团占主要地位,在学生参加最多的社团中位列前三的社团分别是艺术类(36.17％)、体育类(26.78％)和文学类(10.74％),其余的社团均未超过10％,如科学技术类(9.46％)、社会公益类(8.93％)、其他类(2.62％)等;此外,还有少部分学生(占5.3％)未参加任何一项社团活动。

进一步分析发现(详见表7-2),在参加文学类社团的学生中,大部分参加的是"阅读与写作"社团活动,占该类学生的67.3％;参加"小记者"、"小主持人"社团的比例分别为10.5％和8.0％;此外,1.2％的学生选择了其他活动。

在参加艺术类社团的学生中,"绘画"和"唱歌"社团最受学生欢迎,分别占该类学生的31.5％和28.2％;另有16.3％的学生参加的是"乐器演奏",16.1％的学生则参加了"舞蹈"社团;还有7.8％的学生参加了其他类社团。

表7-2　各类社团人数分布

社团内容		N	％	合计	
				人数	百分比/％
文学类	阅读写作	109	67.3	162	10.9
	小主持人	13	8.0		
	小记者	17	10.5		
	其他	2	1.2		

续表

社团内容		N	%	合计	
				人数	百分比/%
艺术类	舞蹈	87	16.1		
	绘画	170	31.5		
	唱歌	152	28.2	539	36.2
	乐器演奏	88	16.3		
	其他	42	7.8		
科技类	小发明、小制作	64	45.4		
	智力开发	27	19.1		
	科技作品展	23	16.3	141	9.5
	科技作品竞赛	17	12.1		
	其他	10	7.1		
体育类	球类	212	53.1		
	花样跳绳	17	4.3		
	田径运动	106	26.6	399	26.8
	游泳	37	9.3		
	其他	27	6.8		
社会公益类	社区服务	55	41.7		
	志愿者活动	20	15.2		
	社会调查	3	2.3	132	8.9
	社会实践	53	40.2		
	其他	1	0.8		

在参加体育类社团的学生中，参加人数最多的是"球类运动社团"（53.1%），其次是"田径运动"（26.6%）、"游泳"（9.3%）、其

他类活动(6.8%)，参加"花样跳绳"(4.3%)的人数最少。

在参加科技类社团的学生中，人数最多的是"小发明、小制作"社团(45.4%)；其后依次是"智力开发"(19.1%)、"科技作品展"(16.3%)、"科技作品竞赛"(12.1%)；最后是其他类社团(7.1%)。

在参加社会公益类社团的学生中，参加"社区服务社团"和"社会实践社团"的学生占绝对多数，分别占该类学生总数的41.7%和40.2%；另有15.2%的学生参加了"志愿者"社团，2.3%的学生参加了"社会调查"社团；只有0.8%的学生参加了其他类社团活动。

(二)参加社团活动的原因与目的

大多数学生参加社团活动是出于自己成长的需求，此外，师长和同伴的要求建议也是学生参加社团活动的重要原因。表7-3数据显示：中小学生参加社团的原因位列前三的分别是学生的自我要求、师长的要求、亲戚和同学的建议。

表7-3　参加社团的原因

参加社团原因	N	%
自我要求	976	67.0
家人要求	190	13.0
老师要求	182	12.5
亲戚建议	16	1.1
同学建议	62	4.3
其他原因	30	2.1

中小学学生参加社团的目的呈现多元化，通过参加社团发展自己是主流。表7-4数据显示，近六成的学生参加社团活动是为了

丰富自己的课余生活，接近一半的学生表示自己参加社团的目的是增长知识，近四成学生参加社团活动是为了学得一技之长；还有部分学生(15.6%)表示参加社团活动能有机会展示自我。此外，社交动机也是相当部分学生的社团活动目的，约一成的学生参与社团活动是因为能和同学在一起或者喜欢辅导老师。

表 7-4　参加社团目的(多选)

参加社团目的	N	%
丰富课余生活	876	58.8
增长知识	705	47.3
结交朋友	541	36.3
学一技之长	541	36.3
展示和表现自己	233	15.6
能和同学一起	120	8.1
喜欢辅导老师	37	2.5

(三)社团活动频率与时间

多数学生参加了社团活动(详见表 7-5)。近七成学生能每周参加一次社团活动，约一成学生能两周参加一次社团活动，3.6%的学生每三周参加一次，近两成学生每个月参加一次社团活动；约 1/4 的学生每次参加社团活动时间少于 1 小时，65.6%的学生每次社团活动时间为 1~2 个小时，5%的学生每次社团活动的时间为 3~4 小时，3.2%的学生参加社团的时间多于 4 小时。

统计检验发现，中学生和小学生参加社团活动的频率存在显著差异，$\chi^2 = 13.166$，$p = 0.00$；小学生"每周一次"参加社团活动的比例显著大于初中生，而更多比例的初中学生参加社团活动的频率低于每周一次，这反映了初中学生学业负担较重对社团活动的影响。此外，中学生和小学生在每次参加社团活动的时间也存在显著差异，$\chi^2 = 18.000$，$p = 0.00$；小学生每次参加社团活动的时间在 1 小时以上的各选项人数比例均显著大于初中生，这进一步表明初中学生由于课业负担较重而更多地选择短时（1 小时以下）的社团活动。

表 7-5 社团活动的频率和时间

社团活动频率	N	％	单次社团活动时间	N	％
每周一次	936	67.9	1 小时以下	375	26.0
两周一次	136	9.9	1～2 小时	947	65.6
三周一次	49	3.6	3～4 小时	74	5.0
四周一次	258	18.7	4 小时以上	47	3.2

（四）社团活动的师资和场所

社团活动辅导老师的来源体现了便利性和经济性的特点，由于本校老师更方便课程安排和设置，且本校教师开展社团活动一般都是义务参加，即使有报酬也比较低，所以，本校教师占社团师资来源最大的比例（40.1％）；由于学校专业人才或人力资源紧张，社团活动也需要从社会机构等聘请一些专业教师（35.2％）；学校利用自身社会资源在各类教育、实践基地开展社团活动也体现了惠而不费的特点（15.4％）；此外，也有 9.1％ 的学生报告没有辅导老师或者辅导老师来自其他渠道。

关于社团活动开展的场地，也体现了就"地"取材的便利性特点，在教室和在社区参与社团活动的人数较多，分别都占 26.1％；但学生对这两种活动场所感到满意的人数百分比相差甚远，对前者感到满意的只有 13.2％，后者则有 42.9％。一方面，由于教室里面的器材设施不能满足社团活动的开展，也可能是因为学生对教室环境失去了新鲜感；而另一方面，在社区参加社团活动，可以体验与学校不同的环境，同时可以参加社会实践活动，为社会、他人服务，因而更加受学生的欢迎。另外，有 17.5％的学生在操场参加社团活动，由于在操场活动能让学生感受更多的自由，因而有 20.4％的学生对此感到满意；此外，有 9.4％的学生在舞蹈室参加社团活动，9.6％的学生在美术室参加社团活动，对这两类社团活动场所感到满意的学生分别都占 8.7％；也有 11.3％的学生在其他场所参加社团活动，满意度只占 5.6％。

（五）社团活动的管理和费用

中小学社团活动一般都有一定的管理规章制度，多数中小学生认为他们所参加的社团有书面的管理条例（41.5％）或口头的活动约定（15.2％）；不过，有的社团管理不够规范，甚至缺乏相应的规章制度。调查结果发现：有近四成的学生（39.6％）不知道是否有社团管理条例，少部分学生（3.4％）认为没有相关管理条例。

总体来看，社团活动经费不是很高，接近一半的学生（46.4％）参加的社团是免费的，有 28.4％的学生参加的社团每次收费为 50 元以下，只有约 1/4 的学生（25.2％）参加的社团收费为50 元以上。

（六）社团活动的过程

在开展社团活动过程中，大部分社团活动以学生参与实践为主，占 57.6％，体现了学生的主体性作用；同时也有相当数量的社团仍然以传统的"师讲生听"形式开展活动，占 15.7％，另有6.5％的社团活动是以学生看为主的；此外，近 1/5 的学生

（19.2％）对社团开展的形式描述为"不确定"和"其他"。

（七）对社团的感受、评价及态度

社团活动受到大多数学生的欢迎。调查结果表明：喜欢参加社团活动的学生为 72.9％，对社团活动感动厌恶的学生只占 2.2％；当然，也有 22.3％的学生表示无所谓。

期待参加社团活动的学生为 68.2％，表示不期待的学生只占 5.9％；当然，也有 25.3％的学生表示没感觉。

一半以上的学生（51.7％）对社团活动持积极态度，表示愿意积极参加社团活动；认为自己对社团活动是随便应付的学生只有 4.5％；对社团活动态度一般的学生为 31.2％，另有 12.6％的学生对社团活动的态度为"其他"。数据还显示：大多数学生（85.5％）认真参与社团活动，对参与社团活动抱无所谓态度的学生为 12.0％，不认真参与社团的学生只占 2.5％。

此外，大多数中小学学生（82.2％）认为社团活动重要，只有 15.2％的学生认为"无所谓"，另有 2.6％的学生不认为社团重要。

（八）社团活动的作用与效果

多数学生认为社团活动对学习有影响。60.4％的学生完全赞同或赞同参加社团活动会影响学习的观点，1.4％的学生不赞同参加社团活动会影响学习的观点，34.8％的学生表示无所谓。

调查发现，80.5％的学生认为在社团活动中能体会到比课堂中更多的欢乐与兴趣，有 6.2％的学生不认为社团活动更有趣，同时有 13.2％的学生表示无所谓。通过进一步分析发现：有 80.2％学生认为参加社团活动能帮助他们体验到更多成就感和增强勇气，只有 5％的学生不认为能在社团活动中体会到成就感；另有 14.0％

的学生认为无所谓。

第三节　课外社团活动与学生身心发展

社团活动是中小学学生课外活动的主要内容之一，丰富多彩的社团活动不仅可以丰富学生的课余活动，而且可以扩大学生的视野，锻炼学生的各种能力，帮助其发展人际关系，了解和适应社会。学生社团有利于促进个体社会化、调适学生心理以及构建学校文化等功能（刘红军和段晓莉，2014）。

一、社团活动对学生个性化发展的作用

近些年来，教育的个性化发展已日益成为一股深刻影响教育改革的强劲思潮，而体现在学校发展的理念上，它所强调的是每所学校都应该有自己的办学特色，也就是学校的特色化发展。在此发展过程中，学生社团作为一种独特的方式而发挥着极为重要的作用，为学生的个性培养、学校的特色化发展做出了应有的贡献。

目前，许多中小学致力于打造个性化的特色社团，并以此作为学校的特色名牌。特色社团的打造，不仅对学校的特色化发展作出了巨大的贡献，同时，还促进了参与社团活动的学生个性化发展。社团本身的创造特性造就了对学生个性发展的独特作用（张煦春，2005）。学生在社团活动中，通过亲自组织、策划、参与具体的活动，兴趣得到满足，个性得到发展，才华得以展示，满足了学生自主发展的需要（潘敬芳，2001）。王贺（2014）认为："社团自主的组织形式，能够促进学生的个性形成。学生是独立的生命个体，不同的学生有着不同的兴趣爱好，让学生自主商议社团的活动内容，体现学生的个性化和民主化。"

学生是独特的生命个体，每个学生都有着自己的兴趣、爱好、特长与个性。中小学社团的类型丰富多样，每种不同类型的社团也都有其独特性。例如，英语社作为语言类社团，有其本身的特点与魅力，能够促进学生的语言表达能力，提高学生对语言的感知力和学习能力。但作为不同生命个体的学生，每个人的兴趣点和关注点都不尽相同。不同学生虽同处于一个社团，接受着同样的教育与熏陶，但不同人的感受不同，从中得到的发展也不相同。对于学生 A 而言，英语社对他影响最大的可能是自由表达的方式；而对于学生 B 而言，更为宝贵的则可能是透过语言所感受到的外国文化与文明礼节。由此可见，不同学生能从社团活动中捕捉到符合个人特点的特性，并在潜移默化的长期实践中最终实现个性化发展。

二、社团活动对学生社会化发展的作用

社会化是指个体在与社会的互动过程中，逐渐养成独特的个性和人格，从生物人转变成社会人，并通过社会文化的内化和角色知识的学习，逐渐适应社会文化的过程（郑杭生，2003）。社团活动对于促进学生社会化的作用，主要是把人类积累的生活和生产经验内化为青少年儿童的精神财富。在社团活动过程中，学生不仅能积极地接受社会对他们提出的要求，而且可以积极地创造出一种良好的环境，促使团队成员认同社会规范、提高对社会的认识水平、发展社会情感、锻炼社会交往能力等。此外，社团活动有利于学生的道德品质发展。社团活动可以提高学生的思想道德品质，帮助学生树立正确的世界观、人生观和价值观，培养学生爱国、爱集体的情感，养成民主、平等、遵纪守法的习惯等（龚少博，2009）。社团活动还可以丰富学生的知识。社团活动作为课

堂教学的必要补充，可帮助学生扩大视野，加深对客观世界的认识，使学生的知识结构更加合理、知识积累更加丰富。所有这些，都有助于促进学生转变成一个健康的社会人。

三、社团活动对学生综合能力的锻炼作用

社团是培养和发展学生综合能力的一条有效途径。李洪波和熊焰发(1984)认为，社团活动可以培养学生的多种能力，如领导能力、组织能力、人际交往能力、问题解决能力、团队协作、自学及实践能力等。崔剑(2012)指出：学生社团在培养大学生创新能力中具有突出优势。丰富多彩的社团活动，有利于提高同学的学习主动性，形成良好的学习风气；和兴趣、爱好相近的同学组成社团，有利于形成一个坚强的创新团队，有效地组织开展创新活动。潘苏苏等(2010)则特别指出了科技型社团对学生创新能力的重要作用。

特别需要指出的是，社团活动有助于锻炼学生的自我管理能力。学生社团是学生自我组织、自我管理、自我学习、自我教育的一种形式。社团活动从设计到实施，都要求团队成员全体参与。社团的组织原则、规章制度和活动内容等，都是民主、平等、生动活泼的，有助于培养团队成员的主体意识，调动社团成员的管理积极性，提高其管理能力。学生在参与社团各种活动过程中，其创造能力、组织能力和实践能力等都可得到极大地发挥；同时，学生自我要求、自我完善和自我进取的意识也得到不断增强。总之，学生的自我管理能力可得到充分发展。

四、社团活动对促进学生人际交往的作用

社团活动的这一作用，最能从其定义中得到反映。《教育大词典》(1990)对学生社团的定义如下："学生是在自愿基础上结成的

各种群众性文化、艺术、学术团体。不分年级、系科甚至学校的界限，由兴趣爱好相同的学生组成。在保证学生完成学习任务和不影响学校正常教学秩序的前提下开展各种活动。目的是活跃学校学习气氛、提高学生自治能力、丰富课余生活，交流思想、切磋技艺、互相启迪、增进友谊。"

　　已有的研究发现：社团为学生的人际交往提供了新的平台，创造了新的机会。社团作为广大学生喜闻乐见的活动形式，能够激发学生的兴趣，从而增强语言表达的欲望，提高人际交往的信心和能力。社团作为一个锻炼学生口语能力、人际交往能力的有效载体，对学生在这些方面的发展有着很大的促进作用，参加社团的学生与未曾参加此类社团的学生在人际交往方面存在着较大的差距。在社团活动中不乏小组交流、团队合作的内容和形式，各类活动形式有利于促进学生的人际交往需要和发展。社团所特有的轻松、自由的氛围，更是减少了学生的拘束，可激发学生交往的热情。长此以往，参加社团活动的学生，其人际交往能力会有明显提升。

五、社团活动对学生健康(尤其是心理健康)的作用

　　社团作为心理健康教育的一条有效途径已被认可，大部分研究都肯定了社团对学生心理健康发展的积极作用。王从严(2008)指出："在社团活动中，大家寻求自我的尊重和自我体现，促进了人与人之间的沟通、经验的交流、信息的交换，这里的活动是民主、平等、生动活泼的，每个成员都是社团中的主人翁，这样有利于学生形成相对比较稳定的一种心理状态，培养其参与意识，以及公平竞争、积极进取的精神。"蒋莹和梁楹(2011)进一步阐述了学生社团对大学生心理健康的积极影响："有利于增加学生的学习兴趣，培养学生学习能力，树立正确的交友观，提高学生的归属感；有利于加强学生的自我管理、自我调节、自我控制能力；有利于促进学生团体观念的形成，在社团活动中获得心理满足感，丰富学生的情感体验；有利于患有心理疾病的特殊学生群体的心理治疗。"张智昱（2010）则阐述了社团活动的四种功能：即宣传教育功能、心理发展功能、心理调适功能和心理治疗功能等，并认为这是学生社团心理健康教育功能的四个表现。本研究结果也发现：有69.2%的学生对社团活动持有积极参加的态度，高达92.3%的学生认为社团活动能够带来更多的欢乐与兴趣。

可见，社团充满了活力与朝气，有着民主、开放的氛围以及丰富多样的形式与内容，为大多数学生所喜爱。学生怀着快乐的心情、期待的心情参与到社团活动中，在社团中获得归属感与成就感，释放压力，获得欢愉，这些都在无形中对学生的心理健康起着促进作用。

第四节　中小学生社团活动的问题与对策

一、社团活动存在的问题

根据本研究调查结果，目前社团活动中存在的主要问题是：41.4%的学生认为需要丰富活动内容，19.4%的学生认为需要让学生更多地参与，18.8%的学生认为需要变换活动形式，8.8%的学生认为需要改善场所条件，另有6.2%的学生认为需要增加专业教师，还有5.9%的学生则选择了"其他"。

调查还发现，学生对社团活动不满意的地方主要是社团活动的时间太少（太短）、活动内容不够丰富、老师管理太严格、老师讲得太多、社团活动的场地让人失望，还有就是学费太贵。进一步了解中小学生对社团活动不满意的地方，结果发现：主要是活动比较无聊，活动约束太多；由于学业繁忙，没有时间，有时候社团活动时间会被任课老师占用。

再则，中小学生社团的物质保障机制不够完善是比较普遍的现象。调查结果表明：缺乏活动经费、时间、场地等，也是制约中小学生社团发展的主要因素（杨亚军，2004）。单明露（2011）指出，大多数学校学生活动经费比较紧张，这些少量的经费一般向团委和学生会等组织倾斜，拨给社团活动的经费非常少。

此外，中小学生社团制度不健全，缺乏规范化管理（张亮，2001）；指导力量薄弱，社团活动层次低、质量差（单明露，2011；刘红军和段晓莉，2010）；以及学生对社团的意义和价值缺乏足够的认同；等等。这些都是现阶段中小学生社团发展存在的问题。

二、中小学生社团发展的对策与建议

（一）扩大师资力量，提高社团品质

已有研究表明：在当前开展的学生社团活动中，存在着较为明显的问题——社团开展缺乏专业性，社团品质较低。相当一部分社团在成立之初有着明确的目标与活动安排，但在实际操作过程中问题却层出不穷，其中最为现实的问题就是师资力量。师资团队的非专业性导致了社团活动无法达到原有目的，社团活动效果较之于预期情况更差，从而导致社团品质下降。

调查数据显示：当前中小学社团中有 57.34% 的辅导老师由本校老师担任；有 20.06% 的辅导老师由外聘教师担任，仅有 8.09% 的辅导老师由校外基地或场馆的讲解员、工作人员担任；还有

7.25％的学校社团没有辅导老师。

社团类型繁多、各具特色，不同社团最理想的师资团队，是由在该方面有专长的老师进行辅导，如外聘辅导老师、场地讲解员、教练员等。虽然本校教师中不乏身怀才艺、可以兼任的教师，但也要考虑到其中的困难与问题。中小学教师的工作任务繁重，工作强度较大，在完成本职工作的同时兼任社团辅导老师，无疑增加了工作量；且本校教师在主观上会将学科教学与社团教学形成比较，难免对社团活动不够重视。

因此，为了更好地发展学生社团，学校应该扩大社团的专业师资力量。一方面，培养一批热心社团工作、具有开拓精神的骨干成员，选聘一批热爱社团工作、有专业技术特长的教师担任社团的指导教师；另一方面，可从社会机构聘请有专长的人士来担任专业教师，使社团活动更加专业化、特色化，不断提高社团的品质，促进学生的发展。

（二）淡化学科性质，切实开展活动

高校社团具有高度的自发性、自主管理性，其活动计划、活动管理、活动开展都是由学生作为主体进行，教师往往不直接参与其中。因此，高校社团呈现出缤纷之态，特色鲜明、创意无限。但在本研究中，中小学社团作为众多社团中一个特殊的组织，其主要组织管理者是老师，而非能力有限、缺乏自我管理意识的中小学生自身。教师为主体的社团与学生为主体的社团，两者所处的立场和角度不同，导致社团开展的过程与效果出现较大差别。

社团是在素质教育下应运而生的新形式，其目的在于促进学生的全面发展，实现从应试教育向素质教育的转变。但是，目前仍有一部分学校并未切实开展社团活动，而是打着社团的名号，进行着学科教学。在这样的情况下，社团活动名存实亡，成为学科教学的延伸。学生的能力和素养无从得到发展和提升。调查数据显示，35.9％的学生认为社团活动与平时上课没什么两样，51.1％的学生认为两者存在着差别。可见，仍有相当一部分学生从社团活动中感受到了来自学科教育的压力。因此，学校应当切实开展社团活动，淡化学科性质，让学生真正享受社团活动所带来的乐趣。

（三）减轻课业负担，开展社团活动

在众多有关社团的文献中，绝大多数的研究对象都是高校学生社团。其中一个重要原因就是高校学生社团运行较好、成果丰富。之所以出现这样的现象，与大学里的学习特点有关。高校课程安排较之于小学、初中和高中有较大区别，由学生自主选课，学生个人课表存在着不同，因此，高校学生有着较多的空闲时间参加到社团活动之中。

中小学生的课业学习负担重，课程安排紧张，往往形成对课外活动的强烈冲击，包括社团活动。中小学生的主课（语文、数学、英语等）大多安排在上午，新课结束后大多数教师会要求学生在课间完成相应作业，在午休时间进行批改和订正。目前各中小学开展社团活动的时间多在周二至周四的某个下午，每周开展一次，每次活动时长约为一个半小时，采取全员参与的方式。下午第一节课结束之后社团活动便在全校范围内开展。由于部分学生不能按时完成上午的学习任务，也不能在中午完成订正任务，因而无心参加社团活动，以致学生认为参加社团活动对学习有负面影响。因此，学校应当充分考虑各种因素，切实减轻学生的课业负担，减少学生的课后作业数量，避免课程学习对社团活动的负面影响，确保社团活动的开展。

（四）采取有效措施，丰富社团活动内容

一是丰富社团种类，充实社团活动内容。目前最受学生欢迎的社团主要是文体娱乐类社团。学校在组织传统社团的同时，也应大力扶持一些新型社团，如学习型社团、科技型社团和自主研究型社团等，鼓励和支持学生自主学习，有条件地探索学科知识。此外，也应照顾到学生的兴趣爱好，正确引导兴趣爱好型社团；同时，要积极倡导社会公益型社团，满足学生投身公益、参加社会实践活动的需求。

二是根据中小学生心理特点，科学安排社团活动内容。在社团活动中，教师应定位为社团活动的指导者和助理，充分尊重学生的主体地位，让学生真正自主开展活动，包括开展社团组织机构选举、策划社团课堂、聘请社团指导老师等，以培养学生的独立思考能力、协商沟通能力和问题解决能力，促进学生人格的发展和养成。同时，要根据中小学生的心理特点，科学安排社团活动内容，积极关注学生的学业问题、情感问题、人际关系（如亲子关系和朋辈关系等）及个性发展等，并采用学生喜闻乐见的活动形式开展社团活动，提高社团对学生的吸引力。

三是引导社团活动与学生自主性学习和研究性学习相结合。鼓励学生设计与他们学习生活密切相关的内容，如上下学路上交通安全问题等，开展问卷调查、访谈调查等力所能及的调查活动，锻炼学生发现问题、思考问题和解决问题的意识和能力，同时也锻炼学生的实践能力。

四是积极争取社会资源支持社团活动。开展社团活动需要借助一定的社会力量，如社区、媒体、科技馆等的物质资源和精神资源。

一方面，可以丰富社团活动的内容，保证社团活动的顺利开展；另一方面，可以增加学生与社会的接触渠道，增进学生对社会的了解和认识，促进学生的社会化，达到走向社会、服务社会的目的。

此外，杨靖(2014)结合对中学生社团的实证研究，提出了中学生社团建设的四大策略：其一是社长的选举产生应该公正和民主；其二是成立社团要以交往活动为基础；其三是要制定社团真正的共同愿景；其四是要引导社团成员将共同愿景转化为现实行动。

参考文献

崔剑.学生社团建设与大学生创新能力培养的探索[J].教育与职业，2012，21：166—167.

单明露：高中学生社团问题研究[D].徐州：徐州师范大学硕士学位论文，2011.

狄永杰.缤纷社团快乐成长——以社团建设促进小学生自主能力发展[J].教育观察(中旬)，2014(7)：9—10.

龚少博：高校学生社团的德育功能研究[D].西安：长安大学硕士论文，2009：10—11.

共青团上海市委学校部.上海市中学生社团发展报告[J].上海教育科研，2002(2)：22—25.

蒋莹，梁楹.高校学生社团对大学生心理健康的影响及对策[J].大众科技，2011(9)：157—158.

李浩泉，李姗泽.学生社团研究的若干问题[J].教育评论，2013(5)：72—74.

李洪波，熊焰发.工科院校学生社团的兴起[J].青年研究，1984(7).

李伟胜.从活动方式角度看三种形态的中学生社团[J].思想理论教育，2009，20：13—15.

刘红军，段晓莉．对河北中学生社团存在的主要问题与发展对策的调查研究[J]．河北青年管理干部学院学报，2014(4)：2—5.

潘敬芳．对中学生社团发展的若干思考[J]．思想理论教育，2001(11).

潘苏苏，王月红，刘丹．浅谈高校科技型社团对学生创新能力的培养[J]．改革与开放，2010(04)：144.

宋萍．奇葩绽放吐芬芳——浅谈中小学艺术社团建设[J]．金山，2010(10)：33，110.

苏燕．"凤凰树"下的小学生学习社团——小学素质教育的教育人种志研究[D]．广州：中山大学硕士学位论文，2010.

王从严．学生社团在大学生心理健康教育中的作用[J]．天津市经理学院学报，2008(1)：49—50.

王绍光，何建宇．中国的社团革命——中国人的结社版图[J]．浙江学刊，2004(6).

徐明荣．基于学下文化建设视域下的小学生社团构建[J]．现代教育科学(普教研究)，2014(5)：54—56.

杨靖．中学生社团研究[D]．北京：首都师范大学硕士学位论文，2014.

杨亚军．学生社团的运作与管理[J]．教育评论，2004(1).

翟承强．高校学生社团的功能及其拓展问题探讨[D]．济南：山东大学硕士毕业论文，2007.

张力文．上海市浦东新区中学生社团现状调查[J]．思想理论教育，2009(16)：49—53.

张亮．上海市区高中学生社团参与状况调查[J]．青年研究，2001(8).

张智昱．高校学生社团的心理健康教育功能[J]．社会科学家，2010(11)：65—66.

郑杭生．社会学概论新修[M]．北京：中国人民大学出版社，2003.

第八章　中小学生课外生态保护学习活动

第一节　中小学生课外生态保护学习的研究概述

一、研究背景与意义

（一）研究背景

1. 生态环境问题严重

当前，我们的经济实力和生活水平虽然提高了，但人与自然环境的矛盾却在加剧，生态系统遭到空前地破坏，资源、能源和环境问题突出。自 20 世纪 90 年代，我国就已产生严重的环境问题。据我国环境保护部、国家统计局（2010）统计，"我国各类源头排出的废气总量达 637203.7 亿立方米，排出的废水总量达 2092.8 亿吨"。地球上每天约有 1.5 万人因为饮用被污染过的水而死亡，其中儿童占最大的比例。环境问题已成为当今世界（包括我国）经济增长的最大障碍之一。环境问题归根结底是传统环境价值观支配下的行为习惯，导致人们以牺牲环境为代价、盲目追求经济增长的后果。所以，治理污染、提高我国公民的生态环保意识迫在眉睫。而要实现这一目标最根本的是要从中小学抓起，从小培养学生的生态保护意识，因而中小学生的生态环境保护学习就显得尤为重要。

2. 国家重视生态保护

党的十七大报告直接提到"生态"或"环境"的地方达 28 处，在党的十八大报告中增至 45 处。两大报告都号召我们要更加自觉地珍爱自然，更加积极地保护生态，努力走向社会主义生态文明新时代。

在 2015 年的"两会"上，环保成为"最强音"。李克强同志指出，环保法的执行不是"棉花棒"，是"杀手锏"。治理要抓住关键，要严格执行新出台的《环境保护法》。在《政府工作报告》中他又说，要向雾霾等污染宣战，不达目的决不停战。治理雾霾等环境污染是一个需要全社会人人参与的行动。当然，治理不是一蹴而就的，要有个过程，虽然一时难以改变自己所处的自然环境，但是可以先改变自己的行为方式。

早在 1973 年，国务院批准了国家计委关于国家环境保护情况的报告所附《关于保护和改善环境的若干决定》；1981 年国务院通过了《关于在国民经济调整时期加强环境保护的决定》等法规和文件。1989 年颁布的《中华人民共和国环境保护法》第一章第九条明确指出："教育行政部门、学校应当将环境保护知识纳入学校教育内容，培养学生的环境保护意识。"教育部在 2001 年颁发的《基础教育课程改革纲要》中指出："新课程的培养目标应体现时代要求。要使学生具有初步的创新精神、实践能力、科学和人文素养以及环境意识。"近年来，我国还颁布了一批关于环境保护的文件和政策，如《节能减排全民行动实施方案》(2007)，进一步动员了全社会积极参与节能减排和应对气候变化工作，形成了以政府为主导、企业为主体、全社会共同推进的节能减排工作格局，有力促使了公众(包括中小学生)投身到环境保护行动中来。2015 年，中共中央、国务院印发了《关于加快推进生态文明建设的意见》，这是自党的十八大报告重点提及生态文明建设内容后，中央全面专题部署生态文明建设的第一个文件。由此，中国特色社会主义事业总体布局由经济建设、政治建设、文化建设、社会建设"四位一体"拓展为包括生态文明建设的"五位一体"新部署。

3."二山理论"精神鼓舞

2005 年 8 月，时任浙江省委书记的习近平到安吉县调研时，首次提出了"绿水青山就是金山银山"的科学论断。2006 年 8 月，习近平同志调研南太湖开发时，再次强调"绿水青山就是金山银山，湖州要充分认识并发挥好生态这一最大优势"。10 年来，在"绿水青山就是金山银山"的论断指导及其精神鼓舞下，湖州生态文明建设走在全国前列，2014 年 5 月 30 日，经国务院同意，国家发改委、财政部、国土部、水利部、农业部、国家林业局联合下发了《浙江省湖州市生态文明先行示范区建设方案》。这标志着湖州成为党的十八大召开以来全国首个地市级生态文明先行示范区，也是湖州有史以来第一个国家战略。因此，在中小学，尤其是湖州中小学，广泛开展生态文明活动，从小培养学生的生态环保意识、生态文明道德和行为，势在必行。

4. 生态保护教育受到重视

20 世纪六七十年代，随着科学技术与经济的迅猛发展，人与自然之间的关系空前紧张，为了缓解这一紧张关系，国内外普遍兴起了生态环境教育，尤其是在自然中开展环境教育。我国的环境教育始于 20 世纪 70 年代。1987 年国家教委颁布的中小学教学大纲强调小学和初中要通过相关学科教育和课外活动等形式进行生态环境保护。2003 年国家教育部颁布了《中小学生环境教育专题教育大纲》，对中小学环境教育的目标内容、教学课时以及教学方法都做了具体的规定，环境教育在我国基础教育中提高到了空前的地位(杨玉蓉和雒君，2006)。

在一些国家，家长和教师经常会带儿童到户外，实地考察各种植物，或者到农场种植花草树木、饲养小动物，让儿童了解自然、亲近自然、感触自然，感受身边动植物的变化，培养与大自然的亲近之情。在英国，家长鼓励孩子参加攀岩探险等活动，一方面可以培养孩子的勇气，另一方面也可以在活动中对孩子进行环境教育。在德国，孩子在幼儿园阶段就开始环境意识训练，参加各类园外环境与自然保护活动。例如：老师带他们去花圃参观花卉的种植，学习分辨花草植物；让他们认识能量与水的意义，避免制造多余垃圾的意义，或让孩子们直接参与分拣垃圾；等等。通过带领孩子观察周围环境、访问不同的机构，增强幼儿对周围环境的兴趣，直观体验自然过程。中小学生一入学就会领到一本印满森林、草原和田野的小本子，用来记录周围生活中的点滴环保想法和行为。通过各种方式让儿童接触自然，有利于儿童环保意识的形成，促进儿童成为环境保护的主人(张书磊，2010)。

我国在新版《中小学生守则》中明确提出了小学生要"热爱大自然，爱护生活环境"。新版《小学生日常行为规范》也指出，小学生要"保护环境，爱护花草树木、庄稼和有益动物，不随地吐痰，不乱扔果皮纸屑等废弃物"。换句话说，也就是要培养学生的生态保护意识。但学生的生态保护意识不是一朝一夕养成的，而是需要潜移默化地培养的。生态保护学习包括两个方面：一方面是在课堂中同各学科的学习结合在一起的；另一方面就是课外的生态保护学习。

(二)研究意义

生态环境是人类生存、生产与生活的基本条件。治理生态环境问题的最好方法就是改变人们对于生态环境的认知观念，最好的途径就是进行生态环境教育。中小学生是祖国未来的建设者，也是未来环境的承受者，因此，对中小学生进行生态教育也十分重要。只有使他们增强环境保护意识、养成环境保护行为，才能更好地保护环境。课外活动可以帮助中小学生更好、更灵活地接受知识。所以解决生态环境问题的最好方法就是对中小学生进行课外生态教育(蒋辉，2005)。中小学生通过课外活动进行生态环保学习，既有利于接近自然、陶冶自己的情操，也有利于在有趣的活动中深刻地理解保护生态环境的重要性，以便更自觉、更主动地投入保护生态环境的行列中。

具体而言，中小学生开展生态环境保护学习，具有以下重要意义：①有利于丰富中小学生的环境保护知识，并激发他们对环境问题的关注及好奇心，提高他们参与解决环境问题的自觉性和积极性。②有利于规范中小学生的环境保护和生态文明行为，并促使他们积极投身到当前的生态文明建设活动之中。③有利于促进中小学生的身心健康，使学生在环境保护学习活动中心情得到放松，在大自然中情绪得到调节。④有利于丰富学生的课堂学习内容，尤其是有关生态发展和环境保护的科目，如生物、化学、语文、历史等，进而提高学生的课堂学习效果。

二、中小学生课外生态保护学习的研究现状

(一)中小学生课外生态保护学习的参与情况

中小学生课外生态保护学习是指学生在课堂学习之外，有目的、有计划地为保护生态而进行的形形色色的学习活动。其类型和内容非常丰富，如动物保护、环境保护、绿化环境、垃圾处理、爱护花草树木、低碳生活方式、参观生态农庄或绿色基地等，它是培养和深化学生生态保护意识，促进和提升学生的生态环保行为，进而促进生态文明建设的重要途径。但是，中小学生参与生态保护活动的情况却不容乐观。在已有的研究中，虽然研究中小学生课外活动的文献众多，但鲜有研究专门讨论中小学生参与生态环保活动的情况；虽然研究大学生和城镇居民生态文明意识和行为的文献较多，但研究中小学生生态文明意识和行为的文献却相对较少。由于中小学生的课外时间大多被补习、家教等应试性学习活动所占用，其他课外学习活动（包括课外生态环保护学习活动）时间非常有限（颜静，2013；陈传锋等，2014）。课外生态环保活动有时被归类到社会实践和公益性活动，但已有的调查表明：当前中小学生的社会实践和公益活动普遍没有受到重视，很多流于形式，活动时间更少（陈传锋和李成齐，2015；赵丽霞等，2015）。由此可见，和其他社会实践活动一样，中小学生课外参与生态保护活动的时间也严重不足。

从生态文明意识和行为的研究来看，苗淑娟（2014）通过对郑州大学经贸管理学院大学生的问卷调查发现：大学生具有一定的生态文明意识，但有待进一步提高；他们的生态文明行为落后于意识，缺乏主动实践性。孙倩茹（2015）的调查则发现：大学生的生态文明意识具有环境问题敏感性，带有明显的"狭隘性"和"表面性"；生态文明价值观虽然整体上是积极的，但具有"利益相关性"，知行不一、生态文明意识对生态文明行为的指导作用差，生态参与意识和责任意识不足等。王露（2014）通过调查分析发现：

当前中学生的生态文明意识状况堪忧，他们对生态文明的理解不深，主动意识缺乏，节约意识不强；因而需要大力推进中学生的生态文明教育。如何"从娃娃抓起"加强生态文明教育，对"美丽中国"这一梦想的实现具有重要意义。因此，马璐（2014）通过文献分析和实地调查，探讨了小学生生态文明教育的状况，结果发现：在小学生生态文明教育中，存在实践活动较少、师资力量薄弱、缺乏生态文明法规教育等问题。可见，生态文明意识薄弱、生态文明教育实践性不强，直接制约着中小学生参与课外生态环保学习。

（二）中小学生课外生态保护学习的途径和方法

学生在课堂之外开展生态环保学习的途径和方法应该是多种多样的。生态保护学习渗透在生活的方方面面，大到参观环保活动基地，小到阅读一篇生态保护的文章，甚至只是浏览相关的环保图片，这些都是生态环保学习的途径和方法。当前，生态保护教育基地面向中小学生开放，充分发挥其在科普活动中的作用和功能，是中小学生生态保护学习的重要途径。例如，广州市花都区兴建的"宝桑园科普基地"实行蚕桑产业开发和生态保护教育并举，以蚕丝文化为主题，突出"自然生态、环保教育、农业科技"三大特色，在青少年学生生态科普活动中发挥了重要作用和功能（陈智毅等，2009）。因此，参观这类基地成了中小学生开展课外生态环境与自然保护学习的重要途径。再如，江苏扬州开展"生态文明你我同行"系列活动，面向社会征集节能减排"金点子"，扬州市中小学生广泛参与，争做珍惜资源、保护环境的小卫士，也是生态保护学习的重要途径。

此外，开展生态保护教育，更是中小学生进行生态保护学习的重要途径。日本非常重视学校生态保护教育。于 1971 年、1989 年、1991 年和 1992 年，日本分别制定了中小学使用的环境教育教学大纲和教材。我国目前没有制定和颁布专门的与环境教育有关的教学大纲，而是把关于环境教育教学的规定渗透在各科的教学大纲之中。我国环境教育的教材内容有些滞后，教学方法单一。一些学校还只停留在课本教学这个层面，没有对学生进行更灵活的课外环保教育活动。虽然经过多年的努力，我国开发了许多新的适用于环境保护教育的教学方法，譬如游戏法、实验法、参观法等，但占主导地位的仍是传统的课堂讲授法，对其他方法运用较少。讲授法是我国课堂学习的必不可少的一种方法，它在传授知识方面具有优越性，但讲授法对学生来说是被动的学习方法，实践性和参与性严重不足。单一的教学方式严重影响了生态环境教育的教学效果。我国中小学生的生态环境知识水平和环境行为之间有较大落差，知识水平明显高于预期的环境行为和参与意识。这说明学生对环境知识掌握得很好，但落实到具体的环境行为却不是很理想（赵宇，2012）。

在生态保护教育方法方面，国外一些发达国家都将课外活动看作开展生态教育的一个重要组成部分。美国教育部门专门设置了野外环境教育中心，既方便培训教师，又可以为学生开展生态环境课外活动提供场所。日本的生态保护教育也十分重视学生的参与，注重培养学生的环境技能和实践能力。日本学校的生态保护教育有一个最明显的特点，就是生态环境体验式教育。我国在生态环境教育的教学方法上还是以传统的讲授法为主，大多数中小学缺少应有的生态环境教育设施，只有少数学校具备生态环境教育实验室或其他环境教育场所。部分学校为了充分利用校园环境中的教育资源，将校园一角的科技园开发出来，作为学生参与综合实践活动的绿色基地，每个班级承担 10 平方米左右的种植任务，绿色课程作为本校综合实践活动课程也由此诞生（马建军，2008）。

我国中小学生的生态保护学习活动往往是与课程学习相结合的。例如，在生物学课程学习中，成立课外昆虫兴趣小组，组织学生参观自然博物馆，引导学生课外采集昆虫标本，不仅增长了学生有关昆虫的知识，而且培养了学生保护益虫的意识，同时使学生学会了保护有益昆虫的方法（盛莅青，1983）。另外，充分利用校外资源，科学开发校本课程，如"亲近动物"等，也是当前中小学开展生态环保学习的重要途径（何丽娴，2012）。寓生态环保教育于学科教学之中，更是我国中小学生态保护教育常见的途径，如在化学教学中培养学生的环保意识（陆金燕和谢东海，2014），在地理教学中培养学生的环保意识（王寅，2014），等等。

（四）中小学生课外生态保护学习的原因与影响因素

党和政府高度重视环境保护和环境教育工作，是促使中小学生课外参加生态保护学习活动的重要动因。例如，利用媒体在每年的"六·五"世界环境日、地球日等举行有主题的环境保护纪念活动，向公众（包括中小学生）宣传节能减排，倡导绿色消费，提高全民环境意识。通过创建绿色社区、创办绿色学校、举办环保宣传周活动等，为公众（包括中小学生）营造了环境保护的氛围。

当然，中小学生参与生态环境保护活动的直接动因是学校开展了生态环境保护教育。20 世纪 90 年代，我国九年义务教育的教材中开始出现有关环境教育的内容。2003 年，教育部正式印发了《中小学环境教育专题教育大纲》，强调环境教育要贴近生活实践，促使很多学校组织学生开展课外生态环境保护实践活动，注意在实践中培养学生的环境保护意识。因此，学生的课外生态保护学习活动悄然兴起；同时，有关中小学生态环境保护教育的研究也见诸报端和文献，如彭其庆（2008）的文章《浅析猫儿山自然保护区对中小学生生态环境的教育》就是以猫儿山自然保护区为对象，探讨对中小学生进行生态环境教育的实证研究。邹强军（2015）认为，保护环境、关爱动物，要从青少年抓起。基于这一理念，北京市水生野生动植物救护中心面向青少年学生开展了多项具有特色的生态环保普及活动，收到了较好的效果。如：利用科技周、科普日等特殊节日开展特色科普活动，宣传水生动物保护科普知识；结合水生动物接收救治，驯养繁育等业务工作，广泛开展科普宣传。

综上所述，多数学者面对小学生课外生态保护学习研究，采用的都是理论研究或者是针对某个特定的场地、基地进行的实证研究，调查的对象都具有一定的特殊性，调查结果缺乏普遍的适用性；缺少问卷调查、访谈、实地调研等多种调查方式的结合；对小学生课外生态保护学习活动的评价比较欠缺。

第二节　中小学生课外生态保护学习活动场所的现状调查

一、调研样本与方法

（一）调研样本

采用方便抽样法，抽样调查了两个生态保护教育基地、一个社区和一所学校开展中小学生生态保护教育活动的情况。研究者深入实地，采访基地相关负责人、社区相关领导以及学校相关师生。

（二）调研方法

主要采用访谈法，并辅之以现场观察法。访谈和观察主要包括以下内容：一是中小学课外生态学习活动基地的现状与问题；二是中小学课外生态学习活动基地建设的先进经验，以及今后对中小学生开展课外生态教育的建议和设想；三是学生对中小学课外生态学习活动基地的评价及感受。

本次访谈采取了小组访谈与个别访谈两种方式。在征得访谈对象的同意后，用录音笔在访谈时进行现场录音；之后将录音整理成访谈文字，并在此基础上进一步加工处理和分析。

二、调查结果与分析

（一）某市"鸟之家庄园"

鸟之家户外庄园是利用该市妙峰山地理旅游资源建立起来的一处私营性质的生态保护庄园，其开办宗旨：一是为了提升妙峰山知名度、促进本地经济发展；二是为了开展生态环境保护教育。

1. 活动场所与条件

活动场所主要有山庄、烧烤区、篝火区、露营区、土鸡山鸡放养区、真人 CS 区、拓展培训基地、度假酒店、接待室、休息室、桃园、竹林、知青博物馆等，设施较完善。整个庄园有 10 来个工作人员，负责庄园活动场地，以及设备的管理和协调工作，具体的活动内容和过程则是游客自行确定，自主性较大。

2. 活动项目与内容

鸟之家户外庄园主要有以下常规活动项目：

（1）欢乐钓龙虾：收费，10 元/小时/人。

（2）**妙峰山采桃：**收费，现场称斤，时价。

（3）**露营、爬山：**免费，但租用帐篷收费，100 元/顶/夜/2 人。

（4）**农家游戏：**免费，赶鸭子、插旱秧。

（5）**系列活动：**例如，4～6 月为"畅想青春季"，主题多样，每个主题活动持续一周。

3. 活动方法与过程

如要参加鸟之家户外庄园的有关活动，学生需先报名，并在总台交付相关费用，然后领取开展活动相关的设备，再由庄园工作人员讲解相关的活动技巧和注意事项，并统一带到相应的活动场所，最后，学生自主组织和参加相应活动。以采桃活动为例，满山遍野的桃树，结满了诱人的红通通的桃子，学生可以任意采摘，看中哪个摘哪个。有时为了摘到某个长得位置较高的桃子，学生要想尽办法，跳跃采摘，或使用工具采摘。体验采摘活动后，"战利品"可以统一称重，按斤付钱，带回家享用。

4. 活动时间与频率

参加活动的方式不同，其活动时间与频率也不一样。

一种方式是和父母家人一起来，自驾车到庄园，然后选择自己喜欢的项目进行活动。参加这类活动一般是在相对空闲的时间，如周末、节假日、寒暑假等。在这三个时间段来参加活动的学生，一般都是大半天。庄园开展的系列活动，很多是季节性的活动，如果宣传力度大，来的人会很多，特别是周末和节假日，人流量特别大，学生人数也相应比平时多。家庭自驾游来的频率、次数和家庭条件等诸多因素都有关，因而很难确切统计。

另一种方式是由学校统一安排，和同学一起来。鸟之家庄园与当地一些学校有合作，学校组织学生参加活动没有固定的时间，但一般是在夏令营，也有的是在平时。由于安全和交通问题，周边的学校来的次数相对较多。

5. 活动效果与感受

参加活动的学生脸上大都带着愉快的笑容，当采访时问到他们有什么收获时，一堆学生七嘴八舌争先恐后地述说着他们的喜悦，大体上表达的意思都差不多，正如一个小女孩说的，"平时在家可闷了，爸妈没空，做完作业以后就是看电视，也没地方可以玩。今天出来玩，接触大自然，好开心，我钓了好多只龙虾呢，这里环境好，非常美丽，有好多好玩的"。

6. 活动经费与来源

鸟之家户外庄园这个活动基地是私人投资的，经费充足，所以场地条件和设备有保障。学生来参加活动，需要交纳相关费用。当然，对学生参加鸟之家的活动会有学生优惠，参加多个活动还可以再享受优惠。参加单个活动的话，每个学生一般花费 60 元左右。鸟之家庄园的人均消费约 100 元。

7. 活动存在的问题

鸟之家庄园虽然自然环境优美，但没有专门针对学生的活动，也没有专门以生态环保为主题的活动。庄园没有开展生态教育的任务或义务，其负责人开展生态保护教育的意识不强，有些活动只注重经济效益，如烧烤等。

(二)某县扬子鳄生态保护基地

为保护濒危物种扬子鳄,所以建成此保护区。保护区以让扬子鳄自然繁育后代为主题,同时又是集生态旅游、科研教育、文化交流于一体的多元化综合性自然保护区,拥有"浙江省生态道德教育基地"、"浙江省生态环保教育示范基地"、"浙江省生态文明教育基地"、"浙江省生态文化基地"等称号。

1. 活动场所与条件

扬子鳄自然保护区位于浙江某县,由扬子鳄自然繁殖母子湖、鳄鱼系列池、钓鱼馆、人鳄共乐园、鳄鱼标本陈列室、扬子鳄度假村等组成。还新增设了以暹罗鳄、尼罗鳄为主体的鳄鱼馆,分自然繁育、休闲、垂钓、观赏等四大功能区,拥有观鳄楼、垂钓台、休闲亭、绿色长廊、翠竹茶楼等活动场地,相关设备齐全,活动条件较好。

2. 活动项目与内容

学生在基地中的活动以参观和观赏为主,也有一些体验式的活动。例如,在基地中心位置有一个近100平方米的露天表演场地,由3位受过专门培训的师傅和6条鳄鱼表演"人鳄共舞",供游人观赏。在鳄鱼标本陈列室有专人讲解,帮助游人了解有关鳄鱼的生活习性和相关生态知识。在入口处有一个休息室,学生可在这个休息室参加有关扬子鳄的有奖竞答活动,答对的学生会有一些小奖品。

3. 活动方法与过程

大多数学生是由学校统一组织来参观,也有的是家庭出游。针对学生的活动,有"探访科普基地一日游","亲近大自然,亲近古生物"，"扬子鳄征文大赛"，以及关爱野生动植物中小学生绘画展等。

基地活动一般是游人自主组织、自主开展。除了售票的地方和人鳄表演的地方有工作人员以外，基地其他地方并未见到工作人员。不过，据负责人介绍，对学校组织的活动，基地会派相关工作人员进行解说，并进行扬子鳄知识竞赛。

4. 学生参与活动的时间与频率

学生参与活动的时间与频率并不固定，基地未有相关统计。采访一些基地内的学生后，发现学生要么在学校春秋游的时候来，要么在来旅游的时候和亲人一起来，一般来1～2次，暂时未发现有隔一段固定时间就来的学生。

5. 生态保护活动的效果

学生对扬子鳄很好奇，在参观的时候都目不转睛地观察，还时不时和身旁的伙伴讨论。刚来的时候对扬子鳄一无所知，参观完以后在休息室参加扬子鳄有奖知识竞赛的时候都十分踊跃，对扬子鳄有了很多的了解。但很多学生仅仅停留在对扬子鳄好奇的程度上，并未上升到要保护生态的高度。而参观后的有奖竞答环节的问题仅仅是有关扬子鳄的一些知识，并未涉及生态环保问题。

6. 活动经费与保障

景区单张票价80元，景区内乘船每人20元。家庭团体票（两张成人票一张儿童票）99元，请一位讲解员80元。景区收入除去日常开支之外，都用于活动经费。

还有一部分活动经费是由国家相关单位补助的，但是并不直接下发用于保护区管理组织活动的人手里，而是下发到实验区，因而每年真正下发用于组织活动的经费较少，所以大型活动的开展很难得到保障。

7. 活动存在的问题

景区内因为活动经费少，所以活动少，针对学生的活动更少，活动单一；且活动后并没有考核和评价过程，只有活动的记录，以照片加文字的格式记录存档，并没有专门针对学生活动的考核和评价标准。

（三）美丽乡村——某市妙西镇龙山村

为了建设美丽乡村，某市妙西镇龙山村在生态保护上花了大力气。

1. 活动目标与内容

1）目标

建设美丽乡村。

2）内容

幸福讲坛的讲座活动、文体公园的文体活动以及生态文化活动等。

2. 活动场所与条件

龙山村有幸福礼堂、农家书屋、王金法广播室、文体公园、幸福舞台等活动场地。"幸福礼堂"是 2013 年兴建的，面积 500 多平方米，建有室内幸福舞台，以图片、文字和实物展示等方式，将生态文化理念与"幸福礼堂"建设有机结合起来，是龙山村民的精神家园。龙山村还有三处文体公园，面积达到 4000 多平方米，体育健身路径、门球场、塑胶篮球场、生态文明文化墙等一应俱全。

3. 活动存在的问题

作为美丽乡村的典型，龙山村却因为缺少人手和资金，加上村里的学生人数少，到目前为止并没有组织过专门针对学生的活动。

（四）社区开展生态环保活动的状况

下面以某市爱山街道上下塘社区为例加以说明。

1. 社区开展的生态保护活动内容

与生态环保有关的活动有两种：

一个是在社区居委会二楼会议厅听环保讲座和看环保电影。社区从外面请来专家给学生开讲座，或者让学生们一起观看宣传环保的电影。

另一个是每年一次的捡垃圾活动（环保卫士活动）。学生先在居委会集合，由社区工作人员给每个学生发一个垃圾袋，分配好捡垃圾的区域，然后学生各自认真地前往自己负责的区域，捡拾社区内的垃圾，不放过任何角落，仔细检查并确信所有垃圾都已经清理干净后，带着满满的垃圾袋回到居委会集合。

社区一般事先发布这类活动通知，学生自己报名。每次活动人数为 30～40 人。活动中的师资主要就是社区工作人员或者是外面请来的专家等。

2. 学生参与生态环保活动的时间与频率

社区每年都会开展有关生态环保方面的活动，基本上都集中在暑假。一般针对中小学生的暑期社会实践活动放在暑期进行。社区的暑期活动主要为学生的"五个一"暑期任务服务，活动开展主要集中在一个星期中，时间为早上 9 点到 11 点半，下午一般不组织活动。

3. 活动经费与保障

捡垃圾活动中的垃圾袋、请专家举办讲座的费用等都由社区支出，而由于社区收入很少，还要用于维护社区的各项设施，所以经费很少，只能在居委会搞搞活动。

4. 活动存在的问题

首先是因为缺少经费，活动类型单一、活动内容贫乏，无法组织更多的生态环保活动，更无法组织大型活动；虽然开展生态讲座活动，但难以聘请专业的教师来讲课。其次是出于安全考虑，社区不敢面向中小学生组织更多活动。再次是时间问题，即使社区想开展相关活动，学生也没有时间，只有在暑假才有机会参加。

第三节　小学生参加课外生态环保学习的现状调查

一、调查方法

(一)问卷调查法

1. 调查对象

采用方便抽样法，在某市的两个课后作业辅导班进行抽样调查，调查对象都是参加辅导班的学生，分别来自两所小学不同年级。在每个辅导班按照不同年级各抽取 20 名小学生，共发出问卷240 份，以班为单位施测，当场回收，240 份全部收回。

采用自编问卷，由 17 个选择题和 1 个问答题组成，总共 18

题。问卷主要涉及学生参加生态教育基地的类型、参加生态保护性活动的时间、生态教育基地的场地条件、生态保护性活动的内容、参加生态保护性活动的兴趣、参加生态保护性活动的效果、参加生态保护性活动的主要目的、生态保护活动辅导老师的情况以及学生希望对生态保护性活动的改进建议等。

(二)访谈调查法

为了克服调查问卷所不能及的问题，使研究成果更具真实性，采用访谈调查法作了进一步调查，并针对问卷内容设计了访谈提纲。由于条件限制，本研究只对小学生进行了访谈；做好问卷后，在每个年级随机各抽取了 1～2 名同学进行访问；在访谈过程中，除了按照访谈进行提问外，允许小学生发表自己的观点和意见，真实地表达他们自己的想法。

二、调查结果与分析

(一)小学生参观生态环保学习活动的场地及类型

统计学生"参观次数最多的生态保护性活动场地或基地"，结果表明："美丽乡村"位居第一，参观过的学生占 20.83％，其次是"动物保护基地"，参观过的学生占 20％；此外，有些同学去了"生态农庄"(41 人，占 17.08 ％)和绿色基地(28 人，占 11.67％)。然而，参观污水处理和水土保持基地的相对较少，只有 14 人(占 5.83％)。

通过进一步分析还发现：小学生参观生态保护性活动场地的情况存在年级差异。一年级小学生去生态农庄(16.7％)的最多，显著高于其他年级学生；另外，参观的生态保护性活动场地类型彼此也存在差异，到生态农庄、美丽生态乡村和动物保护基地参观的学生较多，到其他各类基地(场所)参观的学生都较少。总的来看，大部分小学生都比较喜欢去美丽乡村，其主要原因是学生喜欢自由、不希望被拘束，参观生态乡村正好可以满足学生的这一愿望。另外，学生一般都没有去过污水处理等依靠技术处理环境问题的基地或场所。

（二）小学生参加生态保护类活动的主导因素

统计学生"参加生态保护性活动是否自愿"的结果表明：自愿参加生态保护活动有 174 个学生，占总数的 72.5％；不是自愿参加的学生有 48 个，占 20.01％；此外，有 18 个学生表示不确定，占 7.5％。可见，很多小学生是渴望自主的，他们希望通过生态环境保护等课外活动的方式，一是学习一些东西，二是可以放松自己。这一现象有利于学校开展生态保护性活动，据此可积极鼓励学生多亲近大自然，进而有益于学生的身心发展。

统计学生"参加这类生态保护性活动的主导因素"，结果表明：自我要求去的学生最多，占 32.5％，越到高年级，自我要求去的学生越多；其次是"学校老师组织的"，占 22.5％；另有 17.1％的学生是由同学建议去的，还有 11.7％的学生是由家长要求去的。

在进一步访谈调查中，当询问学生在什么样的情况下去参观生态环保学习基地：是个人自己去还是相邀同学一起去的？或是学校组织班级同学一起的？一个三年级的学生是这样回答的：有时候会邀同学一起去，因为跟同学一起玩很开心；而六年级的同学则说想要自己去，因为自己想要独立地完成一件事。访谈还发现，所有的学生都说学校组织去过一些生态教育基地，像生态农庄、美丽乡村等。

（三）小学生参加生态保护性活动的时间

统计学生"一般在什么时间参加这类生态保护性活动"的结果

表明：利用寒暑假参加的同学最多，有 32.08%；其次是利用周末参加，占 21.67%；最后是在平时参加的，只占 17.5%；此外，还有 10% 的学生选择了"其他时间"。可见，选择周末和寒暑假参加生态性保护活动的学生占大多数。造成这种现象的原因主要是当前学生的课业压力过于沉重，以至于他们平时没有时间、没有精力去好好参加这类活动。

（四）生态环保教育基地及其开展生态环保活动的情况

当询问小学生"你觉得生态环保教育基地的条件如何"时，调查结果表明：觉得活动条件一般的同学最多，占 51.67%；其次，有 20% 的同学觉得较差；只有 10% 的学生觉得比较好；此外，觉得活动条件很好和觉得很差的人数一样，都只占 8.33%。

关于"小学生参加的生态保护性活动内容"，研究表明：觉得活动内容一般的同学最多，有 49.17%；只有 16.67% 的同学觉得活动内容丰富；亦有 12.92% 的同学觉得活动内容很丰富；然而，也有 13.75% 的同学觉得活动内容单一，甚至有 7.5% 的同学觉得很单一。

总的来看，现在的生态环保教育基地的建设还不够完善，开展生态环保活动内容不够丰富，从而间接说明了我国的生态文明教育基地对中小学生开展生态环保活动还不够重视。

（五）小学生参加生态保护性活动的效果

当问及"参加这类生态保护性活动的效果"时，研究表明：觉得生态环保活动效果很好的学生只有 37.5%；另有 23.75% 的同学觉得效果较好；然而，也有 18.75% 的同学觉得生态环保活动效果一般；还有 12.92% 的同学觉得活动效果较差，甚至有 7.08% 的同学觉得活动效果很差。

通过访谈得知：虽然学生反映在生态环保活动中感到心情很好，但不是因为活动内容，而是由于可以不待在教室里，很放松，还可以和同学一起玩。这一结果值得反思。

(六)小学生参加生态保环学习的活动方式

统计"小学生参加这类生态环保学习的活动方式"，结果表明：喜欢有老师带队的最多，占 40％；其次是和同学一起参加，占27.91％；另外，有 20％的同学是喜欢独自参加的；还有 12.08％的同学喜欢其他方式。

通过进一步分析发现：小学生参加这类生态环保学习的活动方式存在年级差异。高年级学生喜欢独自参加的较多，占有 20％；低年级学生则大部分希望有老师带队或和同学一起参加这类生态环保护学习活动。这可能是由于小学低年级学生年龄小，比较喜欢集体活动，集体活动更能吸引他们。

(七)小学生参加生态环保活动的辅导老师

关于小学生参加这类生态环保学习活动的辅导老师，结果表明：有46.25％的学生回答一般是本校老师，另有 6.67％的学生回答辅导老师一般是外校老师；27.08％的学生回答辅导老师一般是实践基地的讲解员或工作人员；还有9.17％的学生回答是其他人；当然，也有7.92％的学生回答没有辅导老师；此外，也有由大学生带队的，但很少、只占2.92％。

关于"辅导老师的专业性"，结果发现：很多学生觉得辅导老师一般，占42.5％；其次，有 25.42％的学生认为辅导老师不专业、甚至有 7.5％的学生觉得辅导老师很不专业；同时，也有12.91％的学生觉得辅导老师比较专业，并有11.67％的学生觉得辅导老师很专业。

　　此外，在参与这类生态环保学习活动过程中，有 60.69％的学生反映主要是以老师或者讲解员讲述为主；其次，有 29.17％的学生反映是"自己看看为主"；同时也有 10.42％的同学表示不确定。

第四节　中小学生课外生态保护学习的问题与对策

一、中小学生课外生态保护学习的主要问题

（一）生态保环学习活动的场地类型和内容形式单一

　　从调查结果可知，当前面向中小学生开展生态环保学习活动的场地类型和内容形式都较单一。例如，很多社区的生态保护活动一般只有两种形式，一个是讲座和看电影，另一个是捡垃圾，年年如此，形式单一。再如，很多学校的生态保护活动要么是逛公园，要么是野炊和放风筝，形式单一；从活动过程来看，都流于形式。造成这一状况的主要原因是当前生态环保教育基地的场地有限，可供挑选的类型不多；加上相关活动资金有限、专业人手不足，学校并没有专门的人负责生态保护活动，一般由任课老师带队；学校也没有专项资金，没有经费去组织专门的生态环保活动。这些因素导致生态环保活动的内容形式单一，很多活动内容重复，生态教育基地破旧，设施不够完善，场地不够开放，场地的针对性不明朗。

　　此外，生态环保教育基地离学校较远，一般坐落在比较偏远的地方，有的地方交通不便，学生尤其是城市学生路途太远，导致学生的大部分时间都花在赶路上。由于路途遥远，学生到达目的地后已经疲惫不堪，浇灭了很多学生投入生态保护性活动的激情。

(二)中小学生课业压力大，参加生态保护活动缺乏时间保障

在当前教育背景下，由于课业学习压力过大，中小学生周末和节假日一般都要参加各种补习班，花费了大量的时间和精力在各种培训班上（陈传锋等，2011），没有时间和精力真正投入到其他课外学习活动中，包括难以投身到生态环保学习活动中。其主要原因是学校、家庭和整个社会过于重视课堂学习成绩而忽略了实践学习的重要性。可以说，学业压力大是当前中小学课外生态学习不受重视的重要原因。

自古以来，我国就是重视考试的国家，科举制在中国盛行了几千年，重知识轻实践、重考试不重素质，加上高考制度的存在，使得"一考定终身"的思想根植在深受传统文化影响的中国人的脑海中，使得学校、家庭、个人都过分重视书本知识的学习，特别是重视考试涉及的文化课知识的学习，而其他的课外学习活动，都被忽视。对学校来说，当前决定学校前途和命运的依然还是其升学率，学校最为重视的依然还是有关考试科目与考试内容的教学，连国家明确规定的综合实践课程、艺术课程、校外活动课程等都难以正常开设，这类课程的课时及资源常常被主干课程所占用。这种根深蒂固的应试教育观念是导致中小学生生态环保学习难以落到实处的根源。

(三)学校组织生态保护学习活动的频率不高，活动内容不够吸引学生

当前，学校对于生态环保教育不够重视，组织生态环保学习活动的频率不高，组织的活动形式陈旧、内容不能吸引学生。造成这一现象的主要原因与教育体制和评价体系有关。目前，社会评价学校的标准就是升学率，为了提高升学率，为了学校的声誉、上级考核等，无论是家长还是学校，传统教育观念已根深蒂固，这些传统教育观念和教育教学方式从一定程度上妨碍了学校组织开展生态环保教育。另外，如上所述，生态环保教育基地，如鸟之家庄园，是一所私营性质的生态保护基地，重视经济效益，虽然有生态环保活动，但是没有专门针对中小学生的生态环保活动，即使有，活动形式也很单一、活动内容单调重复，对学生缺乏吸引力，以致学生缺乏参与活动的积极性和自觉性。

（四）安全难保障，阻碍生态保护活动的开展

无论是学校还是社区，由于各种原因，担心管理上出纰漏、外面活动危险、安全难保障，所以一般不敢组织学生集体外出参加生态环保活动。加上当前的考核体系强调"安全问题一票否决制"，学校或社区都不敢承担安全责任，更加抑制了学生生态环保活动的开展。例如，有位被采访者在接受记者采访时说："现在学生集体出行安全事件发生太多了，组织一次集体出行活动得向教育部门申请，而且很难通过，都怕出问题要担责任。"这反映出现在学生的集体外出活动因为安全因素很难被批准和开展，而中小学生的生态环保学习活动一般需要集体外出，到特定的一些基地和场所中进行，这一矛盾导致中小学生的课外生态环保学习很难开展。

二、改进中小学生课外生态保护学习活动的措施和建议

（一）学生参观的生态教育场地类型要多样化

不同的生态教育基地各有其不同的教育意义。例如：生态农庄是为了让学生认识到生态有机食品；而美丽乡村是为了让学生看看生态乡村的建设对当地生产生活带来的积极影响；至于污水处理是为了让学生了解到怎样去处理污水，从而去有效地利用它；

生态文化教育基地，则侧重于传扬生态文化知识，使学生树立正确的生态观。

因此，第一，政府应该增加投资，设立专项资金，开发多样化的生态教育基地，包括生态农庄、美丽乡村、污水处理、生态文化教育基地等。第二，学校要合理利用社会资源，组织学生参观各种类型的生态教育基地，使学生参观的生态教育基地多样化，从而丰富学生生态环保活动的内容，使学生接受不同的生态教育。

（二）要就近就便开展生态保护性活动

为了方便学生参加活动，减少路途劳累，节约路途时间，应积极创造条件，组织学生就近就便开展生态保护性活动。第一，学校可以在校园一角开辟一个生态园区，在生态园区可以模拟不同类型的生态基地。这样，学生可以在校园内进行生态保护性活动，收获一些生态知识，体验一些生态环保活动。第二，有关部门要加强生态教育基地附近的道路建设，使通往生态教育基地的道路尽可能通畅，缩短学生到基地的时间，避免学生因为赶路太累而降低参加活动的积极性。此外，在中国传统文化中蕴含着生态保护的重要思想，可以充分挖掘这一特色，使之渗透到学生的生态保护教育中，以加强生态保护教育的针对性和实效性。

（三）要重视对家长的生态环保教育

对于学生参加生态保护活动，影响最大的是家庭，尤其是家长的态度。家长的态度对学生的生态保护学习有着举足轻重的决定作用。但是，目前大部分家长的想法仍然是让孩子考上大学，出人头地。在这种教育思想影响下，家长一般排斥与提高成绩、考取大学没有直接关系的教育活动，包括生态保护活动。所以，面对这种现状，首先要开展对家长的生态教育，提高家长对生态保护活动重要性的认识，使家长能够真正重视孩子的生态保护活动。

因此，有关部门要牵头组织生态保护教育专家，编写相对完整的生态保护知识小册子，并确定几本适合家长阅读的生态保护书籍。同时要运用网络和微信平台搞好新闻宣传，把握舆论导向，健全生态保护新闻宣传工作机制，进一步加强新闻宣传策划，使生态保护教育与传统文化和道德教育相结合。此外，要树立生态保护先进典型，评选生态保护标兵，利用榜样示范效应激励家长生态保护行为。例如，可以在社区公共宣传栏展示生态保护标兵事迹，以小带大，逐渐扩大影响范围，激发家长学习和效仿的积极性。

（四）要充分发挥社区的重要作用

社区可利用寒暑假和平时的双休日及节假日组织生态保护活动，为了吸引学生，在形式上可以多些变化，比如组织生态保护知识竞赛、生态保护绘画比赛、生态保护演讲比赛等，寓生态保护知识宣传于娱乐活动之中。同时，在日常生活与实践中，要引导学生按照生态保护的要求，从我做起，从身边小事做起，养成不乱丢垃圾、爱护环境、保护环境、建设优美环境的良好生态保护习惯，使中小学生人人努力做一个生态保护的践行者、环境保护的志愿者和环境污染的监督者。

当然，教育行政部门统一组织的大型生态环保活动也可以放在社区进行。

（五）充分发挥生态教育基地的作用

基地要善于利用自身独特的资源，开展形式多样的特色性生态保护活动。例如，除结合当地山川河流、自然资源、农业生态、自然保护区以外，还可就模拟天体运动、地球地貌图、温室气体效应、平流层臭氧的损耗、土地沙化、酸雨、工业污染等环境问题，组织开展生态保护知识宣传和实践活动，提高学生的感性认识和解决环境问题的能力。如上述扬子鳄生态基地就可利用扬子鳄这一特色，让学生表演有关扬子鳄的情境剧，激发学生保护生态和环境的意识。

此外，要设法减轻中小学生的课业负担，不在课外时间给学生增加压力，确保学生课外参加生态保护活动的时间。比如，教师尽可能不给小学生留家庭作业，尽可能少给中学生留家庭作业；同时尽可能减少学生考试的频率；学校和教师不能以成绩高低论英雄，要提倡学生的全方面发展，使学生有更多的时间轻松地参与生态保护性活动。

参考文献

曾铁．日本重视基础科技教育的有关动态和措施[J]．日本问题研究，2000
（01）：52－53．

陈静．基于自然保护区的生态旅游环境教育研究[D]．北京：北京林业大学，2008．

陈智毅，廖森泰，肖更生，袁金辉，等．宝桑园科普基地在科普活动中的功能和作用[J]．中国蚕业，2009（9）：83－85．

段洁滨．留给孩子一片绿色——记俄罗斯 B.Г. 科罗连科公共科技图书馆"绿色世界"分馆[J]．中小学图书情报世界，2001（06）：46－47．

何丽娴．"亲近动物"小学科学校本课程开发的实践研究[D]．广州：广州大学硕士学位论文，2012．

蒋辉．加强中小学生生态环境意识的教育[J]．教育研究，2005（3）：30．

李新元．以色列生动新颖的环境保护教育活动[J]．基础教育参考，2008（08）：

26—26.

陆金燕,谢东海. 中学化学中如何培养学生环境保护意识[J]. 课程教育研究,2014(11)(中旬刊):192.

马建军. 绿色课程的开发和实施[J]. 教学管理,2008(9):34.

闵清忠. 将环保意念溶入语文课中[J]. 中小学教师培训,2003(02):41—42.

秦健. 青少年教育实践基地景观规划设计探析[D]. 南京:南京农业大学硕士学位论文,2012.

盛苡青. 我校的课外昆虫小组[J]. 生物学教学,1983(4):41—42.

王建华. 提高上海地区中小学生认识野鸟能力的研究和实践[J]. 生物学教学,2004(02):59—61.

王寅. 浅议如何在地理教学中培养学生的环境保护意识[J]. 考试周刊,2014(88):142—143.

杨冬利. 英国中小学环境教育及其对我国的启示[D]. 陕西:陕西师范大学,2012.

杨玉蓉,雏君. 中小学环境教育改革与课程创新[J]. 中小学实验与装备,2006(1):34.

张庆勉. 利用乡土教材加强环境意识教育[J]. 生物学通报,1990(01):30—31.

张书磊. 国外环境教育对我国开展生态德育的启示[J]. 思想理论教育,2010(4):32—34.

赵丽霞,曹瑞,麦清. 天津市中小学生参加社会实践活动的调查[J]. 天津市教科院学报,2015(1):62—65.

赵宇. 我国环境教育的现状与对策分析[J]. 思想理论教育,2012(3):24—26.

中华人民共和国环境保护部,中华人民共和国国家统计局,中华人民共和国农业部. 第一次全国污染源普查公报[R]. 北京:中央政府,2010.

邹强军. 保护环境、关爱动物、从青少年抓起[J]. 北京农业,2015(3)(上月旬):42—45.

第九章　中小学生课外文体活动

第一节　中小学生课外文体活动概述

　　中小学生的课外文体活动主要是指中小学生在校内或校外的课余时间里从事的书法、美术、唱歌、跳舞、器乐等艺术活动，以及球类、游泳、田径、棋类、体操、健身等体育活动。中小学生的课外文体活动对增强中小学生的体质，提高中小学生的创新能力，培养中小学生的竞争意识、合作精神和坚强毅力，培养中小学生的健全人格，对减轻学生课业负担，提高心理健康水平，从而全面推进素质教育，培养德才兼备、多才多艺、具有健康生活方式的青少年一代具有十分重要的意义。

　　课外文体活动一直以来是各个国家关注的关乎青少年身心发展的重要教育形式和教育内容。美国学生课外体育活动时间因年级的不同而不同，5～12 年级平均每周为 12.6 小时，其中 7～9 年级活动时间最长，平均每周 13.2 小时；10～12 年级减少为 12.1 小时（李宝凤，1994）。美国中小学生在下午 2:30～3:45 放学，放学后学生只需要完成少量的家庭作业，一般不超过半小时，有大量的时间可以自由选择形式多样的课外文体活动。美国的课外文体活动包括校内文体运动、校外文体运动、俱乐部等。5～12 年级的学生参加最多的项目依次为自行车、游泳、篮球、棒垒球、美式橄榄球、现代舞蹈等。女生最流行的是健美操、自由体操等，男女最流行的是美式、英式橄榄球，以及足球和摔跤等。德国中小学课外文体活动的基本组织形式是俱乐部，学生可以根据兴趣爱好和特长参加学校的各类俱乐部，俱乐部的教练由专业教师担任，每个学生都可选择参加 1～2 个俱乐部的活动。同时德国的中小学基本不给孩子留家庭作业，学生在校外有充足的课余时间自由参与形式多样的课外文体活动。日本的小学放学时间比较独特，最早放学是下午 1 点 30 分，也有 2 点 45 分的，但最迟不会迟于下午 3 点 30 分。学校在每月末会有一张表格，把这个月孩子放学的时间都写清楚，通过孩子交给家长。星期三，全校学生在下午 1 点 30 分全部放学，这天的下午是俱乐部活动时间，孩子们可以专门参加各种俱乐部文体活动，比如足球、篮球、排球、舞蹈等。

我国教育部等相关部门一直以来都非常重视中小学生的课外文体活动。2001 年 5 月由教育部、国家体育总局、共青团中央、全国少工委共同发起"全国中小学生课外文体活动工程"（教体艺 [2001]4 号文件）。工程分二期，每期五年，第一期从 2001 年到 2005 年，在全国 31 个省、自治区、直辖市各建立一个"学生课外文体活动示范区"，各省经常参加文体活动的在校青少年学生人数达到学生总数的 30％，初步形成青少年学生课外文体活动的组织体系。北京市东城区和朝阳区、山东省青岛市、江苏省常州市和河南省郑州市等五个区、市成为教育部首批命名的"全国中小学生课外文体活动工程示范区"。第二期从 2006 年到 2010 年，在继续完善全国中小学生课外文体活动组织体系的基础上，充分发挥各省、自治区、直辖市"示范区"的带头作用，继续扩大规模，提高工作水平，使在校中小学生经常参加文体活动占总人数的 85％左右，达到 1.8 亿，并在每天课后开展不少于 1 个小时的贴近学生生活的文体课外活动。这是我国第一项全国范围的以文明、健康、活泼的课外文体活动来充实、占领中小学生课外生活的教育工程（光明日报，2001）。

"全国中小学生课外文体活动工程"启动以后，为了推动和促进此项工作的顺利开展和确保活动效果，教育部、国家体育总局等相关部门相继推出了相关后续活动。例如：2002 年 7 月为展示示范区的成果，教育部、国家体育总局联合主办了由东北林业大学承办的全国中小学生文体活动夏令营。2004 年，在青岛市举行了全国中小学课外文体活动示范区工作会议，教育部体育卫生与艺术教育司推出了"体育、艺术 2＋1 项目"，并确定天津市河西区、河北省唐山市、内蒙古自治区赤峰市、辽宁省营口市、湖北省襄樊市、四川省双流县、贵州省贵阳市云岩区、重庆市沙坪坝区、江西省宜春市袁州区、新疆生产建设兵团农八师一二一团等 10 个地区为第二批"全国中小学生课外文体活动工程示范区"，在全国 15 个课外文体活动工程示范区开展教育实验，让每个学生在九年义务教育阶段能够掌握两项体育运动技能和一项艺术特长，为学生全面发展奠定良好的基础（李晓佳，2004）。2005 年，为进一步将工程引向深入，推动中小学校运动会的改革，决定在全国示范区进行研制和开发集体竞赛项目工作，吸引广大中小学生积极参加体育竞赛活动，把校运动会办成学生的节日，使体育竞赛活动成为弘扬民族精神、培养学生集体主义观念和竞争拼搏、团结协作意识的有效手段。同年，教育部办公厅下发关于加强"全国中小学生课外文体活动工程示范区"建设工作的通知，要求已建立示范区的各省、自治区、直辖市要充分发挥示范区的带头作用，继续扩大规模，提高工作水平，使在校中小学生经常参加文体活动总数达到要求，建立健全规章制度，做到组织机构责任明确、实施方案科学有效、活动内容丰富多彩，形成中小学生课外文体活动的制度化和规范化。未建立示范区的地区要把示范区的创建工作纳入学校教育工作的规划之中，把开展"全国中小学生课外文体活动工程"作为推进素质教育、活跃学生课余生活、培养学生健康生活方式的一个重要组成部分。2006 年，为吸引中小学生积极参加体育锻炼，改变学校体育竞赛只有少数学生参加和过分竞技化的现象，教育部要求全国中小学课外文体活动工程示范区组织开展绳跑、协作跑、"24 人 25 足跑"等集体竞赛项目。2007 年，为切实推动全国亿万学生阳光体育运动的开展，引导和鼓励广大中小学生参加形式多样、生动活泼的体育活动，教育部、国家体育总局、共青团中央、全国少工委、中国宋庆龄基金会决定以示范区为主，组织开展中华少年团队竞技大赛(30 人 31 足跑和跳绳跑)。另外，基本上每年召开 1 次示范区工作会议，总结交流经验，部署工作(刘海元和白光斌，2008 年)。同年，教育部组织创编了全国第一套中小学校园集体舞，并要求在全国中小学全面推广。

工程项目的实施和推进取得了较好成效，主要包括以下几个方面：

第一，拓展了中小学生课外文体活动项目。如示范区有些中小学开发了吹塑版画、剪纸、蜡染、中华鼓乐、陶艺制作、器乐演奏、民族舞蹈、校园集体舞、茶道、插花、管乐、石玩等艺术教育的新项目(《解放日报》，2010)；有些学校引进了街舞、跆拳道、绑腿跑、橄榄球、滚铁环、跳竹竿、滚灯、轮滑等各具特色、花样繁多的体育运动项目。丰富多彩的项目让中小学生充分享受了阳光文体运动带来的快乐、健康和艺术美的享受和熏陶。

第二，构建了开展中小学生课外文体活动的新思路、新方法。如：河南郑州市构建学校—社区互动育人模式，拓宽了课外文体活动教育空间；发挥社区教育的特殊功能，建成了多所社区学校、青少年活动中心（俱乐部）；建立稳定的专项课外文体活动训练点，构筑起适应青少年需要的服务网络，推动中小学生课外文体活动健康发展（刘海元和白光斌，2008 年）。

第三，加大了文体课外活动教育的资金投入，加强了课外文体活动的场地器材建设，课外文体活动的专业师资队伍的教学能力和专业水平得到培训和提升。如：2002—2005 年东阳市新改扩建体艺场馆 78 个，添置体育器材 18852 件、艺术器材 11374 件、体艺图书资料 109333 册；上海宝山区从 2003—2006 年共投入 2 亿元为每一所中小学铺设了塑胶、人工草坪；北京东城区近两年投资 1600 余万元用于各中小学体育器材配置、学校操场改造和各项体育活动开展，投入近 2000 万元用于中小学艺术教育的条件改善；重庆沙坪坝区通过开设体育、音乐、美术教师全员免费培训班、骨干教师研修班和教学基本功大赛等加强了师资队伍建设（刘海元和白光斌，2008 年）。

第四，加快了中小学教师和家长教育观念的转变，学校体育、艺术工作得到了重视，增强了学生的体质，陶冶了学生的情操，减负在一定程度上得到落实，素质教育得到了进一步推进，学生综合素质有了进一步的提升。

近十几年来我国媒体和学术界对课外文体活动的关注和研究

主要是围绕"全国中小学生课外文体活动工程"和"体育、艺术 2＋1 项目"的推进和实施进行的，主要包括以下几个方面：对工程项目推出和实施情况的新闻报道(《中国教育报》，2001；《嘉兴日报》，2012)；对工程项目推进实施情况的实践探索和经验总结(邵正强，2005；何达仁，2014)；对"体育、艺术 2＋1 项目"推进实施情况的经验总结和运行模式研究(刘卫峰，2006；成聪聪，2007；陈江涛，2010)；对校园集体舞在中小学开展情况的现状调查和研究(杨晓兰，2007；王洪娥，2010；尹春红，2014)；对全国中小学生参加课外文体活动的现状调查，存在问题和对策分析(周丽君和赵钟晖，2006；孙洪涛、付蕾和祁红等，2010；张秀芳，2011；吴劲松，2012；苏月，2014；侯伟伟，2014)；也有几个研究提到课外文体活动与学生心理发展的关系(周丽君，2006；邓雷，2009)。

相比"全国中小学生课外文体活动工程"在全国中小学示范区轰轰烈烈的展开，学术界对学生课外文体活动的研究则较为薄弱，得到的研究成果也较少。对工程项目推进实施情况的实践探索和经验总结比较简单，经验泛泛而谈，实践探索特色不鲜明，理论深度挖掘不够。对"体育、艺术 2＋1 项目"推进实施情况的经验总结和运行模式的研究主要局限于对其中的体育类项目实验运行过程的探讨，且发表的文章不多，主要是缺乏特色、泛泛而谈的经验总结(陈江涛，2010)和两篇硕士论文(刘卫峰，2006；成聪聪，2007)。对校园集体舞研究也只有缺乏理论深度的经验总结(王洪娥，2010)和两篇硕士论文(尹春红，2014；杨晓兰，2007)。对中小学生参加课外文体活动或文艺活动的现状调查极少，对中小学生课外文体活动存在问题和对策的研究也很少。

近十几年来国内学术界有关中小学生参加课外体育活动的现状调查很多，有对某个学校的小范围的调查，也有针对某个地区，如陕西省、贵州省、曲阜市、湖州市等较大范围的取样调查；调查内容主要涉及中小学生对课外体育活动的态度、参与课外体育活动的频率和时间、参与课外体育活动的项目、参与动机以及影响中小学生课外体育活动的因素。调查主要得到了以下一些结果：中小学生对课外体育活动的喜好程度存在差异。总的来说，喜欢课外体育活动的学生较多，占 60％以上；有的调查表明喜欢课外体育活动的学生占 80％以上，不喜欢的只占极少数，比例不到 5％；其他学生介于喜欢和不喜欢之间（孙洪涛等，2010；张秀芳，2011；苏月，2014；侯伟伟，2014）。中小学生参加课外活动的次数每周至少一次的占绝大多数，比例高达 90％以上（苏月，2014）；有的调查表明中小学生每周参加 1～2 次课外体育活动的人数比例最高，达 50％（林凡，2012；苏月，2014）；有的调查则表明，每周参加 3～4 次的人数比例最高，达 60％（王学强，2014）。从中小学生参加课外体育活动的时间上来说，每天花费 30～60 分钟的中小学生居多数（周丽君和赵钟晖，2006；孙洪涛、付蕾、祁红等，2010；张秀芳，2011；苏月，2014；侯伟伟，2014）。中小学生参与的课外体育活动项目种类多样，较受中小学生青睐的有羽毛球、乒乓球、篮球、足球、网球等球类运动，健美操、舞蹈等体操运动，跳皮筋、踢毽子、轮滑、武术等民间体育活动或特色项目，骑自行车、登山和郊游等野外体育项目（苏月，2014；侯伟伟，2014；王学强，2014）。中小学生参加课外体育活动的动机主要是出于个人的兴趣爱好和消遣娱乐；其次是强身健体；还有部分原因是缓解压力、调节心情、塑造体型、锻炼意志等，这些原因选择的人数比例不高，是次要原因。从影响中小学生的课外体育活动参与情况的原因来看，主要包括学校、家庭、学生个人和器材设备等方面的因素。具体为：学校疏于指导，重智轻体，对课外体育活动重视不够；父母对体育活动的喜爱程度、家庭的经济状况、教育观念，家长对子女的学业期望值较高，不支持子女参加课外体育活动等；学生课业负担过重，学生自身缺乏运动习惯，对体育运动不感兴趣；场地、设备器材不能很好满足学生课外体育活动的需要等（周丽君和赵钟晖，2006；周斌和马玲，2013；苏月，2014；侯伟伟，2014；王学强，2014）。男生参加课外体育活动的人数多于女生，农村中小学生课外体育活动的参与率小于城市。相对而言，小学生参加课外活动的频次和时间最多，初中生其次，高中生最少（苏近阳，2013；苏月，2014；侯伟伟，2014；王学强，2014）。另外，男女生在课外体育活动的参与项目、参与动机等方面均存在差异。如男生较多地选择激烈、竞争性强的如篮球、足球、轮滑等项目，而女生喜欢健美操、羽毛球等健美身材、娱乐消遣特征明显的项目；在对体育项目参与动机的选择上，男生较多地选择强身健体，女生较多地选择娱乐消遣（张卫明，2012）。

纵观近十几年来学术界对中小学生课外体育活动的现状调查，可以发现：调查范围较多地限制在校内课余时间进行的课外体育活动；较少考虑学生在校外进行的课外体育活动。较少分析小学生和中学生在课外体育活动参与上的差异。有的调查取样比较狭窄，如仅限于某个学校。在对中小学生课外体育活动现状调查的基础上，国内文献也提出了目前课外体育活动存在的问题，主要包括：中小学校和家长对学生课外体育活动的重视程度不高，片面追求升学率，没有形成课外体育活动的氛围；校内课外体育活动项目形式单一，如有的学校除了早操、课间操、跳绳、跑步，几乎没有别的课外活动形式，导致学生从事这些活动的积极性不高；中小学生每天从事体育课外活动的时间偏少，每周从事课外活动的频率偏低；用于课外体育活动的场地、设施和器材严重不足；指导课外体育活动的师资力量薄弱；课外体育活动存在安全隐患；等等（吴劲松，2012）。提出的对策主要包括：加强管理和督导，完善考核评价机制；提供资金支持，改善体育场地、体育器材和设备；改变学校和家长的教育观念，重视学生课外体育活动；减轻学生的课业负担；开发课外体育活动项目，提供学生形式多样的课外活动，培养学生参与课外体育活动的兴趣；加强指导，提供指导课外体育活动师资保障；等等（张秀芳，2011）。

国内文献较少涉及课外文体活动与学生心理发展的关系，查询CNKI数据库2001—2014的文献资料，仅有10篇文章涉及课外体育活动与学生心理发展的关系。其中，有6篇文章浅显地论述了课外体育活动能够促进心理健康、思维能力的发展，以及课外体育活动与德育、智育、美育的关系；有4篇文章运用实证研究的方式来探讨课外体育活动与学生体质、心理压力、自信心和心理健康的关系。有关体质与学生课外体育活动的关系的研究试图比较某个学校采取有效课外体育活动措施前后学生的身体素质的部分数据的差值，运用的是差值比较，但缺乏对差值的统计显著性检验（柴建民，2011）；有关学生课外体育活动与学生心理压力的关系的文章虽然提供了学生课外体育活动现状、学习压力的部分调查数据，但没有探讨两者之间的关系（牛丽丽和牛攀山，2012）；有关学生课外体育活动与自信心的研究，作者试图运用

SCL-90、16PF 和一般自我效能感量表共同测试的结果作为学生的自信心的指标，对自信心概念的界定不清楚（邓雷，2009）。可见，已有的这些文献对中小学生课外体育活动与身心发展的关系的探讨不够严谨，缺乏科学性。还有一篇文章探讨了浙江省中学生课外体育活动与心理健康关系，结果表明：一周运动天数与学习焦虑、对人焦虑、孤独倾向、自责倾向、过敏倾向、身体症状、恐怖倾向和冲动倾向存在高度相关；一次运动持续时间与学习焦虑、对人焦虑、孤独倾向、身体症状、恐怖倾向存在高度相关；运动量和强度与心理健康的各个因子存在高度相关；等等（周丽君，2006）。总之，目前国内学术界对课外文体活动与学生身心发展关系的研究非常薄弱，有待进一步加强。

第二节　中小学生课外文体活动的现状调查

从第一节对中小学生课外文体活动的概述可知，我国国家教育部等相关部门一直以来都非常重视中小学生的课外文体活动，为了推进中小学生课外文体活动的有效开展，推出了多个相关的工程项目和多种活动。但学术界对学生课外文体活动的研究则较为薄弱，得到的研究成果也较少。在有关中小学生课外文体活动的研究中，对全国中小学生参加课外文体活动的现状调查较多，但调查范围较多地局限在校内课余时间进行的课外体育活动，较少考虑学生在校外进行的课外体育活动和课内外文艺活动。且在对中小学生课外体育活动的调查中，较少分析小学生和中学生在课外体育活动参与上的差异。有的调查取样比较狭窄，如仅限于某个学校。随着社会经济的发展、新课改的推行、人们教育观念的改变，中小学生参与课外文体活动的情况可能会发生变化。有鉴于此，课题组对华东、华北、华南和西部地区 60 所中小学进行了调查，试图了解中小学生参与文体活动的时间、频率、原因以及进行文体活动的场所。现报告如下：

一、调研方法与抽样

调研方法、所用工具与抽样样本同本书第二章；同时侧重对中小学生参与文艺活动、体育活动的时间、频率、参加原因、不参加原因、参加场所，以及课外文体活动对中小学生的影响进行调查和统计分析。

二、调查结果与分析

（一）中小学生对课外文体活动的参与度与喜欢度

从中小学生最喜欢的课外活动和参与最多的课外活动情况来看，文体活动是中小学生比较喜欢的课外活动，位列第二，14.5％的中小学生将文体活动选为自己最喜欢的课外活动，仅次于休闲娱乐（占 52.6％）。同时文体活动也是中小学生参与较多的课外活动，位列第三，11.4％的中小学生将文体活动选为实际参与最多的课外活动，仅次于做作业和完成学习任务（占 33.5％）和特长培养活动（占 26.2％）。详见图 9-1 和图 2-1。从中小学生对课外活动的喜欢度和参与度的选择情况来看，存在一定程度的不一致，将文体活动选为自己最喜欢的活动的人数多于将文体活动选为自己参与最多的活动的人数。对此，我们进一步分析年级段、性别、居住地不同的中小学生对文体活动的喜欢度和参与度不一致的情况，见表 9-1。

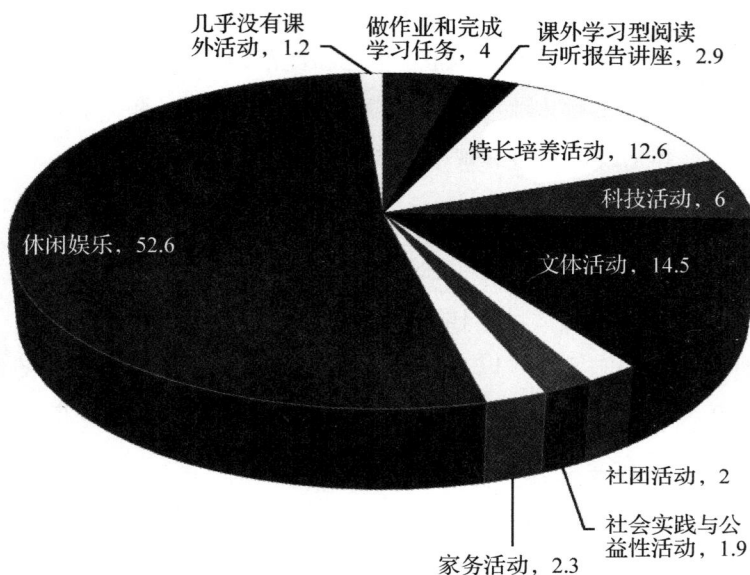

几乎没有课外活动，1.2
做作业和完成学习任务，4
课外学习型阅读与听报告讲座，2.9
特长培养活动，12.6
科技活动，6
休闲娱乐，52.6
文体活动，14.5
社团活动，2
社会实践与公益性活动，1.9
家务活动，2.3

图 9-1　中小学生最喜欢的课外活动的分布情况（％）

表 9-1　中小学生课外文体活动喜欢度与参与度的人数比例差异比较

		最喜欢的活动		参与最多的活动		比例差值	χ^2 值	p
		n	％	n	％			
年段	小学	723	14.4	660	13.3	1.10	2.870	0.090
	初中	448	15.2	331	11.3	3.90	17.573	0.000
	高中	460	14.2	280	8.7	5.50	43.784	0.000
性别	男生	803	15.0	754	14.1	0.90	1.542	0.214
	女生	807	14.1	504	8.9	5.20	70.030	0.000
居住地	城市	944	15.1	776	12.6	2.50	16.409	0.000
	农村	641	13.8	457	9.9	3.90	30.834	0.000

　　无论是小学、初中还是高中阶段，学生对课外文体活动的喜

欢度和参与度均存在不一致，最喜欢文体活动的选择人数较多，参与文体活动最多的选择人数较少，差异均具有统计学意义。其中，高中生不一致的情况最为明显，初中生其次，小学生不一致程度最低。从我们对 10 种课外活动的情况调查来看，主要是因为随着年段的增长，学生课余花在"做作业和完成学习任务"这种课外活动的时间增多，选择实际参与最多的人数比例小学、初中、高中分别为 25.1％、34.1％、45.9％。做作业、补习功课等占据了中小学生越来越多的课余时间，使中小学生无暇从事自己喜欢的课外文体活动。

男生对课外文体活动的喜欢度和参与度较为一致，最喜欢文体活动的选择人数与参与文体活动最多的选择人数差异不大，不具有统计学意义。女生对课外文体活动的喜欢度和参与度存在着不一致，最喜欢文体活动的选择人数较多，参与文体活动最多的选择人数较少，差异较大，具有统计学意义。从我们对 10 种课外活动的情况调查来看，主要是因为女生课余花在"做作业和完成学习任务"和"特长培养活动"这两种课外活动的时间比男生多（学习任务：36.5％ VS 30.2％，特长培养：10.4％ VS 5.9％）。

从居住地情况来看，城市或农村中小学生对课外文体活动的喜欢度和参与度均存在着不一致，最喜欢文体活动的选择人数较多，参与文体活动最多的选择人数较少，差异均具有统计学意义，其中农村学生的差距比城市学生大。从我们对 10 种课外活动的情况调查来看，农村中小学生选择"家务劳动"为从事最多的课外活动的人数比例比城市中小学生多（14.2％ VS 6.9％），可能是因为农村家庭经济条件相比城市差，俗话说，"穷人的孩子早当家"，他们比城市中小学生更多地意识到要替家庭分担劳动，或被父母要求更多地承担家务劳动，这成为他们比城市中小学生参与文体活动更少的原因之一；同时有些文体活动需要一定的经济条件支持，以及农村比城市更缺少文体活动的场地、设施和器材也是农村中小学生比城市中小学生参与文体活动更少的原因。

（二）中小学生参与课外文体活动的时间和频率

统计中小学生平时参加课外文体活动的频率和每次参与文体活动所花的时间，结果见图 9-2 和图 9-3。从图中结果可知：无论是中小学生从事课外文体活动的频率还是每次从事课外文体活动的时间，均显示 28％的中小学生从未参加课外文体活动，还有48.4％的中小学生偶尔参加课外文体活动，44.2％的中小学生每次从事课外文体活动的时间在 1 小时之内。虽然上述调查结果显示，在最喜爱的课外活动中中小学生选择人数排第二，在参与最多的课外活动中选择人数排第三，但是还是有 76.8％的中小学生偶尔参加或从未参加课外文体活动，72.3％的中小学生每次参加课外文体活动的时间在 1 小时之内或者从来没有参加课外文体活动。这一数据是惊人的，这与 2001 年由教育部、国家体育总局、共青团中央、全国少工委共同发起"全国中小学生课外文体活动工程"的文件精神不符。该通知要求，工程示范区要使在校中小学生经常参加文体活动的人数占总人数的 85％左右，并在每天课后开展不少于 1 个小时的贴近学生生活的课外文体活动。原因可能是受应试教育观念和升学指挥棒的影响，工程示范区学校课外文体活动的开展还远远没有符合要求，或者示范区、示范学校尚没有对非示范区、非示范学校产生良好的辐射作用。

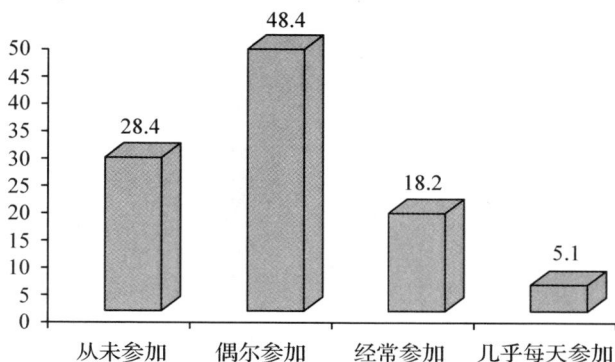

图 9-2　中小学生参加课外文体活动的频率（％）

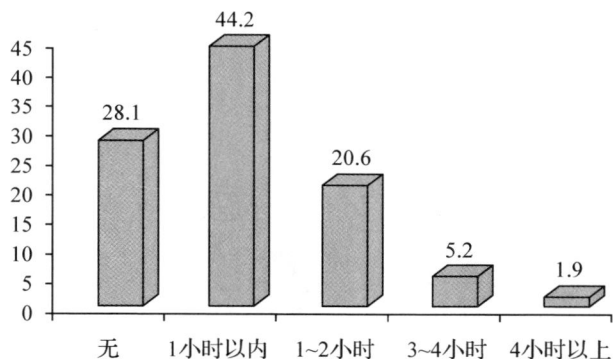

图 9-3　中小学生每次参加课外文体活动所花的时间（％）

　　为了进一步弄清楚中小学生参与课外文艺活动和课外体育活动的情况，本研究对中小学生平时参加课外文艺活动或课外体育活动频率和每次参与所花的时间进行了分类调查和统计，先让中小学生选择平时是否参加课外文艺活动（或课外体育活动），再对选择"是"的中小学生进一步调查频率和每次参与所花时间，结果见图 9-4 和图 9-5。从图中结果可知：中小学生参与课外体育活动的频率高于课外文艺活动，从未参加或偶尔参加课外体育活动的中小学生比例达 47.1％，而从未参加或偶尔参加课外文艺活动的中小学生比例高达 82.1％；经常参加或几乎每天参加课外文艺活动的中小学生比例为 18.0％，而经常参加或几乎每天参加课外体育活动的中小学生比例达 52.9％，两者差距较大。从中小学生每次参与的时间来看，每次花费 1 小时以内课外体育活动的中小学生人数多于每次花费 1 小时以内课外文艺活动的中小学生人数（分别 49.7％和 34.1％），每次花费 1 小时以上课外体育活动的中小学生人数多于每次花费 1 小时以上课外文艺活动的中小学生人数（分别 37.2％和 24.5）；而从不在课外体育活动上花时间的中小学生人数比例明显低于从不在课外文艺活动上花时间的中小学生人数比例（分别为 13.1％和 41.5％）。可见，调查结果表明，中小学生课外文体活动以参与课外体育活动为主。

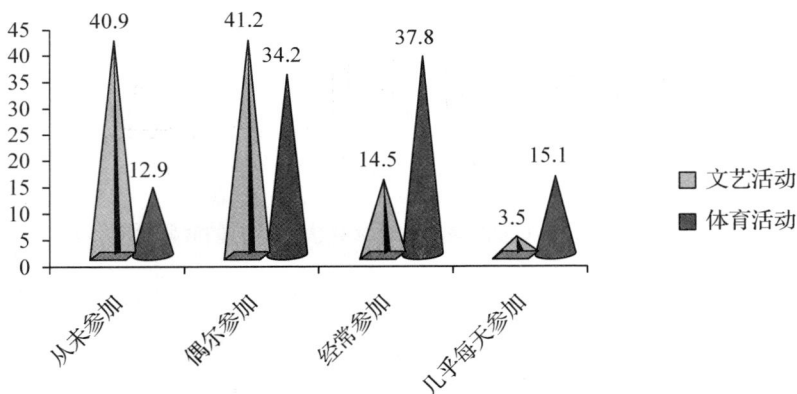

图 9-4 中小学生参加课外文艺活动或体育活动的频率（％）

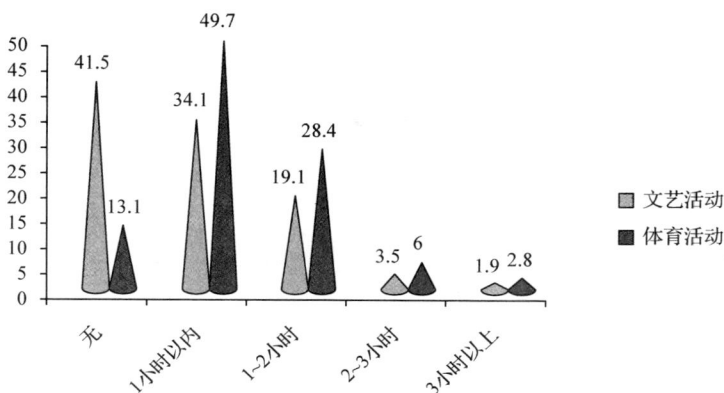

图 9-5　中小学生每次参加课外文艺活动或体育活动所花的时间(％)

(三)年级段、性别、居住地和经济状况对中小学生参与课外文体活动时间和频率的影响

　　不同年级段中小学生参与课外文艺活动、体育活动的频率和时间的统计结果见表 9-2 和表 9-3。从表中结果可以看出：小学、初中和高中学生参与课外文艺活动的频率存在显著差异，小学生经常参加或几乎每天参加课外文艺活动的人数比例最高，初中生其次，高中生最低；高中生从未参加或偶尔参加课外文艺活动的人数比例最多，初中生其次，小学生最少。随着年级的增长，从小学、初中到高中，学生参加课外文艺活动的人数比例下降。小学、初中和高中学生参与课外体育活动的频率差异也很显著，初中生经常参加或几乎每天参与课外体育活动的频率最高，小学生其次，高中生最低。从小学到初中，随着年龄的增长、骨骼肌肉的发育，初中生参与课外体育运动的积极性比小学生更高；到了高中阶段，由于学业任务的繁重，高中生不得不将大量的课余时间用于学习补习，经常参加课外体育活动的人数明显减少。

表 9-2　中小学生参加课外文艺活动、体育活动频率的年级段差异比较

		课外文艺活动			课外体育活动		
		小学	初中	高中	小学	初中	高中
从未参加	n	1948	1169	1345	700	308	393
	%	39.8	40.3	43.2	14.4	10.6	12.5
偶尔参加	n	1925	1203	1369	1625	890	1207
	%	39.3	41.4	43.9	33.5	30.7	38.5
经常参加	n	823	420	337	1837	1188	1094
	%	16.8	14.5	10.8	37.9	40.9	34.9
几乎每天参加	n	203	112	65	688	516	442
	%	4.1	3.9	2.1	14.2	17.8	14.1
年段差异χ²值		87.685**			82.287**		

表 9-3　中小学生参加课外文艺活动、体育活动时间的年级段差异比较

		课外文艺活动			课外体育活动		
		小学	初中	高中	小学	初中	高中
无	n	1948	1169	1345	700	308	393
	%	40.7	40.5	43.8	14.8	10.7	12.7
1 小时之内	n	1588	978	1095	2178	1409	1728
	%	33.2	33.9	35.7	45.9	49.1	56.0
1～2 小时	n	991	566	491	1368	895	768
	%	20.7	19.6	16.0	28.9	31.2	24.9
2～3 小时	n	179	116	80	320	184	136
	%	3.7	4.0	2.6	6.8	6.4	4.4
3 小时以上	n	83	60	58	174	72	58
	%	1.7	2.1	1.9	3.7	2.5	1.9
年段差异χ²值		42.425**			123.564**		

从中小学生每次参与课外文艺活动的时间来看，小学生和初

中生差异不显著（$\chi^2 = 2.862$，$df = 4$，$p = 0.581$），但是他们与高中生每次参与课外文艺活动的时间均有显著差异，高中生所花费的时间较少。将中小学生每次参与课外体育活动的时间选项合并，分成1小时以下（含没有参加）和1小时以上，结果仍然是：小学生和初中生在参与课外体育活动的时间上差异不显著（$\chi^2 = 0.539$，$df = 1$，$p = 0.463$），但他们和高中学生参与课外体育活动的时间差异显著，均显著多于高中学生的参与时间。

　　不同性别中小学生参与课外文艺活动、体育活动的频率和时间的统计结果见表9-4和表9-5。从表中结果可以看出，男生参与课外文艺活动的频率和每次参与课外文艺活动的时间均显著低于女生，但参与课外体育活动的频率和每次参与课外体育活动的时间均显著高于女生。在课余时间里，男生比女生更多地选择体育活动，而女生比男生更多地选择文艺活动。

表 9-4　中小学生参加课外文艺活动、体育活动频率的性别和居住地差异比较

		性别差异比较				居住地差异比较			
		课外文艺活动		课外体育活动		课外文艺活动		课外体育活动	
		男生	女生	男生	女生	农村	城市	农村	城市
从未参加	n	2489	1927	603	785	2064	2250	652	709
	％	47.5％	34.6％	11.5％	14.1％	45.6％	37.1％	14.4％	11.7％
偶尔参加	n	1960	2500	1676	2016	1791	2580	1556	2066
	％	37.4％	44.8％	32.0％	36.3％	39.5％	42.5％	34.4％	34.1％
经常参加	n	616	953	2102	1976	510	1035	1653	2337
	％	11.8％	17.1％	40.1％	35.6％	11.3％	17.1％	36.5％	38.6％
几乎每天参加	n	176	196	858	771	166	199	662	940
	％	3.4％	3.5％	16.4％	13.9％	3.7％	3.3％	14.6％	15.5％
差异χ^2值		200.179**		54.909**		112.363**		19.023**	

表 9-5　中小学生参加课外文艺活动、体育活动时间的性别和居住地差异比较

		性别差异比较				居住地差异比较			
		课外文艺活动		课外体育活动		课外文艺活动		课外体育活动	
		男生	女生	男生	女生	农村	城市	农村	城市
无	n	2489	1927	603	785	2064	2250	652	709
	%	48.2%	35.1%	11.7%	14.4%	46.4%	37.6%	14.8%	11.9%
1 小时 之内	n	1640	1982	2365	2893	1522	2038	2338	2816
	%	31.8%	36.1%	45.9%	53.2%	34.2%	34.1%	52.9%	47.2%
1～2 小时	n	793	1247	1601	1409	674	1318	1117	1832
	%	15.4%	22.7%	31.1%	25.9%	15.1%	22.0%	25.3%	30.7%
2～3 小时	n	150	222	391	246	122	243	216	410
	%	2.9%	4.0%	7.6%	4.5%	2.7%	4.1%	4.9%	6.9%
3 小时 以上	n	90	109	193	107	68	129	96	195
	%	1.7%	2.0%	3.7%	2.0%	1.5%	2.2%	2.2%	3.3%
差异χ²值		210.880**		139.119**		128.883**		86.439**	

从不同居住地的情况来看，表 9-4 和表 9-5 的结果表明：无论是从参与课外文艺活动、课外体育活动的频率还是从每次参与的时间来看，城市中小学生经常参加或几乎每天都参加课外文艺活动或者课外体育活动的人数都比农村多，参与时间在 1 小时以上的人数也更多。

不同经济状况中小学生参与课外文艺活动、体育活动的频率和时间的统计结果见表 9-6 和表 9-7。从表中结果可以看出，中小学生参加课外文体活动的频率和时间随着家庭经济水平的下降而降低，不同经济条件之间的差异均具有显著性意义。因为无论参与文艺活动还是体育活动，均需要一定的花费，需要家庭经济条件作为支撑，因此，家庭经济状况对中小学生参加文体活动均有影响。

表 9-6 不同家庭经济条件的中小学生参加课外文体活动的频率差异比较

文体活动		课外文艺活动			课外体育活动		
经济条件		好	中	差	好	中	差
从未参加	n	1268	2883	268	428	845	114
	%	35.0	43.4	52.3	11.8	12.8	22.5
偶尔参加	n	1508	2744	180	1128	2355	181
	%	41.7	41.3	35.2	31.2	35.6	35.7
经常参加	n	680	820	51	1392	2514	156
	%	18.8	12.3	10.0	38.5	38.0	30.8
几乎每天	n	163	199	13	668	904	56
参加	%	4.5	3.0	2.5	18.5	13.7	11.0
差异χ²值		153.174			101.767		

表 9-7 不同家庭经济条件的中小学生参加课外文体活动的时间差异比较

文体活动		课外文艺活动			课外体育活动		
经济条件		好	中	差	好	中	差
无	n	1268	2883	268	428	845	114
	%	35.7	44.0	53.3	12.1	13.0	22.7
1 小时之内	n	1218	2250	141	1646	3366	235
	%	34.3	34.4	28.0	46.5	51.7	46.8
1～2 小时	n	825	1116	73	1071	1790	121
	%	23.2	17.0	14.5	30.3	27.5	24.1
2～3 小时	n	168	189	11	262	352	20
	%	4.7	2.9	2.2	7.4	5.4	4.0
3 小时以上	n	77	112	10	131	157	12
	%	2.2	1.7	2.0	3.7	2.4	2.4
差异χ²值		140.565			93.416		

（四）中小学生参加课外文体活动的场所

对中小学生参加课外文体活动选择场所的统计表明：中小学生的课外文体活动基本上是在学校进行（文艺活动：49.2％，体育活动：63.6％），属于校内课外文体活动；也有少部分中小学生在家里参加一些课外文体活动（文艺活动：24.7％，体育活动：18.4％）；只有少数中小学生利用居住地或社会其他公共场所（如少年宫、体育场、文化宫）所提供的文体活动的设施进行课外文体活动（文艺活动：24.3％；体育活动：17.1％），见图9-6。原因可能是：第一，居住地或社会公共场所提供的文体活动设施不完备、管理不善，配套服务不齐全，从而造成设备仪器的功能不能很好地发挥或被使用；第二，居住地或社会公共场所虽然提供了一定的文体活动的设施，但往往缺乏专业指导老师；第三，能提供中小学生进行课外文体活动设施的社会公共场所缺乏广泛的分布，比较集中，而且地处偏远地段，辐射人群范围小，从而导致门庭冷落。

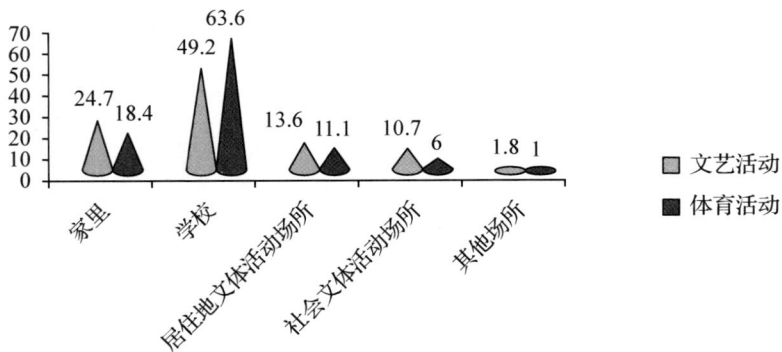

图9-6　中小学生参加课外文体活动的场所（％）

(五)中小学生参加课外文体活动或没有参加课外文体活动的原因

从中小学生参加课外文体活动的原因来看，属于自己意愿的占绝大多数（文艺活动：71.3％，体育活动：68.0％），因父母的要求选择文体活动的中小学生只占一定比例，中小学生在文艺活动和体育活动的选择原因上具有趋同性（见图9-7）。从中小学生不参加课外文体活动的原因来看，属于自己意愿的也占绝大多数，之所以没有参加文体活动，是因为觉得参加文体活动没有意思，不想参加（文艺活动：59.5％，体育活动：57.8％）；还有一部分学生是因为虽然想参加，但没有时间和精力（文艺活动：23.3％，体育活动：23.3％），或者缺乏场地或设施（文艺活动：14.7％，体育活动：14.4％）；因为家长反对而没有参加文体活动的中小学生只占极少数。中小学生对不参加文艺活动和体育活动的选择原因上基本一致（见图9-8）。

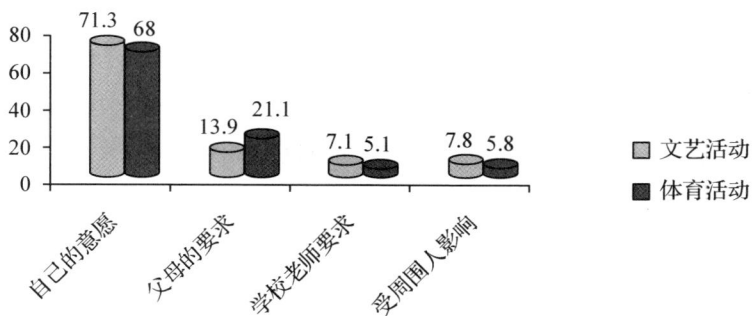

图9-7　中小学生参加课外文体活动的原因(％)

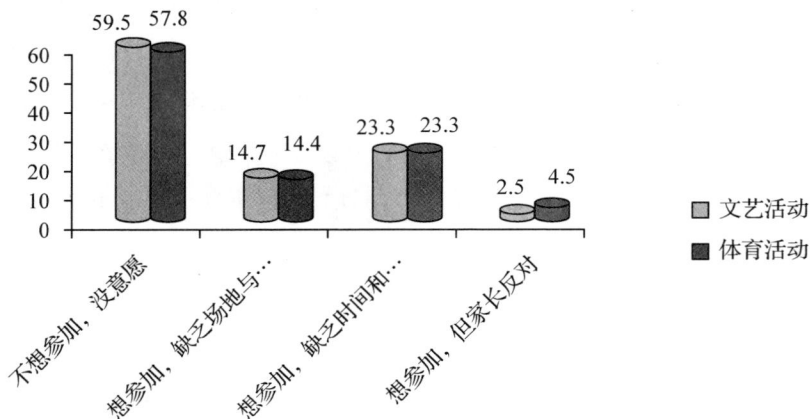

图 9-8 中小学生不参加课外文体活动的原因(%)

第三节 课外文体活动与学生身心发展

中小学生课外文体活动对中小学生品德发展与价值观的形成、课业学习、拓宽知识面、培养多元智力;促进学生创造性发展;促进学生个性的发展和素质的全面提高;增强社会责任感和促进学生社会化发展;减轻心理压力、陶冶情操、增进身心健康等都起着重要的作用。本课题组调查了中小学生参加课外文体活动的作用和影响,结果显示涵盖九个方面(见图 9-9),包括促进校内学习,提高考试成绩;扩大知识面,丰富课外知识;促进品德发展与价值观形成;促进个性发展和培养心理品质;培养多元智力和促进创造性发展;增强社会责任感和促进社会化发展;获得成就感与满足感、自我实现;减轻或消除生活或学习压力;陶冶情操和增进身心健康。这九个方面均有一定比例的中小学生选择,最低选择人数比例为 6.0%,最高选择人数比例为 21.0%,表明中小学生的课外文体活动对中小学生学习、知识的活动、心理素质的发展以及身心健康等方面都会产生一定影响。其中作用较大的排序前三位的是：陶冶情操和增进身心健康；减轻或消除生活或学习压力；促进个性发展和培养心理品质。

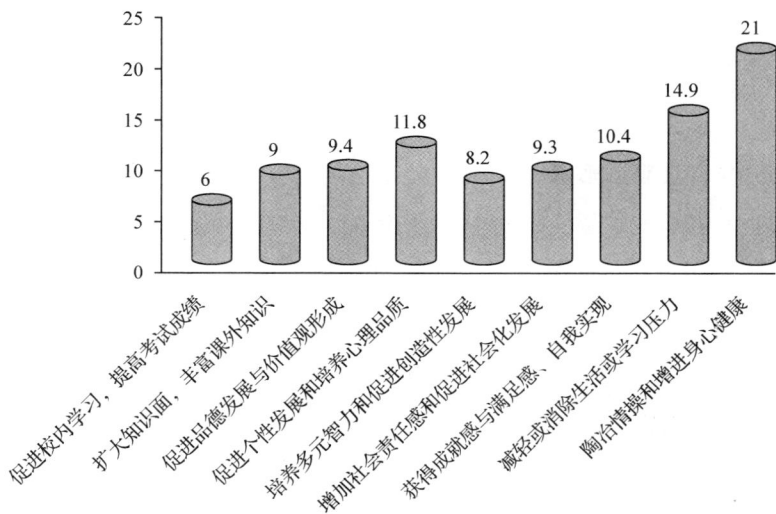

图9-9　中小学生参加课外文体活动的影响(%)

(一)课外文体活动促进中小学生身体健康

课外文体活动能促进中小学生身体的健康发展，改善循环系统、呼吸系统、消化系统、内分泌系统等各个生理系统的功能。中小学生正处于生理发育和身体各方面机能发展完善的时期，在紧张学习的同时，必须保证充足的课外文体活动，如舞蹈、唱歌、演奏乐器、各种球类活动、跳绳、体操、田径等。这些课外文体活动有利于人体血液循环，提高通气量，增大肺活量，从而增强人体心血管系统、呼吸系统等的功能；可以促进中小学生骨骼、肌肉的生长发育，提高各关节运动的灵活性，从而促进运动系统的发展；可以加速人体新陈代谢，加强脂肪分解，从而增强消化系统和内分泌系统等的功能。课外文体活动尤其是课外体育活动还可以提高人的反应速度、应变能力，从而促进人的感觉系统、神经系统的发展；同时长期坚持户外体育活动，在不同气候条件下，人体对冷、热环境的适应能力也会提高，从而有利于提高人体的免疫功能，增强中小学生的抗病能力，增强体质。

（二）课外文体活动有利于培养高尚情操，促进中小学生品德发展与价值观的形成

中小学生兴趣广泛、精力充沛，好奇心、好胜心强，什么事都想尝试一下。这个阶段，如果没有积极、健康的文体活动吸引他们、满足他们、充实他们的课外生活，而又一味地要求他们从事课程学习活动，他们就会感到生活单调、枯燥、乏味，就会在课余时间去尝试从事一些不健康的活动，如淫秽书刊、淫秽歌曲、庸俗黄色录像等文化毒品，或者沉迷于网络游戏、网络小说或其他上网活动，甚至走上邪路而违法犯罪。而积极、健康的文体活动，能使中小学生对某一种或几种文化艺术、体育活动产生浓厚的兴趣，在从事这些文体活动的过程中增强识别真、善、美的能力，在潜移默化中受到熏陶和教育，从而培养积极、健康、向上的高尚情操，有利于中小学生良好品德的发展和人生观、价值观的形成。如，一位腿部有残疾的女生喜欢吟唱一首歌《隐形的翅膀》，歌中唱道："我一直有双隐形的翅膀，带我飞，给我希望；我一直有双隐形的翅膀，带我飞，飞向远方……"这首歌可以激励她克服困难，带给她生活的希望和勇气，使她身残志坚、形成正确的人生观。很多文艺作品都具有激励作用，这样的课外文体活动，会带给中小学生无限的正能量，促使他们形成正确的理想、信念、人生观和价值观。

（三）课外文体活动有利于培养多元智力和促进中小学生创造性的发展

美国心理学家加德纳 1983 年在《智能的结构》一书中提出了多元智力理论。他认为：智力是人类在解决难题与创造产品过程中所表现出来的、为一种或数种文化环境所珍视的那种能力，每个人都是具有多种能力组合的个体；因为智力是多元的，所以人同时拥有以下九种基本智力：语言智力，逻辑/数理智力，视觉/空间智力，音乐/节奏智力，身体/运动智力，人际交往智力，自我反省智力，自然观察者智力，存在智力，九种基本智力之间的不同组合表现出个体间的智力差异，人们可以根据各自的智力倾向去发展这些智力。根据加德纳的观点，智力并非像传统智力定义所说的那样是以语言、数理或逻辑推理等能力为核心的。这种观点促使我们的学校教育和教育评价不能以学习成绩的好坏、学业的成功与否这一唯一的维度去衡量、评判和要求学生，而要从多个维度、多个方面去评判和要求一个学生。只有这样，才能促进学生的成功发展和价值的体现，才能培养学生的成就感、自信心和创造精神。加德纳提到的九种智力中有三种，即视觉/空间能力、音乐/节奏智力、身体/运动智力，直接与中小学生的课外文体活动有关。因此，中小学生从事课外文体活动有利于培养多元智力。

心理学家罗杰斯的研究认为：个体只有在"心理安全"和"心理自由"的情况下才能充分发挥创造性思维。课外文体活动给中小学生提供了放飞心情、愉悦身心的载体，在这种自由、活泼、宽松的氛围和环境下容易解除中小学生因课业学习疲劳而带来的皮层抑制，激发创造性灵感；课外文体活动所蕴藏的丰富的美感、提供的充足想象空间和新异刺激，可以极大地激发学生的创新思维。同时，学生在课外文体活动中从事的艺术感知与欣赏、艺术创作、对艺术创作的反思与评价，以及对各种体育活动项目的欣赏、参与与设计等都能使学生的创造能力得到直接的锻炼，从而促进学生创造性的发展。

（四）课外文体活动有利于中小学生健康人格的形成和发展

课外文体活动为中小学生提供了自我表现的平台。自我表现的研究历史最早可以追溯到符号互动理论，该理论认为，社会交往中人会想象自己处于他人角色位置时的可能情形，会设想他人对各种行为的可能反应，并且选择相应的行为，最终形成或改变他人如何看待自己以及自己如何被他人看待（赵文昌、张丽艳和邵金龙等，2011）。自我表现对中小学生自我同一性的发展起着非常重要的作用。中小学生在课外文体活动中可以获得很多自我表现、自我展示的机会，可以通过文体活动向同伴、受尊敬的长者（家长或老师等）展示自己的个人特质；自己的态度、情绪、兴趣、爱好；自己的特长和能力；自己阳光、健康、激情的社会形象。在自我展示、他人的反馈和评价、自己的体验中不断进行对自我的形象建构，发展自我同一性，形成健康的人格。

马斯洛的需要层次理论将人的需要分成五大层次，即生理需要、安全需要、归属与爱的需要、尊重需要和自我实现的需要，同时又将需要分成缺失性需要和成长性需要。中小学生参加课外文体活动并且在课外文体活动中体验到成功，能够满足中小学生尊重的需要、自我实现的需要和成长性需要；这些需要对个体的人格发展具有独特的推动作用，可以发展中小学生的自尊、自信和人格同一性等，从而促进人格的健康发展。

同时，课外文体活动是积极向上、充满乐趣而又不乏挑战的活动，中小学生在参与这些活动时可以挑战自我、培养自信、发展兴趣爱好，在接受挑战中培养坚强的意志，在团队协作和竞争中学会宽容和豁达，体会和感知他人的情感，学会运用合适的方式表达自己的情感，提高情商，形成良好的个性品质。

（五）课外文体活动能促进学生社会化发展和综合素质的提高

绝大部分课外文体活动需要参加者相互配合、相互协调，如大合唱、集体舞、打篮球、踢足球等，学生参加这些活动可以提高他们的人际交往能力、沟通能力，使他们融入同龄人的群体中，促进中小学生的社会化发展。如有一位单亲家庭的孩子，平时沉默寡言，很少和同学沟通，心理压力大，比较孤独。后来，老师知道他很喜欢踢足球，就鼓励他参加了学校的足球队，足球踢得很好，增强了自信，同时增加了和同伴交流、合作的机会，促使他慢慢走出了孤独。

丰富多彩的课外文体活动可以使中小学生学到课本上不可能学到的东西，课外文体活动以其形式的多样性、参与的广泛性、较高的艺术性，将有各种兴趣爱好的学生集中到自己感兴趣的天地里，使个人的能力得到充分发挥。总之，课外文体活动提高了学生的观察力、注意力、想象力和创造力，增强了社交能力、协调能力、组织能力、适应能力，培养了意志力和吃苦耐劳、坚韧不拔的精神，提升了责任心、集体荣誉感、团队协作精神，从而使他们的综合素质得到全面发展和提升。

(六)课外文体活动能减轻中小学生的学习和生活压力，促进其心理健康发展

课外文体活动能够使中小学生在完成紧张、繁重的学习任务之余，放松心情，降低学习压力。中小学生的身心快速发展，他们面临师生关系、朋友关系、亲子关系等人际关系处理方面的烦恼，面临诸多身心发育带来的烦恼。而课外文体活动可以改变中小学生不合理的认知、不愉快的情绪体验和任性冲动的行为；可以增强中小学生的自我效能感；可以调节自主神经特别是交感神经的反应，从而进一步调节情绪的波动，增进中小学生的心理健康。课外文体活动对中小学生心理健康的调节作用已被大量的研究所证实。有研究表明，课外文体活动可以预防和治疗心理疾病（宋子良，2007）。美国一项调查报告显示，在1750名心理医生中有80％的人认为体育锻炼是治疗抑郁症的有效手段，60％的人认为应将体育锻炼作为一种消除焦虑症的治疗方法（Kim，Emma & Adrian，2009）。有研究显示，正常人运动后能感受到原有的焦虑、抑郁或愤怒情绪有所减轻，特别是定期有氧锻炼可以减少自主反应引起的紧张（张日，2004）。欧阳翠云（2010）的研究表明，参与体育锻炼的中学生比不锻炼的中学生具有更高的心理弹性，在人际交往能力、问题解决能力、积极认知、自我悦纳、情绪的稳定与控制能力上均呈现出显著差异。体育锻炼不仅可以直接对中学生的心理弹性产生影响，而且可以通过自我效能、应对方式等中介变量对中学生心理弹性产生影响。

(七)课外文体活动有助于提高中小学生课业学习效率，丰富课外知识，拓宽知识面

按照巴甫洛夫的高级神经活动学说，在人的大脑中枢神经系

统时刻都有兴奋与抑制的交替转换，兴奋和抑制可相互诱导。刺激物过强、过多或作用时间过长，就会产生超限抑制，这是大脑皮层的一种保护性抑制，为了保护大脑不至于由于过度或长时间兴奋而造成损伤。因此，如果学生一天中一直进行课业学习，这种长期的需要意志努力的活动就会使大脑产生保护性抑制，而大大降低学习效率。如果学生能在学习之余穿插一些课外文体活动，则可以使大脑皮层将兴奋点转移到与支配课业学习不同的部位，从而使与课业学习有关的皮层进入抑制状态而得到充分的休整；休整之后，这部分皮层就很容易再次进入兴奋状态、形成优势兴奋中心，从而保持头脑清醒，极大地提高学习效率。

当前中小学生一味沉浸在文化课的学习中，不仅知识结构狭窄，而且对中国传统文化、历史、世界文化遗产和高雅艺术知识也了解较少。文体活动内容广博，涵盖艺术发展的历史、体育发展的历史、乐理知识、美学知识、人体解剖学知识、生理知识、运动学知识、运动心理知识等多种知识，中小学生在课外学习并开展这些活动的同时，会学习或接触到这些方面的知识。这样，既培养了广泛的兴趣和好奇心，又拓宽了知识面。

第四节　中小学生课外文体活动存在的问题与对策

一、中小学生课外文体活动存在的问题

（一）中小学生对课外文体活动的喜欢程度和参与程度存在不一致，高中生、男生和农村学生尤为明显

从本课题对中小学生最喜欢的课外活动的调查情况来看，在调查所列举的课外活动项目中文体活动位列第二，仅次于休闲娱

乐。但从中小学生对参与最多的课外活动的选择情况来看，位列第三，次于做作业和完成学习任务、特长培养活动。也就是说，对课外文体活动，中小学生虽然喜欢的人多，但参加的人最少，存在着不一致。高中生、男生、农村学生这种情况尤为突出。原因是做作业、补习功课和特长培养等课外学习挤占了中小学生大量的课余时间，使中小学生没有足够的课余时间来从事自己喜欢的课外文体活动。

（二）中小学生参加课外文体活动的频率和时间不能满足中小学生身心发展的需要

上节已述，课外文体活动对中小学生的身心发展起着不可替代的重要作用。但本课题研究调查表明，76.8％的中小学生偶尔参加或从未参加过课外文体活动，72.3％的中小学生每次参加课外文体活动的时间在1小时之内或者从未参加课外文体活动。这种状况远不符合国家教育部、国家体育总局、共青团中央、全国少工委共同发起的"全国中小学生课外文体活动工程"文件精神要求。课外文艺活动和课外体育活动相比较，中小学生参加课外文艺活动的人更少，从未参加或偶尔参加课外文艺活动的中小学生比例高达82.1％。

从中小学生年段差异来看，随着年段的增长，中小学生参加课外文体活动的频率呈下降趋势，从未参加或偶尔参加课外文艺活动的高中生高达87.1％，从未参加或偶尔参加课外体育活动的高中生高达51.0％。有关中小学生每次参加课外文体活动所花费时间的调查也显示了类似结果：从未参加或参与课外文艺活动时间在1小时以内的高中生高达79.5％，从未参加或参与课外体育活动时间在1小时之内的高中生高达68.7％。比例之高是相当惊人的。从中小学生参加课外文体活动的性别差异来看，女生在参加课外体育活动上的频率和时间更低，从未参加或偶尔参加课外体育活动的女生占50.4％，从未参加或参与课外体育活动时间在1小时以内的占67.6％；男生在参加课外文艺活动上的频率和时间更低，从未参加或偶尔参加课外文艺活动的男生占84.9％，从未参加或参与课外文艺活动时间在1小时以内的男生占80.0％。

城市、农村中小学生对课外文体活动的参与程度存在明显差异，无论是从参与课外文艺活动、课外体育活动的频率还是从每次参与的时间来看，农村中小学生的参与情况较差，从未参加或偶尔参加课外文艺活动、体育活动的人数比例分别为85.1％、48.8％，从未参加或参与课外文艺活动、课外体育活动时间在1小时以内的人数比例分别为80.8％、69.7％。家庭经济状况严重影响中小学生对课外文体活动的参与程度，中小学生参加课外文体活动的频率和时间随着家庭经济水平的下降而降低。家庭经济条件差的中小学生从未参加或偶尔参加课外文艺活动、体育活动的人数比例分别为77.5％、58.2％，从未参加或参与课外文艺活动、课外体育活动时间在1小时以内的人数比例分别为78.4％、69.5％。

（三）中小学生的课外文体活动以校内课外活动为主，居住地或社会公共场所的公共资源和设施不能很好地发挥其在学生课外文体活动中的作用，课外文体活动的社会化程度较低

调查表明：中小学生的课外文体活动以校内课外文体活动为主（文艺活动：49.2％，体育活动：63.6％），只有少数中小学生利用居住地或社会其他公共场所（如少年宫、体育场、文化宫）所提供的文体活动设施进行课外文体活动（文艺活动：24.3％，体育活动：17.1％）。居住地或社会公共场所的公共资源和设施不能很好地发挥其在学生课外文体活动中的作用，课外文体活动的社会化程度较低。对中小学生的访谈结果表明，居住地或社会公共场所提供的文体活动设施不完备、管理不善、配套服务不齐全是最主要的原因。中小学生在社会公共场所参加课外文体活动，有利于他们与不同学校、不同年龄、不同个性的同伴的交往，使他们的交际更为广泛，从而提高他们的人际交往能力和协调能力，促进中小学生的社会化发展。

（四）沉重的课业负担和学校、教师、家长的教育观念的灌输和影响，迫使中小学生不得不牺牲课外文体活动的时间来满足应试教育的需求

调查结果表明：中小学生选择参加或不参加课外文体活动，属于自己意愿的占绝大多数；同时还有一部分学生对于不参加课外文体活动的原因，选择虽然想参加，但没有时间和精力（文艺活动：23.3％，体育活动：23.3％），或者缺乏场地或设施（文艺活动：14.7％，体育活动：14.4％）；选择因为家长反对而没有参加文体活动的中小学生只占极少数。对中小学生的访谈表明，沉重的课业负担，以及学校、教师、家长的教育观念的灌输和影响，迫使中小学生不得不牺牲课外文体活动的时间来满足应试教育的需求。如莉莉是一位高中生，学习成绩很好，但很少参加文体活动，有时一个星期难得参加一次，也就是稍微出去逛逛，有时几个星期都不参加一次。问她为什么？是否不喜欢文体活动？莉莉回答："不是我不喜欢课外文体活动，小学的时候我还是这方面的积极分子呢。可现在不同了，高中的功课很忙，回家要做很多课外作业，妈妈和老师都希望我能考上比较好的重点大学。再说同

学们都在家里用功，我稍不用功就会落后，根本没有时间从事课外文体活动，久而久之，也就不想这方面的事了。晚上能够保证6小时的睡眠已经不错了，哪还有时间干这些啊！"

二、大力推进中小学生课外文体活动的对策

(一)必须转变教育观念，重视课外文体活动对中小学生身心发展的重要功能

由于长期受应试教育观念的影响，社会、学校、教师和家长都未对中小学生的课外文体活动给予足够的重视。如在很多家长的思想意识中，根深蒂固地存在"万般皆下品，唯有读书高"的腐朽观念，觉得课外文体活动可有可无，对课外文体活动有利用中小学生身心发展的重要作用知之甚少，或者是一无所知。因此，应加强这方面的宣传：一方面，教育行政部门要加强对学校、教师的宣传，学校要加强对教师、家长的宣传教育，社区可以通过宣传栏、组织专家讲座等方式对社区居民进行宣传教育；另一方面，报纸、电视、网络等新闻媒体要展开这方面的宣传工作。总之，要在全社会营造和创设关心学生参加课外文体活动的氛围，让社会各界都来关心学生课外文体活动与学生全面成长成才的密切关系，让家长认识到如果不进行课外文体活动、只埋头读书，就不可能培养出一个成功的孩子，从而推动中小学生课外文体活动的开展。

(二)切实抓好素质教育，减轻课业负担，为中小学生从事课外文体活动腾出时间和精力

调查表明，中小学生课业负担重是中小学生没有足够时间从事课外文体活动的重要原因，因此，要保证中小学生课外文体活动的正常开展，必须减轻课业负担。减轻学生过重课业负担一直

以来是党和国家对教育发展的明确要求，是义务教育阶段一项长期的、重要的任务，只有学生的课业负担轻了，学生才能有足够自由发展的时间和空间，才可能吹拉弹唱、健身娱乐，才可能减轻压力、放松心情，充分发展自己的专长和特长，充分展示自己的个性。因此，各教育行政部门、各中小学一定要把"减负"落到实处。要不断深化教育改革，提高课堂教学效果，向课堂教学要质量、要效益；要加强中小学教师师资队伍建设，更新其教育观念，提高其教育教学能力和水平，使之成为一名有效践行"轻负高质"的合格教师；要改革学校的管理和评价方式，不唯升学率和不唯分数，加强对学生作业的管理，对"超标"留作业、给家长布置作业、给学生布置网上作业、擅自增加课时、违规增订教辅、变相开设校内外辅导班等现象进行批评教育和严肃查处，鼓励学校和教师开展"无作业日"实践探索活动；要家校联合，通过家长学校向家长说清楚沉重课业负担对中小学生身心发展的危害，取得家长对减负工作的支持和配合，共同营造素质教育的家校环境；建立过重课业负担的监测预警和危机干预机制，对相关责任学校和教师进行及时干预、及时纠正。

（三）完善居住地或社会公共场所的公共资源和设施，推进中小学生课外文体活动的社会化

本课题调查表明，中小学生课外文体活动的社会化程度比较低，绝大部分课外文体活动都是在学校内进行，只有少数中小学生利用居住地或社会其他公共场所所提供的文体活动设施进行课外文体活动。课外文体活动的一个重要功能是提高中小学生的人际交往能力、协调能力、适应能力，发展个性，培养高尚的情操，促进中小学生的社会化发展。在课外文体活动中，让中小学生充分利用社会公共场所，提供机会让中小学生充分接触社会、了解社会，学会和各种各样的人沟通交往很重要。因此，政府机构要充实、完善社区、少年宫、文化馆、游泳馆、体育馆等公共场所的文体活动设施、器械，成立各种课外文体活动俱乐部，配备专业的指导老师和管理人员，确保文体活动的安全、有效，同时对中小学生免费开放，为中小学生课外文体活动提供丰富的资源，吸引中小学生到公共场所开展丰富多彩的课外文体活动，推进中小学生课外文体活动的社会化。

（四）完善制度，加强督导，从制度上保证中小学生课外文体活动的实施

国家教育部等相关部门已经出台一系列推广中小学生课外文体活动的相关政策、文件和举措。如 2001 年 5 月由教育部、国家体育总局、共青团中央、全国少工委共同发起的"全国中小学生课外文体活动工程"；2004 年教育部体育卫生与艺术教育司推出的"体育、艺术 2＋1 项目"；2007 年 4 月 29 日教育部、国家体育总局和共青团中央联合发出通知，号召在全国开展学生"全国亿万学生阳光体育运动"；2007 年下发了《中共中央国务院关于加强青少年体育增强青少年体质的意见》（中发［2007］7 号）。这些文件、政策出台后在全国范围内先后建立了 23 个课外文体活动工程示范区。但我们课题组对全国中小学生课外文体活动参加情况的调查结果并不理想：中小学生参与课外文体活动的频率和时间均不高，远远不能满足中小学生身心发展的需要。因此，一方面，要扩大示范区的范围，使其达到全面覆盖，在全国范围内统一要求中小学生实施课外文体活动工程，全面落实《中共中央国务院关于加强青少年体育增强青少年体质的意见》，广泛开展"全国亿万学生阳光体育运动"。另一方面,要加强对示范区课外文体活动开展情况的督查,要求各省、市、自治区、各中小学校出台具体的保证中小学生课外文体活动工程全面实施效果的政策措施;同时要加强检查监督,确保措施落实到位,并作为对地区教育部门、学校业绩的一项考核指标,在制度上保证中小学生课外文体活动的实施。

参考文献

柴建民.课外体育活动对学生体质的影响研究[J].新课程,2011(5):96,32.

陈江涛.2+1项目的实践模式操作与研究[J].教研论坛,2010(10):22—23.

成聪聪.郑州市"体育、艺术2+1项目"体育项目实验状况研究[D].郑州:郑州大学硕士学位论文,2007.

邓雷.课外体育活动对发展学生自信心的影响研究[J].沈阳体育学院学报,2009,28(1):47—49.

范绪锋,李小伟,陈强.用健康活泼的文体活动充实学生课外生活—全国中小学生课外文体活动工程全面启动[N].中国教育报,2001-11(1).

霍华德·加德纳.多元智能[M].沈致隆译.北京:新华出版社,1999.

何达仁.课外文体活动校本课程目标的预设与有效达成的实践探索[J].教改聚焦,2014(2):174—175.

侯伟伟.山西省中学生课外体育活动现状调查——以山西省部分地区重点实验中学(初中)为例[J].体育研究和教育,2014(29):117—119.

李保凤.美国、日本、加拿大学校的课外体育活动[J].中国学校体育,1994(5):78.

李晓佳.教育部推出"2+1项目"[J].中国学校体育,2004(5):6.

练玉春.6年筹资40亿元,建立动态示范区——中小学生课外文体活动工程启动[N].光明日报,2001-11-28(A02).

林凡.高中生课外体育活动现状的调查分析——以莆田市城厢区为例[J].绍

兴文理学院学报，2012，32(7)：113－116.

刘海元，白光斌．全国中小学生课外文体活动工程建设的现状调查[J]．体育学刊，2008，15(8)：40－44.

刘卫峰．郑州市"体育、艺术2＋1项目"体育类实验运行过程控制的研究[D]．郑州：河南大学硕士学位论文，2006.

牛丽丽，牛攀山．中学课外体育活动与学习压力关系的探讨[J]．体育科技文献通报，2012，20(2)：55.

欧阳翠云．体育锻炼与中学生心理弹性的关系研究[D]．福州：福建师范大学硕士学位论文，2010.

邵正强．初中课外文体俱乐部活动的实验研究[J]．南京体育学院学报，2005，4(2)：85－87.

宋子良．体育活动预防大学生心理障碍效能的调查[J]．现代预防医学，2007，34(22)：4262－4264.

苏近阳．贵州省农村中学课外体育活动现状调查与分析[J]．教学与管理，2013(8)：71－73.

苏月．曲阜市中学生课外体育活动的调查与分析[J]．当代体育科技，2014，4(3)：174，176.

孙洪涛，付蕾，祁红．安徽省农村中小学课外体育活动现状调查分析[J]．现代农业科技，2010(1)：387－388.

王洪娥．校园集体舞在上海市部分初级中学开展的现状研究[D]．上海：上海体育学院硕士学位论文，2010.

王学强．中学课外体育活动开展的现状与对策[J]．理论创新，2014(3)：18－19.

吴劲松．巴中市重点中小学课外体育活动现状与对策研究[D]．重庆：重庆大学硕士学位论文，2012.

杨晓兰．石家庄市区中小学校园集体舞开展情况的调查分析[D]．石家庄：河北师范大学硕士学位论文，2007.

杨颖慧，朱小燕．开齐开足体艺课程 确保每天阳光1小时——课外文体活动工程为海盐教育注入新内涵[N]. 嘉兴日报，2012-01-06(9).

尹春红. 让校园舞起来——校园集体舞在校园文化建设中的作用[J]. 新课程学习，2014(3)：174－175.

张日. 论体育运动对大学生心理健康的影响[J]. 重庆工商大学学报：自然科学版，2004，21(1)：86－89.

张卫明. 湖州市高中学生课外体育活动现状[J]. 运动，2012(44)：61－62.

张秀芳. 吉林省农村中小学课外体育活动现状及对策研究[J]. 吉林体育学院学报，2011，27(4)：122－125.

赵文昌，张丽艳，邵金龙等. 基于心理学视角下的体育教育人格塑造功能[J]. 东北师范大学(自然科学版).2011，43(1)：155－158.

周斌，马玲. 石河子市城区中学课外体育活动的开展现状调查研究[J]. 搏击，2013，5(7)：11－13.

周丽君，赵钟晖. 浙江省中学生参加课外体育活动状况的调查研究[J]. 浙江体育科学，2006，28(5)：59－62.

周丽君. 浙江省中学生课外体育活动与心理健康关系及其对策研究[J]. 北京体育大学学报，2006，29(8)：1109－1110.

解放日报记者. 创新文体活动平台，培养学生综合素质——记宝山区"中小学生课外文体活动工程"[N]. 解放日报，2010-11-19(15).

Kim，A. W.，Emma，S. E.，& Adrian H. T. The effects of physical activity on physical and mental health among individuals with bipolar disorder：A systematic review[J]. *Mental Health and Physical Activity*，2009，2(2)：86－94.

第十章　中小学生课外家务劳动

第一节　中小学生课外家务劳动的研究背景与意义

一、当前中小学生家务劳动状况不容乐观

根据中国人民大学休闲经济研究中心对北京市部分中学生的调查,学生的日平均学习、家务劳动、个人生活必需和休闲时间分别为 7 小时 20 分、1 小时、11 小时 22 分和 4 小时 18 分,分别占全天时间的 30.6％、4.2％、47.4％和 17.9％(王琪延,2008)。进一步分析显示:学生的家务劳动时间每天平均虽然是 1 小时,但在工作日平均只有 34 分钟,远远低于城市居民全体的 1 小时 48 分。刘爱玲、胡小琪等人(2008)使用 2002 年中国居民营养与健康状况调查中"一年回顾性身体活动调查表"收集的资料,对我国 11438 名中小学生参与家务劳动的情况进行分析,结果显示:参加家务劳动的中小学生不到一半,只占 40.1％;其中,女生的比例(45.6％)高于男生(35.2％),农村学生的比例(42.1％)高于城市学生(33.2％),小学生(34.9％)低于中学生(48.7％)和高中生(52.3％)。中小学生平均每天参加家务劳动的时间是 16 分钟,女生(20 分钟)高于男生(13 分钟),城市学生(12 分钟)低于农村学生(17 分钟),小学生(13 分钟)低于初中生(20 分钟)和高中生(21 分钟)。

另有资料显示(张荣钢,2011):90％的学生回到家不洗衣服、

红领巾等，76％的四五年级学生不会做饭。我国青少年研究中心、青少年发展基金会所做的一项调查发现，中国城镇家庭孩子参加家务劳动的时间远远少于其他国家的孩子：中国孩子每日平均劳动时间只有 11.5 分钟，而美国孩子为 72 分钟，韩国孩子为 42 分钟，英国孩子为 36 分钟，法国孩子为 30 分钟，日本孩子为 24 分钟。另据统计，我国中小学生参加家务劳动时间每天平均 0.2 小时，每星期天平均 0.93 小时，每周平均 2.13 小时；与世界上其他许多国家相比最少（李林，1997），详见图 10-1。

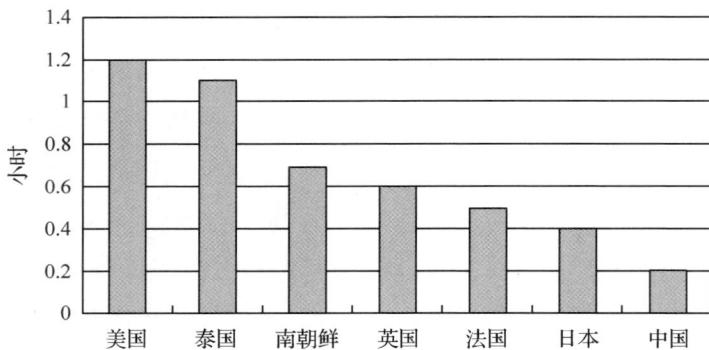

图 10-1　世界各国青少年学生参加家务劳动时间比例图

二、影响中小学生参加家务劳动的主要原因

完整意义上的教育应该由家庭教育、学校教育和社会教育三部分共同组成，但是现在我国大多数家长缺乏正确的家庭教育意识，更缺乏正确的家庭劳动教育，具体表现为：①理念滞后，大部分家长只重视学习成绩而轻视行为习惯，只重视智力因素而轻视非智力因素，忽视对孩子生活能力的培养，有意或无意地剥夺了孩子们自理劳动及参与家务劳动的机会。调查发现：64.7％的家长不要求孩子做家务，当孩子以学习为由拒绝做家务时，

93.8％的家长表示妥协，家务劳动只得让位于学习（易杳，1996）。加上社会态度和舆论几乎一边倒，社会普遍认为孩子应该以学习为重，家务劳动这种"小事"不应该干扰孩子的学习，这种想法和态度严重影响了孩子的行为与想法，以致孩子认为做家务应该是大人的事情，不是自己的"辖区范围"，不是自己的事情。②宠爱有加，用心"呵护"，连最简单的家务劳动、自我管理事宜都包办代替。家庭教育的错位，造成了孩子凡事以自我为中心，认为人人为我，生活自理能力差，行为习惯出现偏差，从而导致现在我国不少小孩不懂得生活，缺乏生活技能以及危机处理能力。当离开家长的时候，连自己的衣食住行都无法处理。尤其在当前独生子女家庭，由于家长宠爱，不少孩子养成了衣来伸手、饭来张口、甚至好逸恶劳的不良习惯，很少参加家务劳动。

黄永兴（2004）认为，学生之所以不乐意参加家务劳动，究其原因，一是平时父母不让自己的孩子做这些事，认为这些生活上的小事与学习无关，用不着孩子操心，孩子的任务是读书，只要把学习搞好就行。二是小学生自进学校读书以后，所有实践型的家务活都是由父母或爷爷奶奶包办代替的，他们认为这很正常，是天经地义的事。

另外，有些家长对子女存在放任自流现象，他们始终抱着一种观念：都让家长来教孩子，那学校、老师是干什么的？只要孩子有过错就认为是在学校里老师教育不到位，过于依赖学校教育。但是，如今的学校教育真的能让孩子得到德智体美劳全面发展吗？显而易见，远不尽如人意，至少在培养生活技能、学会烧饭、洗衣等方面，在提升危机处理能力、学会如何灭火、处理家用电器短路等方面，一般的学校教育都是少有涉及的。

长久以来，学校教育只偏重书本知识的传授，却忽视生活实践训练；只偏重智力开发，却轻视个性发展和品德培养；"成绩第一，升学第一"成了学校和老师们追求的唯一目标，却完全忽视了学生生活自理能力的培养。这是当今中小学生忽视家务劳动的重要根源之一。学生整体劳动机会缺乏，与长期以来劳动教育在中小学阶段得不到足够的重视有关系（赵小红，2014）。

目前，独生子女生活自理能力差已成为一种较为普遍的社会现象，而人们对这种社会现象已经习以为常，虽然抱怨，却一般都会默认。社会对独生子女自理能力差的默认和缺乏对独生子女自理能力培养的环境和条件，是独生子女自理能力差、家务劳动被忽视的又一原因。

此外，由于我国长期的社会分工不同，女性居民一直是家务劳动的主力军，这种格局在中小学生中同样存在，以致女孩做家务的比例和时间都高于男孩（刘爱玲和胡小琪，2008）。调查还表明：家庭结构也是影响孩子参加家务劳动的重要因素，单亲家庭的孩子承担的家务劳动要高于双亲家庭孩子；城市与农村也存在差异：城市学生参加家务劳动的比例和时间均低于农村学生，这可能与城市孩子大都为独生子女，城市经济水平高于农村有关。

三、家务劳动对中小学生发展的主要影响

事实上，恰恰是缺失的家务劳动教育对学生的发展产生了不可估量的影响，家务劳动是促进青少年全面发展的重要手段，与他们的成长密切相关。赵春莉（2012）认为，家务劳动教育是培养学生各种能力的基础，是孩子学习各种能力的起步条件；教育孩子从事一些力所能及的家务劳动，不但能增强体质、促进身体的发展，还能促进学生智力、意志、思想道德的发展，能改变独生

子女在家庭中以自我为中心的思想，改变他们不良的行为习惯，使他们的身心得到健康成长。

南京地区曾对 2300 多名大中小学生进行调查，结果发现，有 71％的学生缺乏恒心和毅力，有 67 ％的学生难以接受自己的失败。这与他们从小缺乏家务劳动锻炼有很大关系。美国哈佛大学的一些社会学家、行为学家和儿童教育专家，对美国马萨诸塞州波士顿地区的 465 名少年儿童所做的长达 20 年之久的跟踪调查发现："喜爱干家务活的儿童和不爱干家务活的儿童相比，长大后的失业率为 1：15，犯罪率为 1：10，爱干家务活的孩子长大后平均收入要高出 20％左右；此外，其婚后离异率、心理疾病患病率也较低。"

四、开展中小学生家务劳动教育的重要意义

综上所述，本研究通过调查中小学生的家务劳动状况，进而探讨中小学生家务劳动的引导和教育对策，对于培养学生的生活技能和自理能力、促进学生的心理健康发展和社会适应性等，具有重要的现实意义和指导意义。例如，家务劳动不仅能增强青少年的体魄，发展他们的观察力、记忆力、注意力、创造力、身体协调能力和动手能力，还能培养他们的义务感、责任感和吃苦耐劳的精神，提高他们的生活自理能力，帮助他们认识自己在家庭中的存在价值，形成家庭成员的自豪感。教育青少年从事一些力所能及的家务劳动，不但能增强体质，促进身体的发展，还能促进智力、意志、思想道德的发展，能改变独生子女在家庭中以自我为中心的思想，改变他们不良的行为习惯，促使他们的身心得到健康成长。

综观已有的研究，首先，从研究层面来看，已有的研究很大程度上处于理论层面，多是论证当代学生的家务劳动以及生活技能的训练是必不可少的，呼吁家长、学校、社会各方面都需要加强此方面的训练；在实操层面的研究有待进一步加强。其次，从研究的实践操作性来看，虽有部分学者或者一线教师提出了"进行家务劳动、生活技能训练对策"，但此类对策多数也是出于理论层面，操作性与实践性不强；虽有老师提出了一些可以进行实践操作的对策，但此类对策缺乏系统讲述，只是一些零散的碎片化的对策，没有形成一个完整的方案，这些方案是否适合在中小学进行广泛实施有待进一步考证。再次，从研究方法来看，现有的研究主要以问卷调查法为主，问卷法虽有它的好处与方便之处，但在研究家务劳动中却存在一定的问题：它并不能深入探讨学生的家务劳动状况及其对心理发展的影响，问卷调查的结果难以做到与真实状况完全一致。为了能够更加接近学生的真实状况，在未来的研究中需要将问卷法、观察法、访谈法等多种调查法进行综合运用。最后，从研究内容来看，在家务劳动与学生心理发展的研究上，研究内容比较少，因此不能系统地形成家务劳动与学生心理发展究竟有哪几方面关系的完整研究。同时，家务劳动与学生心理发展的研究比较浅显，并没有深入研究哪类家务劳动能够促进学生什么心理或者品德的发展等问题。

第二节　小学生家务劳动现状的实证调查

一、小学生家务劳动现状的问卷调查
（一）研究目的
通过对小学生家务劳动调查问卷结果的分析整理，了解小学

生家务劳动的现状及存在问题，为制定"小学生家务劳动的引导和
教育对策"提供依据。

（二）调研方法

1. 调研对象

采用方便抽样的方法，在某市抽取城市、农村各 3 所小学，
其中每所小学每个年级随机抽取 1～2 个班，共调查学生 780 名，
回收问卷 750 份，回收率为 96.15%。其中有效问卷 732 份，有效
率为 97.6%。被试分布情况详见表 10-1 和表 10-2。

表 10-1 调查对象性别分布一览表

性别	N	%
男	364	49.73
女	368	50.27
合计	732	100

表 10-2 调查对象年级分布一览表

		N	%
	二年级	139	18.5
	三年级	150	20.0
有效	四年级	171	22.8
	五年级	158	21.1
	六年级	132	17.6
	合计	750	100.0

2. 调研工具

自编"小学生家务劳动调研问卷"，问卷以封闭式选择题和开
放式问答题为主要题型，共分为以下两部分：

第一部分是关于小学生及家长的基本信息统计情况，包括学校名称、所在地、性质，学生的性别、年龄、年级与班级、民族、特长，是否为独生子女，学习成绩情况，父母文化程度，父母的职业等内容。

第二部分是关于小学生家务劳动活动状况，主要包括以下内容：其一，家务劳动现状调查，如家务劳动的时间、频率等，其二，参加家务劳动的原因，如自我要求、家长要求、现实影响等；其三，对家务劳动的体验或看法。

（三）调研的结果与分析

1. 小学生参与家务劳动的频率

统计学生在家中每周做家务的频率，详见表 10-3。

表 10-3　学生在家中是否做家务及做家务的频率

	做家务频率	N	％	有效/％
有效数据	经常做（一周 5 次及以上）	290	38.7	38.9
	偶尔（一周 1～3 次）	415	55.3	55.6
	基本不做	37	4.9	5.0
	从来不做	4	0.6	0.5
	合计	746	99.5	100.0
	缺失数据	4	0.5	
	合计	750	100.0	

结果显示，在被调查的学生中，经常做家务的有 38.7％，偶尔做家务的有 55.3％，基本不做家务的有 5％，从来不做家务的极少（0.5％）。可见，现在的小学生或多或少都做些家务，但坚持经常做家务的却不多，只有 38.7％。

2. 小学生家务劳动的主要类型

统计小学生在日常生活中常做的家务劳动类型，结果发现：主要是"拖地、擦桌子"和"整理房间和床铺",分别占 16.6％和 16.2％;其次是"倒垃圾"和"洗头、换衣服",分别占 13.3％和 12.7％;再次是整理书包和书桌,占 7.2％。从调查结果可以发现,学生常做的是一些比较简单、低级的家务劳动,不用花费太多的时间和精力,也不需要什么技能和技巧。通过观察记录和个案研究进一步发现,孩子平常最多是帮助家长倒一下垃圾或帮自己削一下铅笔或者整理一下书包,他们所做的就是一些非常简单的家务劳动。

3. 小学生参与家务劳动的时间

统计小学生每次做家务的时长,详见表 10-4。结果显示,被调查的学生中,每次做家务时间为 1～10 分钟的为 201 人,占总人数的 26.8％;每次做家务时间为 11～20 分钟的为 255 人,占总人数的 34％;每次做家务时间为 21～30 分钟的为 154 人,占总人数的 20.5％;每次做家务时间为 30 分钟以上的为 126 人,占总人数的 16.8％。从数据中我们可以看出,学生平常做家务的时间并不多。正如上述观察记录和个案研究的结果表明,孩子们所做的主要是一些非常简单的家务劳动,用时不太多。

表 10-4 学生平常每次做家务的时长

	做家务时间	频率	百分比/％	有效百分比/％
有效 数据	1～10 分钟	201	26.8	27.3
	11～20 分钟	255	34.0	34.6
	21～30 分钟	154	20.5	20.9
	30 分钟以上	126	16.8	17.1
	合计	736	98.1	100.0
缺失数据		14	1.9	
合计		750	100.0	

4. 小学生参与家务劳动的主观感受

统计小学生"排除外界因素、你是否愿意做家务"的调查结果，详见表 10-5。

表 10-5　排除外界因素，是否愿意干家务

	是否愿意	N	%	有效/%
有效数据	愿意	617	82.3	90.3
	不愿意	66	8.8	9.7
	小计	683	91.1	100.0
	缺失数据	67	8.9	
	合计	750	100.0	

分析发现，如果不考虑外界因素，只是考虑学生自身的意愿，绝大多数学生（82.3%）表示是愿意做家务的，这种自觉性是家务劳动的内驱动力，说明学生具有应该自觉做家务劳动的意识，但是仍是上述提到的问题，学生的行为并没有跟上他们的意识。

统计学生做家务后的主要感受，结果见表 10-6。从调查结果来看，大部分学生认为做家务是一件有成就感的事情，但是也有不少学生（22.7%）认为无所谓，甚至有极少部分（2%）学生认为做家务是一件浪费时间的事情。说明对于做家务还有少部分学生的思想观念不端正，没有认识到家务劳动的益处。

表 10-6　学生参与家务劳动的感受

	做家务感受	N	%	有效/%
有效数据	成就感	521	69.5	73.8
	无所谓	170	22.7	24.1
	浪费时间	15	2.0	2.1
	合计	706	94.1	100.0

做家务感受	N	%	有效/%
缺失数据	44	5.9	
合计	750	100.0	

5. 小学生平常做家务的年龄差异

分别统计不同年龄小学生做家务的情况，结果见表 10-7。从表中结果可以发现，学生随着年龄的增长，干家务的方式逐渐发生变化，从帮助家人打下手逐渐转变为自己独立做家务。对不同年龄小学生做家务的情况进一步作卡方检验，结果表明：$\chi^2 = 38.028$，$df = 18$，$p = .004$；即不同年龄的学生在做家务方面存在显著差异。

表 10-7　年龄和小学生平常做家务的关系

年龄	结果	给家人打下手，做做帮手的事情	独立做家务，减轻家人负担	和家人一起做家务，相互合作	其他	合计
8	计数	15	27	25	2	69
	年龄中的 %	21.7	39.1	36.2	2.9	100.0
9	计数	17	45	42	0	104
	年龄中的 %	16.3	43.3	40.4	0.0	100.0
10	计数	17	81	39	1	138
	年龄中的 %	12.3	58.7	28.3	0.7	100.0
11	计数	12	111	44	2	169
	年龄中的 %	7.1	65.7	26.0	1.2	100.0
12	计数	19	68	43	2	132
	年龄中的 %	14.4	51.5	32.6	1.5	100.0

年龄	结果	给家人打下手，做做帮手的事情	独立做家务，减轻家人负担	和家人一起做家务，相互合作	其他	合计
13	计数	10	49	23	3	85
	年龄中的 %	11.8	57.6	27.1	3.5	100.0
14	计数	0	6	2	1	9
	年龄中的 %	.0	66.7	22.2	11.1	100.0
合计	计数	90	387	218	11	706
	年龄中的 %	12.7	54.8	30.9	1.6	100.0

二、小学生家务劳动的个案观察与分析

(一)研究目的

通过观察研究和个案分析，进一步了解小学生家务劳动的现状及其对心理发展的影响。

(二)研究方法

1. 观察对象

选择研究者较熟悉，且印象深刻、有代表性的学生胡某作为观察对象。

2. 观察内容

研究人员亲身参与到学生的生活和集体劳动中，观察研究对象的家务劳动和学校班级劳动情况，并观察学生的心理发展情况。

(三)观察结果与分析

1. 观察对象的基本信息

胡某，女，8岁，就读于杭州市江干区某师范大学附属实验小

学二年级。她学习成绩优秀，爱好阅读和画画，家庭经济状况良好，同父母亲生活在一起，住在城区。

2. 胡某参与家务劳动的情况

周末在家，胡某会参与家务劳动。例如，不用爸爸妈妈的催促或提醒，会自觉去洗自己的袜子和整理自己的书桌。在洗袜子的过程中，全程不需要家长的帮助，无论是用肥皂洗，还是用洗衣液来洗，胡某都较为熟练；也不会受到其他外在因素的干扰，能专心致志地洗袜子。洗完袜子之后，胡某会自觉地将脸盆洗干净放回原处，并询问妈妈自己的袜子是否已经洗干净，然后再跑到客厅去向爸爸"炫耀"自己的劳动成果，非常乐意和家人分享自己劳动后的喜悦。

3. 胡某参与学校班级劳动的情况

身为值日组长，胡某能主动、积极地参加班级劳动，不需要老师的命令与督促，会自觉地拿起扫帚、拖把等工具打扫教室。扫地的动作很娴熟，也很细致；拖地的动作也非常到位，打扫得很干净。在打扫过程中非常专心，不会受其他小朋友嬉戏打闹的影响，也不会与他们一起玩；有时候还会提醒其他小朋友要认真打扫卫生、不要随意玩闹。

胡某的人际协调能力较好，会根据小朋友性格特点以及劳动的熟练程度等帮助老师分配劳动任务。如郑某是一个几乎不会干家务的同学，所以胡某就先分配给她最轻松的任务——擦窗台，一步一步慢慢地教她如何打扫卫生。

在打扫卫生之后，胡某会自觉收拾所有的劳动工具。有些小朋友搞完卫生之后着急回家，或者根本没有意识到应收拾工具，如有些小朋友会把抹布放在水槽中，有些小朋友会把拖把直接放在教室。这时，胡某会自觉地把小朋友们的卫生工具整理并收拾好，做好扫尾工作。

4. 胡某的心理发展状况

胡某心理健康，为人活泼外向，人际关系良好，小朋友们都非常愿意和她玩耍。她是一个有礼貌的孩子，见到老师会主动问好。作为学生，她懂事听话，深受老师的喜爱；身为班长，她有威信。在班干部改选中，胡某以超高票数继续担任班长。据了解，胡某和小朋友们之间关系良好，有一个主要原因是她乐于帮助他们打扫卫生；值得老师信赖的一个原因是她做值日干净、自觉、彻底，不用老师操心；和父母更亲密的一个原因是她自主做家务，促进了亲子之间的沟通和交流。可见，家务劳动促进了胡某的人际关系发展。

胡某是一个守纪律的孩子，上课遵守纪律，也能提醒其他小朋友遵守纪律。她还是一个特别坚强的孩子，遇到挫折和困难不会轻易放弃。有一天大课间的时候是接力跑，她的脚有点扭伤，不可以跑步。但是，如果她不参加跑，他们小组就少了一个组员，为了小组的集体荣誉感，胡某最终还是忍着脚痛参加了比赛。

胡某还是一个有爱心的孩子。在其他小朋友任务没有完成、中午不能去打饭吃的时候，她会主动前去帮他们打饭。例如，有的同学语文课堂作业没有完成，胡某就会主动帮助他去打饭。胡某乐于分享，宁可自己吃点亏。例如，有一天用餐的时候，由于食堂阿姨的疏忽，班上少了一罐牛奶，有一个小朋友没有牛奶喝，胡某就大方地将自己的牛奶让给这个小朋友喝。

胡某知识面较广，能够静下心来看书，特别喜欢看科学杂志。在"全校的诗朗诵比赛中"，曾作为学生代表在全校师生面前发言。胡某上课认真听讲，积极举手发言；学习成绩优异，是班上学习成绩数一数二的孩子。去年期末考试为全班第一名，语文成绩 99 分，数学成绩 99 分。

胡某生活技能也不错。在家中妈妈有意无意地训练胡某参与家务劳动，使其较为熟练地掌握了一些基本的生活技能，如整理床铺和房间，整理书桌与书包，自己削铅笔，能帮助妈妈淘米、洗菜；会扫地拖地、自己穿衣、打饭、整理客厅等。其安全意识也较强，在放学打扫完教室之后会认真地检查窗户有没有关好，最后用钥匙将门锁好，同时会用手再次检查门窗有没有锁好。

总之，胡某的心理健康得到发展，与其热爱并参与家务劳动不无关系。

三、小学生家务劳动的学校教育个案分析：模拟实训活动

（一）研究目的

以某小学家务劳动的模拟实训为个案，进一步探索家务劳动的教育模式，为当前中小学校开展家务劳动教育提供参考。

（二）研究方法

实地考察和体验，全程观察该小学关于家务劳动模拟实训的全过程，结合访谈结果和学校相关档案材料，通过理论提炼和分析，探讨学校家务劳动教育的对策。

(三)模拟实训活动的目标和内容

1. 模拟实训活动的主要目标

(1)使学生"学会生活、学会做人"。

(2)引导学生养成良好的生活行为习惯,深化育人功能。

(3)引领学生在实践中强化服务他人、懂得谦让、合作感恩的思想意识。

(4)建立一套具有可操作性的"家务劳动模拟实训活动模式"。

2. 模拟实训活动的主要内容

(1)合理消费讲理财、热爱劳动讲卫生、认识家电讲安全、学会自理讲技能。

(2)培养学生养成热爱劳动、文明有礼的良好行为习惯,树立勤俭节约、尊老爱幼、懂得谦让的好品质。

(3)通过学做小手工、学习如何炒菜、学习如何洗衣等,提升学生的生活自理能力,引导学生养成良好的生活习惯。

(4)主题活动内容,详见表 10-8。

表 10-8　模拟实训主题活动内容一览表

活动主题	实践体验	教育目的	实践时段
当一回营养师	一起定菜单	平衡营养讲健康	早上到校后
当一回采购员	上街去买菜	合理消费讲理财	8:00 至 8:30
当一回清洁工	洗菜、打扫、整理	热爱劳动讲卫生	8:30 至 10:00
当一回小厨师	烧饭、烧菜、洗衣	自己事情自己做	10:00 至 11:00
当一回小主人	餐前准备、用餐	崇尚孝德讲礼仪	11:00 至 11:30

活动主题	实践体验	教育目的	实践时段
当一回小农民	地里干活、修剪	掌握技能讲勤劳	12:30 至 1:30
当一回小达人	游戏、农技、编织	学会动手讲本领	1:30 至 2:30
说说我的收获	1分钟演讲、短文	锻炼表达讲收获	第二天晨会

3. 模拟实训活动的师资与对象

活动对象：模拟实训活动面向全校学生，每个学生都有参与的机会。

活动师资：主要是本校老师（如班主任）、校外辅导员以及家长志愿者等。通过聘请校外辅导员讲解理论知识，如合理消费讲理财、平衡营养讲健康、认识家电讲安全、学会孝德讲礼仪；通过邀请家长志愿者指导学生买菜、洗衣、扫地、叠被子、烧菜、做手工等，帮助学生更好地学习家务劳动。

4. 模拟实训活动的场所与条件

该小学在其食堂后面建造了三间平房，装修成日常的厨房、客厅、卧室模样，与平常家庭无两样，作为学生们"模拟实训"活动的场所。同时学校在校园西南角为"模拟实训活动"开辟了一块独立的活动场地，在空地上开辟了菜园，种植一些时令蔬菜，如冬天种植的有青菜、韭菜等，为"模拟实训"提供场地保障与物资保障。

以"烧菜"活动为例，该校将三间平房中的一间（中间）作为厨房，里面的设施与普通厨房无异，有着普通家庭厨房的必备用品：锅碗瓢盆、油盐酱醋、煤气灶、水龙头、水槽，以及砧板、菜刀、电冰箱等。同时将平房中的另外两间分别装饰成一般家庭的客厅和卧室(中间以屏风隔开)。在"客厅"中合理摆放 5 张"餐桌"(由普通课桌拼接而成,同时铺上餐布,使之充满"家"的气息)。在"卧室"中摆放 3 张单人床,同时在床上摆放 3 床被子。"客厅"和"卧室"面积虽然较小,但其所具备的功能相当齐全,且都做了精心布置,使之与普通家庭无异。例如,在"客厅"顶部缠绕着翠绿的葡萄藤(塑料),在"卧室"墙壁上装饰着许多由同学们亲手制作的工艺品等。

5. 模拟实训活动学生的参与过程

根据模拟实训活动的要求,按照活动角色对参与学生进行分组,具体角色和活动任务详见表 10-9。

表 10-9 "模拟实训"活动分组

活动角色	小厨师	清洁员	卫生员	采购员
小组任务	在家长志愿者指导下完成午餐;清洗碗筷;清洗餐盒	在校园内捡垃圾,维护校园整洁;打扫厨房	打扫"家庭"卫生,维护室内整洁;饭后打扫"餐厅"	外出去菜市场挑选食材;择菜;清洗餐盒
全体成员任务	清洗红领巾、叠被子			

学生参与模拟实训活动具体过程如下:

1)第一环节:制定菜谱

由校外辅导员先讲授《平衡营养讲健康》,时间 10 分钟,让同学们对良好的饮食习惯进行基本的了解。然后根据讲座内容,同学们讨论中午应该吃什么,制定菜谱,例如:西红柿炒蛋、炒土豆丝、韭菜炒年糕、萝卜排骨汤、菠菜炒鱼圆、炒青菜、炒芹菜、鸡爪烧土豆、竹笋炒韭菜、水果拼盘等。此菜单由学生初步提出，并交由家长志愿者、老师修改之后形成。

2)第二环节：明确分工

根据"模拟实训"的活动目的和任务要求，将参与学生分成小厨师组、清洁员组、卫生员组以及采购员组，同学们各司其职，完成自己的任务。首先是采购组小朋友在带队老师以及家长志愿者的带领下，去菜市场完成食材采购任务。与此同时，卫生员组小朋友开始打扫室内卫生以及学习叠被子，清洁员组小朋友开始去校园寻找垃圾残骸，维护校园整洁；而小厨师组小朋友则由于"巧妇难为无米之炊"，先在模拟实训场所内阅读图书。

3)第三环节：活动过程

(1)采购组小朋友活动过程。

①采购组小朋友先在校内菜园采摘青菜，采摘足够的青菜之后，开始上街买菜。

②首先在校门口排好队，然后由组长带头，在带队老师和家长志愿者的带领下前往菜市场。组长手中有一个记账的记录本，组长负责记账。

③采购前培训：在买菜之前，带队老师先对同学们进行"培训"：a)要学会问价钱："青菜多少钱一斤啊?"b)要学会讨价还价："叔叔/阿姨，能不能便宜一点呀?"c)要学会计算，比如："青菜2元一斤，要买3斤青菜，多少钱呀?"d)在计算清楚多少钱后，要将钱付给卖菜的商家，完成交易。e)记住菜单，熟悉菜单中的品种。采用现场辨认、图片展示等方式，帮助学生认识各类蔬菜、

瓜果、鱼类、肉类等。

④采购过程：在采购食材的过程中，最初同学们比较腼腆、胆怯，只有两位同学的胆子比较大，会和卖菜的商家打招呼，询问价格。后来，在老师和家长志愿者的鼓励和帮助下，以及某个同学的示范作用下，采购组的同学们逐渐开始积极起来。随着采购渐入佳境，老师开始让学生们分工合作，要求所有的同学都体验一下买菜的过程与感受，如买鸡爪的时候是由4～5个同学一起合作主动去询问价格，并且"砍价"，老师与家长志愿者不参与，只是在边上进行观察和指导。"阿姨，请问这个鸡爪怎么卖？"同学A鼓起勇气向商家询问。"鸡爪21元一包。""阿姨，能不能便宜一点？""对呀，拜托阿姨便宜一点吧。"剩下的几个同学七嘴八舌地开始还价。"好吧，好吧，那就20元一包吧。""谢谢阿姨！"最终这几位同学顺利且出色地完成了任务。在这次采购过程中，通过观察发现，在榜样的带领下，小朋友们都会在买菜之后和商家说声"谢谢！"小朋友们的礼貌有所提升。在完成所有的采购任务之后，在老师与家长志愿者的带领下，采购组的小朋友们满载而归。

(2)清洁组小朋友活动过程。

在家长志愿者带领下，清洁组小朋友前往水龙头边洗红领巾。

洗红领巾要领：a)三个角打上肥皂用力搓，因为三个角是最脏的地方；b)洗红领巾的时候要用手用力搓，不要随便一揉就当作洗干净了。

小朋友们在清洗红领巾时的不当之处：a)在擦肥皂的时候，擦上过多肥皂，导致清洗不干净；b)没有节水意识，当小朋友们在擦肥皂的时候，多数小朋友没有意识到要将水龙头拧紧，在洗完红领巾回教室的时候也有个别小朋友并没有将水龙头关上。

（3）卫生组小朋友活动过程。

卫生组小朋友在家长志愿者的指导下叠被子。叠被子的要领有：a)首先要把被子都摊平；b)要先将被子上的褶皱弄平整再将被子叠起来。

（4）厨师组小朋友活动过程。

厨师组小朋友的主要任务是择菜、洗菜、烧菜。先是在老师的指导下认认真真地处理这些食材，剥竹笋、切青菜根、剪鸡爪、择菠菜、撕包菜、削土豆、择韭菜……刚开始的时候，小朋友们的热情都非常高涨，你争我抢地都想要拿着工具处理食材，但是"心有余而力不足"。如切青菜的同学们，一开始切的时候切的太多了，导致青菜整个都散掉了，变成了菜叶；又比如削土豆的同学们，开始的时候一个拳头大的土豆，削到后来只比乒乓球稍微大一点儿。但是小朋友们都非常虚心，认真地向家长志愿者和老师们学习，而且领悟力也非常高。在家长志愿者与老师的指导下，小朋友们处理食材的能力慢慢地有了提高。

在初步处理完食材之后，小朋友们开始在家长志愿者的指导下学习打鸡蛋和切菜。同时出于安全考虑以及本着"人人有事干"的宗旨，一部分小朋友开始跟着家长志愿者们学习切萝卜、切土豆；一部分小朋友开始切水果并进行水果拼盘的摆盘工作；还有部分小朋友跟着老师学习把排骨焯水，学习炒菜。整个厨房显示出一种忙而不乱的气氛，小朋友们的积极性十分高涨。

随着中午的逼近，同学们在家长志愿者的指导下开始炒菜。首先，当然是从简单的菜开始，同学们在家长志愿者的指导下开始做西红柿炒鸡蛋。家长志愿者先将食用油倒入锅中并放入食盐，等油锅热了之后，指挥小厨师将鸡蛋倒入，然后再由另一个小厨师将鸡蛋翻炒，防止鸡蛋烤焦。等鸡蛋熟了之后再倒入西红柿进行翻炒，接着其他几个小厨师将其装盘，一道西红柿炒鸡蛋就这样制作完成。在老师以及家长志愿者的悉心指导下，小朋友们在中午 11 点顺利完成了西红柿炒鸡蛋、炒土豆丝、韭菜炒年糕、萝卜排骨汤、菠菜炒鱼圆、炒青菜、炒芹菜、鸡爪烧土豆、竹笋炒韭菜、水果拼盘 10 个营养均衡的菜肴。

4）第四环节：餐桌礼仪

在进行辛苦的劳作之后，小朋友们还不能享受自己劳动的果实。在开饭之前，小朋友们首先要接受一个由校外辅导员开讲的《餐桌礼仪》10 分钟小讲座。校外辅导员从现代餐桌礼仪的入座、用餐、敬酒三方面进行讲述。通过讲述如何倒茶、如何使用筷子、在餐桌上哪些行为不礼貌等，使同学们了解了餐桌礼仪。通过让同学们自己讲述自身的感受结束讲座。最后，小朋友们在接受餐桌礼仪的熏陶之后，开始享用午餐。

在午餐环节，观察发现小朋友们用餐礼仪有了一定的提高，如同学们有意识地降低了吃饭时的说话声音和咀嚼食物的声音，吃完的食物残渣也不随便乱吐，会有意识地放置在自己的餐盒边上或者是自己餐盒的空余位置。吃饭的时候也不再特别地挑食，就拿菠菜炒鱼圆这道菜来说。有的小朋友们可以说是很不喜欢吃的，特别是菠菜，在小朋友们看来是有一股怪味的。这可以从他们进食的速度和频率看出来：菠菜炒鱼圆这道菜是所有菜中被吃最少的。在好几组同学中，土豆烧鸡爪这道菜都吃完了，菠菜炒鱼圆却几乎整盘都在。但最终观察下来却发现，所有小组几乎都是光盘的，连菠菜炒鱼圆这道菜也是光盘的，有些小组甚至只剩下一些菜汤。

用餐后的清理环节也显得非常具有纪律性与合作精神——清洁组的小朋友进厨房开始打扫厨房，进行扫尾工作；卫生组的小朋友开始清理餐桌、打扫教室；小厨师组和采购组的小朋友们拿着清洁组和卫生组的小朋友们的餐盒去进行清洗，充分地发挥了团结互助与协调有序的精神。

其他环节从略。

6. 模拟实训活动的频率与时间

如上所述，模拟实训活动面向全校学生，以班级为单位，每个班级一个学期参与一次活动，每次活动时间为一天，一般是从早上 7:50 开始，至下午 3:00 左右结束。

7. 模拟实训活动的效果与作用

1）提高了学生的动手能力

自模拟实训活动启动与实施以来，最明显的成效是提高了学生的动手能力。通过切身体验择菜、洗菜、烧菜等，同学们提高了自己的动手能力和实践能力；同时还提高了人际交往的能力，并在活动中学会了谦让、合作、奉献、孝敬。

2）普及了学生的生活常识

前期调查得知，大多数学生以前从未有过当家的经历，从未洗过衣服，从未进过菜场的也不在少数，甚至还有些中低年段的学生连鞋带也不会系。在模拟实训活动中，通过讲座和实训，学生了解了合理消费讲理财、平衡营养讲健康、认识家电讲安全、学会孝德讲礼仪、热爱劳动讲卫生、善于沟通讲合作、学会自理讲技能等知识和技能。有的学生说："在模拟实训活动中，我懂得了偏食的危害，我会改掉自己的坏毛病。"有的学生说："我学到了很多课堂上没有学到的知识。"

3）提高了学生的生活技能

国家施行"独生子女"政策，很多小朋友都是家里的"小皇帝"、"小公主"，生活技能可以说是非常薄弱的。但在参与"模拟实训活动"之后，他们的生活技能大大提升。例如，许多小朋友在开始之初连择菜都不会，大大地浪费了食材，但经过指导之后，他们可以把土豆、番茄等切得十分到位，根本不像是一个不会做家务的人。通过"模拟实训"活动，小朋友们在洗衣、做饭、叠被子、搞卫生等多方面的生活技能都得到大幅度提升。

4）转变了教师、家长的教育理念

当今大部分家长重视学习成绩而轻视家庭德育教育，重视智力因素而轻视非智力因素，所以只凭自己的经验随性地教育子女。也有的家长受"树大自然直"等传统的教育思想影响，对子女的教育抱放任自流的态度。通过实施模拟实训活动，越来越多的家长认识到家务劳动训练和家庭道德教育不容忽视。有些家长之前也有这方面的迫切期望，但苦于缺乏方法，他们在参与模拟实训活动过程中，学到了很多育人知识。有些家长、老师开始担心"模拟实训"费时费力，会影响学习，但在模拟实训活动实施一年之后，他们欣喜地看到了孩子们的变化，终于打消了种种顾虑。特别是很多家长反映孩子们在家变得能干、变得勤快、变得懂事了，会主动帮父母做事，吃饭时也不像以前那样只顾自己夹好吃的吃了，也会把好吃的夹给大人了，更使家长坚信了模拟实训的效果。

此外，同学们在模拟实训活动中通过共同完成任务，还培养了合作精神，锻炼了协作能力；培养了互助精神，锻炼了利他行为能力；等等。

第三节　家务劳动与学生的心理发展

参加家务劳动，提高生活技能，有助于促进青少年心理健康（苏华，2004）。具体而言，生活技能是一个人心理素质的重要体现，是促进青少年心理健康的有效途径。在当今竞争激烈的社会中，生活技能与个人的身心健康有着密切的关系，特别是能够预防由于不健康行为所造成的疾病。赵春莉（2012）认为，家务劳动教育是培养学生各种能力的基础，是孩子学习各种能力的起步条件。教育孩子从事一些力所能及的家务劳动，不但能增强体质，促进身体的发展，还能促进智力、意志、思想道德的发展，能改变独生子女在家庭中以自我为中心的思想，改变他们不良的行为习惯，使他们的身心得到健康成长。

一、家务劳动能够促进学生的校内学习

问卷调查、观察访谈和个案研究结果都发现，家务劳动能够促进学生学习、提高学生学习成绩。例如，去超市购物、去菜场买菜等活动，需要学生进行思考与计算，能够培养学生的数学思维以及逻辑思维能力，有助于学生的数学学习。同时做家务劳动，如整理房间、扫地、拖地、擦桌子等活动，有利于培养学生的耐心与细心，促进学生形成健全人格。细心的性格有利于学生在学习当中减少粗心大意产生的错误；耐心的性格有利于学生在日常

上课过程中认真听讲，不容易开小差，提升上课的效率，进而提高学习效率。

从观察记录中，我们发现有些渴望成为德、智、体、美、劳全面发展的学生，是因为在家务劳动方面经常得到表扬，所以希望在其他方面也能经常得到老师的表扬，因而上课的时候会认真听讲，同时会积极参与课堂讨论，经常举手发言。例如，帮助家庭外出采购经常与他人进行沟通交流，有利于训练学生的胆量，培养学生活泼开朗的性格；而且在课堂上经常会有自己的想法与思考，故而经常会积极参与课堂讨论，经常举手发言。王雁等人（2008）的研究证实了这一点。通过生活技能教育实验干预结果发现：①生活技能教育能显著提升小学生课堂积极参与行为；②生活技能教育能显著降低小学生课堂消极参与行为；③生活技能教育能显著提升小学生被动参与行为。总之，家务劳动可以促进学生课堂参与行为，提升学生课堂上的学习质量。

二、家务劳动能够促进学生人际关系的良好发展

首先，家务劳动能够促进学生与家长之间人际关系的良好发展。利用周末等空闲时间，学生与家长一起做家务，能够增加学生与家长之间的沟通与交流，更有利于学生理解家长日常的辛苦，使学生更能够体谅家长；同时，学生和家长一起参与家务劳动，也有利于家长理解学生的想法，使家长和学生处于一个"平等"的位置，使家长与学生的关系得到改善与发展。王有剑（2011）认为，家务劳动的合理分工和协作，可以促进家庭成员间的相互理解和关心，增进家庭的和睦和融洽；家务劳动是"互利互惠"的劳动，不仅可以强化家庭成员的团结协作精神，而且可以增强孩子参与社会活动的责任感和使命感，从而促进其良好的心理品质的发展。

其次，家务劳动能够促进同学之间人际关系的良好发展。日常放学后的值日活动是班级劳动，相当于家务劳动的延伸，是同学之间相处、促进同学关系的一个大好机会。受过家务劳动训练的同学，往往会做值日，加上在值日中乐于帮助其他人，更容易获得其他同学以及老师的好感，有助于与同学人际关系的发展。如在周末能开展一些与家务劳动相关的班级劳动活动，更能促进学生互动的增多，有利于同学之间感情的交流，促进同学之间人际关系的良好发展。

此外，外出购物之类的家务劳动，能够锻炼学生主动和人交往的勇气和胆量，促进学生与陌生人之间的交流，使学生交到更多的朋友，扩大自己的人际交往圈。

三、家务劳动能够提升学生的生活技能

通过问卷调查发现，只有一小半的学生在家中经常做家务，其他学生多是偶尔做一次家务，甚至根本不做家务。通过观察记录和个案研究发现：参加家务劳动的孩子，其生活技能大大提升；相反，不做家务或少做家务的学生，其生活技能则相对薄弱。某小学"家庭教室"活动的个案结果表明，许多小朋友在开始之初连择菜都不会，大大地浪费了食材。但通过开展"家庭教室"活动，经过指导之后，小朋友们在洗衣、做饭、叠被子、搞卫生等多方面的生活技能得到大幅度提升；他们不仅可以择菜，而且可以把土豆、番茄等切得十分到位。

关于家务劳动与学生生活技能，在中、日学生夏令营用餐的对比中得到了更鲜明的体现。日本的学生，每天会抽调一个班参加帮厨，帮助厨房做饭、准备餐具等。每到用餐时间，日本的小朋友都会排队，有序地坐好，其间没有一人率先开始吃饭。牛奶

喝完，饭菜吃光，几乎所有日本小朋友的午餐都是这个结果。这些孩子围成一个圈，猜拳，玩石头剪子布。最后一个一个被淘汰，剩下几个胜出的学生欢天喜地地跑到箱子里拿了一支牛奶来喝。原来，剩下没发完的牛奶，就是用这种方法来分发的。在收拾餐具的时候，没有监工和指挥，日本的小朋友们各自找能干的活。有的同学负责把托盘叠得很高很整齐，他们显然很熟练，也很默契。他们喝完牛奶后都将瓶子倒着放在托盘里，这样，走路的时候不容易倒下来摔坏瓶子。

接着，我们一起来看一下日本孩子在夏令营中的表现——2000年8月5日，在日本本土举行了一次中日两国青少年的登山探险活动。登山之前，日本孩子准备充分，中国孩子缺东少西；日本孩子悄然入睡，中国孩子亢奋嬉闹。登山途中，中国孩子引吭高歌，高谈阔论，日本孩子默默不语，埋头走路；日本孩子似乎有使不完的劲儿，中国孩子却总想休息。日本孩子不到目的地决不把水喝光，中国孩子多数在半路上早已壶干杯空、口干舌燥地望着人家有滋有味地饮水。2004年8月，中、韩、日三国90名青少年组成国际草原探险夏令营又一次在内蒙古科尔沁草原进行活动。正值北方罕见高温，行程十分艰苦。日本青少年仍然身背巨大行囊，为野外生存做了充分准备；中国孩子却叫苦不迭，队伍中手机铃声不断，都是在向家长诉苦。活动结束时，日本、韩国孩子对蒙古族文化、旅游资源大加赞赏；而中国孩子却只盼着早点回家。2005年在一次中日小学生联谊夏令营活动中，小朋友们由老师带领去一个郊外的风景区玩，回来时都有点累。中国的家长们纷纷开车迎接，并给他们的孩子递上各种好吃的食品，一边忙着给擦汗，一边心肝宝贝心疼得叫个不停，就这样把孩子接到了出发地；日本的家长也开车去看孩子，但他们没有一个接孩子上车，而是让他们和带队工作人员冒着烈日走回目的地。一队人马来时中日各占一半，回去时队伍中只剩下日本的孩子。

从日本孩子的家务劳动情况到日本孩子超强的生活技能，可以看出家务劳动对学生的生活技能具有促进与提高的作用。

四、家务劳动能够提升学生的社会适应能力

家务劳动能锻炼孩子吃苦耐劳、克服困难的坚强意志，有助于培养孩子良好的社会适应能力。通过对学生的个案研究，笔者发现，参加家务劳动，特别是参加外出购物等家务劳动，他们的社会适应能力较之前有显著提升。例如，某学生胡某，原来是一个非常害羞、腼腆的孩子。还记得有一次中午分饭的时候，食堂阿姨少拿了一个勺子，同学们让胡某去食堂拿一下勺子，胡某跑到食堂门口就马上跑回来了，说有那么多老师在，她害怕。可是自从她妈妈利用周末的时间带她出去购物，给她一定金额的钱和采购任务让她自己去完成之后，胡某的胆子逐渐地变得越来越大，社会适应能力也越来越好。她现在是学校生态馆的小小讲解员，每个月都要接待大量来自其他地方的参观团，表现十分完美。

可见，让孩子做家务，可以培养他们的劳动意识、服务意识和责任意识，乃至走向社会的担当意识，这些都是当下我们有些青少年学生看得越来越淡的东西。一个愿意在家庭中承担自己责任并且乐于分担父母责任的孩子，其自主生活和面对社会竞争的抗压能力就会越来越强，而且在未来的社会竞争中将会获得更多成功的机会。哈佛大学的调查研究也表明：爱干家务和不爱干家务的孩子，成年之后的就业率为 15∶1，犯罪率为 1∶10。爱干家务的孩子，长大后离婚率低，心理疾病患病率也低。中国的一项

调查也发现，那些自幼参与做家务的孩子，学习能力、实践能力和自主能力都比较强，他们长大后工作效率高，人际关系更融洽。

五、家务劳动对学生的良好品德有促进作用

家务劳动不是生产性的劳动，不能创造物质财富；也不是商品性的劳动，不能创造经济利润。它是维持家庭生活、提高家庭生活质量必不可少的活动，是一种道德伦理范畴的劳动，是每个家庭成员为家庭应尽的一种义务。因此，让孩子承担一些必要的家务劳动，为的是培养孩子的家庭义务感和责任感，进而促进孩子的社会义务感和责任感。

具体而言，从事家务劳动对学生良好品德的促进作用有如下几个方面的表现：①体验责任。以某农村学校为例，各班在校园都有"责任地"，由各班负责劳作，整个生产流程由各班级自行负责，学生对自己班的责任地就特别关心，即使不是劳动日，也有学生在上学、放学时停下来去看看庄稼长势；轮到劳动日，在劳动过程中，男生翻地、担水，女生锄草、浇地，学生会自然地根据性别、能力分担劳动任务，体验责任，团结协作，完成劳动。②懂得感恩。劳动是辛劳的。从事任何家务劳动都需付出精力和体力，都是要吃苦受累的。只有从事家务劳动的人，才有这样的体会。而从来不做家务劳动的人，不会有这样的亲身体会，就不可能懂得家长为了让他们过得更舒服、更幸福付出了多少辛劳！戴挺（2014）认为，家务劳动可以让青少年更加珍惜劳动成果。当孩子自己洗过衣服之后，他才能知道想要洗掉一个污渍需要多么努力；当孩子在整理房间上花费了许多时间，累得大汗淋漓却还是没有妈妈整理的那么井然有序，他才会想到平时要注意随手整理、并提高整理的技能技巧。家长的任何言教也没有孩子自己动

手来得更有效果。长此以往，孩子会更加珍惜劳动成果，更加尊敬付出劳动的人。劳动能够让孩子更加体谅家人，更加能体会父母劳动的艰辛，懂得感恩，懂得尊重和体贴他人。③学会分享。分享劳动的快乐，分享劳动的成果。学校食堂将各班同学劳动收获的蔬菜加工成菜肴，供同学分享，体验分享的快乐，体验成功的快乐。有付出就有收获，收获时回想整个劳动的过程，让学生体验付出是收获的关键，领悟成功的快乐是以辛勤的付出为基础的。

此外，曹松成（2014）发现，学生把在学校学到的农业知识、科学技术运用到家庭的农业生产中去，做父母的劳动小助手、种田的小参谋，在劳动实践过程中，学生亲身经历播种、浇水、施肥、除草、生长、收获的全过程，有利于他们养成吃苦耐劳的精神，树立劳动最光荣的观念，进而磨练学生的意志品格，领悟生活的真谛，收获成功的喜悦，丰富美好的生命情感。

第四节　中小学生家务劳动的引导与教育对策

综观本研究和相关研究成果，不难发现，当前中小学生在家务劳动方面存在诸多问题，具体表现为：①当今许多学生对家务劳动抱消极态度，极少主动参与或承担家务劳动。调查发现，学生参与家务劳动的比例很小，自愿、主动参与家务劳动的更少。这在客观上使得学生缺少生活自理和自立能力，同时也缺欠了对他人的责任感和分担意识。②由于极少参与家务劳动，更少参与生产劳动，学生不仅不能体验到劳动的辛苦，不懂一饭一菜来之不易，因而不会懂得节俭、珍惜、感恩等；而且容易导致人格方面的缺陷，如懒惰自私、怕苦怕累、厌恶劳动、贪图享受、奢侈浪费等。③缺乏家务劳动锻炼机会，导致学生缺乏实际动手能力和生活自理能力，进而影响其社会生活适应能力和社会责任感。④对餐桌上的常见蔬菜认知不足。调查发现，即使学生生活在农村，对常见蔬菜的认知也相当缺乏，更不必说城市学生了。因此，亟需加强对学生家务劳动的引导与教育。

一、提高家长思想认识，转变家长观念，促进家务劳动教育

由于长期实行独生子女政策，我国现在大部分孩子为独生子女，出现四个老人加一对父母抚养一个小孩的现象，即 4-2-1 家庭模式。虽然现在全面二胎政策已经开放，但是短时间内这个现象不会消失。孩子在家长眼中特别是祖辈眼中"如珠如宝"，舍不得让孩子受一点"苦"。在这一特殊国情之下，有一批家长在很大程度上缺乏家务劳动教育意识，很少让学生参与家务劳动。尤其是在现阶段，由于家庭条件逐渐好起来，不少家长认为既然自己家的条件比较好，为什么还要让孩子"受苦"呢？另外，不少家长缺乏正确的家务劳动教育观。有调查显示：83%的家长认为孩子只要学习成绩好，会不会做家务劳动无所谓。在这些不当观念误导下，孩子缺乏家务劳动锻炼的机会，脱离家务劳动实践，家务劳动量大大不足。

当前，年轻人中有一部分人被称为"啃老族"，他们受过专业的高等教育，持有相应专业的资格证书，却因不甘心做普通劳动者、不愿意投身于社会实践，宁愿在家靠父母奉养。其中还有的年轻人劳动技能和动手能力差，不适应激烈的社会竞争，干起了不正当的职业，或干脆在家待业。这些人大部分从小就被家人溺爱，以致不爱劳动、不能独立，缺乏家庭和社会责任感。

因此，要改善目前学生家务劳动的现状，一个主要方法与途径就是转变家长的观念和态度，使他们能够重新认识到对孩子进行家务劳动教育的重要性和必要性。重视家务劳动教育，家长才会身体力行，在自己的生活中践行家务劳动，言传身教，实施家务劳动教育。首先，要正确地爱孩子，给予孩子家务劳动的权利和机会，从小培养孩子的生活自理能力和动手能力。其次，要讲究家务劳动教育的方式方法，培养孩子家务劳动的技能技巧，并养成参与家务劳动的习惯。例如，一方面，家长必须让孩子干一些力所能及的家务活动，并作出具体规定，如规定他们每个双休日至少做一次饭、拖一次地、洗两次菜、洗两次碗筷、整理两次房间、帮爸妈盛饭、倒水等，使孩子养成在学校和家里都能自觉劳动的好习惯。另一方面，家长在给孩子布置家务劳动任务时，不仅要其"劳力"，还要其"劳心"；不仅要其"能干"，还要其能"巧干"；在完成同样的家务劳动时，要在最短的时间内取得最佳的劳动效果，提高劳动效率。最后，要培养孩子正确的劳动观念，端正孩子对劳动的态度，切忌将家务劳动作为对孩子的一种惩罚手段，避免孩子对家务劳动产生成见。

美国孩子经常从父母那里听到的一句口号是：自己的事情自己做（Do it yourself，DIY）。这种教育理念，既培养了孩子的能力，也培养了孩子的独立意识，还培养了孩子的一些其他优秀品质。例如，通过让孩子修剪草皮或照顾小孩等工作挣钱，不仅使孩子有了劳动体验，而且能使孩子对金钱的价值理解得更深刻。对此，中国父母值得深思。

二、提升学校与老师的思想认识，促使学校主动创造条件进行家务劳动教育

只有家长对学生进行家务劳动教育是远远不够的，还需要学校对学生进行家务劳动教育。但是，学校受片面追求升学率的影响，往往忽视家务劳动教育；加上社会评判一所学校只看其升学率，而不管其人才培养质量，严重影响了学校的办学理念和方向，进而间接影响了学校家务劳动教育的地位。正因如此，中小学生厌恶劳动、追求享乐的多，埋头苦干、讲究奉献的少；挥霍浪费、追赶时髦的多，艰苦朴素、勤俭节约的少；娇气懒散、任性自私的多，勇敢勤劳、助人为乐的少。这"三多三少"的事实，亟需提升学校与老师的思想认识，促使学校主动创造条件进行家务劳动教育。

实际上，随着素质教育的推进，现今许多学校都开始重视学生的家务劳动教育。例如，如上所述，有的学校开展"家务劳动模拟实训"活动，让学生体验自己当家做主、当一回"小主人"，对孩子们来说，这是一种新奇的、有趣的体验。从新奇尝试到习惯成自然，学生自然而然地就会自主自觉地进行家务劳动。再如，有些学校虽然没有条件开展"模拟实训"活动，但他们有劳动实践基地，学校可以充分利用自己的种植基地或校园一角，每周选取一个固定的时间带领学生去进行劳作，让孩子走进自然、贴近生活，在实践活动中感受劳动的辛劳与快乐。

学校在开展劳动教育过程中，首先，要积极创造条件，使教育内容与实际生活相联系，如上述某学校开展"家务劳动模拟实训活动"那样，要反映真实的家庭生活；其次，要设法保障家务劳动教育的正常开展，包括政策保障、条件保障和时间保障，如学校将家务劳动教育纳入教育内容体系、提供专门的活动场地、并在教育计划中规定一定的时间等；最后，要建立对家务劳动教育的评价和激励机制，如学生参加家务劳动活动的态度、技能、习惯、效果等。

三、激发学生家务劳动的兴趣和积极性

想要改善学生家务劳动的现状，重要的是激发学生家务劳动的兴趣和积极性。孩子做家务的兴趣不是天生的，而是后天培养的。具体而言，还可以采用以下方法激发孩子的兴趣和积极性：

(一)通过表扬激励学生家务劳动的积极性

对于学生，特别是低年级的学生来说，老师可以采用口头表扬和一定的物质奖励的方式激发学生的劳动积极性。对孩子做家务的行为老师和家长必须经常性地给以鼓励、并加以赏识，使孩子在家务劳动中感到有信心或有成就感。只有采取正面激励的方式，孩子的积极性才会高涨。

对于小学中高年级段以上的学生，特别是中学生来说，他们在某种程度上已经不在乎这些物质奖励，他们追求的是同伴以及老师、家长的认可和心灵的满足。因此，老师需要花更多的努力、运用更新的方式来激发他们家务劳动的积极性。

(二)利用新奇事物激发孩子家务劳动的兴趣

每当孩子接触一样新的事物的时候，他们一般会对其产生浓厚兴趣。但是这种兴趣会随着时间的推移而减弱，关键看怎么培养。很多孩子在第一次帮忙择菜时可能觉得挺有趣，但时间一长，他们的注意力一定难以集中，就算被老师或者家长管住，坚持把这件事完成，但恐怕也不是心甘情愿的，甚至下一次做的时候可能会产生抵触情绪。因此，需要设法适应孩子的兴趣，使孩子能够坚持家务劳动。例如，有位家长的做法十分值得借鉴：她儿子在帮他择豆角时，她一边告诉他择豆角的诀窍，一边教他一些有关豆角的常识，如"豆角是怎样长出来的"、"豆角里面含有哪些成

分"、"豆角都生长在或成熟在什么季节"等，通过解答，满足了孩子的好奇心，效果很好。现在的孩子越来越远离农村，对日常生活中的许多事情都十分缺乏了解，家长借做家务的机会传授给孩子一些生活常识，孩子做家务的兴趣就会越来越浓。

（三）根据学生的年龄特点和能力差异激发学生的家务劳动兴趣

要根据学生的年龄特点和能力差异，采用不同方式激发学生参加家务劳动的积极性。例如，低年级可围绕削铅笔、穿衣服、系鞋带等内容开展活动；中年级可围绕使用针线学会几种简单的用针方法和围绕淘米、蒸饭等炊事活动来开展活动；高年级则可围绕主动参加公益劳动、料理自己的生活、炒菜、做饭、养花、护树等来开展活动。通过丰富多彩的活动培养学生的家务劳动意识和对家务劳动的兴趣。需要注意的是，对于孩子应该独立去做的事，就应该放手让其去做，只要他们付出了辛勤的努力，无论结果如何，都应该鼓励和认可，不断激发孩子参与家务劳动的兴趣。当孩子在家务劳动过程中因自身能力或经验不足遇到困难或阻碍时，家长应给予及时的鼓励和帮助，不能因此而挫伤孩子的自信心和和自尊心，也不能动辄包办代替。

四、家校共育法

家校共育是指学校、家庭形成合力对学生进行家务劳动教育。例如，某校一年级的《小鬼当家》活动：一是"限定金额、快乐购物"，学生在数学课内学习了"元角分"后，组织学生去大润发超市，用限定的 20 元钱为自己准备午餐和点心，将课内抽象的概念用到现实的场景中；二是"快乐周末、当家做主"，周末，在家长的支持与配合下，让孩子们当一天的"一家之主"，合理安排全家的一日三餐。让学生在实际生活中，真正深刻地明白合理消费、健康消费。三是让孩子自己挣钱自己做主怎么花，引导孩子们为父母"打工"干家务，进一步体会"勤"所带来的愉悦感。

同理，某校在"包馄饨"的活动中，老师从某市最传统的点心"馄饨"入手，组织和引导学生开展一系列实践教育活动。首先，分好小组，周日在组长和带队家长的带领下到当地知名度最高的馄饨店，对店铺的地理位置、环境布置、招牌等进行远距离调查。再走进馄饨店，对该店经营的馄饨种类及每碗馄饨单价进行调查记录，计算出每个馄饨的单价。品尝不同种类的馄饨，评出最受喜爱的口味。最后，综合馄饨的相关要素，同学们商量决定小组将要自行尝试包哪种馅的馄饨，并按每个人的"食量"估算吃一餐馄饨所需要花费的成本。在活动过程中，学生认真记录、统计、拍摄，返校后进行汇报交流并邀请家长参加。交流活动结束后，孩子和家长一起包馄饨。通过这样的活动，让孩子们在一步一步的亲身实践中感受劳动的快乐与可贵，不仅锻炼了学生的生活能力，更加深了家长和孩子之间的亲情，也进行了生活中的数学学习，有利于学生数学成绩的提升。

最后，学校给家长留一个参与设计活动的机会，让家长来谈谈对下一阶段活动的设计构想。有家长说，可以让孩子们来策划一次亲子游活动；有的家长说，可以让孩子计划把闲置的玩具和书籍进行整理去义卖，或者捐赠给需要的人等；最有意思的是，有一个家长说：老师们辛苦了，假如老师忙不过来，我可以来做义工。可见，充分发挥家长的作用，通过家校共育，是开展家务劳动教育的有效途径。

此外，要积极创造条件，密切与社区和学生家长的关系，充分利用社区资源，加强学校与社区和家庭的沟通与合作，努力建立学校、社区和家庭三位一体的互动模式。

参考文献

曹松成．构建三维教育体系、培养学生劳动技能[J]．吉林教育，2014，
　　Z1：47.

常保晶．当前小学生劳动教育问题探析[D]．武汉：华中师范大学硕士学位论
　　文，2005.

陈晓云．我眼里的健康教育[M]．长春：时代文艺出版社，2008.

戴挺．大有裨益的小家务——也谈家庭劳动教育对塑造学生良好品德的重要
　　性[J]．小学教学研究，2014(32)：55－57.

黄祥祥，杨翠娥．谈小学儿童生活自理能力的培养[J]．黔东南民族师范高等
　　专科学校学报，2004(2)：73－75.

黄永兴．小学生家务劳动调查报告[J]．教学与管理，2004(23)：39－40.

蓝海燕．也傍桑阴学种瓜——略论小学生劳动习惯养成教育[J]．小学教学研
　　究，2014(11)：17－18.

李林．谈谈家庭劳动教育对形成孩子优良品德的意义[J]．江西教育科研，
　　1997(6)：45－47.

李新田，吴廷发，朱祥胜，等．中学生家务劳动与认识现况调查[J]．中国行
　　为医学科学，2005(4)：369.

李新田，朱祥胜，吴廷发，等．中学生家务劳动与心理健康关系的情况调查
　　[J]．四川省卫生管理干部学院学报，2005(2)：106－107，110.

刘爱玲，胡小琪，栾德春，等．我国中小学生参加家务劳动情况分析[J]．中
　　国学校卫生，2008(12)：1071－1073.

马迎华，王凤清，胡佩瑾，等.《生活技能教育与心理健康促进》课程教学模
　　式研究与效果评估[J]．中国学校卫生，2007(11)：961－965.

苏华．提高生活技能是促进青少年心理健康的有效途径[J]．江西科技师范学
　　院学报，2004(2)：86－88.

苏银成．将"热爱劳动"还给学生[J]．教学与管理，2008(28)：27－28.

孙静宇．在劳动实践中培养学生的创新能力[J]．中国校外教育(理论)，2008，
　　S1：576.

王琪延．从学生时间分配看学生生活[J]．教育文汇，2008(11)：19－20.

王雁，林红，姚萍，等．生活技能教育对小学生课堂参与行为的影响[J]．教
　　育学报，2008(2)：87－92.

王有剑．浅谈家务劳动对中小学生心理发展的促进作用[J]．中国科教创新导
　　刊，2011(24)：234.

夏冬柏．应该重视对少年儿童进行生活技能教育[J]．黑龙江教育(综合版)，
　　2003，Z1：69－70.

徐秀娟．家务劳动——不可忽视的素质教育[J]．教学与管理，2008(29)：
　　24－26.

易杳．家庭教育：在缔结中华民族的未来[J]．(中国人民大学复印报刊资料)
　　家庭教育，1996(1)：42－54.

殷方敏．青少年参与家务劳动意识的培养[J]．教育评论，2006(2)：22－25.

张荣钢．当前家庭劳动教育存在的问题及改进建议[D]．长沙：湖南师范大学
　　硕士学位论文，2011.

张玉红．每天让孩子做点家务有利于心理健康[J]．中小学心理健康教育，
　　2014(11)：54.

赵春莉．浅谈对学生家务劳动教育的认识和实施方法[J]．考试(综版)，2012
　　(12)：93－94.

赵小红．小学生"爱劳动"状况调查[J]．中国德育，2014(7)：31－35.

周凯，叶广俊．生活技能教育对提高学生心理健康的干预研究[J]．中国心理
　　卫生杂志，2002(5)：323－326.

朱娴．学生参加家务劳动重在培养责任感[J]．希望月报，2005(16)：44.

第十一章 课外(园外)学习活动与学生的学校适应

第一节 课外学习活动与学校适应概述

一、课外学习活动与学校适应的研究背景

课外学习活动有狭义和广义之分。狭义的课外活动是指学生在课外自主参与、有目的、有组织、系统的学习活动(苗彩成和王平萍,2007)。广义的课外学习活动则是指除去课程学习之外的一切其他自由"活动",包括学校正式组织以非课程的形式组织安排的全校性、全员性活动,教育者组织安排的局部活动,学生非正式群体的自由自主活动,学生个人的自由自主活动,等等(邱德乐,2011)。与之相应,幼儿的园外活动则是指除去幼儿园课程学习之外的一切其他自由"活动",包括幼儿园正式组织以非课程的形式组织安排的全园性、全员性活动,教育者组织安排的局部活动,幼儿非正式群体的自由自主活动,幼儿个人的自由自主活动,等等。

开展课外学习活动是为了让孩子走出课堂、接近社会、开阔眼界、丰富知识,让孩子在学习之余获得休闲、愉悦身心。尽管国家提倡"减负"并出台了"减负"的相关政策,小学生课外时间也增加了,但这并不意味着课外活动质量的提高。许多孩子把多出的课外活动时间作为自己放纵娱乐的时间;有的孩子则被父母安

排了许多家庭作业和培训班，自我安排的时间非常少（颜静，2013）。调查显示，许多学生有选择性地参与有助于提高学业成绩的课外活动，主要是补习班、家教等。如今，幼儿也开始面临由家长代为包办的园外活动，如鞍山某幼儿园中班，班里 22 个孩子就有 18 个人参加了各种各样的特长班（田畅，2010）。观察和访谈也发现，许多幼儿参加园外兴趣班、特长班，如游泳、下棋、算术等，有的是为了培养兴趣，有的则是培养特长，还有的是为了储备知识为进入小学做好准备。

幼小衔接和学校适应阶段是孩子人生发展的重要阶段，从幼儿园以玩为主到小学以学为主使孩子的角色发生根本性的变化。这种改变是对孩子身心发育、认知发展、社会适应能力、成熟度等发展到一个阶段、一种水平的检验。如何让孩子挑战这种角色转变并顺利完成学校适应呢？资料分析显示：单独的幼儿园外活动和小学生课外活动研究文献资料较多，早在 1988 年《驻马店师专学报》第一期就发表了《课外活动在中小学生心理发展中的作用》；2008 年 1 月《职业与教育》刊出的《积极开展课外活动，全面提高学生素质》也强调了课外活动对学生全面素质的提高有积极的作用；2014 年《学周刊》第 6 期发表的《开展课外活动提高学生素质》再次强调了课外活动的作用和重要性。毋庸置疑，丰富多彩的课外活动能够提高学生的综合素质和能力，促进学生全面发展。然而，较少有人从课外活动出发，研究幼小衔接和学校适应的问题，尚未见有资料研究不同类型的园外活动和课外活动能促进幼小衔接和学校适应。因此，通过调查深入了解大班幼儿的园外活动和小学新生课外活动的基本现状，探寻最适宜幼小衔接和学校适应的园外活动和课外活动，同时深入探讨园外活动和课外活动与幼小衔接和学校适应之间的关系及其影响因素，对于促进幼儿心理发展，丰富教育理论、课外活动理论、幼小衔接和学校适应理论及心理健康教育理论等具有重要的参考价值。

二、儿童学校适应研究现状

关于学校适应的界定，教育界目前尚未达成一致观点。陶沙(2000)认为，学校适应包括五个方面：①学习适应，指个体进入学校后，面临内容拓展、难度提高并强调自我监控的学习任务，孩子需要发展出新的学习能力，以胜任学习任务的转变；②人际适应，指个体在脱离原有的人际环境、进入陌生环境的转变中，需要建立起协调的人际关系；③生活自理的适应，指个体在脱离父母的情况下，需要发展自主安排与照顾日常生活的能力；④环境的总体认同，指个体对新环境的接纳程度；⑤身心症状表现，指个体在完成上述适应任务过程中的身心反应。

国外学者则提出了有关学校适应的理论模型，以帮助读者更加深入地了解学校适应的概念和内涵(于涛，2014)。一是拉德(Ladd)提出的学校适应模型，主要针对幼儿园初期和入学后的低年级儿童，认为学校适应是儿童在学校环境中感到愉快、并投入到学校活动中获得成功的程度，包括学业表现、学校活动等。二是雷诺兹(Reynolds)和本兹鲁兹克(BeZruczko)的理论观点，认为儿童初入学时的适应指标是其入学时的基本特征，包括性别、入学年龄、父母受教育程度、家庭收入情况、社会经济地位、参与学前计划的经历和认知准备状态等。随着年龄的增长，幼儿和小学儿童的适应指标和衡量标准各不一样。三是桑吉塔(Sangeeta)的理论观点，认为学校适应可分为学业适应(如学业成绩、对学习的喜爱程度等)和社会性适应(如同伴关系、师生关系、社会技能、对学校的喜爱程度等)。

影响学校适应的因素很多，张玮（2009）从小学一年级学生入学适应的学习适应性和社会适应性出发，阐述了学校因素、教师因素、家长因素都是影响学生学校适应的主要因素，认为性别、是否独生子、父母教育程度、家庭类型和家庭环境等对儿童入学适应有重要影响。王佩丹（2004）和耿向红（2003）等分别探讨了儿童学习适应性和儿童学业成绩的关系，以及儿童学习适应性与幼小衔接的关系，揭示了小学生学习适应性对学业成绩的影响，说明良好的幼小衔接对儿童的学习适应有着明显的重要作用。朱慕菊（1995）认为，环境适应能力、常规训练和身心发展相协调是做好儿童入学准备的三方面条件。学校和家庭应从身体、知识、心理等方面帮助孩子做好学校适应。随着我国学前教育专家对幼小衔接研究的不断深入，儿童入学准备的内容更加科学、更加具体化，即一般发展和知识技能、儿童主动性的培养、人际交往能力的培养。

美国国家教育目标委员会（NEGP）提出了儿童发展的五大领域，即身体健康和运动发展、社会性和情绪发展、学习方式、言语发展、认知与一般知识。通过对这五大领域的研究，美国儿童教育工作者证实了儿童在未来学校生活中的成功取决于生理、心理和智力等方面的综合因素（张朝晖和吴朱红，2009）。澳大利亚墨尔本大学教育学院在幼小衔接领域探讨了儿童入学适应的影响因素与入学适应指标之间的复杂关系，这些影响因素包括双亲和非双亲的教养方式、儿童的个体特征、家庭因素和学校因素（吴志勤和杨晓萍，2008）。日本教育研究者认为，学前阶段的入学准备工作应主要集中在学习方面的发展和社会性的培养。学习方面的发展指一些与小学教育相符合的学习习惯和技能的培养；社会性的培养指人际关系的培养、道德教育的衔接、重视游戏在幼儿学习生活中的作用(朱慕菊,1995)。

总的来看,儿童学校适应研究主要将重点放在幼儿园教育教学工作的改进上,通过改进幼儿园的幼小衔接工作,提出一些概括性的建议和意见。有的研究者把一些儿童的适应困难归纳为儿童对外部条件突变的不适应;也有研究者认为,儿童的学校不适应与儿童发展水平低、抽象逻辑思维能力差、规则意识模糊等有关。张远丽(2008)认为,幼小衔接教育对培养儿童良好的适应性起着十分重要的作用,改进幼小衔接的工作方法、解决小学新生适应性问题,是促进小学新生学校适应的关键。儿童进入小学后出现的问题有:社会适应性问题,如缺乏规则意识与执行规则的能力、独立性与生活自立的能力、人际交往的能力、任务意识与完成任务的能力等;学习方式的适应问题,如游戏化教学转为传授式教学带来的不适应。因此,做好幼小衔接工作,促进儿童的学校适应,能对孩子的身心健康发展产生长远的影响。

综观已有的研究:对于小学一年级学生整体适应现状的研究并不是很多,且大多数将重点放在了适应结果的探讨上,而对于学生是如何从幼儿转变成小学生、如何一步一步适应小学的过程缺乏研究;从课外活动视角探讨幼小衔接和学校适应问题更是鲜有报道。关于幼小衔接和学校适应问题,已有的研究往往是从课堂学习或课程学习视角加以研究,上课行为习惯的培养、学习方面的转变等促进幼小衔接适应;但鲜有研究从幼儿和小学新生的课外活动入手探讨幼小衔接和学校适应问题。因此,下一步研究应侧重课(园)外活动对幼儿和小学新生发展的重要作用,设计适宜幼小衔接的全面性课外活动,探讨如何引导儿童积极、主动地参加科学的、与幼儿和小学生年龄特征和心理发展相适宜的课

（园）外活动，感受学校生活的丰富和乐趣，体验老师的亲切和同学的友好；让孩子在角色扮演的课（园）外活动中实现从幼儿角色向小学生角色的转换，进而促进儿童从幼儿园到小学的平稳衔接，从而热爱学校和融入学校，全面实现学校适应，包括学业适应、人际关系适应、日常生活常规适应、情绪适应等。

第二节　小学新生的课外学习活动与学校适应

学前教育与小学教育衔接的根本问题在于促进儿童学校适应，因此，做好幼小衔接工作是幼儿适应小学生活的需要，其目的就是解决儿童入学后的困难。关于幼小衔接问题，已有的研究往往是从课堂学习或课程学习视角，研究上课行为习惯的培养、学习方面的转变等如何促进幼小衔接适应；但鲜有研究从幼儿和小学生的课外活动入手探讨幼小衔接问题。因此，本研究侧重探讨课（园）外活动对幼儿和小学生发展的重要作用，试图以科学的、与幼儿和小学生年龄特征和心理发展相适宜的课（园）外活动促进孩子在快乐中实现从幼儿角色向小学生角色的转换，进而促进儿童从幼儿园到小学的平稳过渡。

一、调研对象与方法

本节和下一节关于小学新生和幼儿课（园）外活动和学校适应的调查，综合采用问卷调查法、量表测验法和访谈调查法，其调研对象、材料和步骤分述如下：

（一）调研对象

1. 问卷调查对象

通过对 3 所小学 6 个班的 238 名小学新生进行学校适应性量表

测量，跟踪他们在小学低年级阶段的课外活动、并追溯他们在幼儿园大班时期的园外活动。

同时，向这 238 名小学新生的家长了解孩子在小学低年级阶段的课外活动和幼儿园大班时期的园外活动；并随机向 22 名幼儿园老师和 23 名小学老师了解幼儿园大班孩子的园外活动和小学低年级阶段的课外活动。

2. 访谈调查对象

对 22 名幼儿园老师和 23 名小学老师进行访谈，进一步了解幼儿园大班孩子的园外活动和小学低年级阶段的课外活动。

(二)调研材料

1. 问卷调研材料

自编调研问卷：通过收集大量文献资料及实践访谈，获得小学新生课外活动和大班幼儿园外活动的相关信息，自编适应大班幼儿园外活动、小学新生课外活动的家长问卷及教师问卷。

修订测验量表：参考华中师范大学唐浪的硕士学位论文修订《学生学校适应评定量表(学生)》和《学生学校适应评定量表(教师)》。该量表分为四个维度，即任务取向、行为控制取向、自表能力取向和同辈交往能力取向，共 32 个条目，所有的条目都在一个五点量尺反应，从 1＝非常不同意到 5＝非常同意。量表的总分和每个维度的总分分别表示学生学校适应的总体水平及其在相应维度的适应水平。

访谈调查内容：结合问卷调查内容，采取开放式访谈，进一步了解学生的课外活动及其学校适应情况，了解幼儿园和小学教师对园外活动和课外活动的看法、教育理念和主张，以及关于园外活动和课外活动的组织情况；同时从教师视角进一步了解学生的学校适应情况。

（三）调研步骤

1. 施测《大班幼儿园外活动调查问卷（家长问卷）》

分发250份问卷给小学新生家长，回收238份有效问卷，回收率95.2％，具有统计学意义。了解小学新生的基本信息及其家庭信息，追溯小学新生在幼儿园大班时期的园外活动情况，对孩子的第一园外活动、第二园外活动的频率、场所、目的、状态、积极和消极变化等进行统计分析。

2. 施测《小学新生课外活动调查问卷（家长问卷）》

分发250份问卷给小学新生家长，回收238份有效问卷，回收率95.2％，具有统计学意义。了解小学新生的基本信息及其家庭信息，了解其相应的课外活动，对孩子的第一课外活动、第二课外活动频率、场所、目的、状态、积极和消极变化等进行统计分析。

3. 施测《大班幼儿园外活动调查问卷（教师问卷）》

分发30份问卷给幼儿园教师，回收22份有效问卷，回收率73.3％，具有统计学意义。了解幼儿园时期的大班孩子的园外活动，对孩子的第一园外活动、第二园外活动的频率、场所、目的、状态、积极和消极变化等进行统计分析。

4. 施测《小学新生课外活动调查问卷（教师问卷）》

分发30份问卷给小学教师，回收23份有效问卷，76.7％，具有统计学意义。了解小学新生时期的孩子课外活动，对孩子的第一课外活动、第二课外活动频率、场所、目的、状态、积极和消极变化等进行统计分析。

5. 施测《学生学校适应评定量表(学生)》

分发 250 份量表给小学新生，回收 238 份有效量表，回收率 95.2%，具有统计学意义。了解小学新生的基本信息及其对学校适应情况的自评。鉴于小学新生认知水平和理解能力有限，研究人员对每道测量题进行讲解，尽量保证量表测量结果的准确性。

6. 施测《学生学校适应评定量表(教师)》

分发 60 份量表给每个班级的班主任，回收 47 份有效量表。从教师视角了解小学新生适应情况，同时对小学新生学校适应自评情况的准确性进行考量。

二、调研结果与分析

(一)小学新生的学校适应状况

1. 小学新生学校适应水平

由于小学新生的识字能力和理解能力有限，因此，将《学生学校适应量表》分为自评量表和教师评价量表，以学生自评量表为主，同时请每个班的班主任填写 10 名相对应的学生评价量表做信效度检验，考查学生自评和教师评价的一致性。通过 Pearson 相关分析，结果发现：学生学校适应自我评价与教师对学生学校适应评价结果的相关性是显著的，$r = 0.553$，$p = 0.000$，说明学生自评量表是有效的。

在此基础上分析小学新生的学校适应水平，详见表 11-1。结果显示，学生的任务取向维度得分最高(32)，体现自觉、主动地学习，即使有事分心也能好好学习、没有大人帮助也做得很出色、能按时完成作业的适应能力最好。行为控制（能接受强加的限制、能忍受挫折、善于应对失败、能接受不如意的情况）、同辈社交能力（很容易交到朋友、同学喜欢坐在他/她身边、有很多朋友、很受同学喜欢）、自表能力（积极参加课堂讨论、在群体压力下不能捍卫自己的观点、乐于表达意见、做领头人时表现轻松自如）得分依次递减，学生自表能力最差。

表 11-1　学生学校适应水平调查结果

	学生任务取向	学生行为控制	学生自表能力	学生同辈社交能力	学生学校适应总分
M	32.00	31.50	26.07	29.10	118.66
N	238	238	238	238	238
SD	5.164	5.834	4.609	5.94	15.131

学生学校适应量表总分为 118.66，由于缺乏常模的对比，难以分析小学新生学校适应的总体水平，只能从统计上进行分类：把适应水平高于平均数一个标准差的，归为适应水平高的组；低于平均数一个标准差的，归为适应水平低的组；在平均数上下一个标准差之内的，归为适应水平中等的组。据此，可将适应水平程度不同的学生分为三组，详见表 11-2。从表中结果可以看出：学生学校适应处于中等水平的人数最多，占 61.8%；学校适应水平低和适应水平高的人数差不多，分别占 19.7% 和 18.5%。总体来看，小学新生的学校适应情况较好。

表 11-2　小学新生学校适应总体水平

学生学校适应总体水平	N	%
低	47	19.7
中	147	61.8
高	44	18.5
合计	238	100.0

2. 学生学校适应的城乡差异

本次研究对象共来自三所小学，其中两所农村小学，一所城镇小学。通过对两种不同地域三所不同小学新生学校适应总体水平的比较分析，$F(2，235)＝5.240$，$P＝0.006＜0.05$，三所小学的学生学校适应差异显著，详见表 11-3。进一步通过 DUNCAN 分析进行两两差异比较，结果发现，城镇小学生的学校适应水平显著高于两所农村学校的学生；两所农村学校的学生适应水平差异不显著。

表 11-3　三所小学学生适应水平的比较分析

	M	N	SD	df	F	P
农村小学一	116.20	79	15.907	组间＝2		
农村小学二	116.65	78	13.801	组内＝235	5.240	0.006
城镇小学	123.00	81	14.808			
总计	118.66	238	15.131	237		

进一步分析不同学校学生适应性在具体维度上的差异，详见表 11-4。结果显示，城镇小学学生的学校适应四个维度均值分都高于两所农村小学，尤其是其行为控制水平显著高于其他两所农

村小学，说明城镇小学学生的学校适应性比农村学生好。同时，三所小学学生学校适应的任务取向均值分都高于其他三个维度取向的均值分，说明学生在学校适应的过程中，任务取向的适应最好。另外，三所小学的同辈社交能力均值分相近，差异不显著，说明农村小学和城镇小学同辈社交能力相当。

表 11-4 不同学校学生适应性四个维度的比较分析

学校适应	任务取向		行为控制		自表能力		同辈社交能力	
结果	N	M	N	M	N	M	N	M
农村小学一	79	31.08	79	30.25	79	26.58	79	28.29
农村小学二	78	32.10	78	30.87	78	24.60	78	29.08
城镇小学	81	32.79	81	33.32	81	26.99	81	29.90
总体	238	32.00	238	31.50	238	26.07	238	29.10

（二）小学新生课外活动状况

分别统计小学生参加最多的课外活动，结果分述如下：

1. 小学新生参加最多的课外活动类型

统计小学新生参加最多的课外活动，详见表 11-5。结果显示，小学新生参加最多的课外活动排在前三项的分别是体育活动、休闲娱乐活动和文艺活动。再进一步统计小学新生参加最多的具体课外活动项目，结果显示：排在前面的活动项目分别是跳绳（占15.0％）、跑步（占 13.4％）、看电视（占 12.8％），说明体育活动中的跳绳和跑步是小学新生最常参加的活动，其次是休闲娱乐活动的看电视。可见，体育活动在小学新生中最常见，是最受小学新生青睐的课外活动。

表 11-5　小学新生参加最多的课外活动

	文艺活动	体育活动	休闲娱乐活动	公益活动	郊游活动	参观活动	家务活动	兴趣班活动	补习班活动	科技类活动	合计	缺失
N	40	89	53	0	9	2	15	7	4	2	221	17
％	18.1	40.3	24.0	0	4.1	0.9	6.8	3.2	1.8	0.9	100.0	

2. 小学新生参加最多的课外活动时间

统计小学新生参加最多的课外活动时间，详见表 11-6。结果显示：小学新生参加最多的课外活动每次参加时间主要在 1 小时以内，频率最高，有效百分比为 60.7％；其次是 1～2 小时，占 31.7％。可见，大多数小学新生每次参加第一课外活动时间较短、强度较小。具体而言，体育活动、休闲娱乐活动和文艺活动是小学新生几乎每天参加的课外活动，但每天参加这些活动的时间一般在 1 个小时以内。

表 11-6　小学新生参加最多的课外活动时间

	1 小时以内	1～2 小时	2 小时以上～3 小时	3 小时以上	其他	合计	缺失
N	111	58	8	5	1	183	55
％	60.7	31.7	4.4	2.7	0.5	100.0	

3. 小学新生参加最多的课外活动场所

统计小学新生参加最多的课外活动主要场所，详见表 11-7。结果显示：小学新生每次参加最多的课外活动主要场所是家里，频率最高，有效百分比为 47.5％；其次是学校，再次是小区。亦即小学新生主要是在家里和学校进行课外体育活动、休闲娱乐活动和文艺活动。

表 11-7　小学新生参加最多的课外活动主要场所

	家里	学校	小区	公园	专门或其他场所	合计	缺失
N	87	57	17	11	11	183	55
%	47.5	31.1	9.3	6.0	6.0	100.0	

4. 小学新生参加最多课外活动的陪同人员或主要伙伴

统计小学新生参加最多课外活动的主要伙伴或陪同人员，详见表 11-8。结果显示：55.2％的小学新生在参加最多的课外活动时，是由父母陪同的；其次，有 18.0％的同学则是和老师在一起。另外，有 49.2％的小学新生表示最喜欢同龄小朋友或同学一起参加课外活动，其次才是喜欢和父母一起，占 28.4％。可见，虽然父母是带孩子参加课外活动的主要人员，但小学新生更愿意与同龄小朋友或同学一起进行课外活动。

表 11-8　小学新生参加课外活动的主要陪同人员

	父母	祖父母或外祖父母	老师	亲戚或邻居	比他年龄大的儿童	同龄小朋友或同学	独自一人	合计	缺失
n	101	7	33	1	9	15	17	183	55
%	55.2	3.8	18.0	0.5	4.9	8.2	9.3	100.0	

5. 小学新生参加最多课外活动的主要目的

统计小学新生参加最多课外活动的目的，详见表 11-9。结果显示：小学新生参加最多课外活动的主要目的由高到低依次为"强身健体"，占 38.3％；"增长见识"，占 19.1％；"体验快乐"，占 13.7％。

表 11-9　小学新生参加最多课外活动的主要目的

	强健身体	增长见识	学会主动学习	提高耐挫折能力	勇于表现自己	结交朋友	学知识和技能	体验快乐	提高创新能力	提高生活技能	培养兴趣或特长	服务他人或社会	其他	合计	缺失
N	70	35	17	2	16	4	5	25	2	2	5	0	0	183	55
%	38.3	19.1	9.3	1.1	8.7	2.2	2.7	13.7	1.1	1.1	2.7	0	0	100.0	

（三）课外活动与小学新生学校适应的关系

将小学新生参加最多的课外活动与小学新生学校适应测量总分进行 Pearson 相关分析，$r = 0.163$，$n = 221$，$p = 0.016$. 可见，小学新生参加最多的课外活动与小学新生的学校适应性具有显著的相关。

如上所述，小学新生参加最多的课外活动排在前三名的分别是体育活动、休闲娱乐活动和文艺活动。其中：小学新生选择体育活动的共 89 人，超过小学新生学校适应平均水平的人数，占 48％；选择休闲娱乐活动的共 53 人，超过小学新生学校适应平均水平的人数，占 58％；选择文艺活动的共 40 人，超过小学新生学校适应平均水平的人数，占 63％。可见，与小学新生学校适应水平最为相关的课外活动是文艺活动。

进一步将小学新生的学校适应水平按照低、中、高三种水平分为三组，分别统计各组学生参加最多的课外活动，结果显示：在学校适应水平最高的组中，参加人数最多的课外活动是文艺活动，占 34％；另外两组参加人数最多的课外活动则是体育活动，分别占 40％和 39％，与上述结果一致。

个案调查结果也证实了这一点：当小学新生的主要课外活动为文艺活动时，其学校适应水平更高。虽然体育活动是孩子在小学新生时期最常见的课外活动，对孩子的学校适应具有促进的作用，但相对而言，文艺活动是这些活动中最适宜小学新生参加的课外活动，对促进小学新生学校适应作用更加明显。

第三节　幼儿园大班儿童的园外活动与学校适应

调研方法、对象、材料和调研步骤详见第二节。现将调研结果分述如下：

一、大班幼儿的园外活动状况

统计大班幼儿参加最多的园外活动，结果如下：

（一）大班幼儿参加最多的园外活动类型

统计大班幼儿参加最多的园外活动类型，详见表 11-10。结果显示，大班幼儿参加最多的园外活动排在前面的三项分别是体育活动、休闲娱乐活动和文艺活动，与小学新生参加最多的课外活动类型一致。另外，通过进一步分析还表明：参加最多的园外活动项目分别是看电视，占 16.8％；唱歌，占 10.6％；跑步，占 10.1％。可见，尽管体育活动在大班幼儿中最常见，但是看电视却是大班幼儿最常参加的活动，说明大班幼儿参加体育活动的具体活动较多、选择性较大，而休闲娱乐活动主要集中在看电视。

表 11-10　大班幼儿参加最多的园外活动项目

	文艺活动	体育活动	休闲娱乐活动	公益活动	郊游活动	参观活动	家务活动	兴趣班活动	补习班活动	科技类活动	合计	缺失
N	45	72	67	0	12	6	16	12	3	1	234	4
%	19.2	30.8	28.6	0	5.1	2.6	6.8	5.1	1.3	0.4	100.0	

(二)大班幼儿参加最多的园外活动时间

对幼儿参加最多的园外活动,统计幼儿每次参加活动的时间,详见表 11-11。结果显示:大班幼儿参加最多的园外活动每次参加的时间一般是在 1 小时以内,频率最高,有效百分比为 56.1％;其次是 1～2 小时,占 34.2％。说明大班幼儿参加最多的园外活动时,每次参加的时间较短,强度较小。亦即,体育活动、休闲娱乐活动和文艺活动是大班幼儿几乎每天都参加的园外活动,但大多数幼儿每次进行这类活动一般不到 1 小时。

表 11-11　大班幼儿参加最多的园外活动每次参加的时间

	1 小时以内	1～2 小时	2 小时以上～3 小时	3 小时以上	其他	合计	缺失
N	105	64	13	5	0	187	51
%	56.1	34.2	7.0	2.7	0	100.0	

(三)大班幼儿参加最多园外活动的主要场所

统计大班幼儿参加最多园外活动的主要场所,详见表 11-12。结果显示:大班幼儿参加最多园外活动的主要场所一般是在家里,频率最高,有效百分比为 55.6％;其次是幼儿园,然后是小区和公园。说明大班幼儿在家和在幼儿园进行园外活动最常见。

表 11-12　大班幼儿参加最多园外活动的主要场所

	家里	幼儿园	小区	公园	专门或其他场所	合计	缺失
N	104	45	11	11	16	187	51
%	55.6	24.1	5.9	5.9	8.6	100.0	

（四）大班幼儿参加园外活动的主要陪同人员及其喜欢的同伴

统计大班幼儿参加最多园外活动的主要陪同人员，详见表 11-13。结果显示：63.1％的大班幼儿在参加最多的园外活动时是由父母陪同，其次是由教师陪同，占 17.1％。说明父母是带大班幼儿参加最多园外活动的主要人员。

另外，就幼儿自身而言，45.5％的大班幼儿最喜欢与同龄小朋友或同学一起参加课外活动，其次才是由父母陪同。说明虽然父母是陪同大班幼儿参加园外活动的主要人员，但是大班幼儿更愿意与同龄小朋友或同学一起进行园外活动。

表 11-13　大班幼儿参加最多园外活动的主要陪同人员

	父母	祖父母或外祖父母	老师	亲戚或邻居	年龄大的儿童	同龄小朋友或同学	独自一人	合计	缺失
N	118	12	32	1	6	4	14	187	51
%	63.1	6.4	17.1	0.5	3.2	2.1	7.5	100.0	

（五）大班幼儿参加最多园外活动的目的

统计大班幼儿参加最多园外活动的目的，详见表 11-14。结果显示：大班幼儿参加最多园外活动的主要目的由高到低依次为"强身健体"，占 33.2％；"增长见识"，占 23.5 ％；"体验快乐"，占 13.4％。可见，"强身健体"是大班幼儿参加最多园外活动的主要目的。

表 11-14 大班幼儿参加最多园外活动的目的

	强健身体	增长见识	学会主动学习	提高耐挫折能力	勇于表现自己	结交朋友	学知识和技能	体验快乐	提高创新能力	提高生活技能	培养兴趣或特长	服务他人或社会	其他	合计	缺失
N	62	44	10	3	20	6	8	25	1	4	2	1	1	187	51
%	33.2	23.5	5.3	1.6	10.7	3.2	4.3	13.4	0.5	2.1	1.1	0.5	0.5	100.0	

二、大班幼儿园外活动与小学新生学校适应的关系

将大班幼儿参加最多的园外活动与小学新生的学校适应性进行相关分析,结果显示二者相关非常显著:$r=0.132$,$n=234$,$p=0.044$。表明大班幼儿多参加体育活动、休闲娱乐活动和文艺活动等园外活动与其进入小学后的学校适应密切相关。

进一步将大班幼儿的学校适应水平分为低、中、高三组,结果显示:在大班幼儿适应水平高的组中,幼儿大班时期参加人数最多的园外活动是文艺活动,占 26%;其他两组参加人数最多的园外活动分别是体育活动和娱乐活动,分别占 26% 和 32%。与前述小学新生的调查结果一致:虽然体育活动是大班幼儿最喜欢、最常参加的活动,对进入小学后的学校适应具有一定的促进作用,但文艺活动是这些活动中最适宜大班幼儿参加的园外活动,最能促进大班幼儿进入小学后的学校适应。

反方向的比较分析得到了类似的结果。按照幼儿园大班时期参加最多的课外活动分为三组,即体育活动组、娱乐活动组和文艺活动组,分别统计三组幼儿上小学后的学校适应水平,结果发现:文艺活动组的学校适应水平最高(平均 122 分),高于其他两组新生的学校适应水平(平均分分别为 119 分和 120 分)。

对 27 个幼儿园大班时期园外活动的个案访谈和比较分析结果也再次证实了这一结果。即：文艺活动对小学入学后的学校适应的促进作用最为明显，文艺活动最适宜成为促进幼小衔接的课（园）外活动。

此外，对三所小学 6 个一年级的班主任和三所幼儿园的班老师进行了非正式访谈，结果显示：小学教师和幼儿园教师都认为小学生的学校适应水平受多种因素的影响，撇开一定的内在因素和外在因素，孩子的课（园）外活动一定程度上影响着孩子的学校适应，80％的幼儿教师和小学教师都主张孩子要多参加课（园）外活动。幼儿园教师认为，多让孩子参加有关社交的园外活动有利于培养孩子活泼开朗、擅长交流的个性，促进孩子对新环境转变的适应。小学一年级教师认为，多让孩子参加与课程设置不同的课外文体活动，有利于孩子与同伴之间的交流，促使孩子从幼儿园环境到小学环境及角色之间转变的适应，让孩子尽快融入新集体，适应作为一名小学生的身份。

第四节　课（园）外活动和学校适应存在的问题与对策

一、课（园）外活动和学校适应存在的问题
（一）孩子课（园）外活动存在的问题
1. 孩子的课（园）外活动不受重视

调查发现，从学校（幼儿园）到家庭，教师和家长对孩子的课（园）外活动不够重视，他们更注重孩子学习知识。一部分家长认为孩子可以不需要课（园）外活动，一些教师甚至将孩子的课（园）外时间利用来上正统的课程。这样的态度和观念导致有利于孩子

发展的课(园)外活动越来越少。

2. 缺乏鼓励课(园)外活动政策

在减负政策作用下，尽管孩子有了课(园)外活动的时间，但教师、家长都没认真思考如何让孩子好好利用课(园)外时间进行适宜的课(园)外活动。虽然政府出台了大力开展中小学生课外活动的有关政策，但学校和幼儿园尚缺乏对课(园)外活动的鼓励政策，导致教师和家长不明白课(园)外活动的重要性，造成孩子课外时间资源的浪费。

3. 不能合理优化课(园)外活动类型

一方面，孩子的课(园)外活动类型繁多，具体活动项目也丰富多彩，但教师、家长在选择课(园)外活动时有时会遇到难以抉择的问题，以致出现孩子课(园)外活动浅尝辄止的现象。另一方面，由于条件限制，课(园)外活动环境和条件不能满足孩子的兴趣和爱好，以致孩子课(园)外活动单一。

(二)孩子学校适应存在的问题

1. 小学新生在学校适应中的心理问题

人的一生中有许多转折点，其中，从幼儿园到上小学，是人生早期的一个重要转折点，儿童需要适应学校环境、转变角色、学会学习、适应人际关系等。实际上，儿童的这种转变和适应，并非都是一帆风顺的。王余幸(2007)、赵春芸(2005)等人认为，小学新生所面临的主要问题是学习适应性困难和社会适应性困难，因而指出探讨小学一年级新生的学习适应性和社会适应性问题具有十分重要的意义。韩文静和谢俊霞(2007)的研究指出，小学生入学适应主要存在以下五个方面的问题：①学习自理能力差：不能主动地、积极地完成作业，注意力不集中，记不清楚作业等；②生活自理能力差；③缺乏时间观念；④理解能力不强；⑤社交能力不足：40％的孩子缺乏和老师的沟通，20％的孩子表现为性格怯懦，不敢和陌生人交往。

夏英(2006)进一步将不适应小学生活的学生分为以下几种类型：一是封闭型，主要表现为不想上学，课堂上不发言，不参与活动；课后不与同学交往，不完成作业。二是依赖型，主要表现为上课经常随便说话，下座位；把学具当玩具，学习用品经常丢三落四；听不懂老师的要求，缺乏主动完成作业的意识；课间不会合理安排自己的休息时间和休息方式等。三是反抗型，主要表现为个人努力遭受挫折后不能接受，乱发脾气发泄不满，不遵守课堂纪律或游戏规则，以故意捣乱的形式引起大家的关注，容易与同伴发生冲突等。

2. 缺乏促进小学新生学校适应的方法和手段

有些家长和教师对小学新生的学校适应情况了解甚少，不够重视促进幼小衔接过渡阶段孩子学校适应的手段和方法。有些小学采取了以大带小的结对活动，有些小学采取了社团活动，还有些小学采取了综合实践活动来帮助小学新生适应学校。然而，骤然转变的入学适应，仅靠小学是不够的，幼小衔接和学校适应需要幼儿园和小学的双向活动，但目前鲜有这种双向的活动和方法。

3. 学校、社会缺乏对小学新生学校适应的正确认识

学校适应不仅包括学习、环境、生活习惯的适应，还包括学生情绪、精神方面的适应。学校和社会比较多地关注孩子在幼小衔接阶段的学习适应，如学习方法、学习习惯、学习态度等方面，

而较缺乏对孩子心理适应的关注。实际上,孩子学校适应的关键在于心理适应,这种适应需在学前阶段奠定基础,而学校(幼儿园)、社会缺乏对大班幼儿全面过渡到小学新生的正确认识,导致错误的促进学校适应的方法,如补习数学、辅导作文等。不少幼儿园甚至采取"小学化"教育方式,如学科化的教学、知识传递式的课堂、考试指向的教育评价等,完全忽视了孩子的角色转变和心理适应等问题。

二、优化小学生和幼儿课(园)外活动、促进学校适应的对策建议

基于以上分析,要促进小学新生适应学校,更好地实现幼小衔接,需要家庭、学校(幼儿园)、社会三方面的共同努力,积极创造条件,通过丰富多彩的课(园)外活动,促进孩子学校适应。

(一)发挥学校作用,开展并优化小学和幼儿园的课(园)外活动

1. 重视组织开展小学和幼儿园的课(园)外活动

在过去的幼儿园和学校教育活动中,更多的是重视物质环境的投入和课堂课程的设置,往往忽略了课(园)外活动对孩子的作用。虽然教育行政部门一再强调学生课外活动的必要性和重要性,并出台了一系列加强学生课外活动的政策,甚至要求中小学校将综合实践活动纳入课程设置。但实际上,组织开展课(园)外活动是非常有必要的。在紧张的学习之余,通过课(园)外活动能够放松孩子的身心,强身健体,体验快乐,培养孩子的兴趣和特长,更能满足孩子的个性需求。重视组织开展小学和幼儿园的课(园)外活动,为孩子更好地适应学校提供了可能。

2. 增加文艺活动、体育活动、休闲娱乐活动等课(园)外活动设置

孩子从幼儿园进入小学后，从以"玩"为主、在游戏中获得成长的学习方式跨越到以听、说、读、写、算为主的学生学习方式，在角色转换过程中必然遭遇挑战。遇到挑战，有些学生很可能会产生学校不适应或学习障碍。本研究显示，文艺活动、体育活动、休闲娱乐活动是幼儿和小学新生参加最多的课外活动，能够促进孩子的学校适应。因此，在幼儿园和小学低年级阶段不仅要加强课外活动，而且要增添设置文艺、体育、休闲娱乐这三类园外活动，尤其是文艺活动，进而促进幼小衔接，促进孩子有效地适应学校。

3. 教师观念转变，提倡课(园)外活动

在幼儿园阶段，传统教师为了能够让孩子适应小学听、说、读、写、算的学习生活，在大班时期就有意减少幼儿的园外活动，增添了许多小学化的课程。在孩子应该玩的阶段让孩子学习，导致孩子进入小学后产生学习倦怠。同样道理，在刚进入小学阶段就减少孩子"玩"的权利，这种跨越式的转变会让孩子难以接受，产生学校不适应。因此，教师应该尊重孩子的身心发展规律，让孩子在理应游戏的阶段享受游戏，感受课(园)外活动带来的快乐。与此同时，教师也要转变观念，重视课(园)外活动对孩子身心发展的作用，鼓励和支持孩子多参加课(园)外活动，以促进孩子更好地适应小学生活。

(二)发挥家长作用，为孩子创造课(园)外活动条件

1. 更新家长观念，重视课(园)外活动

在幼小衔接和学校适应中，家长的观念非常重要。家长既是

最了解也是严重影响孩子学习态度和兴趣、生活起居和社会行为习惯的人。因此,孩子参加课(园)外活动与家长密不可分,家长的态度和观念直接影响孩子对课(园)外活动的兴趣和态度,进而影响孩子对课(园)外活动的参与度。因此,家长应该更新观念,改变过去那种"认为孩子参加课(园)外活动是玩物丧志"的观念,积极鼓励和支持孩子参加课(园)外活动。

2. 积极营造课(园)外活动氛围,努力创设孩子参与课(园)外活动的条件

孩子主要的课(园)外活动是体育活动、休闲娱乐活动和文艺活动。孩子年龄较小,自主能力较差,安全意识薄弱,社会性还在发展中,不仅需要课堂内的课程学习,而且需要课堂外的活动学习。因此,一方面,家长应积极营造课(园)外活动的氛围,积极创造条件,为孩子参加文艺活动、体育活动、休闲娱乐活动等创设相应的环境;另一方面,要积极带领孩子参加这些有利于孩子身心发展的课(园)外活动,促进孩子幼小衔接和学校适应,使孩子在快乐的氛围中适应学校。

(三)发挥政府作用,推行课(园)外活动鼓励政策

1. 通过政策引导幼儿园和小学的交流与沟通,实现课(园)外活动双向衔接

通过课(园)外活动促进幼小衔接,不能只关注幼儿园的园外活动或者只关注小学的课外活动,幼儿园和小学都应该增强课(园)外活动促进幼小衔接意识。幼儿园作为小学之前的教育机构,承担着学前儿童的主要教育工作。进入小学后,小学更要做好让孩子身心适应学校的准备。因此,政府应在调查研究的基础上制定相关政策,引导幼儿园和小学之间的沟通,支持幼儿园和小学之间的相互合作，进而促进小学和幼儿园设计出有利于孩子学校适应的课（园）外活动。有的研究者甚至建议像法国那样，将幼儿园设在小学里，将幼儿园和小学放在一起划分学段。这样，不仅可以促进幼儿和小学低年级学生之间的交往，有利于孩子熟悉学校环境，也有利于统筹安排孩子的课外活动，进而促进孩子自然地适应学校。

2. 争取社会媒体的关注和支持

媒体是传播热点的媒介，通过媒体的报道，宣传课（园）外活动对孩子学校适应的作用，有利于引起社会对孩子课（园）外活动的关注和重视，促进有关教育行政部门继续出台有关加强课（外）活动的政策，引导有心致力于儿童发展事业的各界人士积极创办儿童课（园）外活动中心，使更多的家长和学校选择通过课（园）外活动促进孩子的幼小衔接和学校适应。

总之，要想促进小学新生的学校适应，需要改进幼小衔接工作的方法和内容，重视课（园）外活动对小学新生学校适应的重要影响。幼儿园和小学、教师和家长、政府和社会应形成合力，共同创造良好的课（园）外活动条件，真正为孩子营造和谐发展、快乐成长的课外活动环境，为孩子学校适应做好准备。

参考文献

耿向红. 小学生学习适应性研究[J]. 长春教育学院学报，2003(2)：5—10.

韩文静，谢俊霞. 小学入学适应情况的调查及对策[J]. 科技资讯，2007（30）：110.

苗彩成，王平萍. 小学生课外活动的现状与开展策略[J]. 教学与管理，2007（26）：20—23.

邱德乐．综合实践活动课程与课外活动概念范畴与功能价值的再认识[J]．教育理论与实践，2011(12)：21.

陶沙．从生命全程发展观论大学生入学适应[J]．北京师范大学学报(人文社会科学版)，2000(2)：81—87.

田畅．宝宝几岁可以上特长班[N]．鞍山日报，2010-09-01(SO1).

王佩丹．学习适应性及学习成绩的关系[J]．健康心理学杂志，2004(3)：228.

王余幸．适应不良小学新生成因探析[J]．现代中小学教育，2007(8)：38.

夏英．小学新生适应困难个别辅导策略[J]．时代教育，2006(24)：21.

颜静．城市小学生课外活动现状的研究[D]．长沙：湖南师范大学硕士学位论文，2013：1—2.

于涛．小学低年级学生学校适应早期预测因素和保护性因素研究[D]．长春：东北师范大学博士学位论文，2014.

张朝晖，吴朱红．美国学前儿童入学准备[EB/OL]．2009-05-08．Http：//lw.china-b.com/gwjylw/lwzx_633092；htm.

张玮．小学一年级学生入学适应现状及影响因素研究[D]．西安：陕西师范大学硕士学位论文，2009.

张远丽．幼小衔接常见问题解读[J]．现代幼教，2008(4)：18.

赵春芸．企业学校一年级新生适应学校情况的现状调查及对策研究[D]．兰州：西北师范大学硕士学位论文，2005.

朱慕菊．幼儿园与小学衔接的研究——研究报告[M]．北京：中国少年儿童出版社，1995(10)：8—9.

第十二章　课外学习活动与中小学生个性发展

第一节　课外学习活动与中小学生个性发展概述

人的个性是人的精神世界中较为稳定的倾向性特征、个性心理特征和社会人格特征多要素构成的有机整体，具有主体性、自觉能动性、创造性、独特性和时代性等一般特征。

个性发展是指个性品质的形成、丰富和完善的过程，包括积极个性品质的形成、发展和不良个性品质的矫正、克服。个性是在内外因的交互作用下，主体通过不断的同化和异化、内化和外化逐步形成的个性特性，并在个性系统的结构功能和自组织作用下构成了个性和结构层次，按一定顺序发展和完善起来。简言之，个性发展是一个渐进性的内化过程。

个性随社会发展而发展，人的个性发展的基本内容包括人的主体性的充分发挥、人的物质文化需求的不断满足、人的能力的拓展和人的自然素质的完善。个性发展离不开教育。个性教育本质上是尊重人和人的个性，重视人主体性的发挥，强调良好个性潜质的发掘，主张培养具有良好个性的个人，倡导教育的个性化和人文关怀。作为教育实践活动，个性教育必须根据学生的个性心理特点，进行有针对性的引导和教育，达到挖掘学生个人潜能、培养学生创新能力的目标。

个性教育包含四个方面的内容：一是教育的人性化、人道化；二是教育的个人化或个别化，即教育关注个人的年龄、生理、心理、天赋、特长、兴趣、爱好等，以利于因材施教；三是教育的特色化，包括有个性特色的培养目标、有个性特色的教学内容、方法、手段等；四是培养个性化的心理素质和心理品质，充分发掘人的创造性和潜能，使每个教育对象的个性心理品质和意识倾向在原有的基础上，获得理想的进步，使教育对象的各种素质得到全面、健康的发展，并形成自己的个性特征。提倡个性教育，发展人的个性，有其客观必然性。

个性化教育是 21 世纪教育改革的主要趋势，21 世纪是创新的世纪，是尊重个性、发展个性的世纪。随着学生多元化的智能差异、多样化的需求差异逐步被人们所关注，"以人为本"，促进学生在全面发展基础上的个性发展已成为教育的热点问题。

国外关于个性化教育的解释往往与创造力结合在一起，认为个性是创造力的基础，而创造力是在个性充分发展基础上的一种或多种心理过程。据此，1869 年高尔顿出版《遗传与天才》公布其所研究的 977 名天才人物的思维特征，这是国际上最早对个性化研究的系统数据，充分强调了个性化教育对创新人才培养的重要性。而美国也早在 20 世纪 50 年代就兴起充分重视个性化教育潮流，如 1989 年发表《普及科学——美国 2061 计划》即是一份关于培养高素质的有个性的创造性人才的宣言。俄罗斯教育专家 A. N. 萨维科夫提出了系列关于个性化教学的思想，如：在教学中培养和发展学生的智力活动的主动性十分重要；智力活动的主动性是学生在解决各种教学和研究任务时的独立性表现；创造性个性的基本特点决定教学中不能接受保守主义；学习活动应有高度独立性。

关于个性化教育的实施方法主要体现在两个方面：制定科学的教学大纲和开展个性化教学。前者如美国 H. A. 帕索乌提出制定符合个性发展的教学大纲需要发展学生有效思维技能和技巧，养成学生不断获取知识的兴趣和渴望等。后者如 Richard Millward（1979）对计算机辅助教学（CAL）进行了探讨；Rober Hamer 和 Forrest. W（1978）则探讨了在一个多用户的虚拟教育环境中个性化使用方式和潜在影响。此外，有学者对于个性化教学中的具体指导策略进行了探讨，如 Sloutsky，Kaminski 和 Heckler（2005）探讨了知识的不同表达方式（程序性表达和陈述性表达）对个性化教育效果的影响。

国内学者对个性化教育研究主要集中在学科教育和校本课程方面。在学科教育中促进学生个性发展涉及数学、作文、音乐、舞蹈、美术、体育等。如白英丽（2012）对高中地理教学中学生主体性培养的现状进行调查，分析了地理教学中学生主体性培养缺失的原因，提出相关解决策略。张念芬（2007）从美术教育的学科特点及其在促进学生个性发展方面存在的优越性，提出了美术教学中促进学生个性发展的策略。李志强（2012）对体育教学中培养学生的个性化、顾小亚（2012）对小学数学教学中促进学生个性发展进行探索。

宫伟伟（2007）以多元智能理论、教育个性化及素质教育的基本理论和思想为指导，对促进高中生个性发展的校本课程开发与实施进行了研究。李石（2012）针对如何依托校本课程促进学生个性发展提出，实施体育艺术"2＋1"项目，把学生终身体育、终身艺术教育和德智体美全面发展理念与义务教育阶段学生终端评价工作结合起来。

随着素质教育工作地不断推进，课外学习活动对学生的个性发展引起了学者们的关注。研究显示：课外学习活动在一定程度上有利于促进学生的个性发展。如林莉和王健敏（2006）的研究表明，小学生课外学习活动内容丰富，课外学习有了更多的选择性，小学生有越来越强的自我设计和选择课余生活的意识，对课余生活有较高满意度。多样化、选择性的课余生活，极大地发展了小学生的主体意识，使他们个性更鲜明、自信心和自主发展意识显著增长。

有的学者还对课外学习与个性化的某些因素进行了深入的探讨，如应超（2012）探讨了课外学习活动与青少年创新能力的培养，结果表明：课外学习活动对青少年创新能力的培养有着积极的意义，主要表现在发展学生兴趣、开拓学生视野、拓展学生思维等方面。赵晓慧（2008）研究大学生的课外活动，结果表明：课外活动在大学生创造性人格发展中具有重要的作用。参与活动越多、参与活动意愿越高，对活动的评价越高，个体的创造性越高。

另外，也有一些学者提及中小学生参加特长班学习的消极影响。由于家长们希望孩子将来能更好地适应社会，最好"十八武艺样样精通"，以致多样化的课余活动往往被赋予了过多的，且过于沉重的期望和目标（林莉等，2006），成了学生校外学习的沉重负担。黄小葵和高口明久（2007）对中国和日本的比较研究发现，参加特长培训班，中、日学生差异非常明显：我国家长往往不顾孩子的兴趣强迫孩子去参加与学习有关的培训班，所谓的"特长班"成了补习班。《中国教育报》2009年3月29日题为《上艺术培训班孩子七成半途而废》的调查表明，80％以上的中小学生曾上过文体培训班，其中半数以上的学生在父母安排下"学艺"，由于学习压力大，70％以上的学生坚持一段时间后自动放弃；甚至有的学生哪怕在某个艺术领域考过了儿童阶段最高级别的相关测试，却再也不愿碰此种乐器。

中小学生参加自己喜好的特长培训班能陶冶情操、愉悦心情、促进个性发展。但如果这些艺体特长班为父母强行安排，不仅增加学生负担，还会阻碍学生的个性发展。Boaz Shulruf(2010)对 29 篇课余活动与学生个性发展的相关文献进行了回溯与分析，以确定对教育成果起到积极作用的课外活动是什么。虽然结果显示参与课外活动和教育成效之间具有关联性，但其因果效应无法得到证实。

综上所述，关于课外学习活动与个性发展的关系的研究也存在一定局限：一是以往对个性发展的研究以学科教育为主，较少对课外学习中个性发展进行研究；而且思辨论述较多，实证研究方法单一，缺乏对中小学生个性发展方面的实证研究和系统分析。二是中小学生的课外学习对个性发挥积极作用和消极影响并存，但课外学习对中小学生个性发展的消极影响只是描述性的简单分析，实证研究缺乏。如何充分发挥其积极作用、避免其消极影响，学校、家长引导策略欠缺。三是把课外学习作为促进中小学生个性发展的重要途径，但相关实证研究并不充分，亟须加强，课外学习促进中小学生的个性发展有待深入探讨。

第二节　小学生课外学习活动与个性发展的实证调查

从上述中小学生课外学习活动与个性发展的研究概述可知，

学术界对中小学生课外学习活动与个性发展的研究较为薄弱，研究成果也较少，主要以学科教育为主或仅限于某个学校的校本课程来探讨课外学习活动对个性发展的影响。随着社会经济的发展、人们教育观念的变化，中小学生课外学习活动从内容到形式上都可能会发生变化。鉴于此，课题组进行了相关实证研究，探讨课外学习活动对小学生个性发展的影响，并对课余时间支配方式、课外棋类活动与学生个性发展的关系进行调查，现报告如下：

一、课外学习活动对小学生个性的影响

（一）研究方法

1. 研究对象

本研究按照整群抽样、采用方便抽样方法选取某市三所小学的小学生作为研究对象。共发放问卷 600 份，回收有效问卷 574 份，回收率为 95.7％。样本的人口统计学资料见表 12-1。

表 12-1　调查样本人口统计学资料

	性别		年级				生源地		总数
	男	女	三	四	五	六	城镇	农村	
人数	273	301	137	146	151	140	374	200	574

2. 测量工具

本研究使用的测量工具为《大五人格问卷》（简版）和自编《小学生课外学习调查问卷》。

（二）调查结果与分析

首先统计小学生对参加课外学习活动的主观感受，详见表 12-2。结果表明：有 63.3％的小学生认为课外学习活动对自己有帮

助；36.6％的小学生认为课外学习活动对自己没有帮助，甚至有时会起反作用。

表 12-2　小学生课外学习活动主观感受情况的调查

	小学生课外学习活动主观感受			
	有很大帮助	比较有帮助	没有帮助	有反作用
百分比	18.1％	45.2％	20.8％	15.8％

其次，统计小学生参加课外学习活动对其个性发展的影响，结果分述如下：

1. 小学生每天可自由支配课余时间的不同对个性的影响

通过对小学生个性特点在每天平均可自由支配课余时间上的差异分析发现，小学生个性的外向性与开放性在每天平均可自由支配课余时间上存在显著差异。即每天平均可自由安排课余时间 2 小时以上的学生比 2 小时以下的学生个性更加外向、开放。

表 12-3　小学生个性特点各维度得分在每天平均可自由
支配课余时间上的差异检验 (M±SD)

	每天平均可自由安排的课余时间				F	P
	半小时以下	半小时至1 小时	1 小时至2 小时	2 小时以上		
N 神经质	2.77±0.67	2.75±0.66	2.75±0.67	2.74±0.77	0.034	0.992
E 外向性	3.43±0.60	3.46±0.54	3.46±0.55	3.63±0.61	3.352*	0.019
O 开放性	3.21±0.42	3.22±0.39	3.26±0.37	3.37±0.39	4.532**	0.004
A 宜人性	3.35±0.47	3.29±0.45	3.35±0.42	3.37±0.47	0.938	0.422
C 严谨性	3.44±0.39	3.43±0.46	3.49±0.40	3.53±0.43	1.913	0.126

2. 小学生是否有计划安排课外学习活动对个性的影响

调查发现，小学生个性的开放性与严谨性特点在"是否有计划安排并执行课外学习活动"上存在显著差异。即经常制定并严格执行课外学习活动计划的小学生更具有开放性和严谨性的个性特点。

表 12-4　小学生个性各维度得分在是否有计划安排课外学习
活动并执行上的差异检验(M±SD)

	是否有计划安排课外学习活动并按计划执行				F	P
	经常制定 没有执行	经常制定 严格执行	偶尔制定 偶尔执行	没有制定		
N 神经质	2.78±0.70	2.66±0.72	2.77±0.65	2.78±0.70	1.004	0.391
E 外向性	3.46±0.61	3.58±0.59	3.49±0.51	3.46±0.60	1.311	0.270
O 开放性	3.25±0.42	3.38±0.38	3.22±0.38	3.22±0.39	5.686**	0.001
A 宜人性	3.26±0.41	3.26±0.46	3.32±0.46	3.36±0.44	1.019	0.384
C 严谨性	3.48±0.45	3.58±0.43	3.45±0.41	3.42±0.43	3.873**	0.009

3. 小学生是否自愿上辅导班对个性的影响

调查发现，是否自愿上辅导班的小学生在神经质、外向性、开放性与严谨性等个性特点上存在显著差异：自愿上辅导班的小学生更具有外向性、开放性和严谨性，而非自愿上辅导班的小学生更具有神经质的个性。

表 12-5　小学生是否自愿上辅导班在个性发展各维度得分的差异检验(M±SD)

	是否自愿上辅导班		t	P
	是	否		
N 神经质	2.67±0.69	2.90±0.66	−3.181**	0.002
E 外向性	3.57±0.55	3.32±0.58	4.183**	0.000

| | 是否自愿上辅导班 | | t | P |
	是	否		
O 开放性	3.31±0.38	3.16±0.38	3.658**	0.000
A 宜人性	3.35±0.45	3.28±0.44	1.618	0.106
C 严谨性	3.50±0.44	3.34±0.41	3.427**	0.001

4. 课外学习活动丰富程度对小学生个性的影响

调查发现：小学生个性的神经质、外向性、宜人性等特点在课外学习活动的丰富程度上存在显著差异。即课外学习活动丰富的小学生，其个性更外向、宜人，而课外学习活动不丰富的小学生更有神经质的个性特点。

表 12-6　小学生课外学习活动的丰富程度在个性发展

各维度得分的差异检验(M±SD)

| | 课外学习活动是否丰富 | | | | F | P |
	非常丰富	比较丰富	不怎么丰富	很不丰富		
N 神经质	2.63±0.75	2.71±0.61	3.10±0.69	3.57±0.65	14.058**	0.000
E 外向性	3.57±0.61	3.54±0.52	3.25±0.58	2.85±0.54	10.320**	0.000
O 开放性	3.28±0.42	3.26±0.38	3.27±0.41	2.98±0.17	1.529	0.206
A 宜人性	3.34±0.49	3.37±0.41	3.20±0.48	3.26±0.21	3.079*	0.027
C 严谨性	3.51±0.44	3.48±0.43	3.37±0.41	3.49±0.35	2.268	0.080

5. 课外学习活动受干扰程度对小学生个性的影响

关于课外学习活动受干扰程度对小学生个性发展的影响，调查发现：小学生神经质、严谨性等个性特点在课外学习活动受干扰程度上存在显著差异。即课外学习活动受到干扰的学生，更具有神经质的个性特点；课外学习活动不太受干扰的学生则更具有严谨性。

表 12-7　小学生课外学习活动受干扰程度在个性发展各维度得分的差异检验（M±SD）

| | 课外学习活动受到的干扰程度 | | | | F | P |
	总是会	经常会	有时会	不会		
N 神经质	3.05±0.63	3.19±0.75	2.79±0.66	2.55±0.67	12.929**	0.000
E 外向性	3.76±0.73	3.46±0.60	3.46±0.57	3.55±0.55	2.054	0.105
O 开放性	3.30±0.51	3.23±0.44	3.25±0.38	3.30±0.40	0.748	0.524
A 宜人性	3.21±0.45	3.21±0.52	3.33±0.42	3.39±0.46	2.444	0.063
C 严谨性	3.66±0.39	3.45±0.50	3.43±0.43	3.54±0.41	3.435*	0.017

二、小学生课余时间支配方式与个性的关系

进一步考察小学生课余时间的支配方式对其个性发展的影响，结果分述如下：

(一)研究方法

1. 研究对象

按照整群抽样、采用方便取样的方法选取某地三所小学的小学生作为研究对象。共发放问卷 320 份，回收有效问卷 298 份，回收率为 93％。样本的人口统计学资料见表 12-8。

表 12-8　调查样本人口统计学资料

	性别		年级				生源地		独生子女		总数
	男	女	三	四	五	六	城镇	农村	独生	非独生	
人数	126	172	34	77	149	38	104	194	136	162	298

2. 测量工具

本研究使用的测量工具为《小学生放学后课余时间支配方式问卷》和《艾森克个性问卷》儿童版（EPQ）。

（二）调研结果与分析

1. 小学生是否有计划安排自己课余时间对个性的影响

分别统计小学生是否有计划安排自己课余时间及其在个性量表中各维度的得分，详见表 12-9。结果发现：学生是否有计划安排课余时间在内外倾向性、掩饰性以及个性量表总分上存在显著差异；有计划安排自己课余时间的学生得分高于无计划安排的学生，即有计划安排自己课余时间的学生在个性上更外向。

表 12-9　是否有计划安排自己课余时间的小学生
个性各维度得分的差异（$n=298$）

	是否有计划安排自己课余生活		t
	有计划	无计划	
P 精神质	0.22 ± 0.16	0.27 ± 0.18	-1.739
E 内外倾向性	0.58 ± 0.15	0.49 ± 0.24	2.092^*
N 情绪稳定性	0.36 ± 0.21	0.30 ± 0.18	1.843
L 掩饰性	0.67 ± 0.19	0.58 ± 0.19	2.518^*
总分	0.46 ± 0.08	0.41 ± 0.10	3.057^*

2. 小学生课余时间是否遭到干扰对个性的影响

分别统计课余时间是否遭到干扰的小学生在个性量表中各维度得分，详见表 12-10。分析发现：学生课余时间是否遭到干扰在精神质、情绪稳定性、掩饰性三个维度以及个性量表总分上存在显著差异。在精神质维度上，课余时间总是会遭到干扰的学生得分显著高于其他学生得分；在情绪稳定性维度上，课余时间不会遭到干扰的学生得分显著低于其他学生；在掩饰性维度上，课余时间不会遭到干扰的学生得分显著高于其他学生。

表 12-10　小学生课余时间是否遭到干扰在个性各维度得分的差异($n=298$)

| | 课余时间是否遭到干扰 | | | | F | P |
	总是会	经常会	有时会	不会		
P 精神质	0.36±0.18	0.34±0.20	0.22±0.16	0.19±0.14	12.501**	0.000
E 内外倾向性	0.54±0.20	0.62±0.13	0.59±0.14	0.55±0.18	2.332	0.074
N 情绪稳定性	0.40±0.26	0.46±0.22	0.40±0.21	0.29±0.16	10.174**	0.000
L 掩饰性	0.53±0.22	0.56±0.18	0.66±0.17	0.70±0.19	8.094**	0.000
总分	0.46±0.12	0.50±0.08	0.47±0.08	0.43±0.08	5.920**	0.001

3. 关于课余时间价值与作用的认识对学生个性的影响

对课余时间价值与作用认识不同的小学生在个性量表中各维度得分见表 12-11。统计分析发现：学生对课余时间价值与作用的认识在精神质、掩饰性这两个维度上存在显著差异。亦即，在精神质维度上，认为课余生活是为消遣解闷作用的学生得分显著高于其他认识的学生；在掩饰性维度上，认为课余生活是为培养兴趣特长的学生得分显著高于其他学生得分。

表 12-11　小学生对课余时间的价值与作用的认识在

个性各维度得分的差异($n=298$)

	课余时间的价值与作用的学生观				F	P
	消遣解闷	培养兴趣特长	娱乐享受	其他		
P 精神质	0.36±0.25	0.19±0.13	0.24±0.17	0.19±0.16	4.433**	0.002
E 内外倾向性	0.53±0.22	0.54±0.15	0.58±0.18	0.58±0.08	1.356	0.249
N 情绪稳定性	0.34±0.20	0.32±0.18	0.37±0.22	0.41±0.14	1.536	0.192
L 掩饰性	0.50±0.20	0.72±0.16	0.64±0.20	0.63±0.13	6.089**	0.000
总分	0.43±0.11	0.44±0.08	0.46±0.09	0.45±0.04	1.497	0.203

4. 父母对课余时间的态度对学生个性的影响

父母对小学生课余时间的不同态度影响小学生在个性量表上各维度的得分，详见表 12-12，结果发现：父母是否在乎学生的课余时间，学生在精神质、内外倾向性、掩饰性三个维度以及个性总分上存在显著差异；但在情绪稳定性这一维度上不存在差异。回答"是"的学生得分在内外向倾向性、掩饰性以及个性总分上均高于回答"否"的学生。

表 12-12　父母是否在乎学生课余生活情况下的小学生

个性各维度得分的差异($n=298$)

	父母是否在乎你的课余生活		t
	是	否	
P 精神质	0.20±0.14	0.31±0.20	−4.344**
E 内外倾向性	0.60±0.15	0.49±0.20	4.087**
N 情绪稳定性	0.36±0.20	0.36±0.22	0.006
L 掩饰性	0.69±0.18	0.57±0.21	4.536**
总分	0.46±0.08	0.43±0.10	2.208*

5. 学校对学生课余时间的重视度对个性的影响

在学校对学生课余时间的不同重视程度下学生在个性量表中各维度的得分见表 12-13，结果发现：学校对学生课余生活重视度在精神质、情绪稳定性以及掩饰性这三个维度上存在显著差异。后继检验表明：在精神质维度上，学校不重视学生课余生活的学生得分显著高于校方重视学生课余生活的学生得分；在情绪稳定性维度上，学校不重视学生课余生活的学生得分显著高于校方重视学生课余生活的学生得分；在掩饰性维度上，学校很重视课余生活的学生得分显著高于学校不重视学生课余生活的学生得分。

表 12-13　学校对小学生课余时间的重视度上个性发各维度得分的差异（$n=298$）

	学校对学生课余时间的重视度				F	P
	很重视	比较重视	不太重视	不重视		
P 精神质	0.22 ± 0.17	0.20 ± 0.15	0.25 ± 0.15	0.37 ± 0.18	$9.347**$	0.000
E 内外倾向性	0.59 ± 0.12	0.57 ± 0.17	0.54 ± 0.18	0.55 ± 0.22	0.874	0.456
N 情绪稳定性	0.27 ± 0.15	0.33 ± 0.19	0.45 ± 0.22	0.49 ± 0.20	$14.338**$	0.000
L 掩饰性	0.72 ± 0.20	0.68 ± 0.17	0.63 ± 0.19	0.50 ± 0.21	$10.950**$	0.000
总分	0.45 ± 0.06	0.45 ± 0.09	0.47 ± 0.10	0.48 ± 0.10	1.633	0.182

三、小学生课外棋类学习活动与个性的关系

进一步考察小学生课外棋类学习活动对其个性发展的影响，结果分述如下：

（一）调研方法

1. 问卷法

1）研究对象

本研究按照方便取样的方法选取某小学五六年级的学生作为

研究对象。将样本分为两部分：参加棋类课外学习活动与不参加棋类课外学习活动。共发放问卷 90 份，回收有效问卷 84 份，回收率为 93%。

2)测量工具

本研究采用的问卷调查部分，使用的测量工具为《大五人格问卷》(简版)。

(二)调查结果与分析

1. 小学生课外棋类学习活动的现状调查

1)小学生课外棋类活动的开展情况

通过对某小学任教围棋的教师进行访谈后了解到，某小学在一、二年级所有教学班中都专门开设了围棋课程，并且以每周一课时的频率正常开课。学校开设围棋课程的主要目的是在普及围棋知识、丰富地方课程、培养学生学习围棋兴趣的同时，在一定程度上增强学生的注意力、培养学生的观察力、提升学生的思维能力、形成学生的优良品质。

另外，某小学开设了丰富多样的学生社团活动，棋类社团的招生对象主要是面向高年级学生，在招生原则上主要是以学生的棋类学习兴趣为主，采取学生自主报名的招生方式展开，该棋类社团遵循学校社团活动的各项规章制度，以每周一次、每次 45 分钟的频率开展。调查发现，66.7% 参加棋类社团学习活动的学生都是自愿报名的，这类学生对棋类有较强的学习欲望，对棋类学习有一定程度的兴趣；另有 33.3% 的学生报名参加棋类社团是由于家长的要求，是家长帮助学生在众多的社团中直接选择的，这类学生主动学习棋类的意识不强，但绝大多数也并不违背家长的意愿，并且也有学生明确表示自己能接受家长的这一决定。

开设多种多样社团活动的主要目的是为了满足各类学生不同的学习兴趣与学习需要、丰富学生的课余生活。而棋类社团的开设，更是为爱好棋类项目、学而有余力的学生提供了有效的、更广阔的发展空间。

2）小学生参加课外棋类学习活动的兴趣和态度

分别统计小学生参加课外棋类学习活动的兴趣和态度，详见表 12-14，数据表明：总体而言，学生对参与棋类学习的兴趣非常浓厚。其中很有兴趣的人数所占百分比最高，达到 63.3％；对棋类学习活动本身没有兴趣而参加棋类课外学习活动的学生人数为零。

表 12-14　学生对棋类学习的兴趣，n(％)

项目	很有兴趣	较有兴趣	没有兴趣
百分比	63.3％	36.7％	0

表 12-15 的数据显示：在参加课外棋类学习活动的学生中，有 86.7％的学生认可课外棋类学习活动，认为课外学习棋类是有意义的；虽然也有 13.3％的学生对棋类学习抱着无所谓的态度，但没有学生认为棋类学习是毫无用处的。

表 12-15　学生对棋类学习的态度，n(％)

项目	有意义	无所谓	毫无用处
百分比	86.7％	13.3％	0

2. 小学生课外棋类学习活动与个性的关系

1）是否参加棋类课外学习活动对学生个性的影响

是否参加棋类学习活动的小学生在个性各维度得分见下表，结果发现，是否参加棋类课外活动在自律性、神经质和开放性等个性维度上均具有显著差异。参加棋类课外学习活动的学生在自律性、开放性维度上得分均高于不参加棋类课外学习活动的学生；在神经质维度上的得分则相应低于不参加棋类课外学习活动的学生。

表 12-16　小学生是否参加棋类活动在个性各维度得分的差异（$n=65$）

	是否参加棋类课外学习活动		t	P
	是	否		
和善性（A）	3.49 ± 0.46	3.62 ± 0.43	-1.163	0.249
自律性（C）	3.69 ± 0.56	3.38 ± 0.44	2.504^*	0.015
外向性（E）	3.54 ± 0.56	3.31 ± 0.50	1.739	0.087
神经质（N）	2.59 ± 0.61	3.02 ± 0.51	-3.069^{**}	0.003
开放性（O）	3.44 ± 0.44	3.01 ± 0.40	4.081^{**}	0.000

注：* $p<0.05$，** $p<0.01$

2）棋类学习兴趣与学生个性的关系

由表 12-17 可知，参加棋类课外学习活动的兴趣因素显著影响小学生的神经质维度得分，较有兴趣的学生得分高于很有兴趣的学生。亦即对棋类学习很有兴趣的学生较少有神经质特征。

表 12-17　小学生是否对参加棋类课外学习活动有兴趣
在个性各维度得分的差异($n=30$)

	对棋类课外学习活动是否有兴趣		t	P
	很有兴趣	较有兴趣		
和善性(A)	3.53 ± 0.10	3.43 ± 0.15	0.268	0.609
自律性(C)	3.78 ± 0.14	3.53 ± 0.12	1.432	0.241
外向性(E)	3.64 ± 0.13	3.36 ± 0.17	1.836	0.186
神经质(N)	2.39 ± 0.14	2.94 ± 0.13	6.903*	0.014
开放性(O)	3.49 ± 0.12	3.35 ± 0.08	0.640	0.431

注：* $p<0.05$，** $p<0.01$

第三节　课外学习活动与学生个性发展的辩证思考

一、课外学习活动对学生个性发展的积极作用

(一)有助于学生个性的自由、充分发展

现代心理学研究表明，活动与交往是个体个性发展的源泉和基础，健康、生动的活动和交往有助于学生个性的形成和发展。在正规的课堂学习生活中，学生的活动要服从于社会角色规范和学校规章制度，绝大部分活动必须严格遵守课时计划和作息时间，这对学生的发展起到了一定的导向和约束作用。而在课外学习中，学生则能够更多地依据自己的时间去安排自己的生活内容，自由地选择符合自己内心感受和需要的有意义的活动方式，从而激发其自主选择和决断意识，促进其个性充分、自由地发展。

(二)有助于发挥学生的主体性

主体性是个性的核心内容，又是个性赖以形成和发展的内部

动力机制。主体性主要是指人作为活动的主体在同客体的作用中表现出来的能动性、创造性与自主性，是主体真正摆脱模式和框架的束缚而独立的特性，它是主体人格富有魅力的存在。一个具有主体性、具有独立判断和自主行动的人，能够承担起自己的生命，能够对自己的行为负责，富有积极参与精神。课外学习活动，尊重学生的差异、地位和个人经验，发挥其在学习活动中的主体作用。通过学生自主学习、自我管理和自我教育，实现学生在教育中的主体地位，可以提升学生的主体意识、主体能力和主体价值，从而培养他们自尊、自信、自强、自律、自立等自主性品质。

从第二节调查结果发现：小学生是否有计划安排自己的课余时间，在个性总分及内外倾向性上存在显著差异。有计划安排的学生得分高于没有计划安排的学生得分。有计划安排自己课余生活的学生善于把自己的想法落实在行动上，他们对生活更加积极和正面，同样他们也会比不会安排自己课余生活的学生更外向、更阳光。再如，是否自愿上辅导班在个性量表总分及精神质、内外倾向性等维度上存在显著差异。在精神质维度上不愿意上辅导班的学生得分高于愿意上的学生。在学生不情愿的情况下强迫他们去参加辅导班，忽略了学生的内心感受，久而久之容易造成学生孤僻、不关心他人的心理；难以适应外部环境；感觉迟钝；与别人不友好；喜欢寻衅搅扰；喜欢干奇特的事情；相反，自愿上辅导的学生是遵从他们内心的意愿，所以相对于不愿意上的学生，其性格会更加外向、开朗。可见，学生自愿、自主的课外学习有助于培养学生的主体性。

（三）有助于培养学生个性化的心理素质和心理品质

前述关于学生棋类学习活动的调查发现，是否参加课外棋类学习活动对小学生个性的自律性、开放性和神经质均有显著影响。自律性是指我们如何自律与自控，研究结果发现参加棋类课外学习活动的学生，他们做事相对有计划，有条理，并能持之以恒；而不参加棋类课外学习活动的，他们相对更马虎大意，容易见异思迁，缺乏组织性，不可靠。颜曼莉(2009)的研究也表明，棋类学习有利于培养学生遵守规则、公平竞争、自主自律。

参加课外棋类学习活动的学生开放性得分相对较高。棋类多变的招数可激发学生参加棋类课外学习活动的强烈好奇心与挑战欲，使他们乐于在不断的棋类学习与挑战中战胜困难、学习知识；相对于不参加课外棋类学习活动的学生而言，他们不太墨守成规，更懂得独立思考，具有求知欲、想象力和创造力；而不参加棋类学习活动的学生在开放性上可能比较传统、相对保守，喜欢熟悉的事物多过喜欢新事物。另外，参加课外棋类学习活动的学生神经质得分相对低，他们多表现出良好的自我调适能力，不易于出现极端反应；而不参加棋类课外学习活动的学生更容易因为日常生活的压力而感到心烦意乱。

此外，棋类活动有助于培养学生的意志品质。学习棋类的学生具有较强的自主性、独立性、果断性及坚韧性、耐挫性，他们更倾向于积极、独立地完成教师布置的任务，遇到困难时也倾向于尝试着解决而不会轻易放弃。即使面对失败，这部分学生的承受力也更强，更能辩证性看待成败得失，具有愈挫愈勇的良好品质。说明棋类学习对学生的自律性、开放性、神经质等个性的三个维度均有积极作用。

(四)有助于充分发掘学生的创造性和潜能

创造是人类的本质，创造性发展是个性发展非常重要的一个方面，是个性主体发展的最高形式，或者说是人的能动性的最高形式。创造性既是重要的个性品质，也是适应科学和现代生产需要的学习品质、劳动品质。

课外学习强调发挥主体的个性优势，唤醒个体身上沉睡的潜能，找到一条适合个性自身创造性发挥的最适宜的道路。应超（2012）的研究表明：课外学习活动对青少年创新能力的培养具有积极意义，主要表现在发展学生兴趣、开拓学生视野、拓展学生思维。课外学习的初衷旨在鼓励学生关注生活，关注身边事物，从中培养学生的兴趣。课外学习可开拓学生的视野，能够充分利用科普基地、博物馆、科技馆等课外学习资源，并联系其他社会团体为学生提供多方面的帮助与指导，让学生从中获得许多新鲜的知识与体验，丰富他们的见识，开拓他们的视野。同时，课外学习采用多种多样别开生面的活动与竞赛，在这一过程中，学生通过动脑、动手、探究和实践，充分发挥想象力和创造力，思维方式和创造精神得到拓展和加强。

二、课外学习活动对学生个性发展的消极影响

目前我国中小学生的课外学习，一方面为增进中小学生的个性化发展提供了广阔平台；另一方面中小学生的课外学习存在较多不尽如人意的现象，限制和阻碍了中小学生的个性发展，严重影响了课外学习在中小学生个性发展中重要功能的发挥。

（一）中小学生课外学习的应试化，阻碍了学生创造性的发挥

陈传锋等人（2011）的调查发现，中学生的校外学习和作业过多，存在学习来源负担问题。顾琰等人（2009）的调查发现：88％的小学生参加过各种各样的补习班，尤其是数学、英语、语文补习班；多数中小学生的课外学习以完成老师、家长额外布置的课

业或上各种各样的特长班为主，沉重的课业负担让学生把学习看成一种苦差，从而丧失了学习兴趣。本次调查发现，36.6％的小学生认为课外学习活动对自己没有帮助，甚至有时会起反作用。

由于应试教育的影响，家长甚至社会最看重的还是学生的课业成绩。这样的一个教育大背景对学生个性化发展和创新能力的培养是相当不利的。在访谈与问卷的调查中也有教师和学生指出学业压力过重对于学生参加课外学习的积极性有一定影响。同时，课外学习本身也受到应试教育的牵制，某些活动功利性过强，外界也过于重视成绩与结果，导致很多学生参加课外学习活动只为拿奖疲于竞赛，忽略了活动过程的重要性；而原本旨在培养学生创新能力的一些活动、竞赛则成为学生升学加分的一种途径或手段。学生培养创新能力的氛围无法营造，对于创新人才的培养也会产生巨大的阻碍作用。

(二)学校、家庭和社会对学生课外学习缺乏科学指导，影响学生心理品质的发展

学校、家庭对中小学生课外学习的认识存在局限性，没有认识到中小学生自主规划、设计、安排和评价课外学习活动的重要意义，未立足于学生的主体性、独特性、差异性的发展，过多干涉学生的课外学习活动的内容和形式。

调查发现，一些学生的课余生活大部分是由家长安排的，学生没有掌握课余时间的权利，因此，许多学生没能很好地理解课余生活的意义以及价值。

学校是学生成长的重要场所，对学生课外学习重视的学校往往会从学生的角度出发，把学生看作独立的个体，结合学生的身心特点，充分促进学生全面发展。因而这类学生相对更善于表达自己、情绪稳定、外向开朗。当学生的课外学习不被学校重视时，他们会感觉自己的人格不被尊重，甚至会感到自己没有自由，生活在压抑的环境中，时间久了就容易产生焦虑不安、遇事容易激动或抑制，有强烈的情绪反应，甚至出现不够理智的行为。所以，学校对学生课外学习的态度在不同程度上影响着学生个性的发展。

学生课余时间是否遭到干扰在个性总分及精神质、情绪稳定性上存在显著差异。课余时间总是会遭到干扰的学生在精神质上的得分最高，在情绪稳定性上得分也最高。其可能的原因是课余时间遭到干扰频率较高的学生，基本的课余需求得不到保障，课余时间遭到干扰频率低的学生性格相对更加随和、宜群。可以看出，学生课余时间是否得到充分保障对小学生个性的形成有着重要的影响。

父母对待学生课外学习的不同态度在人格总分及精神质、内外倾向性以及掩饰性三个维度上差异显著。父母在乎学生课外学习的小学生在内外倾向性与掩饰性上得分高于不在乎的学生，而在精神质维度上父母不在乎课外学习的学生得分较高。其可能的原因是，在乎学生课余时间的父母相对来说更尊重孩子的想法，给他们足够的空间去发展自己喜欢的特长，或是学生在父母对自己课余时间的重视度中感受到被重视，因而这类学生相对于课余时间不被家长重视的学生更加积极、外向。课余时间不被在乎的学生相对更偏激、孤独。可见，父母是否在乎孩子课外学习影响了学生的个性发展。

（三）以电视、网络和游戏等娱乐生活为主旋律的课外学习，影响学生的健康人格发展

如今，课外学习以电视、网络和游戏等娱乐生活为主旋律。陈传锋等人（2010）调查发现：55％的同学假期活动主要是上网，其中多达59％的学生每天上网；65％的同学假期活动主要是看电视、电影，其中多达71％的学生每天都要看电视、电影；还有不少中小学生甚至沉溺网络游戏。

随着电视和网络在人们生活中的普及，它们在给人们选择信息以广阔空间的同时，也以其信息的示范性给社会造成不可忽视的影响。特别是近年来网络文化的发展，一些不道德、不理性的现象对学生的影响很大，在拓展学生思维和行为的同时，也妨碍学生价值观念的建构，看电视、上网和游戏成了学生校外学习生活的一种重要形式。网络的不良信息也极大地冲击着他们的课余生活，网络的互动以及虚拟的权威偶像，使学生的价值观念向个人本位偏移，这种价值观的错位，严重影响学生的身心健康。尤其是自我管理能力不强的小学生，很容易迷恋上电视节目或网络游戏，有的甚至深陷其中，难以自拔，从而影响了学习和生活。

第四节　课外学习活动促进中小学生个性发展的对策

一、树立个性化教育的理念和信念

思想理念是行为实践的先导和依据，有什么样的思想就有什么样的行为。教育工作者与家长要深入思考和理解教育的根本目的，深入反思中国传统教育思想、教育模式的负面影响，改变急功近利的教育功利主义思想，从人的全面发展、国家和民族的长远未来出发，深刻认识实施个性化教育的重大意义，牢固树立个性化教育的理念和信念并切实贯彻落实。要加强对教育理论和教育心理学等知识的学习，准确把握个性和个性化教育的内涵和基本原则，深刻理解个性发展与全面发展的辩证关系以及对创新精神和创新能力培养的重要意义；同时要积极学习借鉴国外先进的教育理念和先进管理经验，为科学推进个性化教育、促进学生个性发展提供理论指导和实践参考。

二、创建有利于学生个性发展的民主、和谐的教育环境

一个开放、民主、进取、积极、健康、和谐的人文环境有利于开发学生潜能，培养学生的个性意识和创新意识，环境好比个体个性成长的"空气"和"水"，对个体个性的形成和发展至关重要。

家庭及社会环境对课外学习活动的支持，是个性发展的最大动力。孩子在接受学校教育和社会教育之前，首先接受的是家庭教育，而家庭教育的成败，取决于家长的素质和家庭的环境。民主、和谐的家庭教育氛围是良好家庭教育的重要前提条件，是孩子个性形成、发展的重要因素，是孩子身心健康成长最重要的条件之一。苏联现代教育家马卡连柯认为："儿童的精神面貌，他们性格的形成，是由整个家庭生活制度所决定的，正是这种'家庭的一般基调'，不以父母主观愿望为转移地影响着儿童的成长。"课外学习活动更加强调家长的配合，家庭教育的个别指导与学校教育中的集体交往的形式相互补充，更利于学生个性的发展和成熟。

家长要了解孩子、关心孩子，能理智地爱孩子、尊重孩子。建立开放、民主、和谐的家庭教育氛围，还需学校教育的配合。在全面推进素质教育的今天，家长树立何种学生观、评价观、发展观、师生观，需要学校通过"家长学校"、"家长联系卡"等渠道向家长进行宣传。

在教育过程中，学校教育、家庭教育、社会教育必须紧密联系、相互配合、协调一致。只有这样，才能充分发挥整体教育的全力功能，才能促进学生个性发展。

三、突出学生主体地位，充分发挥学生在课外学习中的自主性

个性中的自主性是个体能自己主宰自己的思维和言行的个性特征。具有自主性的人是客观环境的支配者和控制者，是自己活动的主人，能以自己的意志来支配自己的行为，而不是盲目受客观环境的支配，也不是盲目顺从他人的意愿。自主有两个尺度。第一个尺度描述个体的客观状况、生活环境，是指相对于外部强迫和外部控制的独立、自由、自决和自主支配自己生活的权利和可能。第二个尺度是对主观现实而言，是指能够合理地利用自己选择的权利，有明确的目标，坚韧不拔和进取心。自主的人能够认识并善于确定自己的目标，不仅能够成功地控制外部环境，而且能够控制自己的冲动。教育的目的就是要使人成为一个独立的个体，具有独立的处世能力，有清醒的自我意识，自己能够对自己的言语行为负责，也能够承担起来自社会各方面的责任。

落实学生在课外学习活动中的主体地位是个性教育的核心。苏霍姆林斯基曾说过："促进自我教育才是真正的教育。"在课外学习过程中，通过各个环节、各门具体的学科来实现。因此，必须把学生主体地位的实现作为课外学习活动的出发点、依据和归宿。

每个学生都有自己的个性。教育工作者要深入了解和掌握不同学生的性格、情趣、爱好、特长、志向、意志、体能、智力以

及成长背景等。对于不同个性特点的学生，都要给予真心关爱。要根据学生的不同个性特点，来引导鼓励学生参加不同的课外学习活动，以有差别、有针对性的课外学习促进不同学生更好地发展。

四、活动丰富多彩、符合学生兴趣和特长，促进学生个性发展

通过对小学生个性在课外学习活动的丰富程度上的分析发现：小学生个性发展的神经质、外向性、宜人性个性特点在课外学习活动的丰富程度上存在显著差异。具有神经质个性特点的学生，课外学习活动单调相对；具有外向性和宜人性的学生，课外学习活动更丰富。

丰富多彩的课外学习活动，是培养学生完整、和谐个性的重要途径和载体。作为一个社会的人，他必然是共性与个性的统一。校园科技文化活动、文艺体育活动、志愿者活动和社会实践活动等课外学习活动，是促进学生全面发展、个性发展，增强创新精神和创新能力的重要舞台。

学校可以根据不同的教育目标选取不同的途径和方式，因地制宜、因势利导，适时适地地开展好课外活动；可以通过结合时事开展政治教育活动，培养学生关心与参加国家政治生活的积极性，以使他们把当前的学习和国家的建设紧密联系起来；可以通过开展科技活动，培养和锻炼学生运用知识的能力和实际操作能力，同时发展创造才能，培养对各种科学技术知识的兴趣和爱好；可以通过开展文学艺术活动，培养学生对文学艺术的兴趣爱好，发展他们对艺术美的感受、欣赏和创造能力，陶冶他们的情操；可以开展文娱体育活动，促进学生身心发展，发展学生的体力，培养学生灵活勇敢、刻苦耐劳的优良品质；可以通过开展社会公益活动，培养学生的劳动观点和习惯以及社会义务感、责任感，并使他们能从中学习有关劳动的知识和技能；可以通过开展校园文化节、艺术节、体育节，举办学科、科技、艺术、体育等兴趣特长小组活动，开展宣传教育、社会实践及其他综合性的教育活动。活动的开展要面向全体学生，以提高每一位参与者的素质为要义，同时又要注意因材施教的原则。

实践证明，精心设计、积极开展丰富多彩的课外教育活动，不仅能满足学生求知、探索精神的需求，能满足其喜爱活动、乐于交友的精神需求，更重要的是能满足其渴望独立、展现个人才华、渴望获得成功、实现个人价值的精神需要。

学校要积极创造条件，大力引导、鼓励和支持学生广泛开展形式多样、丰富多彩的课外学习活动，锻炼学生的实践能力，并在集体活动中使学生改变强烈的自我意识，逐步形成团结、竞争、合作的态度，互助互学，取长补短，完善学生个性。

参考文献

陈传锋，王玲凤，陈汉英. 当前中小学生课外学习活动的现状调查与问题分析[J]. 教育研究，2014(2)：109－112.

宫伟伟. 促进高中生个性发展的校本课程开发与实践[D]. 大连：辽宁师范大学硕士学位论文，2010.

教育部关于引发《基础教育课程改革纲要（试行）》的通知，2001.

李石. 依托校本课程 促进学生个性化发展[J]. 现代教育科学（小学教师），2012(6)：18.

李红艳. 小学生放学后课余时间支配方式的调查与分析[D]. 大连：辽宁师范

大学硕士学位论文，2009.

林莉，王健敏．杭州市小学生课余生活现状调查研究[J]．上海教育科研，2006(10)：46－49.

石玉昌，邹薇，罗年斌．小学生课余时间利用情况研究[J]．开封教育学院学报，2012.32(4)：82－87.

应超．校外学习活动中青少年创新能力培养的现状与对策研究[D]，上海：华东师范大学硕士学位论文，2012.

于淑娟、金淑子．日本教育改革中的个性化教育[J]．东疆学刊，2000，17(3)：71－73.

张惠．小学高年级学生课余生活现状调查研究[D]．呼和浩特：内蒙古师范大学硕士学位论文，2011.

张念芬，高中美术课堂教学中促进学生个性发展的实践探究[D]．济南：山东师范大学硕士学位论文，2007.

赵晓慧．大学生课外活动与创造性人格发展研究[D]．厦门：厦门大学硕士学位论文，2008.

钟启泉．个性发展与教学改革[J]．教育理论与实践，1996(2)：23－26.

周建华，曹瑾．论个性与重视个性发展[J]．中国高等教育，2001(7)：71－72.

第十三章　中外学生课外学习活动的
比较研究

第一节　国外中小学生的课外学习活动概述

一、课外活动的内涵

课外活动（extracurricular activities）一般是指正式课程之外的学习活动或经验，包括校内课外活动和校外课外活动。课外活动是课程结构的组成部分，是实现学生全面发展的重要途径。课外活动发展及演化受到政治、经济、文化等因素的影响。对于欧美国家而言，课外活动是在教育演变的过程中围绕学生的兴趣和经验开展的一系列活动，课外活动之所以会纳入课程结构中是由于其形式多样、内容丰富，对于学生的全面发展有不可替代的作用。目前，世界各国课外活动蓬勃发展，了解国外中小学课外活动的理论与实践，对于我国中小学的课外活动将有借鉴和启发意义。

19 世纪之前，许多校长和教师都认为，与其花时间在课外活动上，不如用在课堂教学上。19 世纪初，随着课外活动的开展，人们对课外活动的认识发生了改变，这可以从课外活动的定义看出来。根据课程（Curriculum，复数是 Curricula）的概念，课外活动（Extra-curricular activities），extra 作为前缀有额外、附加的意思，由此可见课外活动作为学校课程的一部分开始受到重视。20世纪 30 年代，随着课外活动的蓬勃发展，人们逐渐认识到课外活动(Extra-curricular activities)应与学校的正规课程一起发生作用，即课外活动(Extra-curricular activities)应改为"Co-curricular activities"，"Co"有共同、联合的作用。日本的伊藤信隆认为，学校课程不仅由"学科"所构成，还包括像"特别活动"、"学校例行活动"等校内外的广大范围的活动在内，"特别活动"即课外活动。为了突出"特别活动"(课外活动)在课程结构中的重要地位，日本将其称为"并行课程"(Co-curriculum)。目前，课外活动在日本已成为课程结构的重要组成部分，与"道德教育"和"各科课程"一道，并称为课程的三大领域。在美国，课外活动的名称由"Co-curricular activities"变为"The third curriculum"，即与必修课、选修课并列的第三课程。R. W. 弗雷德利克(Robert W. Frederiek)在其著述《第三课程》的前言中写道："在本书中，我坚持无论学生活动的称谓如何，它们都是美国教育中的关键部分。它们构成第三课程，一种与必修或一般课程及选修或特殊课程相平行的课程。"弗雷德利克的"第三课程"得到了 L. B. 奥托(Otot L. B.)、J. L. 特鲁姆(Turmp，J. L.)、D. F. 米勒(Miller，D. F.)等学者的支持。

二、课外活动的演变

从历史的发展过程来看，国外课外活动与学校正式课程相比基本属于从属地位，从其概念的演变来看，人们对课外活动价值的认识随着社会的发展不断发生改变。在古代社会，统治者需要通过学校和社会机构来灌输自己的统治观念，文艺复兴时代否认宗教时代束缚课外活动的人性论，为课外活动的发展奠定了一定的基础。随着生产力的不断发展、教育规模不断扩大、班级授课制的出现，学科教学成为学校的主要任务，传递和掌握科学知识成为当时社会发展和个人发展的需要，课外活动成为完成教学活动的一个辅助手段。近代人们对课外活动的认识发生新的改变，课外活动逐渐成为发展学生个性和社会性的重要载体，课外活动的内容也日益丰富、形式日益多样。现代课外活动不仅仅是学校课程的补充和拓展，而是成为"全校教育"和"全人教育"的重要组成部分。

（一）课外活动的萌芽期

在西方，课外活动最早可以追溯到古希腊，而古希腊最有代表性的是雅典和斯巴达的两种教育体制。在雅典开展的课外活动有唱歌活动、阅读活动、体育活动和辩论活动。而在斯巴达，学校则开设与军事教育有关的课外活动。到了中世纪，西方社会进入宗教统治时期，教会教育成为教育的主要形式，其主张束缚学生的天性，课外活动被禁止。到了中世纪中期，出现了中世纪大学，大学的管理由教师和学生组成行会来管理学校事务，实现了学校自制。这为大学课外活动的开展提供了组织保障，学校也开展了一些游戏、体育、辩论等活动。在大学的影响下，中学也开展了一系列活动，如意大利曼图亚市的费特雷学校开展的游戏和竞技活动，在英国的公学也有以贵族生活为原型的游戏活动。这些活动构成了近代课外活动的源泉之一。

（二）课外活动的发展期

到文艺复兴时代，教育者主张解放人性，注重教育内容改革，一些游戏、体育和弹唱等课外活动开展起来。18—19世纪，教育家如卢梭的"自然主义"、福禄贝尔的"人性教育"、裴斯泰洛齐的"教育心理化"等教育思想为课外活动的迅速发展奠定了理论基础。他们主张重视儿童的权利、儿童的生活。在英国的中等学校，足球、棒球、辩论、戏剧、俱乐部活动以及学生自治组织等迅速发展起来。在美国，戏剧、俱乐部、音乐会、辩论会、体育比赛，由学生办的杂志、期刊、报纸及出版社也受到学生的欢迎。课外活动内容的丰富性和形式的多样性引起了人们对课外活动的重视。

（三）课外活动的繁荣期

第一次世界大战以后，杜威系统提出并实践了以"做中学"为核心的实用主义教育思想，认为教育应以儿童及其活动为中心和基础，学校教育的作用就是传递、交流和发展经验，个体要获得真知，就必须在活动中主动去尝试、体验。他说："教育应从学生的经验和活动出发，使学校在游戏和工作中采用与儿童、青年在校外所从事的活动类似的活动方式。"（赵祥麟和王承绪，1981）。杜威的实用主义教育理论反对教育与社会的脱离、教育与儿童的脱离、理论与实践的脱离；反对以书本为中心的死记硬背的教学方法，反对教育脱离实际生活；主张"教育即生长、教育即生活、从做中学"等；强调"经验"、"实验"与"民主"的概念及原则，以及"重行动、重实践、重效果、重生活的哲学观"（张云，2005）。基于此，学校要围绕学生的活动和经验来组织教学活动。随着美国中等教育人数的增加和杜威实用主义在教育实践的应用，人们对青少年的身心发展有了更深的认识，课外活动的项目得到了拓展，校长、教师更加明确课外活动的价值；关于课外活动的研究和著作也不断增多，如被誉为"美国课外活动之父"的 E. K. 福特威尔的《中学课外活动》，他主张通过课外娱乐活动来促进青少年发展。人们对待课外活动的态度，早已由世纪初期的勉强接受让位于积极的促进和鼓励。课外活动逐渐成为学校正式结构的一部分，随着课外活动的合法化，人们不仅为课外活动提供了场地和设备，安排了辅导教师；而且参加活动的人数也大大增长，涌现出全国学生理事会、全国辩论社团、书法协会、体育协会等，课外活动计划遍及全国，得到广泛推广。正如美国学者赫维茨、鲍威尔所述："传统的课外活动项目，随着其本身的发展，必然对成百万美国青年的个体成长、技能的发展和有益的娱乐提供了良好的机会。""作为培养领导才能的一个场所，每一条理由都可以使人们相信课外活动改善了学术课程。"（瞿葆奎等，1991）

二、部分国家中小学生课外活动概况

（一）美国的中小学生课外活动

1. 美国的课外活动组织

美国有各种各样的课外活动组织，学生可以参加各类组织的课外活动。

1）学生会

学生会是学生的组织，在美国中小学里是一种重要的学生活动载体，并保持其历史性的地位。从第二次世界大战以来，学生会就被强调作为促进知识界参与民主过程的媒介。实际上，学生会正是学生自己参与学校管理的组织机构，是培养领导才能的地方，是沟通学校和社会联系的纽带。通过学生会，可以教导学生在民主的社会中履行责任和义务，以及为模拟的政府提供一种工作的模式，等等。但是，多年来，在美国中小学校中学生和教师对这些目标只停留在口头上，而大多数学生会在试图实现这些目标时，也仅仅是表面上的。在美国社会动乱的年代里，学生反抗运动最终会向学生会提出是顺应潮流还是取消学生会的挑战。如果学生在成人世界里能够获得充分的合作关系的话，那么，这种合作关系可以通过一个有生命力的学生会得到最佳实现，这个学生会要使学校和社区各方面的需要(包括学生抗议者的需要)都协调起来。抗议的学生在他们需要一个辩论的讲坛时,不可能参加一个受校方制约的学生会。一个真正代表所有学生的开明学生会,必须能够接受抗议者提出的挑战。要做到这一点,学生会需要有一些有智慧的管理人员和创造性的教师来担任顾问或辅导员。在课外活动计划中,这些教师和管理人员将为引导学生仔细思考问题、帮助他们做出重大决策而提出更多的建议,以启发学生会组织者:第一,学生会可以发起一项修订课程计划的活动。第二,学生会可以发起一种每周一次的"公开演讲"的自愿集会活动。第三,美国中学的一些学生会常常发起一系列黑人与白人之间的对话,以增进双方的了解。第四,学生会可以发起一项使学生了解学校体系、组织机构的活动计划。美国中学学生会所组织的各类活动内容很广,不仅包括学校生活,也联系社区生活、社会问题等组织各种活动,让学生更好地参加社会实践。

2)校俱乐部

美国大多数学校的各类俱乐部是由传统的课外活动的主要部分所组成。其目标注重把正式课程的学习与发展学生的特殊兴趣结合起来,各种学科俱乐部能帮助学生在某些方面的知识和能力得到发展,有些俱乐部还帮助一些学习有困难的学生克服学习中的障碍,这些俱乐部扩展了正式课程学习的知识。教育家卡西认为:课外活动能产生两方面的作用:一是社会化的作用,如团结、集体感、服从等;二是个体发展的作用,如个人参加活动的意愿、自我概念的发展等。总之,课外活动作为美国教育制度一个不可分割的部分,正在不断努力实现它们预期的功能。尽管在课外活动的组织中还存在着各种各样的问题,但在促使学生更好地面对成人社会的过程中，参加课外活动正在使更多的学生得到裨益。

　　俱乐部活动在课外活动中占有最大的比例，其活动项目包括体育、文化、社会服务在内，达 500 多种。社会服务活动一般是访问老年人和病人，或者去医院慰问住院的病员。

　　此外，还有国家荣誉社会高中委员会（NHS，即社区服务活动组织）、课外教育联盟（After school Alliance）、课外教育协会（After school Association）、全国高质量课外教育中心（National Center for Quality After school），以及其他形式各样、性质各异的课外活动组织。

　　2. 美国的课外教育计划

　　20 世纪 90 年代，青少年学生如何有效地利用课外时间引起人们的关注，且课外教育计划（After School Program，也称"校外活动"）逐渐发展起来。其形成和发展有政治、经济、社会、文化方面的原因。美国是一个移民国家，由于许多移民的子女存在语言方面的劣势，在适应学校生活方面存在困难，而课外教育计划正好发挥了对移民子女补充教育的功能。还有一部分贫困家庭的父母希望自己的子女享受优质教育资源，而课外教育计划可以为贫困家庭的子女提供更多发展的机会，可以弥补因为经济原因而导致的教育平衡。另外，由于劳动力市场的变化，许多女性以参加劳动来缓解生活的压力。这就使得许多青少年和年龄较小的儿童在课后时间得不到有效的看护和教育。而放学这段时间也是青少年高危行为的高发阶段。此外，美国需要提高学生的学术竞争力，而"校外活动"在某些方面满足了学生在能力提升方面的需求。因此，在 2000 年以后，美国的一些州明确规定，高中生在毕业前要参加至少一项课外项目，否则不能毕业。课外活动成为一项必修课，课外活动形成制度化，学生在进入高一级学习机构入学资格审查时，关注的重要内容之一便是学生课外活动的参与情况。学生参加何种项目并没有严格的限定，可以根据自己的兴趣爱好，选择相应的课外活动项目。美国教育家赫威茨（Hurwitz，E.）认为，课外活动是"培养领导人才的一个重要场所"。

在各种各样的"课外教育计划"中，除了教育部支持的"课外教育计划"，如 21 世纪社区学习中心（21st Century Community Learning Centers）之外，各州都有适合本地区特色的"课外教育计划"。"课外教育计划"主要服务于两个群体：学龄儿童和青少年。儿童看护以安全为第一要务，主要为其提供安全的环境、丰富多彩的娱乐性活动；针对青少年则主要以学术性活动为主，提升青少年的学业水平、人际关系、社会技能等，更关注青少年的发展性需求。"课外教育计划"主要针对个人能力的全面提升。其资金来源多元化，主要来源于教育部、当地政府拨款、捐款、家庭付费等；其经营模式主要有两种：基于学校的"课外教育计划"和基于社区的"课外教育计划"。公共机构、宗教服务组织、青少年活动中心都会参与其中。课外教育联盟作为一个非营利性组织，每年都会出具年度报告进行评估。根据课外教育目的以及具体内容的不同，主要分为以下几类：健康看护类、综合教育类、学术辅导类、体育健康类、能力提升类、咨询服务类等（何树彬，2014）。

3. 关于"课外教育计划"的评价

关于课外教育计划实施的效果，大多数人从积极的方面肯定了课外教育计划在学生学业提高、问题行为减少、促进学生健康成长等方面发挥了重要的作用。如 2014 年 2 月，课外教育联盟发

布了一篇报告《课外教育的深度透视：成效显著，未来光明》(Tak
ing a Deeper Dive into After school：Positive Outcomes and Prom-
ising Practices)。该报告详细地对全国多个课外教育项目进行了综
合评估，评估方来自大学的研究机构、青少年发展机构等，主要
运用了实证研究和访谈的方法。总体上对近十年来"课外教育计
划"的实施效果进行了肯定。评估报告认为：更多的幼儿及小学生
得到了看护，他们在放学后时间段内的安全得到更好的保障；学
生的旷课率明显下降，参与学校活动的积极性提高，在情感、态
度、行为方面均发生了积极的改变；中学生的高危行为如吸毒、
酗酒、不安全的性行为等大大减少。尽管课外教育计划在青少年
的健康成长方面发挥了积极的作用，但在实施的过程中也存在一
些问题，如定位不够清晰、受惠范围较窄，缺乏优质师资、缺乏
质量标准等。

（二）英国中小学的课外活动

英国的中小学校非常重视学生人格的培养，这种人格教育一
般都体现在课外活动中。他们称之为"特种活动"，可分为：学校
仪式（开学典礼、毕业典礼等），学生会，俱乐部活动，社会服务
活动等。学校仪式主要是每天一早都要举行的宗教式"晨祷"，但
入学和毕业却不举行特别的仪式。俱乐部中所盛行的是体育和文
化娱乐活动。下面主要介绍英国阿什帝恩（Ashdene）小学的课外活
动和寄宿学校的课外活动。

1. 英国阿什帝恩（Ashdene）小学的课外活动

阿什帝恩小学在课前（before school）、午休时间（lunch time）
及课后（after school）为学生提供内容丰富、形式多样的课外活动，
如每年新生入学，学校会组织各种活动让他们了解周围的环境，

如欧洲语言日、泰迪熊野餐、班级基督诞生欢迎会、圣诞派对、森林远足等。课外活动的组织者包括学校的工作人员和其他外部组织的多种俱乐部，包括足球、女篮、越野跑、棒球、橄榄球、戏剧、工艺、录音、法语、数学以及学校唱诗班和管弦乐队等。阿什帝恩最有趣的课外活动是集体野营，二至六年级的学生可以参加。

阿什帝恩还有一项有趣的课外活动，就是：二年级学生要体验学校所在地区的自然与人文环境；三年级和四年级的学生每年轮流对外地的户外教育中心进行为期两天一夜的访问，了解当地的历史、地理，参观城堡及教堂；五年级学生要到更远的国家公园做为期两天的旅行；六年级学生都要去位于温德弥尔（Windermere）湖畔的 YMCA 户外研究中心进行为期一周的"探险"，参加攀壁、制造救生筏比赛、排除道路障碍练习、皮划艇、攀岩、徒步行走、箭术、独木舟划行、跌落行走、空中索道、绳索练习等活动。

阿什帝恩小学为公立学校，但其课外活动运营引进了社会教育机构的力量。课前俱乐部由名为"小超人"的有限公司（Superkid Limited）组织运营，而课后俱乐部由名为"网络托儿所"的公司组织运营。

2. 英国寄宿学校的课外活动

英国的寄宿公学与日间学校的课外活动是有区别的，前者是学校正式规定的，而后者的课外活动则是学生可以选择的。英国寄宿公学的课外活动主要包括体育运动、文艺活动、军训活动和社区服务活动，这些课外活动成为学校教育的重要组成部分。公学一直有重视体育运动的传统，早在中世纪，参加体育锻炼就已成为生活中一项必备的任务。通过体育锻炼，一方面可以健身、养性，陶冶学生的心灵和品行，培养具有良好素质的人，使学生避免各种邪恶行为；另一方面可以培养学生的公平竞争意识，以及团结协作和坚韧的品质(原青林，2005)。

1)课外体育活动

英国公学的课外体育活动丰富多彩，包括板球、橄榄球、足球、篮球、羽毛球、网球、回力网球、手球、水球等球类项目和划船、帆船、游泳、射击、射箭、马术、柔道、空手道、体操、田径、围棋等活动。为了保证体育活动的正常进行，学校提供了各种体育器械和设施。以克利夫顿公学为例，它的体育设施包括一个体操馆、一排训练房、一个温水游泳池、一个网拍式墙球场、8个墙手球场、3个软式墙网球场、10个网球场(6个硬地和4个草地)和一个小型步枪靶场。学校拥有80英亩的运动场地，并在艾冯河上有一个停船场。

2)课外文艺活动

文艺活动是课外活动的一部分，学校和家长都比较重视，大多数公学有管弦乐队、话剧、合唱队等，这些活动有资深的老师指导，或由学校聘请校外音乐家指导，需要家长付费。这些课外活动组织可以参加各种演出，甚至在国内外演出。学生特别愿意参与戏剧演出，因为戏剧是英国传统文学形式最重要的一部分，参加戏剧演出也是继承传统文化的重要方面。学生社团和俱乐部在许多公学中门类齐全，有论文俱乐部、自然保护社、辩论社、戏剧俱乐部、围棋俱乐部、音乐俱乐部等。有些学生还聚在一起办学生刊物，这些刊物鼓励学生刊登自己的文学、诗歌、美术等作品。这些课外活动组织使志趣相投的学生聚在一起，交流、讨论，极大地鼓舞了学生的创作热情，不仅有助于发展相关的技能，如创作能力、组织能力、社交能力，而且有助于培养学生的包容精神，以及虚心接受别人意见的态度。

3）课外军训活动

英国的军训活动是与军训课程相结合来培养军事人才的，最卓有成效的是联合男生军训队（Combined Cader Forces），许多公学的学生往往是出于自愿，也有些学校是规定学生必须参加。一般而言，低年级的学生每周抽出一个下午参加具有挑战性的军事训练，如野外生存训练：看地图、攀爬、越野比赛等。第一学年或第二学年结束时，学生可以自愿参加陆军或空军联合男生军训队，这种训练更具有军事性。

4）社区服务活动

社区服务活动的项目多种多样，如位于城镇附近的学校一般帮老人购物或给花园松土，有些学校能提供技术性的服务，如安装、修理、帮助残疾人等。这些社区服务活动能使受助的人获得帮助，可以提高学生的社区服务意识和学校的声誉。

（三）法国的课外活动中心

20世纪60年代，法国课外活动中心诞生。课外活动中心须具备三个条件：一是提供家庭之外的无住宿接待；二是接待8～300名未成年人；三是每年至少开放15天。中心最初是为了满足儿童看护的需求。随着社会和经济的发展，许多父母忙于工作，学生放学这段时间和寒暑假无人看管，因此家长就把孩子送到儿童托管机构，由这些托管机构对年幼的儿童进行看护和照料。有些儿童托管机构有艺术活动、体育活动、课业辅导等活动，这在一定程度上解决了大部分家长的"后顾之忧"。课外活动中心属于校外教育，它与简单地以看护为目的的托管机构不同，它是在家庭和学校之外的教育时间对儿童进行教育。它有助于培养学生适应集体生活的能力和合作、互助精神等。1984 年，法国的法令明确规定课外活动中心是授权的教育实体，课外活动中心以集体的方式接待未成年人；并明确指出课外活动中心不包括专门的课程学习（邹燕舞，2012）。

法国政府非常重视校外活动的开展，为此中小学教学计划还缩短了授课时数，以增加校外活动的时间。2008 年 5 月，法国政府公报中的法令规定：自 2008 学年开学起，全国幼儿园和小学实行 4 天工作日，每天上课 6 个小时，周三全天为自由活动时间；在一学年中，除去暑假的两个月外，学生还享有四个两周左右的小假期。为了合理地安排学生的课外活动时间，各地政府纷纷出台了课外活动教育宪章。如巴黎市政府于 2007 年 6 月颁布的课外活动教育宪章指出："在学校和家庭之外的课外时间理应也是教育时间。在课堂和家庭之外的课外时间的组织安排是通过提供知识实践和集体生活经验的场所来丰富儿童的生活。"为了解决课外时间儿童托管教育问题，法国政府于 2006 年 8 月通过了《社会行为和家庭法》的相关条例修订，将之前存在的各种课外时间托管形式统称为未成年人集体接待。周三及其他课外时间的社会文化活动的组织，具体划分为三大类型七种形式：一是有住宿的接待，其中包括假期旅居、短期旅居、主题旅居、家庭假期旅居；二是无住宿的接待，包括课外活动中心和青年接待中心；三是童子军；法国每年有 450 万未成年人受惠于集体接待形式的托管，大约有 3.6 万负责人和 20 多万社会文化活动组织者参与托管工作。在各种形式中，"课外活动中心"是与家庭联系最密切、学生度过课外时间最多的场所。调查表明，有些儿童在课外活动中心度过的时间超过在学校的上课时间。

目前，全法国课外活动中心共计 33000 个，有 400 多万青少年注册参加。中心的创建者主要是非营利的协会、市政府、企业监督管理委员会或企业甚至个人。中心的创建者需要向省青年与体育局申请注册。

创建者首先需要制订教育计划，并上报国家相关部门和招聘中心负责人。负责人的任务是招聘社会文化组织者，组成教育团队，起草和实施具体的教学计划。组织者的任务是负责未成年人身体和心理安全，组织日常生活和活动，并和负责人一道实施教学计划。各地的课外活动中心分布不同。一般来说，幼儿园和大部分小学附近有课外活动中心，有的只是在周三和假期接待，有的还可以在上学前和放学后接待，大部分中心还与学校共享教育设备与资源，如食堂、操场等。接待的形式也很人性化，平时是上学前或放学后，周三或假期间可以是全日或半日，可以提供午餐或不提供午餐。

为了帮助家长和学生了解并选择适合自己的活动，中心的活动安排一般都在前一周公布。活动主要涉及以下几类：体育活动，如足球、乒乓球、滑冰、马术、射击；文化艺术活动，如音乐、舞蹈、马戏、剧场、绘画、多媒体技术；科技活动，如天文、计算机、摄影、摄像；环境探索，如观察动植物、参观自然文化遗产、观察和保护大自然等。2000 年，法国行政公报指出，课外活动应优先开展下列活动：图像、电影、多媒体教育；音乐、合唱团；建筑、边框设计、风景画；环境教育；科学文化；体育；卫生教育。

第二节　中国和瑞典高中生课外学习活动的比较研究

瑞典是一个社会稳定、经济发达的高福利国家，同时也是教育发达国家之一，其高中教育作为义务教育和高等教育的中间环节，起着承上启下的关键作用，历来受到国家的高度重视（樊红，2009；阿日那，2010）。那么，瑞典高中生的学习负担和课余活动如何？在我国提倡素质教育的今天，比较我国和瑞典高中生的有关情况，对我国的教育改革大有裨益。为了了解不同社会文化背景下高中生的学习负担和课余活动，本次调查选取中国宁波市和瑞典隆德市这两个城市的高中生为被试，试图对两国高中生的学习负担和课余活动进行比较，反思我国高中教育中存在的问题。

一、研究设计

（一）调查对象

此次调查的对象分别为中国和瑞典的高中生。采用方便抽样法，在中国的宁波市和瑞典的隆德市（Lund）分别选择三所高中，然后在每个学校的高中一年级、二年级、三年级随机抽取被试。

（二）调查方法

主要采用问卷调查法收集所需数据。调查采用集体施测方式进行，首先向被试简单介绍调查的目的以及填写问卷的有关注意事项，在问卷调查过程中，由受过培训的老师停留在现场，随机解答学生提出的问题。所有被试的数据均已事先征得被试所在学校和被试本人的同意。宁波市共发放问卷 110 份，回收有效问卷 103 份，回收率为 93.63％。隆德市共发放问卷 60 份，回收有效问卷 53 份，回收率为 88.33％。

由于学生在填写问卷过程中，存在个别漏填或忘填现象，所以调查问卷每一题所统计的答题人数可能存在差别。在问卷调查后，对部分被试进行了访谈调查，以获取更多的信息。

（三）样本特征

对样本分析发现：在宁波市所调查的 103 名被试中，有 68 人为独生子女，占 66.1％；有 33 人家里有一个兄弟姐妹，占 32.0％；只有两个人家里有两个兄弟姐妹，占 1.9％。在隆德市的 53 份样本中，家里有一个兄弟姐妹的被试有 25 人，占 47.2％；家里有两个兄弟姐妹的被试有 23 人，占 43.4％；家里有三个兄弟姐妹的孩子 5 人，占 9.4％；只有一个被试是独生子女，且是由母亲养育的单亲家庭。

（四）调查问卷

自编"高中生课外活动调查问卷"。共编制了 26 道题目，分为七个维度，即高中生的作息时间（共 4 题）、课外学习（4 题）、学习兴趣（共 2 题）、作业考试（共 3 题）、业余时间和校外休闲（共 8 题），以及高中生的心理状态（共 5 题）等。在将问卷施测于瑞典被试前，首先将量表翻译成英文，再进行回译，经过多次修改后形成问卷的英文版。

二、调查结果与分析

（一）中国宁波和瑞典隆德高中生的作息时间现状比较

从问卷调查结果来看：在作息时间上，中国宁波和瑞典隆德高中生的起床时间、到校时间、离校时间和上床睡觉时间都存在显著差异。宁波市 51.5％的高中生在 6 点到 6 点半起床，所有的高中生在 7 点前都起床了；而隆德市 49.1％的高中生则集中在 7 点到 7 点半之间起床，详见表 13-1；宁波市 53.4％高中生在 7 点到 7 点半到校，所有的高中生在 7 点半前都到校了，而隆德市 82.7％的高中生是 7 点后到 8 点半到校；宁波市大部分的高中生在下午 4 点半到 5 点半离校，甚至有 14.6％的高中生是 6 点以后才能离开校园，而隆德市 56.6％的高中生 4 点半前就已经离校，有很多学生 3 点半前就离开校园；宁波市高中生的上床睡觉时间多集中在晚上 10 点到 11 点，而隆德市的高中生上床睡觉时间集中在 10 点半到 11 点半。

表 13-1　中国和瑞典高中生每天的起床时间（除双休日）

起床时间	中国		瑞典		χ^2	p
	n	％	n	％		
5 点半以前	2	1.9	1	1.9	73.314	0.000
5 点半～6 点	29	28.2	4	7.5		
6 点～6 点半	53	51.5	3	15.1		
6 点半～7 点	19	18.4	11	20.8		
7 点～7 点半	0	0	29	54.7		

　　结合访谈资料，调查发现：相对于瑞典的高中生而言，中国的高中生起床时间早、到校时间早、离校时间晚，中国高中生每天在学校的学习时间远远超过瑞典的高中生；中国的学生虽然是 8 点上课，但几乎所有的学校都要上早读（早自修），学生不得不很早到校，瑞典的高中生是早上 8 点半上课，下午 3 点半放学，放学后学校组织各种课外活动，参加完课外活动后，一般 4 点半就可

放学；瑞典的高中生在作息时间上有更大的自由，有更多的自由支配时间，而我国高中生的作息安排欠合理，导致休息时间严重不足。

（二）中国宁波和瑞典隆德高中生的课外学习情况比较

从调查结果来看：关于课外学习，中国宁波和瑞典隆德高中生的双休日补课情况和请家教情况存在显著差异，对教辅材料的感觉和业余特长培训不存在显著差异。宁波市 59.2％的高中生双休日参加补课，而隆德市的高中生不存在双休日补课情况；宁波市 35.9％的高中生请了家教，主要是高考科目的家教，而隆德市只有 7.6％的高中生请了家教，家教也多为学习课外知识、培养特长；宁波市和隆德市的高中生基本上都感觉课外教辅资料较为适中，两国大部分高中生课外时间没有业余特长培训。

课外时间对于学生来说不仅是巩固、消化在校所学知识的好时机，而且学生也可以利用这些时间发展业余爱好。结合访谈资料，可以看出：中国的高中生平时上课强度大，课内的学习负担延伸到了课外，双休日还要补习文化课，晚上或周末还要请家教，这大大占用了学生的休息时间，也无情地剥夺了学生能自由利用的时间，不仅加重了学习负担，也束缚了学生个性的发展。而瑞典高中生只要满足条件，就可以随时进入大学进一步学习深造，升学压力并不大，学生没有必要因为文化课而请家教，双休日也没有必要进行补课。在瑞典，如果学生感觉学习国家课程有困难，学校就有责任和义务帮助学习困难生制订特殊学习计划。如果学生对特殊学习计划也不感兴趣，学校将会指派教师为这些学生提供个人学习计划，提供一对一的帮助。一般来说，完成了个人学习计划之后，大多数学生都能回到国家课程的学习中来。学校设置的"特殊辅导"课体现了学校、政府和社会对每个公民人性化的人文关怀,也反映出学校扶助弱势群体的教育公平思想。

表 13-2 中国和瑞典高中生双休日补课情况

双休日是否补课	中国		瑞典		χ^2	p
	n	%	n	%		
是	42	40.8	0	0	29.574	0.000
否	61	59.2	53	100		

(三)中国宁波和瑞典隆德高中生的学习兴趣比较

从调查结果来看:中国宁波和瑞典隆德高中生对功课的兴趣存在显著差异,但最喜欢的课程不存在差异。宁波市高中生对功课的兴趣明显低于隆德市的高中生,而两国高中生最感兴趣的课程都集中在音、体、美等拓展课程上。结合访谈资料,调查发现:瑞典的高中课程没有副课和正课之分,老师只是提供帮助,高中教育侧重使学生明确学习的实用价值,17项课程内容广泛而又贴近生活,具有很强的针对性和实践意义。瑞典的教育提倡"人性化"的理念,最重要的是让学生感受到学习的乐趣,学校教育给学生提供了较大的学习自主权。由于学生所学的课程很大程度上是自己所选、所爱,所以学习的积极性和热情自然比较高。"要我学"真正变为"我要学",较好地解决了学生的厌学问题。而我国的高中教育,基本上以高考为导向,即使职高的学生也有一部分要参加艺术类考试,导致一切以分数为导向,学生的学习兴趣、学习动力稍显不足。

(四)中国宁波和瑞典隆德高中生的作业考试情况比较

从调查结果来看:中国宁波和瑞典隆德的高中生每周考试次

数不存在显著差异，但是放学后做作业的时间和每天作业的完成情况存在显著差异。两国的高中生每周基本上都有一到两次测试；宁波市的高中生每天放学后做作业的时间大部分在 1 小时以上，甚至有 10.7% 的高中生每天做作业的时间在 4 小时以上，而隆德市的高中生基本上在 1 小时内可以完成，见表 13-3；宁波市 67% 的高中生感觉每天的作业能完成，但是需要努力，只有 5.8% 的高中生能轻松完成每天的作业，而隆德市 30.2% 的高中生感觉每天的作业能完成，但需要努力，有 34.6% 的高中生感觉能轻松完成每天的作业。

表 13-3　中国和瑞典高中生放学后的做作业时间

放学后做作业时间	中国		瑞典		χ^2	p
	n	%	n	%		
不到 1 小时	1	1.0	30	56.6	75.332	0.000
1 小时左右	9	8.7	9	17.1		
1～2 小时	22	21.4	8	15.1		
2～3 小时	40	38.8	3	5.7		
3～4 小时	20	19.4	3	5.7		
4 小时以上	11	10.7	0	0.0		

结合访谈资料，调查发现：由于升学的压力，我国高中生每天的作业任务繁重，需要花大量的时间在做作业上。而瑞典高中布置作业量明显偏少，瑞典的高中阶段不举行全国统一考试，学生的学业评定成绩为优秀、良好、合格、不合格四个等级。等级评定的标准由国家教育部制定，并随教学大纲发到每一位教师手中，教师根据统一的标准，结合学生平时的学习态度、学习情况和期末测试成绩评定学生该门功课的等级。瑞典所采用的形成性

评价为主的学业方式，为学生在校学习创造了一个较为宽松的学习环境，使学生可以充分发展自己的兴趣、爱好，教师也不会仅仅为考试和升学而教学。

（五）中国宁波和瑞典隆德高中生的业余时间及校外休闲活动情况比较

调查发现：中国和瑞典两国高中生课余时间想做的事大部分为看电视、上网、和朋友出去玩，不存在显著差异；而两国高中生节假日活动的安排存在显著差异：宁波市大部分高中生节假日在做作业、参加特长培训、补课、休息、上网、看电视，而瑞典38.5％的高中生节假日没有作业，可以选择运动、休息、上网等活动。进一步比较分析发现：中国宁波和瑞典隆德的高中生在家看电视的时间（节假日外）、每天用于上网的时间（节假日外）、放学回家后替父母干家务、参加文体活动和社会公益活动情况都存在显著差异。宁波市55.3％的高中生几乎没有时间看电视，每天看电视2小时以上的仅占4.9％，而隆德市的高中生每天都会看电视，每天看电视时间在2小时以上的有21.6％，瑞典的高中生看电视时间显著多于宁波市的高中生。在节目内容上，两国高中生所看的电视节目都集中在体育和娱乐节目。同样，宁波市有70.9％的高中生几乎没有时间上网，而瑞典仅有7.7％的高中生几乎不上网，瑞典高中生每天上网的时间显著多于宁波市的高中生，两国高中生上网的主要活动多集中在听音乐、查找资料、聊天；从表13-4、表13-5可以看出，瑞典市高中生干家务的时间、参加文体活动或社会活动的时间显著多于宁波市的高中生。

表 13-4　中国和瑞典高中生做家务情况

是否干家务	中国		瑞典		χ^2	p
	n	%	n	%		
经常干	15	14.6	24	46.2	18.499	0.000
偶尔干	72	69.9	24	46.2		
不干	16	15.5	4	7.7		

表 13-5　中国和瑞典高中生参加文体活动或公益活动情况

文体活动或公益活动	中国		瑞典		χ^2	p
	n	%	n	%		
一个月一次	23	22.3	9	18.0	25.306	0.000
隔一周参加一次	9	8.7	13	26.0		
每周参加一次	12	11.7	17	34.0		
没有参加过	59	57.3	11	22.0		

　　结合访谈资料，调查发现：瑞典高中生的课外休闲时间显著多于我国的高中生。由于我国高中生大部分时间是在校内度过的，对社会接触不多，很难形成对社会一定的责任感和义务感，也难以完全形成正确的人生观和价值观。"两耳不闻窗外事，一心只读圣贤书"，是对大多数高中生的真实写照。因此，在校外的休闲活动中，中学生应多关注社会，多参加一些社会公益性活动。然而，我国高中生几乎没有时间参加文体活动和社会公益活动，很少有时间看电视，关注新闻、时事。繁重的学业负担已经把孩子忙得团团转了，好不容易能有时间放松一下、玩一会儿，哪里又有什么时间做家务、参加社会实践活动！沉重的考试压力、升学压力，迫使我国的高中生校外的业余时间也都用在了学习文化课上。

（六）中国宁波和瑞典隆德高中生的心理状态比较

调查研究发现：中国宁波和瑞典隆德的高中生对考试排名的态度和对课业负担的态度存在显著差异。宁波市的大部分学校都对考试进行排名，有些学校甚至公布考试成绩排名，而隆德市71.7％的学生表示，考试成绩不会进行排名，即使排名也从不公布；宁波市有60.1％的高中生认为课业负担很重或较重，而隆德市仅有36.9％的高中生认为课业负担较重；但两国高中生的同学关系、对未来的信心不存在显著差异，两国大部分的高中生愿意与同学交往，对未来充满了信心。

按照瑞典现行的教育制度，基础教育头三年不对学生进行任何评分，为的是孩子能够在一个比较轻松的环境下接受教育。瑞典的高中采用的是形成性评价，更加重视平时的表现，而我国对学校工作的评价还是以升学率为标准，教育改革缺乏宽松的外部环境。考试排名的目的不应仅仅是让老师了解学生的情况，也应作为学生自我审视的一面镜子以激励他们取得更好的成绩。但是我国排名的作用现在往往被夸大和曲解，被过度解释为学生能力的表征，而且一经公布就成为同学之间比较的对象。长期以来，升学率成了评价学校和教师的唯一标准，这使得基础教育最终落入"应试教育"的窠臼。升学率关系到教师的利益得失、校长的荣誉升迁和学校的前途命运，从而形成对教师和校长的巨大压力，到头来又必然会加重学生的课业负担。

虽然瑞典高中与我国具有同样的办学理念：即一切为了学生、为了学生的一切；但与我国不同的是，瑞典学校是在悄无声息、扎扎实实地推行这一理念，而我国的学校从形式来讲确实是在大张旗鼓、并以吸引人眼球的方式大举推行素质教育，但实质上仍是在进行应试教育。调查结果表明：瑞典高中生的学习与生活比我国的高中生要轻松很多，其学习环境更为宽松、学习时间更加自由、课程内容更加丰富、作业考试更加灵活、课余活动更加多彩。虽然两国的国情有很大的不同，但瑞典高中生的学习与生活状况明显可以给我们一些有益的启迪，对于减轻我国高中生的学习负担、改善我国高中生的生活状况等具有重要的参考价值。

第三节　中国和美国小学生课外学习活动的比较研究

本节将从中、美两国小学生的课外活动状况着手，探讨中、美小学生课外活动的差异，并以此为基础，分析我国小学生课外活动中存在的问题，并提出相应的对策，为我国小学生课外活动的开展提供科学依据。

一、研究方法
（一）问卷调研
1. 调查对象

本研究采用方便取样法在浙江湖州以及美国的西雅图发放问卷各 800 份，其中学生问卷各 400 份，家长问卷各 400 份。湖州地区收回有效学生问卷和家长问卷各 380 份，有效率均为 95％；美国西雅图地区收回有效学生问卷和家长问卷各 352 份，有效率均为 88％。因为数据处理时将家长问卷的项目与学生问卷的项目配合使用，故在剔除无效问卷时家长或学生的问卷任意问卷无效，均作为无效问卷处理。

2. 调查工具

采用自编"小学生课外活动调查问卷"。参考已有的文献资料，将小学生的课外活动分为七大类，即课内学习的延伸、社会实践与公益活动、自主性活动、特长培训班、体育锻炼、家务劳动和休闲娱乐；并将其作为学生问卷的维度，从小学生对这七大类课外活动的参与情况进行调查。家长问卷是围绕以上七个维度对小学生参与课内学习延伸、补习及特长培训班等的意愿、父母的经济投入和经济投入情况进行调查。

（二）访谈调查

在进行问卷调查的同时，自编半开放型访谈提纲，通过访谈调查，对中美小学生课外活动情况进行深入调查。

二、研究结果及分析

（一）中美两国小学生参与课外学习活动概况及比较分析

1. 课内学习的延伸

课内学习的延伸包括学生的作业或自习，参加补习班、学科竞赛、课外阅读等。学习是每一个学生的使命，这一点不分国界。调查结果发现：中美小学生几乎每天都要参加的课内学习延伸项目是作业或自习，其次是中国小学生的补习班；中国小学生经常参加的项目比例由高到低依次是补习班、作业或自习、课外阅读、学科竞赛，美国小学生经常参加的项目比例由高到低的是学科竞赛、课外阅读、作业或自习、补习班。可见，作业是小学生课内学习延伸的主要内容。进一步访谈结果显示：只有 5.3％（20 人）的中国小学生和 4.5％（16 人）的美国小学生表示自己每天的作业或自习时间少于半个小时，大部分学生的作业时间偏长；不同的是，中国小学生的作业范围多集中在知识学习的领域，即笔尖上的劳动，这一点与美国小学生有很大的差异。《香港成报》曾于2013 年 9 月 13 日登出一则"美国小学生的暑假作业"，野营、游泳、学空手道、看电影、烤饼干、玩电子游戏等，此外还包含有"Have fun!"学生快乐地做自己喜欢的事情，这就是美国小学生作业的最大特点。作业，《辞海》解释为"为完成生产、学习等方面的既定任务而进行的活动"。中国小学生的作业，目的是为了巩固课堂所学知识，而美国小学生的作业，是自由，是自己去发现、去想象、去探究、去成才。

数据显示：96.8%（368人）的中国小学生都有参加补习班的经历，其中经常参加的占60.5%（230人），而每天都要往返补习班的学生占21.1%（80人）；形成强烈对比的是，占63.6%（224人）的美国学生从未参加过补习班或者请过家教。相对而言，我国学校组织的课外活动得不到家长的配合，尽管校内活动收费低、安全有保障，然而更多的家长依然选择脱离学校，参与校外补习，使得学校组织课外活动障碍重重。另外，分别有49.5%（188人）的中国小学生和86.4%（304人）的美国小学生参加过学科竞赛，经常参加学科竞赛的中国小学生人数比例过少，仅占6.6%（25人），经常参加学科竞赛的美国小学生人数比例较高35.8%（126人）。

2. 社会实践与公益活动

社会实践与公益活动包括社区服务、志愿者活动等。数据分析发现：相对而言，中国小学生社会实践与公益活动流于形式。实用主义哲学家杜威说过，"学习即生活"。学生健康成长所需的学习不仅来自学校，还来自其居住的社区和生活本身。而学习的目的在于对所学知识的应用。社会实践和公益活动既是学生的学习过程又是对学生所学知识应用的有效场所。参与社会实践和公益活动既可以锻炼学生胆量，培养学生的责任心和社会责任感，也可以促进学生综合能力的发展。调查发现，中国小学生参与过社会实践的人数虽然高达占 85.5％（525 人），但进一步的访谈结果发现，实际意义上真正参与的仅有 2.6％（10 人）。在《上海中小学生社会实践社区认证制度的"执行失灵"研究》中，作者就已经指出，小学生的社会实践空有制度保障，在试行过程中却逐渐变了味，仅是为了盖章、应付学校要求而实践，甚至托关系越过实践直接盖章了事。这一行为有悖于小学生社会实践活动的初衷。与中国不同的是，22.7％（80 人）的美国小学生经常参与到社会实践和公益活动之中，几乎每天参加的也占 22.7％（80 人），从未参加的仅占 9.1％（32 人）。这主要是因为在美国，学校是社区的重要组成部分，学校和社区处于双向互动，互助合作之中，学生和社区的联系相对更为密切。汤新华《美国学校与社区的互动及其启示》也表明美国学校鼓励学生深入社区、服务社区。美国学校经常组织学生参观各种博物馆、科技馆、海洋馆、艺术展、航空展，走访企业、银行、诊所、餐馆、商场、农场，丰富学生的学习生活，增加学生对社会的认识。有的学校甚至组织学生参观白宫，了解政府的运作，培养他们对政治的兴趣。如美国前总统克林顿和国务卿赖斯都是在青少年时代参观白宫时立志投身政治。

3. 自主性课外活动

相对美国小学生而言，中国小学生自主性课外活动过少。在问卷最后增设的开放性问题"你还参与了或者希望参与什么活动"部分，美国小学生大量填写了网球、舞蹈俱乐部、参加非洲协会、气候答题竞赛等花样百出的课外活动。很多美国小学生表示，他们最希望课余时间"Make me happy"，做自己喜欢的事情。他们的内心向往自由，正如他们的教育试图给予他们最大的自由。美国小学生的课外活动是多姿多彩的。除上述提及的，他们的课外活动还包括学生会、学校刊物、学校俱乐部、学校体育运动等。"学生会在美国中小学里是一种重要的学生活动，并保持其历史性的地位。"美国的学生通过学生会，不仅可以组织修订课程计划，代表学生发言，还能联系城乡之间进行文化交流活动的计划。另外，美国的学校俱乐部主要目的是把学生的兴趣爱好与相关课程的学习结合起来，这样通过学校俱乐部，便能够提高学生在某些方面的学识与能力，有些学校俱乐部还能够帮助"学困生"克服学习中的障碍，服务于正式课程的学习，为人才的培养打稳了基础。相对而言，中国小学生更多填写的是希望休息。访谈发现，多数中国小学生不习惯去思考还希望参加什么活动，认为这一问题可以由父母决定。可见，中国小学生课外活动的自主性、灵活性不够，现有的活动已经使得他们身心疲惫，只希望休息。

4. 特长培训班

特长培训班包括乐器、舞蹈、绘画、游泳等。结果显示，在中国样本中，近 2/3 的小学生经常参加特长培训班；结合访谈结果发现，48.7%（185 人）的学生选择周末参与特长培训班。而美国小学生从未参加特长班的比例最高，其次为偶尔参加特长班，经常参加特长班与几乎每天参加特长班的比例接近。可见，中、美小学生多数人均有参加特长培训的经历。所不同的是，中国小学生的非周末日很忙碌，无暇安排特长培训，平时忙于作业等课内学习的延伸活动；周末忙于各种特长培训；相对而言，美国更多的小学生每天有足够的时间参与特长培训类活动。

5. 体育锻炼

体育活动不仅可以增强学生体质，还可以锻炼学生的意志，提高学生的心理素质。小学生处于身高增长的黄金时期，对于小学阶段的学生来说，适当的体育锻炼有助于他们的骨骼成长。调查结果显示：分别有 46.1％（175 人）的中国小学生和 45.5％（160 人）的美国小学生表示经常进行体育锻炼。相对美国小学生而言，几乎每天参加体育锻炼的中国小学生人数比例过少，仅占 5.3％（20 人），而从未参加体育锻炼的中国小学生人数比例过高，占 20.5％（78 人）；进一步的访谈结果证实，中国小学生的确普遍不重视体育锻炼。"体育冷艺术特长热"，艺术类作为高考的加分科目，受到家长的追捧，而忽视了子女身体的锻炼，这一现象对于小学生"健康第一"的目标造成了极大冲击。

6. 家务劳动

劳动是每个人最基本的实践活动。调查结果表明，中美小学生参与家务劳动的频率存在明显差异，中国小学生家务劳动意识不够。仅有 11.6％（44 人）的中国小学生每天都会帮家人做家务，形成鲜明对比的是，47.7％（168 人）的美国小学生每天都做家务。近一半（51.6％）的中国小学生偶尔帮忙做家务，7.6％（29 人）的中国小学生未做过家务，但从来不做家务的美国小学生几乎没有。从调查的结果来看，与美国小学生相比，中国小学生参与家务劳动远远不够。参与家务劳动既可以培养小学生的责任感和吃苦耐劳精神，提高小学生的生活自理能力，又可以培养小学生的社会价值感和家庭责任感。随后的访谈调查发现，大多数小学生都不会积极、主动参与家务劳动，他们认为家务不关自己的事情，父母也不需要他们做。这些子女衣食无忧，不懂得关心他人，甚至不懂得关心自己的父母。他们大多数都是"衣来伸手，饭来张口"，除非迫于无奈，才"偶尔"做家务。

7. 休闲娱乐活动

休闲娱乐包括陪家人和朋友聊天、上网。调查结果表明：相对美国小学生而言，中国小学生休闲娱乐注重与家人朋友的交流，但上网局限于休闲娱乐功能。《韩非子·解老》中讲道"视强，则目不明；听甚，则耳不聪；思虑过度，则智识乱"，过度的学习，对学生的成长并非有利，最好的方法是"劳逸结合"。陪家人或朋友聊天是小学生休闲娱乐的重要途径之一。聊天可以促进学生的人际发展，增进学生之间的友谊；和父母聊天更能培养一种良好的家庭关系，及时化解和亲子间的小沟壑。经常聊天也可以培养学生的口语表达及倾听能力和技巧。此外，网络也是现代小学生休闲娱乐的重要途径。对于网络的利用，调查的结果与预期假设略微不同，中美小学生上网的目的截然不同。结果显示：美国小学生的上网时间远远多于中国小学生，50.0％（176 人）的美国小学生几乎每天上网，几乎每天上网的中国小学生只占 25.0％（95 人）；但是，就上网的主要目的而言，我国小学生上网的主要目的是游戏、娱乐、聊天和收发 E-mail，而美国小学生则主要利用网络去获取信息、做研究和创造性的活动。根据美国儿童有线电视广播公司针对美国儿童伤亡情况的调查结果显示：67％的美国儿童上网是为了获取信息，65％是玩游戏，47％是聊天或使用 BBS，48％的儿童利用互联网做研究和创造性的活动，46％的儿童下载网上资料。可见，同样是对网络的使用，中国小学生更多的是使用了网络的娱乐功能，而美国小学生更多的是使用了网络的探索学习和信息传递功能。

（二）中美小学生参与课外活动的意愿与家长投入情况

1. 中美小学生课外参与课内学习延伸类及特长培训的意愿

参与课外活动的意愿，是指学生已参与的或者将来可能去参与的课外活动是出于自愿还是家长或学校的要求。小学生的课外作业、自习越来越受到家长们的关注。问卷显示，57.13%（217人）的中国小学生因为学校的任务而不得不完成作业或者进行自习。26.6%（101人）的中国小学生是在家长的要求下完成作业或者自习。仅有16.3%（62人）的学生是自发自觉完成作业、完成自习任务的。截然不同的是，美国家长几乎没人要求子女额外进行作业或者自习。33.6%（118人）的美国小学生自主要求完成作业或者自习，66.4%（234人）的小学生是在学校的要求下完成作业或者自习。马兹平在《美国中小学如何布置课外作业》中也总结道：美国中小学布置的作业往往强调实践，贴近生活，如和家长、邻居谈历史，和祖父母谈有关遗产的话题，或者设计旅行活动，等等，都十分有意义。另外，美国小学生的课外作业注重学习能力的提高，鼓励原创，培养学生的自信。他们的作业不是简单重复课内所学、巩固老师传授的内容，而是给予学生足够发展的空间和自我展示的机会。

与课外作业或自习相似，补习班作为课程的巩固或延伸，成为中国小学生不得不参与的课外活动。中国小学生在父母要求下参加补习班的占60.2%（229人），其次在学校要求下参加补习班的占22.4%（85人），小学生自己要求参加补习班的仅占17.4%（66人）。美国小学生相反，倘若他们喜欢科学，他们便自己提出参加科学补习班，喜欢文学就自己提出参与文学补习班。59.9%（211人）的美国小学生表示他们是自己要求参加补习班，学校要求的仅占 10％（35 人），家长要求的占 30.1％（106 人）。

特长培训班是除课程补习班以外中国家长最重视的课外活动。数据显示，中国小学生参与特长培训班的，59.2％（225 人）属于家长要求，只有 24.7％（94 人）的中国小学生自己提出参与特长培训班；学校要求的最少，仅占 16.1％（61 人）。"特长培训班学生冷家长热"，爱玩爱追梦爱忠于自己的兴趣，这是童真的本性，对于家长或学校要求的活动往往只是一头热，小学生没有劲头被迫参与，因而导致课外活动效率低。形成鲜明对比的是，71.0％（250人）的美国小学生自己要求参加特长培训班，被家长要求参加的只占 29.0％（102 人），被学校要求的为零。

就课外阅读活动而言，中美小学生皆有半数左右的人表示是自己提出阅读要求。另外，中美小学生的差异也很明显：分别有 18.2％（64 人）的美国小学生和 36.3％（138 人）的中国小学生属于在学校的要求下进行课外阅读；48.2％（183 人）的中国小学生和 4.5％（16 人）的美国小学生是在家长要求下进行的课外阅读；15.5％（59 人）的中国小学生和 77.3％（272 人）的美国小学生是自己要求进行的课外阅读。可见，课外阅读方面，美国小学生的家长和学校给予了较大的自由。中国小学生的学校和家长提出要求相对更多。

总体看来，美国小学生的自主性远远大于中国小学生，应家长要求去做某件事的属于少数，美国小学生有很大的自由去发展自己的兴趣。

2. 中美小学生家长对子女课外活动的投入情况

家庭对小学生课外活动的投入和参与度主要是对比中国家庭

与美国家庭主动、积极地配合子女参加课外活动的程度。调查数据显示，从经济投入的角度来看：在中国，32.9％（125 人）的家长每学期需要 500 元以下用于子女的课外活动；10.3％（39 人）的家长每学期花费 500～1000 元用于子女的课外活动；32.9％（129 人）的家长每学期需要花费 1000～3000 元用于子女的课外活动；23.9％（91 人）的家庭每学期用在子女的课外活动上的花费达 3000 元以上；中国家长对小学生课程补习与特长培训的课外活动的经济投入印证了中国老百姓"再苦不能苦了孩子"的教育理念。面对激烈的社会竞争，几乎所有的中国家长都希望自己的子女不要输在起跑线上，他们甚至花重金培养子女学习。相对而言，绝大多数美国家长（78.1％，275 人）经济投入在 500 美元（考虑到当地的收入与消费水平，中国小学生家长的经济投入以"元"为单位，相应地美国小学生家长的经济投入以"美元"为单位）以上，21.9％（77 人）的美国家长对子女课外活动的经济投入在 500～1000 美元，投资金额在 1000 美元以上的为零。

与经济投入形成明显对比的是，更多的中国家长仅仅是经济投入"慷慨"，但很少参与子女的课外活动。仅 5.3％（20 人）的家长可以做到几乎每次都陪伴子女参加课外活动，16.1％（61 人）的家长可以做到经常参与子女课外活动，25.8％（98 人）的家长偶尔参加子女的课外活动，52.9％（201 人）几乎从来不参加子女的课外活动。形成强烈对比的是，美国的家长会积极参与到子女课堂以外的诸多活动中。美国小学生家长几乎每次参加或者经常参加子女课外活动的占绝大多数，仅有 19.3％（68 人）的美国小学生家长偶尔参与子女的课外活动，几乎没有参加过子女课外活动的家长数为零。

进一步访谈结果显示，中国家长对于子女课外活动参与度不高的原因可能有以下三个方面：第一，小学生的父母往往处于事业拼搏奋斗阶段，没有过多精力陪伴子女的成长，只能用金钱去弥补；第二，组织小学生课外活动的机构并没有对家长提出相应的要求，家长也缺乏积极参与子女课外活动的意识，使得一些课外活动的机构成为这些小学生的托管机构；第三，家庭对小学生学习以外的活动并不重视。由于多项国家的教育经费都来源于公民的税款，因此家长把自己看成学校教育的消费者，对学校有关事务的参与意识较强；而在美国，许多家长不仅要求学校向家长提供子女在校的情况，还要求参与课程设置、教职工的评聘以及学校的行政管理。美国的家庭不仅监督子女的家庭作业，同样也参与子女的学校活动，如为运动会烤饼干。此外，在美国《不让一个儿童落后法》第五编中，规定并扩大了家长对子女接受中小学教育的知情权。家长的参与意识强以及政策法规的支持，使得美国家长对小学生课外活动有更高的参与度。

总之，通过数据对比，可以发现，美国小学生课程压力远没有中国小学生大。美国小学生的课外活动没有学校和家长的过多干预，有更多的空间去自主抉择。学生可以追随自己的兴趣，参与小发明、小制作，参加科技周，加入喜爱的社团，进行文体活动等。

第四节 国外中小学课外学习活动的特点与启示

一、国外中小学课外学习活动的主要特点

我国的课外活动一方面是学校课堂内容的延续，如课业辅导、

各种学科家教，另一方面是某项特长的培养，如青少年宫、群艺馆。而国外的课外活动更注重学生的社会化和能力的发展，是除学校和家庭教育之外的教育活动，具体特征体现在以下几个方面：

（一）课外活动的宗旨以学生为中心

1. 促进儿童的创造力和想象力

课外活动内容丰富，形式多样，其首要的目的通过集体活动和科技活动来培养儿童的探究精神和好奇心，发展儿童的创造力和逻辑思维能力。通过文艺活动激发儿童的想象力、陶冶儿童的情操。在活动中最常见的是游戏活动，而游戏活动也符合儿童身心发展的特点。

2. 促进儿童社会化

课外活动要为每个学生提供机会，帮助不同个性差异的孩子适应集体生活，培养学生在同学之间、学生与成人之间建立不同联系的能力，使学生能够根据自己的兴趣和能力参与各种活动，在集体的生活中也会培养学生的社交能力、责任感和团结精神。

3. 发展儿童自主能力

课外活动以儿童为中心，目的是让儿童在活动的过程中获得自主能力。在组织这些活动时也可以请儿童共同参与制订活动计划，发展儿童的选择能力，促进儿童主动参与和学习的意识，课外活动应提供给儿童表达和获得选择的机会，使儿童在选择的过程中得到发展。

（二）课外活动的运作规范

1. 具有规范的法律、法规，政府部门统筹管理与监督

课外活动作为中小学教育的重要形式，无论从创办、场地、

师资，还是从活动计划、组织与实施等各个方面，都要以规范的法律、法规为依托。校外中小学课外活动由政府部门设立专门的机构来负责管理、监督。评价课外活动机构，具体内容包括场地、卫生、负责人、工作人员、师资配备，活动计划、实施手段、实施效果是否符合有关规定的要求，以及实施情况（培训、组织方式、人员配置）。如果存在弄虚作假的现象，政府部门有权关闭课外活动机构。然后通过问卷调查和访谈调查（负责人、工作人员、学生、家长），根据调研结果以报告的形式报告课外活动机构的运作情况，包括课外活动的项目是否符合市场需求、计划和实施方面是否符合儿童的兴趣和需要。相关的调查信息要进行公布，为日后课外活动项目选择和管理、计划制订和实施提供相关的经验。同时，政府除了管理、监督和评估，还负责为课外活动机构提供一些公共的场所，如科技馆、图书馆、体育馆和博物馆等，并提供一些交通工具。

国外中小学对课外活动非常注重管理和指导，并设置专门的管理机构和管理人员负责组织和管理学生的课外活动。课外活动的种类很多，为了提高课外活动的成效，学校领导主要应通过以下措施进行管理：对开展课外活动的相关教师和工作人员进行指导，帮助教师充实课外活动的内容，并制订详细的课外活动计划；配有专长的教师负责指导课外活动；同时利用社会资源来更好地组织课外活动，如各种社会组织、企业、社区等；将课外活动作为评估学校发展的一项重要工作。

国外课外活动机构的负责人、工作人员、教师都有相应的资格证和文凭，如相关活动的职业资格证书或教育文凭、技术学院文凭或大学技术文凭（社会专业）、中学师资合格证书等。另外，课外活动机构可以招募一些志愿者来参与活动的计划和实施，法律明确规定课外活动相关人员的从业资质，重视相关人员的培训和指导，以确保课外活动的教学质量。

2. 开展课外活动具有组织性和计划性

国外中小学课外活动机构通常都有详细的教育计划和活动安排，以确保每项课外活动的效果。教育计划规定了活动项目的宗旨、任务、组织形式，明确了该项目的目的和意义。教育计划的制订结合青少年身心发展规律，考虑了他们的兴趣与需要，在此基础上计划活动项目的内容、组织形式、具体方法，同时加强与家长的联系与合作，以便了解活动的效果。以参观活动为例，在参观之前，组织者要明确参观的内容、目的、要求，使学生带着一定的目的去参观。在苏联，曾专门设有课外活动的负责人、校外活动组织者；学校的少先队、共青团组织协助校外活动的开展。一方面，让家长明确该活动机构是否符合自己孩子的需求，便于家长选择课外活动项目和了解该机构的运作情况；另一方面，也使机构的成员能够了解课外活动的方向、目的、计划，使其按规定的要求完成该计划。同时，也便于监管部门评估该项目的实施情况，督促课外活动机构及时总结经验，为下次活动的实施提出有针对性的建议。

（三）课外活动形式多样，内容丰富多彩，注重趣味性和知识性相统一

国外中小学课外活动重在满足不同兴趣、爱好学生的需要，其目的就是要满足学生个性和社会性发展的需要。因此，课外活动形式多样、内容丰富多彩：①学科小组活动。这与我国的兴趣小组活动相类似，这种课外活动主要结合各个学科来开展，把具有相同兴趣和爱好的学生组织起来，可以是一个年级的学生，也可以是不同年级的学生，由各门学科的任课老师来组织。②科学技术活动和学科竞赛活动。③课外阅读。每个年级都有课外阅读计划。这在我国也普遍存在，教师要教会学生选择阅读文本或使用图书索引。图书馆是学生课外阅读的重要场所。④生产劳动或公益劳动，包括在课外鼓励学生积极参加家务劳动。如日本有生产性俱乐部，内容如家禽饲养、手工制作、烹饪、园艺、木工、家政等。其主要目的是培养学生热爱劳动的品质和学生的责任感。⑤讲座和讲演。内容涉及科技、文学、艺术等。⑥文体活动。这种活动在各国学校的课外活动中都占有重要地位。如澳大利亚的课外活动有音乐活动，每个学生至少会一种乐器，周末还有学校组织的体育比赛和训练活动，有些学校还有专门的实践活动基地。这样可以培养学生的社会适应力和各种才能，而且也可以充实学生业余生活，使学生享受学习的乐趣。⑦学生组织活动，如班会和学生会活动。⑧年级指导，包括学习与生活指导。如日本的课外学习室，主要帮助有学业问题的学生解决问题并进行德育教育。⑨参观活动。如参观学校的光荣室，通过这样的活动让学生了解学校的优良传统，同时激发学生的学习热情。⑩特别教育活动：如每逢传统节日，举行纪念活动、各种典礼（礼节指导）等。

（四）课外活动注重联合社会力量

国外中小学课外活动更注重联合社会力量，因为课外或校外活动在政策、经费、场地、设备、人员等方面，都需要社会力量的支持。在美国有课外教育联盟，法国有课外活动中心，这些课外活动机构受到国家机关、宗教团体、企业和家长的大力支持。苏联的中小学课外活动也非常注重加强与社会的联系，加强与校外教育机关、科研机关和企业等的联系。近年来又有一些新的联合形式，如在学校内成立的学生科学会，有校内老师、科研机构的研究者、高校大学生、企业人员等负责指导。在校外有课外教育机构组织的俱乐部、与社区和企业联系的协会、校科学院，为学生的社会服务活动、科技创新活动提供方便。

二、国外中小学课外学习活动对我国的主要启示

课外学习活动是区别于课堂教学和家庭教育之外的一种教育形式，相对于课堂教学，课外学习活动可以使学生利用业余时间拓展学科知识，体验生活，促进学生个性的和谐发展。国外课外活动组织灵活、形式多样、内容丰富，作为促进学生全面发展的重要的教育形式，它的教育意义显而易见。如欧美、日本中小学课外活动在内容与形式等方面，真正注重学生的社区服务与社会实践，强调直接经验的获取及服务社会、服务人类的责任感、使命感；在目标上，注重学生的体验；在实施上有较完整的支持和保障体系，注重与终身教育的理念紧密相连（胡江倩，2001）。在初等教育阶段使他们从事一定的社区服务与社会实践活动，同时加强学校与社会、学校与社区、学校与工作岗位之间的交流，可以让他们从小培养正确的劳动观、职业观和就业观，树立正确的工作态度，学会与人相处，学会合作。

国外中小学校的课外活动能够让学生根据自己的需要和兴趣有选择地参加，这极大地调动了学生学习和参与的积极性；课外活动注重知识的应用，使学生在活动的过程中动脑、动手，知行结合，培养学生发现问题、分析问题、解决问题的能力；在此过程中学生的自主性、独立性、创造性都会得到相应的提高。如日本家长在课余时间与孩子交流多，家长为了孩子的生活更加丰富

多彩，会鼓励孩子去做他们喜欢的事情。因此，日本孩子多半是选择自己感兴趣的项目（黄小葵和高口明久，2007）。此外，国外中小学校的课外活动注重学习方式的改变，注重合作学习和基于任务的学习，在此过程中，学生良好的学习品质，如科学严谨、坚持不懈、合作创新等，都会得到提高。开展课外活动还能够使学生有效利用闲暇时间，拓展知识，学以致用。因此，国外中小学课外活动的开展，无论其政府支持、运营方式，还是其项目内容、组织形式等，都对我国中小学课外活动的开展有着重要启示和借鉴作用。

（一）出台规范的法律法规，建立完善的监管机制

目前，我国的课外活动机构良莠不齐，许多家长对其优劣无从判断。大多数家长只能从其他人那里了解这些机构课外活动的效果。因此，相关的政府部门要及时规范各种类型的课外活动机构，并对其进行监督和管理，不定期地对各种课外活动的场地、设施、卫生、从业人员进行检查；同时，对各种课外活动计划和实施情况进行调研，并制定科学的评估表，了解家长和学生的意见，对于出现的各种问题及时纠正和整顿，确保课外活动的良性运行。相对于国外课外活动的理论与实践，无论是对课外活动开展的目的、价值与地位，还是课外活动的开展过程都存在一些问题。政府部门应出台相应的法律、法规，明确课外活动机构的性质和运营资质，相关的教育主管部门要出台相应的行业标准和管理办法，使课外活动运营规范化，尤其是对课外活动的场地、师资、收费标准要有明确规定，对于不符合规定的课外活动机构要坚决取缔或限期整改。只有建立完善的监管机制，才能有效推动课外活动的健康发展。

（二）改变教育观念，正确处理课外活动与课堂教学的关系

有些学校的领导和教师把课外活动当成课堂教学的延伸或拓展，在认识上，有些学校未能充分重视课外活动，没有相关的工作计划，未能对课外活动进行明确而具体的安排，没有明确的评价机制和监管机制，无专人负责；另外，有些教师把课外活动看成与课堂教学对立的活动，出现挤占课外活动时间的现象，致使课外活动形同虚设。有些学校缺乏相应的场地、设施和教师，使得一些课外活动无法开展，如体育、文艺和科技等课外活动。即使开展起来，学生也不能得到有效的指导，影响了活动的效果。因此，借鉴国外中小学课外活动的有益经验，可对我国的课外活动加以改进。

首先，要改变教育观念，将课外学习活动纳入学校工作计划，在组织上和时间上予以保证。其次，要正确处理课外活动与课堂教学的关系。把课外活动当作课程的一个重要组成部分，形成与学科相辅相成的课程体系，在时间、师资、设施设备等方面予以支持。学校工作计划要对课外活动管理、组织、评价等做出明确规定。再次，在管理上，学校应成立课外学习活动管理小组，安排专人负责管理课外活动，组织学校优质师资为开展丰富多彩的课外活动贡献才智。最后，在评价上，学校要加强课外学习活动的不定期检查与科学评价，深入到课外活动中去了解情况，及时发现问题、解决问题，指导课外活动顺利开展。

（三）加强课外活动机构的师资队伍建设，保障课外活动的质量

丰富多彩的课外活动需要优质师资的保障，其专业水平和职业道德对青少年的身心发展至关重要。课外活动机构的工作人员必须具备相关专业的知识和教师资格证，监管部门要严把质量关。

优质师资可包括大学生、退休教师、专业老师，也可包括具有管理和组织经验的专业人员及负责照顾孩子生活的工作人员。同时，监管部门要加强对课外活动机构的人员进行分层培训，对他们进行课外活动知识、技能和方法的训练，使其成为有专长的优秀课外活动指导教师，逐步建立一支专业水平高、结构合理、责任心强的专兼职教师队伍。

课外活动机构包括托管机构、青少年宫、儿童艺术馆等，各活动机构自有其不同的活动模式。如：托管机构主要是解决家长的后顾之忧，放学后负责照顾孩子，还可以辅导学生作业；青少年宫和儿童艺术馆主要是为了让儿童接触更广阔的文化、艺术、体育领域。托管机构要按年龄分段、根据儿童不同兴趣需要，制定适宜儿童发展的规划；对于年龄较小的儿童要兼顾保教结合。青少年宫和儿童艺术馆等课外活动机构除了文体领域外，更应注重艺术实践教育和社会实践，利用博物馆、图书馆、科技馆，开展丰富多彩的实践活动，让更多的儿童走进大自然，参观农场或者举办文娱活动、体育比赛、演讲比赛等，通过这些活动提高学生学以致用的能力。

（四）将课外活动机构纳入政府公共服务范围

为了保障课外活动的开展，政府部门应把课外活动机构纳入公共服务体系，逐步建立起分布合理、成熟和完善的课外活动机构。要明确监管和评估部门，落实课外活动机构的教育经费，同时提供公共教育场所，如政府部门出资建立青少年课外活动中心、科技馆站、图书馆和影剧院等；并通过优惠政策，降低课外活动的收费标准，使广大儿童都能够参与课外活动，使经济条件不富裕的孩子也能接受优质的课外教育。

课外活动的完善需要一个过程，为加快我国课外活动的发展，应注重质和量两方面的提升：扩大课外活动的服务对象，依靠国家立法和课外教育的投入使更多儿童受益，通过课外活动提高他们的社会适应能力、创造能力和实践能力；注重工作人员尤其是教师专业能力的培训，使课外活动从松散的状态向着有计划、专业化方向发展；注重课外活动评估计划的制订和实施。各项课外活动在实施过程中应注重评估的设计，自觉接受政府部门的监督，并聘请外部机构进行独立的评估；及时将评估报告公布，使家长及时了解各项课外活动的进展情况。

（五）减少课堂学习延伸类的课外活动，丰富学生的课外活动类型和内容

占据我国学生大部分课外时间的学习活动，主要是课堂学习延伸类的应试性学习和特长培训，这个问题需要教育部门、教师和家长正确对待。对比研究发现：我国学生的作业和美国学生眼中的作业范围差异很大。我国学生的课外作业多是课堂学习的延伸，课外活动多是补习班或特长培训班；而国外学生的课外作业类型多样、内容丰富，如野营、游泳、烤饼干等各种与学生生活息息相关的活动，其目的是为了让学生学会去发现、去想象、去探究、去成才。

无论是为了提高学生的综合素质，还是为了提高学校的知名度，强制性的课外补习效果最终是不可持续的。兴趣是学生最好的老师，学校要做的就是帮助学生发现自己的兴趣所在，从而发展自己的兴趣。因此，无论是小学教育机构，还是家长，都应适当减少延伸学生课堂学习的补习班和特长班类的课外活动，丰富学生课外活动的类型，如增加生存技能训练、科技探索等类型的课外学习活动。

参考文献

阿日那．瑞典教育概况和分析[J]．中国科教创新导刊，2010(20)：20－21.

陈传锋，陈文辉，董国军，等．当代中学生的学习生活与课业负担[M]．北京：北京师范大学出版社，2011.

樊红．独具特色的瑞典高中教育[J]．基础教育参考，2009(6)：55－58.

范树成，王文强．国外课外活动的理论与实践及启示[J]．河北师范大学学报，1992(2)：93－96.

何树彬．美国"课外教育计划"的背景、实施及效果[J]．外国教育研究，2014(7)：27－35.

胡霞．中、日、美中学生日常生活比较[J]．当代青年研究，2001(4)：45－48.

黄丹凤．近十年来美国"校外活动"的新发展及其挑战[J]．外国中小学教育，2006(2)：30－33.

黄亨奎，张宝臣，李揆殷．中韩小学生志愿服务活动比较研究[J]．比较教育研究，2014(06)：63－68.

黄小葵，杨怀．中日小学生家庭教育的比较研究——关于课外学习和生活[J]．内蒙古师范大学学报(教育科学版)，2006 (8)：53－56.

黄小葵，高口明久．中日两国小学生课余生活状况比较研究[J]．外国教育研究，2007，34(2)：42－47.

蒋晓．美国中学生课外活动概述[J]．江西教育科研，1998(6)：69－71.

孔凡蕾，王洁，章建丽，高玉英．英语国家初等学校的课外活动[J]．江西教育，2007(6B)：21－22.

卢浩，杨海燕．美国中小学"服务学习"课程：内涵、方案、实施及评价[J]．外国教育研究，2005(1)：63－67.

粟进英，赵菁．课外活动在美国[J]．高等教育研究学报，2002(4)：96－98.

汤新华. 美国学校与社区的互动及其启示[J]. 广西师范大学学报（哲学社会科学版），2008(5)：29.

原青林. 英国寄宿学校的课外活动[J]. 外国教育研究，2005(9)：26—29.

周一凰. 上海中小学生社会实践社区认证制度的"执行失灵"研究[D]. 上海：复旦大学硕士学位论文，2011(5)：4.

邹燕舞. 法国儿童托管教育：课外活动中心运作模式及其启示[J]. 四川师范大学（社会科学版），2012(2)：81—86.

瞿葆奎主编. 教育学文集（第11卷）：课外校外活动[M]. 北京：人民教育出版社，1991.

Brown，R. ，& Evans，W. P. Extracurricular activity and ethnicity：Creating greater school connection among diverse student populations[J]. Urban Education，2002：37，41—58.

Casey A. Knifsend，Sandra Graham. Too Much of a Good Thing? How Breadth of Extracurricular Participation Relates to School-Related Affect and Academic Outcomes During Adolescence[J]. J Youth Adolescence，2012，41：379—389.

Jennifer A. Fredricks. Extracurricular Participation and Academic Outcomes：Testing the Over-Scheduling Hypothesis[J]. J Youth Adolescence，2012.41：295—306.

Leah B. Bucknavage，Frank C. Worrell. A Study of Academically Talented Students' Participation in Extracurricular Activities[J]. The Journal of Secondary Gifted Education，2005：74—86.

后　记

　　本书是国家社会科学基金教育学国家一般课题"中小学生校外学习的多元发展及对策研究"（课题编号：BHA120053）的成果，是作者继 2009 年受国家社会科学基金资助后的又一个教育学国家一般课题成果。从研究对象、研究主题和内容来看，本书可以看成笔者前一课题和 2011 年出版的《当代中学生的学习生活与课业负担》的姊妹作。不同的是，本书更加关注学生的课外学习生活及其对学生心理发展的影响。通过文献分析和实证研究，系统梳理了当前我国中小学生课外学习活动存在的主要问题，从多元视角深入探讨了中小学生课外学习的多元发展状况及其对学生校内学习和身心发展的作用，并提出了促进我国中小学生课外学习活动多元发展的对策。

　　该研究得到了全国教育科学规划办的大力支持和资助，同时得到了浙江省教育科学规划办的大力支持和帮助；许多专家和老师对本课题研究给予了亲切关怀和指导，许多中小学校和广大师生对本课题的调研给予了大力支持和无私帮助；笔者所在单位领导和同事、许多同学和学生也为课题组的研究工作提供了强有力的支持和帮助。尤其是在全国调研过程中，笔者的同学、老师、同事、学生和亲朋好友，以及许多未留下姓名的好心同志，都给予了无私帮助和大力支持，笔者在此一并表示深深的敬意和谢意。

　　本课题成果得以成书，是课题组全体成员共同参与和精诚合作的结果，是大家集体攻关和共同奉献的结晶，也是笔者的学生共同参与和努力的结果。亦即本书是集体智慧的结晶。具体而言，本书各章内容撰稿分工如下：

　　第一章"绪论：中小学生课外学习活动概述"：陈传锋、何承林；第二章"中小学生课外学习活动的现状调查与问题思考"：陈传锋、王玲凤、陈汉英、盛礼萍、陈璐等；第三章"中小学生课外应试性学习活动"：陈传锋、陈怡、彭旭倩、陈淑媛；第四章"中小学生课外社会性学习活动"：李成齐、万霞、陈传锋；第五章"中小学生课外科技性学习活动"：陆晶晶、陈传锋、程愚；第六章"中小学生的课外阅读研究"：陈传锋、卢琳、葛张榆；第七章"中小学生课外社团活动"：李安彬、陈传锋、徐梦婷；第八章"中小学生课外生态保护学习活动"：陈传锋、卢捷萍；第九章"中小学生课外文体活动"：王玲凤、陈传锋；第十章"中小学生课外家务劳动"：陈传锋、徐媛、程愚；第十一章"课外（园外）学习活动与学生的学校适应"：陈传锋、黄霜霜；第十二章"课外学习活动与中小学生个性发展"：陈汉英、褚小红；第十三章"中外学生课外学习活动的比较研究"：车伟艳、李梦霞、陈传锋。

　　北京师范大学出版社张丽娟主任对本书的编辑和出版给予了密切关注和大力支持，关雪菁编辑在书稿内容和编校质量等多方面加以指导和亲自把关，不仅使本书能够得以顺利、及时地出版，而且使本书的编校质量和整体水平得以提高。

　　此外，本书引用了许多前辈和同行的研究成果，使得本书内容更加丰富和充实。

在此，谨向所有关心和支持本课题研究和书稿出版的师长、同事、学生、领导和亲朋好友们，致以深切的敬意和衷心的感谢！

陈传锋　谨　识

2016 年 6 月 20 日

图书在版编目(CIP)数据

中小学生课外学习与心理发展研究 / 陈传锋等著. —北京 : 北京师范大学出版社, 2016.12(2018.4 重印)
（京师心理研究书系）
ISBN 978-7-303-21527-0

Ⅰ. ①中… Ⅱ. ①陈… Ⅲ. ①中小学生—课外活动—研究 ②中小学生—身心健康—健康教育—研究 Ⅳ. ①G632.428 ②G479

中国版本图书馆 CIP 数据核字（2016）第 265345 号

营 销 中 心 电 话　010-58805072　58807651
北师大出版社学术著作与大众读物分社　http://xueda.bnup.com

ZHONGXIAOXUESHENG KEWAI XUEXI YU XINLI FAZHAN YANJIU

出版发行:北京师范大学出版社　www.bnup.com
　　　　　北京市海淀区新街口外大街 19 号
　　　　　邮政编码:100875
印　　刷:保定市中画美凯印刷有限公司
经　　销:全国新华书店
开　　本:730 mm×980 mm　1/16
印　　张:29.5
字　　数:350 千字
版　　次:2016 年 12 月第 1 版
印　　次:2018 年 4 月第 2 次印刷
定　　价:96.00 元

策划编辑:关雪菁　张丽娟　　　　责任编辑:陈佳宵
美术编辑:王齐云　　　　　　　　装帧设计:王齐云
责任校对:陈　民　　　　　　　　责任印制:马　洁